Christine Rädlinger

Geschichte der Münchner Brücken

Brücken bauen von der
Stadtgründung bis heute

M 850 DICH
MÜNCHEN MAG DICH
850 JAHRE MÜNCHEN

Top Partner: SWM
Premium Partner: HypoVereinsbank, Bilfinger Berger Industrial Services, Süddeutsche Zeitung
Co Partner: Colliers Property Partners Immobilien-Kontor Schauer & Schöll GmbH, Knorr-Bremse, Messe München International, Ströer deutsche städte medien, Tengelmann

Christine Rädlinger

Geschichte der Münchner Brücken

Brücken bauen
von der Stadtgründung bis heute

Herausgeber
Landeshauptstadt München
Baureferat

Innere Ludwigsbrücke über die Große Isar. Links von der Brücke das so genannte Fesslerhaus, rechts das Gasthaus zum Turmwirt.

Aquarell von Joseph Puschkin, um 1890
Münchner Stadtmuseum
Inv. Nr. P 530

Inhalt

Blick von der Brücke über
die Große Isar in die
Zweibrückenstraße.
Links die 1805 erbaute
Schwere-Reiter-Kaserne,
rechts der Turmwirt,
letzter Rest des 1798
abgebrochenen Roten Turms.

Kolorierte Zeichnung
H. Adam 1829
Münchner Stadtmuseum
Inv. Nr. P 522

Vorwort

Der Bau von Münchens erster und für lange Zeit einziger Brücke war für die Gründung und Entwicklung unserer Stadt von entscheidender Bedeutung. Bis zum Bau dieser Brücke mussten Reisende und Fuhrleute einen Weg im breiten Isarbett über Kiesinseln und Flussarme suchen. Nach dem Brückenbau war für deren Benutzung zwar Zoll zu zahlen, man blieb jedoch vor den Unsicherheiten des Wetters verschont und überquerte den unberechenbaren Fluss einfach und schnell auf einer Fahrbahn aus Holz. Nur über eine Brücke konnte ein wirtschaftlich ergiebiger Warenfluss in die Stadt geleitet werden und der Salzhandel zu Münchens wichtigster Einkommensquelle werden. Eine Vielzahl von Bächen durchzog das Gelände. Sie mussten erst überbrückt werden, um die heutige Isarvorstadt oder das Lehel zu erschließen. Der Bau und Unterhalt von Brücken wurde damit zu einer zentralen Aufgabe der Stadtverwaltung seit ihren Anfängen.

Bis in das 19. Jahrhundert blieb die Münchner Isarbrücke zwischen Tölz und Freising für Fuhrleute die einzige legale Möglichkeit zur Überquerung des Flusses. Neben der Kontrolle des Warenverkehrs hofften Münchner Bürgerinnen und Bürger auf diese Weise „liederliches Gesindel", vor allem aber unliebsame Konkurrenz aus den Vorstädten fernzuhalten. Auch aus diesem Grund blieb die Ludwigsbrücke Münchens vorerst einzige Isarbrücke.
Eine zweite Brücke entstand daher auch nicht auf dem Stadtgebiet, sondern in dem Dorf Bogenhausen. Weitere Brückenverbindungen in die Au und nach Haidhausen mussten gegen den Widerstand Münchner Bürger durchgesetzt werden.

Das Jahrhunderthochwasser von 1899, das zwei der inzwischen vorhandenen fünf Isarbrücken zerstörte, führte zum großen städtischen Brückenbauprogramm und zum Bau von insgesamt sechs neuen Isarbrücken. Damit konnten schließlich auch die schon lange bestehenden Engpässe auf den Brücken beseitigt und die Wünsche neu dazugekommener Stadtteile rechts der Isar zu einer Verkehrsverbindung bis in das Stadtzentrum erfüllt werden. Für die Entwicklung Münchens zur Großstadt war deshalb der Bau zahlreicher und zum Teil großflächiger Überbrückungen der Bäche unabdingbar. Die glanzvolle Maximilianstraße wäre sonst nur ein kleiner Feldweg geblieben.

Wege, Straßen und Brücken haben die Stadt über die Jahrhunderte mit einem gut ausgebauten Verkehrsnetz überzogen. Es sichert die Mobilität und damit die Lebensqualität für die Menschen, die dort leben. Die Verkehrsinfrastruktur Münchens leistungsfähig zu halten ist eine Aufgabe der kommunalen Daseinsvorsorge und ein wichtiges Anliegen der Stadt. Dazu zählt auch der Unterhalt der vielen städtischen Brücken, Unterführungen und Tunnel. Durchschnittlich werden rund 12 Millionen Euro jährlich allein für deren Betrieb aufgewendet. Mit der weiteren städtebaulichen Entwicklung, wie der Achse Hauptbahnhof-Laim-Pasing, wird auch der Bau von neuen Brücken einhergehen und damit ein weiteres Kapitel in der Geschichte der Münchner Brücken aufgeschlagen.

Christian Ude
Oberbürgermeister

Vorwort

Die Anzahl Münchner Brücken ist heute kaum mehr zu zählen. Von den insgesamt circa 1.000 Brücken, Unterführungen und Tunnel sind heute über 600 Bauwerke im Besitz der Stadt. Eine breite Palette an Ingenieurbauwerken, die vom städtischen Baureferat unterhalten werden. Einige der Bauwerke wurden bereits Ende des 19. Jahrhunderts errichtet und von berühmten Baumeistern in damals völlig neuer Bauweise entworfen. Die ingenieurtechnischen Meisterwerke fordern ihren Zoll: Ein großes technisches Know-How und ein hohes Maß an Verantwortung im Umgang mit dem historischen Erbe.

Der Baustoff für Münchens erste Brücke war Holz. Die auf Pfählen gegründeten Isarbrücken blieben für lange Zeit Hauptaufgabe der städtischen Brückenbaumeister. Mit den wachsenden Ansprüchen an Gestaltung und Dauerhaftigkeit dieser Brücken setzte man andere Materialien ein: Es entstanden Brücken aus Stein, aus Eisen bis hin zum Eisenbeton, wie die heute eher unbekannte Ludwig-Ferdinand-Brücke in Nymphenburg oder der Kabelsteg. Mit der Entwicklung Münchens zur Großstadt wurden Brücken nicht mehr ausschließlich über Flussläufe oder Bäche gebaut, sie überquerten zunehmend auch Eisenbahnstrecken und Straßen. Um den hohen Anforderungen des modernen Verkehrs zu entsprechen, werden heute hochkomplexe Konstruktionen eingesetzt – jüngstes Beispiel die kombinierte Tram- und Fuß-/Radwegbrücke über die Glaseinhausung in der Schenkendorfstraße. Viele davon strahlen eine Ästhetik aus, die als wesentlicher Beitrag zur Stadtgestalt gesehen werden kann.

Die Sicherheit der Brücken gewährleisten entsprechende statische Systeme. Um diese dauerhaft zu erhalten, wurden in Deutschland schon sehr früh, nämlich ab 1930, Regelwerke für die kontinuierliche Bauwerkskontrolle bei Brücken entwickelt. Grundlage für die Bauwerksprüfungen und damit das verantwortliche Handeln im Baureferat ist heute die DIN 1076 (Überwachung und Prüfung von Ingenieurbauwerken im Zuge von Straßen und Wegen). Neben dem festgelegten dreijährigen Prüfturnus erfolgen zusätzliche Überwachungen. Die Erkenntnisse und Bewertungen aus den Kontrollen werden schließlich im Unterhalt und der Instandsetzung umgesetzt.

Historische Baudenkmäler auf der einen, zukünftige High-Tech-Projekte auf der anderen Seite: Ein breiter Bogen an spannenden Aufgaben für unsere Brückenfachleute. Ich freue mich, dass das Baureferat damit die qualitätvolle Weiterentwicklung des Münchner Stadtbildes gestaltet.

Rosemarie Hingerl
Baureferentin

Wehrsteg
zwischen Ludwigsbrücke
und Praterinsel

Lichtinstallation von
Joachim Fleischer

Foto Thomas Riehle
Baureferat

Eine Brücke für München 1158 – 1500

Die Zerstörung der Brücke bei Oberföhring und der Bau eines Isarübergangs bei München durch Heinrich den Löwen 1158 ist bekanntlich Kern des Münchner Gründungsmythos. Dem Welfen verdankten Stadt und Bürger die Sicherheit des Stadtbürgertums, der herzogliche Brückenschlag brachte mit dem wertvollen Transportgut Salz wachsenden Wohlstand in die Stadt.

Dieser Einsatz des bayerischen Herzogs für die Entstehung einer neuen Stadt relativiert sich allerdings bei näherer Betrachtung. Das 12. Jahrhundert ist ganz allgemein gekennzeichnet von einem deutlichen Bevölkerungswachstum aufgrund verbesserter landwirtschaftlicher Methoden. Hand in Hand mit der Herausbildung neuer Zentren und einem steigenden Bedarf an Gütern, die in der bäuerlichen Produktion nicht erwirtschaftet werden konnten, ging eine Zunahme überregionaler Handelsbeziehungen, daneben aber auch eine wachsende Bedeutung der Geldwirtschaft. Verkehrswege und Münzgeld waren jedoch nicht nur aus wirtschaftlichen Gründen interessant. Die Kontrolle über Geldfluss und Handelswege wurde zum Ausdruck herrscherlicher Aufsicht über ein Territorium und damit Grundlage des Herrschaftsausbaus, ein Instrument, das der Bischof von Freising mit der von ihm kontrollierten Oberföhringer Zollbrücke samt Markt und Münzstätte auf einer Teilstrecke der Salzstraße von Reichenhall nach Augsburg bereits einsetzte. Zumindest für Italien versuchte dagegen Kaiser Friedrich I. mit der Gesetzgebung von Roncaglia 1158 die Regalien Zoll-, Münz- und Wegerechte wieder stärker an das Kaisertum zu binden.

In Reichenhall reagierte man im 12. Jahrhundert auf die durch das Bevölkerungswachstum gestiegene Nachfrage mit einer Erhöhung der Salzproduktion. Ein Umleiten der Salztransporte über das spätere München und Landsberg war daher schon aus Gründen der Wertabschöpfung für den Welfen Heinrich von Vorteil. Daneben aber verfügte er mit den Einrichtungen Markt und Münzstätte über sein politisches Machtmittel, das den daraus entstehenden wirtschaftlichen Vorteilen gleich zu setzen war. Vordringliches Anliegen des bayerischen Herzogs war daher keineswegs eine Förderung des Bürgertums, er forcierte vielmehr mit dem Wirtschaftsobjekt München, mit Markt, Münze und dementsprechenden Zollerträgen den eigenen Herrschaftsausbau. Mit diesem Machtinstrument der Wirtschaftspolitik war gleichzeitig den territorialen Bestrebungen der Freisinger Bischöfe ein Riegel vorgeschoben.[1]

München mit der Isarbrücke auf der Stadtansicht von Michael Wolgemut 1493.

Stadtarchiv München, Historisches Bildarchiv

Alte Verkehrswege zur Isar

Für seinen Markt München hatte sich der bayerische Herzog keine besitzlose Zone ausgesucht, in der er gewissermaßen aus dem Nichts die junge Stadt entstehen ließ. Vielmehr war auch die Münchner Schotterebene Siedlungsgebiet seit der Frühzeit, die Besitztümer seit langem verteilt. In der Aubinger Lohe verweisen Funde auf eine Besiedlungskontinuität seit prähistorischer Zeit, keltische und merowingische Relikte sogar auf ein wichtiges Siedlungszentrum Aubing. Für die Orte um München wie Schwabing (seit 782), Sendling (nach 779), Pasing (763), Allach (774) und Feldmoching (790) sowie auf der anderen Isarseite Denning (Ende 1. Jahrhundert n. Chr.), Giesing (790) und Haidhausen (808) sind bedeutende Grundherren belegt,[2] das Gelände des späteren Münchner Burgfriedens gehörte zu den Fluren der Dörfer Schwabing und Sendling, wo das Kloster Schäftlarn große Besitzkomplexe besaß.[3]

Auch ein Blick auf die bestehenden Verkehrsverbindungen, die diese Region im 12. Jahrhundert durchzogen, relativiert das Bild einer Entstehung Münchens im siedlungsleeren Raum. Auf dem linken Isarhochufer ist eine seit der Bronzezeit bestehende, von Süden kommende Fernverbindung über Obersendling, Thalkirchen und das spätere München zu vermuten, deren Bedeutung als Fernweg wohl in der Römerzeit verschwand und die ab dieser Zeit als Verbindungsweg für die Siedlungen entlang der Isar gelten kann. Von dem Areal Münchens, das man etwa beim Angertor betrat und über Rindermarkt und Peterskirche beim Alten Hof wieder verließ, führte der Weg weiter bis nach Schwabing – dem alten Schwabing um die Kirche St. Sylvester – und weiter nach Norden bis Freising. Bei Untersendling lässt sich eine Abzweigung dieses Weges über das spätere Neuhausen, Moosach und Feldmoching Richtung Unterschleißheim verfolgen. Neben diesen beiden Routen sind ab der Bronzezeit Wegeverbindungen in den Flusstälern parallel zur Isar zu vermuten, darunter auch im Tal der Würm.

Wege rechts und links der Isar auf dem Hochufer zu Beginn des 19. Jahrhunderts. Die ehemaligen Fernverbindungen werden inzwischen als einfache Ortsverbindungen und Spazierwege genutzt.

W. v. Kobell
Münchner Stadtmuseum
Inv. Nr. M I 1789-3/5

Wie anhand der Flurkarten des frühen 19. Jahrhunderts festzustellen ist, überdauerte dieser Weg auch das Mittelalter. [4]

Auf der rechten Isarseite waren erste Siedlungsspuren vor allem am Hachinger Bach zu finden. Hier, an einem der seltenen Wasserläufe rechts der Isar, enstanden seit dem Ende des Neolithikums eine Reihe von Siedlungen, die sicher ebenfalls mit einem Weg verbunden waren. Vermutet wird auch eine Anbindung des Hachinger Tales an eine vom Alpenraum kommende, nach Norden über die Sempt in den Donauraum ziehende Fernstraße. [5] Mit dem Ausbau des Siedlungsgebietes in römischer Zeit behielt dieser Weg seine Bedeutung als regionale Verbindung – belegt übrigens durch einen bei Grabungen aufgefundenen Straßenabschnitt – während seine überregionale Bedeutung möglicherweise durch die neuen Ost-Westverbindungen Salzburg – Augsburg und Wels – Augsburg abgelöst wurde. Aber auch noch für das Mittelalter wird hier eine letztendlich weitreichende Verbindung von Süden über Dingharting nach Straßlach und über das Hachinger Tal nach Föhring und Ismaning vermutet. Daneben bestand aber wohl bereits die Wegeverbindung am rechten Isarhochufer von Giesing – Bogenhausen – Föhring bis Ismaning, in der heutigen Au noch im Verlauf der Hochstraße zu erkennen. [6]

Die beiden erwähnten Fernverbindungen aus römischer Zeit verliefen im Norden bzw. Süden Münchens, wobei als Querverbindungen die alten Nord-Süd-Routen benutzt wurden. Die im Süden Münchens zur Römerzeit neu trassierte Straße von Salzburg nach Augsburg kreuzte die Isar südlich von Grünwald und führte weiter über Gauting und Augsburg. Nach einem Abbruch am steilen und instabilen Flussufer und dem Einsturz der Brücke im 5. oder 6. Jahrhundert wurde diese nicht mehr aufgebaut, [7] sondern neue Flussübergänge gesucht. Als Ausweichmöglichkeiten standen zur Verfügung Epolding / Mühltal bei Schäftlarn (seit dem 7. Jahrhundert) und Pullach. Spätestens im 11. Jahrhundert verfügte Pullach auch über einen Anlegesteg an der Isar für Flöße und kleine Schiffe, war also auch eine Station auf dem Wasserweg Isar und ein Warenumschlagplatz für die Orte der Umgebung. [8]

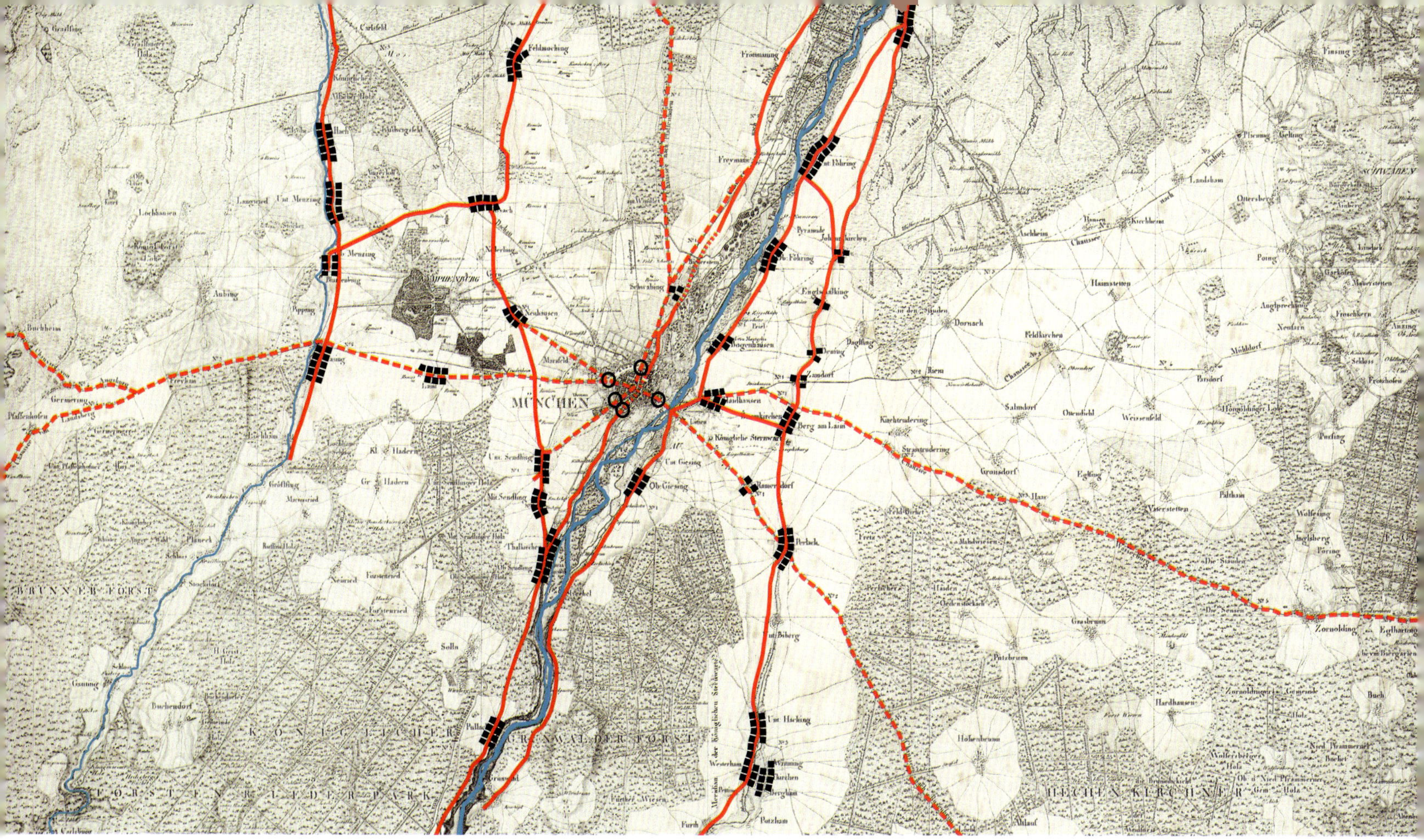

Das Straßensystem um München vor der Entstehung der Stadt (durchgehende Linien) und nach der Entwicklung des Marktes (gestrichelte Linien) sowie an den Straßenverlauf angepasste Ortsgrundrisse.

Karte nach H. Stahleder, Stadtplanung und Stadtentwicklung

Im Norden Münchens sind aus römischer Zeit mehrere Straßenvarianten der Straßenverbindung Augsburg – Wels anzunehmen, wobei ein Übergang bei Oberföhring lag, ein weiterer aber etwa bei Ismaning vermutet wird. Nördlich von Eching zweigte außerdem eine Straße in den östlichen Donauraum ab, die in karolingischer oder ottonischer Zeit durch einen Neubau ersetzt wurde, der knapp neben der römischen Trasse verlief. [9] Eine Brücke ist bei Oberföhring in römischer Zeit durch Funde bisher nicht belegt, dürfte aber existiert haben. In den folgenden Jahrhunderten wurde für den Fernhandel und hier vor allem für den Salztransport der Isarübergang bei Oberföhring genutzt, der spätestens 1158 mit einer Brücke ausgestattet war. [10]

Die Region München war also im 11. Jahrhundert von einem Netz alter Straßenverbindungen unterschiedlichster Bedeutungsgrade überzogen, die durch sie verbundenen Dörfer entlang dieser Straßen angelegt. Ausgespart blieb dabei allem Anschein nach die spätere Ost-West-Verbindung über München, die Salzstraße. Untersuchungen zum Wegesystem im Raum München erwähnen zu Recht eine an den Ortsgrundrissen erkennbare Umorientierung der Hauptstraßen, die erst nach einer neuen Trassierung und Umorientierung der Straße erfolgt sein kann, besonders deutlich zu sehen bei Perlach und Pasing. [11] Ein Zeitpunkt dieser Umorientierung kann ohne weitere Angaben nicht festgestellt werden, jedoch wird hier, ebenso wie bei allen Untersuchungen zum Straßenverlauf und deren Veränderungen, das Jahr 1158 als unveränderbarer Fixpunkt angenommen als der Zeitpunkt, an dem bei München die neue Brücke entstand. [12]

Andererseits sind aber die Ortsgrundrisse von Laim und von Haidhausen, mit Daten der Erstnennung von 1047/53 bzw. 808 eindeutig in West-Ost-Ausrichtung angelegt. Für den Westen Münchens ist eine alte Straßenführung durch Laim nach Pasing über eine Verlängerung der alten Agnes-Bernauer-Straße auf den Flurkarten erkennbar. [13] Auf der anderen Isarseite, im Münchner Osten, kommen für den Verlauf einer älteren Fernverbindung nach Salzburg zwei Trassen in Frage: einmal eine Verbindung über Rosenheim – Bruckmühl – Egmating und dann über den Höhenkirchener – Hohenbrunner- und Putzbrunner Forst Richtung München. Ab Egmating verlief diese Straße ausgesprochen ortsfern, zum großen Teil im Wald und

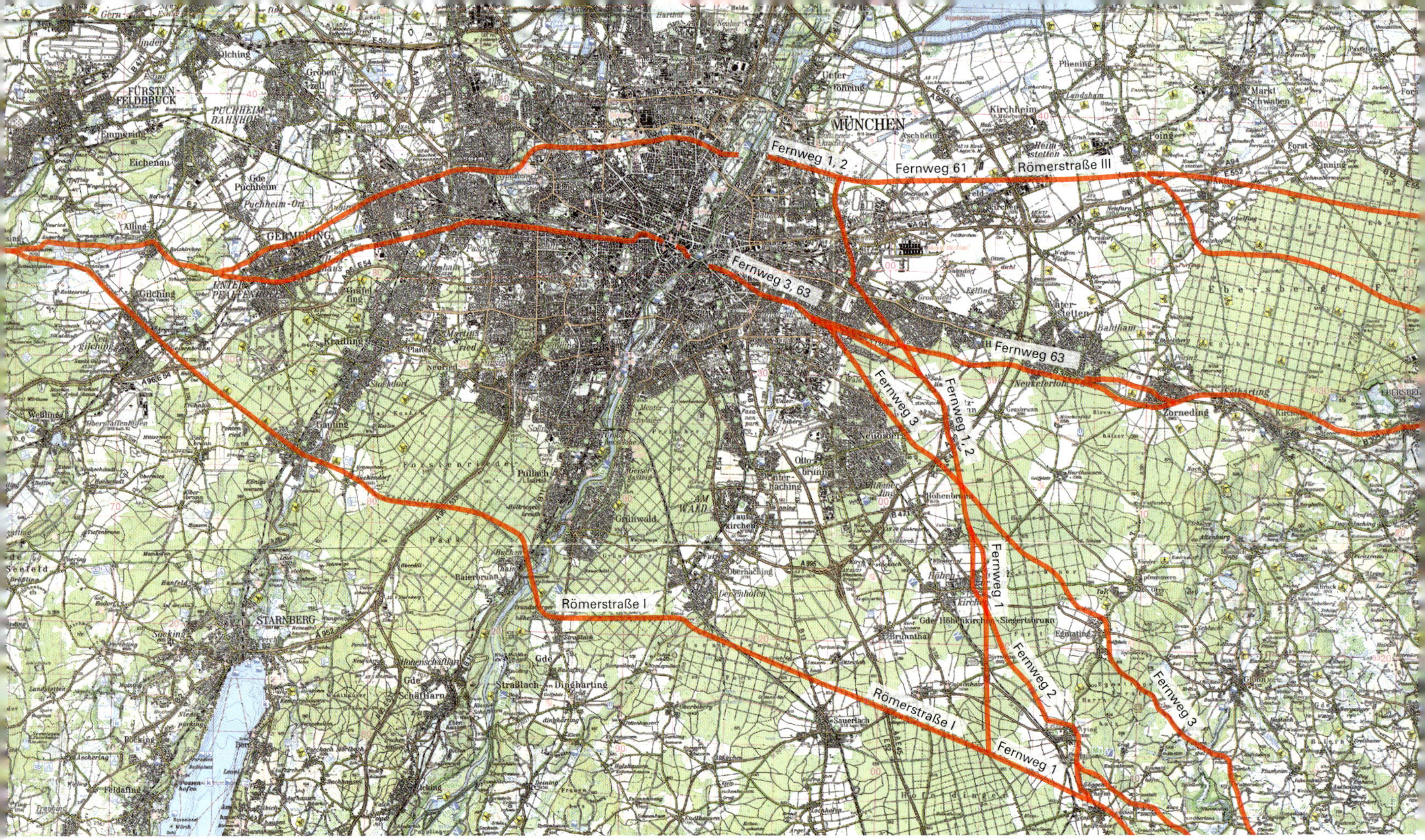

Römerstraßen und mittelalterliche Fernstraßen um München. Übernommen wurden nur die Straßen, die für München entscheidend waren.

Entnommen aus Klaus Schwarz, Archäologisch-topographische Studien

vermied die Zerstörung bebauter Äcker, war also gezielt als Fernhandelsweg angelegt worden. Die Überschneidung einiger im 12. Jahrhundert aufgegebener Äcker durch diese Straße ergibt eine Datierung in dieses Jahrhundert, genauere Aussagen sind nicht zu treffen. [14] Eine zweite Wegeverbindung führte über Wasserburg und über eine dort im 11. oder 12. Jahrhundert neu angelegte Innbrücke. Vor diesem Zeitpunkt konnte der Inn mithilfe eines seit der Karolingerzeit bestehenden Fährsystems überquert werden, eine Möglichkeit, die Reisende und Säumer auf dem bereits um 1040 existierenden Hallweg nutzten, der durch den Ebersberger Forst und dann Richtung Oberföhring führte. [15] Nach Wasserburg ist die auf München zuführende Straße über Reitmehring – Forsting – Steinhöring – Altmannsberg – am südlichen Rand des Ebersberger Forstes bis Zorneding und von hier weiter südlich der Wasserburger Landstraße bis München zu verfolgen.

Auch hier verlief der Weg lange im Wald, Flurstücke wurden gemieden und nur selten überfahren. [16] Eine Datierung dieses Weges wurde bisher auf den Brückenbau 1158 bezogen, er kann aber natürlich auch schon früher entstanden sein. Trotzdem ist es naheliegend, beide Wege mit einer Intensivierung des Fernhandels im 12. Jahrhundert in Verbindung zu bringen. Da gerade in der Umgebung Münchens die Karten des frühen 19. Jahrhunderts in Stadtnähe nicht mehr die mittelalterlichen Verhältnisse wiedergeben, lassen sich ältere Verbindungen nur sehr schwer erkennen. Eindeutig aber weist das 808 genannte Haidhausen in seiner Anlage eine Ost-West-Richtung auf und damit auf eine Entstehung an einer alten Wegeverbindung zur anderen Isarseite. Bei diesem Weg dürfte es sich um einen Übergang von eher lokaler Bedeutung gehandelt haben, der einer Kommunikation und dem Handel zwischen den an der Isar liegenden Orten diente. Mit der Belebung des Fernhandels im 12. Jahrhundert erhielt dieser alte Isarübergang eine neue Bedeutung. [17]

Das noch naturnahe Flussbett der Isar mit seinen Kiesinseln und Seitenarmen bei Ascholding.

Flussübergänge und Furten

Die zeitliche Einordnung der Straßensysteme östlich der Isar war bisher beeinflusst von der Annahme, dass erst ein Brückenbau die Überquerung des Flusses ermöglichte. Gerade diese Voraussetzung ist jedoch nicht zwingend, denn das Bett der Isar, wie man es heute kennt, entstand im Lauf der Jahrhunderte durch regulierende Eingriffe des Menschen. Als Wildwasser mit einer starken Strömung, wie heute noch im relativ naturbelassenen Abschnitt der Isar von der deutsch-österreichischen Grenze bis kurz vor Mittenwald oder auch etwas weniger ausgeprägt im Bereich der Pupplinger Au, verläuft der Fluss in einem breiten Tal mit zahlreichen Armen von geringer Tiefe und ausgedehnten Kiesbänken, die ein Überschreiten des Flusses an den verschiedensten Stellen ermöglichen. Bei jedem Hochwasser können diese Kiesbänke umgelagert werden, sich neue Verzweigungen bilden und sich die Tiefenverhältnisse ändern. [18] Daneben besteht auch die Möglichkeit, dass sich durch das Ausbleiben von Hochwasserereignissen Kiesbänke zu relativ stabilen Inseln entwickeln und sich dort zuerst Pionierpflanzen, dann niedrige Büsche und sogar Bäume ansiedeln. Bei jedem stärkeren Hochwasser aber ist die bewachsene Insel in Gefahr, zerstört zu werden, während an anderer Stelle wieder eine neue Kiesbank aufgeschüttet wird. [19]

Vor München, zwischen Schäftlarn und Thalkirchen, ist die Isar in einem engen Bett gefangen, das sich erst bei Thalkirchen wieder weitet. Kurz vor und bei München wies das Isarbett bis zur Anlage gezielter Uferverbauungen ebenfalls die für den oberen Lauf typischen Merkmale auf mit einem Unterschied: den für die mittlere Isar kennzeichnenden Auen mit ihrer je nach Häufigkeit der Überschwemmung entwickelten Vegetation. [20] Die ursprüngliche Ausdehnung des Isarbettes und der angrenzenden Auengebiete bei München dürfte dem Verlauf der Stadtbäche entsprochen haben; das Hochwasserbett der Isar reichte also vom Gasteig bis zur Sparkassenstraße. [21] Auenbereiche fand man auch später noch im Stadtteil Au, in der Hirschau und bei Thalkirchen. [22]

Entwicklung des Gewässerbetts der Isar bei Ascholding. Oben das verzweigte Gewässerbett im Jahr 1925, unten das verschmälerte Bett mit eingetieften Flussarmen 1986. Inzwischen wurde die Isar in diesem Abschnitt wieder in einen naturnahen Zustand zurückgeführt.

Entnommen der Broschüre „Flusslandschaft Isar" des Landesamts für Umwelt; Grafik: Büro Wagner, Unterammergau

Eine feste Insel als Grund für einen Brückenbau gerade bei München dürfte es also nicht gegeben haben. Auch hier fand man vielmehr die typischen Kiesbänke und weit verzweigte Flussarme und Rinnsale. Auch später noch, im 15. und 16. Jahrhundert, ist die heute Museumsinsel genannte feste Insel in ihrer jetzigen Form als Brückenstandort nicht zu finden: weder auf der München-Darstellung Wolgemuts in der Schedelschen Weltchronik von 1493 noch auf einem Kupferstich von 1556.[23] Auch in der bekannten München-Ansicht Hoefnagels von 1586 erscheinen die für die naturbelassene Isar typischen Kiesbänke, hier jedoch mit leichter Begrünung. Die erste offensichtlich dauerhafte Kiesbank ist auf dem Stadtplan Volckmers von 1613 zu sehen. Hier ist die spätere Museumsinsel ein „Whördt", eine knapp aus dem Wasser ragende Insel, die mit Büschen oder Gestrüpp bewachsen sein konnte.[24] Warum diese Insel entstand, ist gut zu erkennen: Die südliche Spitze der Insel ist mit einer Uferverbauung, einem „Beschlächt" befestigt, die Kiesbank, die sich dort befand, sollte also gesichert werden.

Bei normalem Wasserstand war die bei München in einem weiten Bett fließende Isar leicht zu überqueren. Die sich im gesamten Flussbett verteilenden Flussarme und Rinnsale dürften bei normalem Wasserstand weder für Reiter noch Wagen ein Hindernis dargestellt haben.[25] Bei niedrigem Wasserstand, also vorzugsweise im Hochsommer und im Winter, konnten selbst Fußgänger die Isar an

Die befestigte und bereits bewachsene Kiesinsel mit der Isarbrücke auf dem Plan von Tobias Volckmer von 1613

Stadtarchiv München

einigen Stellen durchwaten. Nördlich von München war dies auch noch im regenreichen frühen 19. Jahrhundert möglich: 1806 rügte Karl von Wiebeking die Verhältnisse an dem ab München unregulierten Fluss, der bei niedrigem Wasserstand einer „unfruchtbaren Kieswüste" glich. [26] Bei Hochwasser wurde ein Überqueren des Flusses an allen Stellen äußerst gefährlich, da sich dann nicht nur der Wasserstand, sondern auch die Fließgeschwindigkeit erhöhte.

Menschliche Eingriffe können gravierende Veränderungen am Flusslauf schaffen, denn die Einengung in ein schmaleres Bett bedeutet die Ausbildung dauerhafter Flussarme sowie eine allmähliche Eintiefung dieser Arme. Für München ist dabei vor allem an Mühlen zu denken, denn für das Betreiben der Mühlräder waren beständige Wasserläufe zu schaffen die aufgestaut werden konnten. Eine erste für Giesing genannte Mühle, die Schrafnagelmühle, erscheint im 10. Jahrhundert als Besitz Freisings, 1158/59 geht sie in den Besitz von Kloster Schäftlarn über. [27] Zumindest in diesem Teilbereich muss also bereits für das 10. Jahrhundert mit einer Uferbefestigung und Begradigung eines Seitenarms der Isar, des späteren Auer Mühlbachs, gerechnet werden. Auswirkungen auf das Flussbett der Isar im weiter flussabwärts gelegenen Abschnitt hatten diese Uferbefestigungen wohl nicht. Alle anderen Mühlen in diesem Bereich der Isar sind erst ab dem 13. Jahrhundert belegt.

Der Abstieg zur Isar bei Haidhausen durch das Brunntal auf dem Panorama Georg Böttgers von 1857. Die Bauarbeiten für das Maximilianeum haben bereits begonnen, der Graben wird verfüllt. Im Vordergrund die Kreppe.

Stadtarchiv München, Historisches Bildarchiv

Aufstieg aus dem Brunnthal zur Haidhauser Kreppe 1858. Im Hintergrund die noch unvollendete Kirche St.-Johann-Baptist.

Zeichnung von J. Resch
Münchner Stadtmuseum Inv. Nr. Z 775 b

Auch ohne Brücke war die Isar bei normalen Wasserständen also kein Hindernis. Vielmehr bot der Isarabschnitt ab Thalkirchen nach einer längeren Strecke, auf der Fähren für eine Überquerung benutzt werden mussten, für einen von Süden Kommenden die erste günstige Gelegenheit, über den Fluss auf die andere Seite zu gelangen. Erleichtert wurde diese Überquerung an bestimmten Stellen durch eine oder mehrere Furten. Eine Furt ist im ältesten Satzungsbuch der Stadt München um 1300 erwähnt, sie war bei den Säumern allgemein bekannt und wurde offensichtlich zu dieser Zeit benutzt, um die Brücke und damit den Brückenzoll zu vermeiden. Auch im 15. Jahrhundert und sogar noch zu Beginn des 18. Jahrhunderts war hier eine Furt zu finden.[28] Da die häufigen Hochwasser den Flusslauf immer wieder veränderten, muss es sich dabei nicht um einen konstanten Übergang gehandelt haben, der über Jahrhunderte an der gleichen Stelle zu suchen war.

Schwierigkeiten für alle Reisenden, die den Fluss überqueren wollten, bereitete der Abstieg vom hohen rechten Isarufer hinunter in das Flussbett. Vielleicht bot das Zusammenstoßen zweier Isarterrassen am Gasteig die Voraussetzung für eine günstige Abstiegsmöglichkeit,[29] auf jeden Fall aber

Preysing-Brunnhaus am Ausgang des Haidhauser Brunnthals

Gemälde von C. H. Wenng um 1830
Münchner Stadtmuseum
Inv. Nr. 51/438

musste dieser Abstieg instand gehalten werden. Einfacher könnte der Weg hinunter zum Fluss durch das Brunntal gewesen sein. Im Haidhauser Brunntal lieferte eine Quelle Wasser für einen kleinen Bach und formte einen Geländeeinschnitt, der noch auf mehreren Darstellungen des frühen 19. Jahrhunderts zu erkennen ist. Dieser Einschnitt endete an der Haidhauser „Kreppe" oder „Greppe", nach Schmeller ein vom Wasser ausgespülter Graben oder Hohlweg, der sich auch als Steig oder sogar Fahrweg eignete. [30] Die Haidhauser Kreppe wurde schließlich mit kleinen Häusern bebaut, der Brunntaler Graben aber erst mit dem Bau des Maximilianeums verfüllt. Für Reiter und Säumer mit Maultieren oder Pferden war ein schmaler Weg durch dieses Tal sicher gut benutzbar, schwieriger dürfte es für Fuhrwerke gewesen sein. (Salz und andere Waren wurden häufig auf Saumtieren transportiert.) Für das Brunntal als erste Möglichkeit oder vielleicht auch nur eine Möglichkeit des Abstiegs spricht auch der Umstand, dass einer der genannten Fernwege auf Bogenhausen hinweist und die Bebauung des alten Haidhausens sich zum Brunntal hin orientierte. Darüber hinaus führte auch die spätere Salzstraße von Wasserburg, die so genannte „Felberstraße", nicht wie heute über die Rosenheimer Straße, sondern durch die Einsteinstraße und damit direkt auf das Brunntal zu. [31]

Auf der anderen Isarseite passierte der Weg die heutige Residenz und damit den alten Burgstall, den die Münchner 1362 abbrechen sollten. [32] Hier aber liegen auch die drei Mühlen, die ab dem 14. Jahrhundert unter der Bezeichnung „Schefmühlen" auftauchen. Da der Einsatz von Schiffsmühlen in diesem Abschnitt der Isar auszuschließen ist, geben diese Mühlennamen möglicherweise Hinweise auf eine Überfahrtsmöglichkeit, die hier zu wasserreichen Zeiten angeboten wurde und die sich in den Mühlennamen erhalten hat. Das „Schef" wäre dann wie noch im 16. Jahrhundert bei Grünwald in Verbindung zu setzen mit einem Grundstück, das dem Unterhalt eines Fährmanns diente. [33]

Sowohl für aus dem Süden kommende Reisende als auch für das Aufrechterhalten regionaler Handelsbeziehungen und sozialer Kontakte zwischen den Dörfern und Höfen links und rechts der Isar stellte die Isar bei München also kein Hindernis dar. Es ist daher davon auszugehen, dass bei München seit längerer Zeit ein oder auch mehrere bekannte Übergänge existierten, die je nach Wasserstand genutzt wurden. Im 12. Jahrhundert aber bewirkten wirtschaftliche und politische Entwicklungen eine Veränderung der bis dahin befriedigenden Situation.

München mit der durchgehenden Isarbrücke auf der nicht ganz realitätsgetreuen Stadtansicht von Braun und Hogenberg, Civitates orbis terrarum, 1572. Wie auf anderen Stadtansichten des 15. und 16. Jahrhunderts ist jedoch auch hier die Isarinsel als Brückenstützpunkt kein wichtiges Detail, das mit aufgenommen werden musste.

Kolorierter Kupferstich; Münchner Stadtmuseum, Inv. Nr. P 602

Der Bau der ersten Isarbrücke

1158 wird bekanntlich der Streit zwischen Otto, Bischof von Freising, und dem Welfen-Herzog Heinrich geschlichtet, den beide um die Märkte Oberföhring und München austrugen. Markt, Zollbrücke und Münze bei Föhring werden „abgeschafft" und die zukünftigen Anteile an Zöllen und Münze von Bischof und Herzog geregelt. Dabei werden die Anteile, wie bei der Nutzung von Regalien üblich, gedrittelt: Ein Drittel der Münchner Marktzölle erhält der Bischof von Freising, zwei Drittel der Herzog; ebenso werden die Erträge der Münze gedrittelt: ein Drittel der Bischof und zwei Drittel der Herzog. Von der Freisinger Münze erhielt der Herzog ein Drittel, wobei dieses Drittel an einen Gefolgsmann des Bischofs als Lehen ausgegeben werden musste. [34] In die Übereinkunft von 1158 mit aufgenommen wurden offensichtlich alle wichtigen Einzelheiten, um die es sich lohnte zu streiten: Markt und Münze sowohl bei Föhring als auch München sowie die Föhringer Brücke. Ein Brückenzoll oder auch eine Brücke bei München sind hier nicht erwähnt. Der Hinweis auf einen Zöllner, den sowohl Bischof als auch Herzog benennen können, setzt die Existenz einer Brücke nicht voraus, da vor allem für den Markt Zölle erhoben wurden. [35]

Es ist also möglich, dass 1158 die Brücke noch nicht bestand und der Verkehr über eine regelmäßig instand gehaltene Furt geleitet wurde, für die übrigens ebenfalls Zoll verlangt werden durfte, während im Gegenzug die Erhebung von Zöllen zum Unterhalt verpflichtete. [36] Wollte man allerdings eine positive Entwicklung des „Marktes" München herbeiführen, war der Brückenbau eine Notwendigkeit, denn nur mit einer Brücke konnte auf lange Sicht eine stärkere Frequentierung der nach München führenden Straße sichergestellt werden. Zum einen kam der Brückenbau technischen Neuerungen des 12. Jahrhunderts entgegen wie der Durchsetzung des Pferdegeschirrs, mit dem ein Pferd an der Wagendeichsel befestigt werden konnte, sowie der Entwicklung der beweglichen Vorderachse zur leichteren Handhabung vierrädriger Wagen. [37] Für die im 12. Jahrhundert feststellbare Zunahme des Fernhandels mit Massengütern wie

Burgfrieden der Stadt München auf dem Plan von Mathias Paur 1724/28. Der Burgfrieden umfasste auch die Isarbrücke und die Straße am Gasteigberg, für deren Unterhalt die Stadt aufkommen musste.

Bayerisches Hauptstaatsarchiv Plansammlung 5641 a

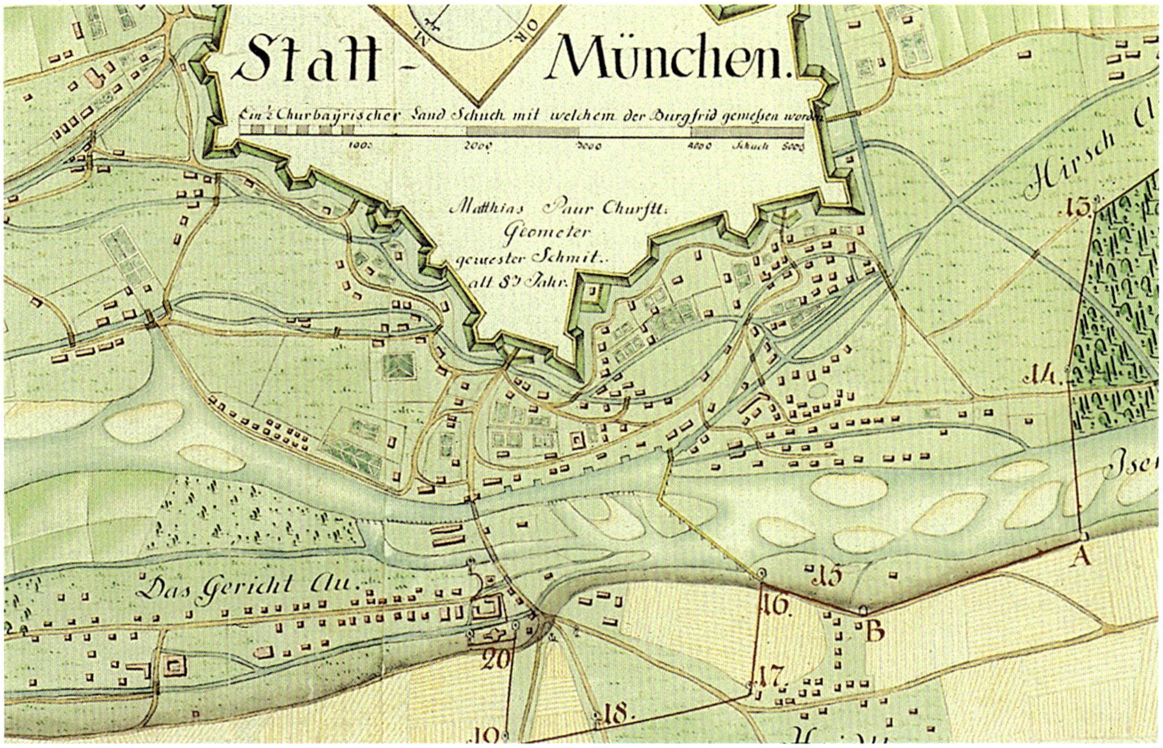

Ab 1336 nahm die Stadt selbst bzw. ein städtischer Brückenzollner den Brückenzoll ein und verrechnet von nun an in den Kammerrechnungen jährliche Einnahmen aus dem Brückenzoll mit den Ausgaben für Reparaturarbeiten. Die Zahlungen an den Bischof von 50 Pund Pfennigen blieben natürlich bestehen. [53] Mit dem Brückenzöllner ist auch in diesem Fall nicht die Person gemeint, die als Zolleinnehmer an der Brücke stand, sondern ein angesehener Münchner Bürger, der die Einnahmen und Ausgaben notierte. Seit Kaiser Ludwig dem Bayern waren außerdem Rat und Stadtrichter als Aufsichtsorgane der Brücke schriftlich festgelegt, wie auch der Rat etwa hundert Jahre später Abgeordnete für die Überprüfung des städtischen Brückenzolls stellte. [54]

Ausgaben für Zimmermannsarbeiten sind schon in den frühesten Kammerrechnungen ab 1318 genannt. Jedoch erst mit dem Übergang der regelmäßigen Brückenzolleinnahmen an die Stadt 1336 erscheinen Arbeiten an der Isarbrücke und den übrigen Münchner Brücken in den Rechnungsbüchern. [55] Ab 1367 ist dann ein Zimmermann in der Liste städtischer Amtsleute zu finden. Er war zuständig für alle Zimmermannsarbeiten im Auftrag der Stadt, wobei Bau und Reparatur der Isarbrücke einen großen Teil seiner Pflichten einnahmen. Er bezog drei bis fünf Pfund Quartembergeld und ein Pfund pro Jahr für einen Rock. Dazu kam die Bezahlung für sich, seine Gesellen und Knechte, je nach anfallenden Arbeiten; Mahlzeiten wurden ebenfalls entgolten. [56] Der ab 1394 als städtischer Zimmermann erwähnte Meister Ludwig erhielt auch in seiner arbeitsfreien Zeit eine geringe Bezahlung, von jedem Feiertag aber, den er nicht arbeitete, wurden ihm zwei Pfennige abgezogen. [57]
Bei besonders schwerer Arbeit konnte er dagegen vom Rat ein zusätzliches Geldgeschenk erhalten, so zwei Pfund Pfennige im Jahr 1397 für seine Arbeiten während des „großen Wassers". [58]
Seit der Mitte des 15. Jahrhunderts sind auch Zahlungen der Stadt für Arztrechnungen bei Arbeitsunfällen belegt, z. B. für 1450 die Bezahlung Wundarzt Tömlingers, der den Zimmermann Kristel behandelte, als dieser bei der Arbeit auf der Stadtbrücke mehrere Finger verlor. [59]

Die Floßlände mit Uferverbauungen und Rechen für die Holztrift in der Isar auf einem Stich von Michael Wening um 1700.

Stadtarchiv München, Historisches Bildarchiv

Mit Hochwasser und Brückeneinsturz hatten der Stadtzimmermann und seine Gesellen häufig zu kämpfen: In den Jahren 1367, 1371, 1373, 1379, 1397 und 1400 herrschte Hochwasser; 1367, 1371 und wieder 1400 musste deshalb die Brücke neu gebaut werden. Neben dem Stadtzimmermann, seinen Gesellen und Knechten – 1398 waren es sechs Knechte – arbeiteten aber bei Hochwasser weitaus mehr Männer an der Isarbrücke. So erhielten Flößer und Fischer den Auftrag, die Brücke während des Hochwassers im August 1379 von Ästen und Gestrüpp zu räumen, das sich an der Brücke verfangen hatte und das Wasser aufstaute. [60]
War die Brücke vom Hochwasser eingerissen, musste sie möglichst schnell wieder aufgebaut werden, an der Brücke war dann eine größere Zahl Hilfskräfte beschäftigt, darunter auch die Münchner Müller, wie 1371 der Sägmüller und der Pechsteinmüller. [61] In der Zwischenzeit fuhren Fischer in kleinen Schiffen Menschen und Lasten über die Isar, wofür ebenfalls Zoll bezahlt werden musste. [62]

Ab 1421 gab es wegen der stetig wachsenden Bauaufgaben zwei auf Lebenszeit angestellte Zimmerleute, wobei Niklas Lauterbach von 1421 bis 1450 als Stadtzimmermann und Brückenmeister bezeichnet wird, [63] vielleicht war er in diesem Bereich als Spezialist tätig. Ab 1485 waren ein städtischer Oberzimmermann und ein Unterzimmermann in München zu finden, letzterer rückte nach dem Tod seines Vorgesetzten in die Stelle des Oberzimmermanns auf und konnte auch „Nachmieter" in dessen Dienstwohnung werden. [64] Die Arbeit von beiden war jedoch nicht auf Wasser- und Brückenbau beschränkt, sondern beinhaltetete auch Tätigkeiten an der Stadtmauer oder den städtischen Gebäuden. Für die Arbeiten an der Brücke und den Hochwasserschutzbauten trugen sie jedoch eine besondere Verpflichtung, wie aus ihrer Eidformel ersichtlich ist. Brücke und Hochwasserschutz nahmen allerdings im Aufgabenspektrum aller städtischer Werkleute eine herausragende Stellung ein, die sich in deren Eid von 1465 dokumentiert. [65]

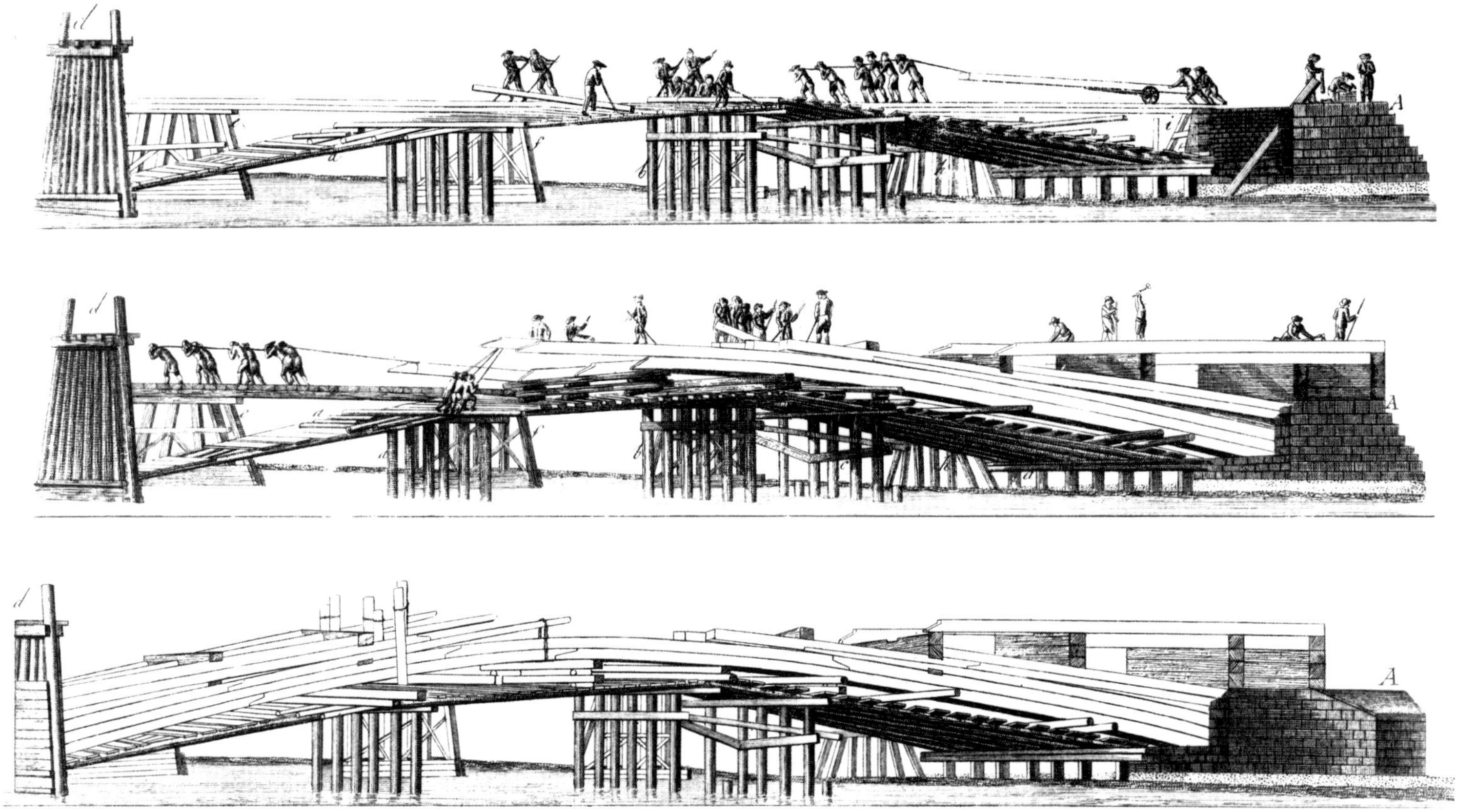

Bau der Isarbrücke bei Freising 1807. Kupferstich aus Wiebekings Atlas der Wasserbaukunst III.

Foto Deutsches Museum München

In der zweiten Hälfte des 15. Jahrhunderts mussten die Münchner Wasserbauer mehrere schwere Hochwasser an der Isar bewältigen, wobei sich diese Ereignisse gegen Ende des Jahrhunderts häuften. In besonderer Erinnerung dürfte allen Einwohnern Münchens der Sommer 1485 geblieben sein. Am 10. Juni mussten an der Uferbefestigung Zimmerleute als Nachtwachen zur Beobachtung des Wasserstands aufgestellt werden. Ab dem 21. Juni wurde an der „Wühr" (Uferschutzbauten) oberhalb der Isarbrücke gearbeitet, die Isar bedrohte also die niedrig gelegenen Gebiete. Nun verstärkte man auch die Nachtwachen, denn die Gefahr war noch nicht vorüber. Ein nächster Höhepunkt des Hochwassers scheint am 8. Juli in München angekommen zu sein, denn noch einmal werden in der Stadtkammer Zahlungen für Nachtwachen vermerkt sowie die Mitarbeit einiger Wagenknechte des Hofs bei Fuhrdiensten, wahrscheinlich um Erde zur Verstärkung von Uferschutzbauten an die gefährdeten Uferstellen zu fahren. Eingetragen ist auch die Bezahlung von Stadtzimmermeister Jakob und 27 Knechten für Arbeiten an der Wühr ober- und unterhalb der Isarbrücke. Das Hochwasser hielt die Stadt wohl bis zum 21. Juli in Atem, also länger als einen Monat, denn an diesem Tag werden die letzten Zahlungen für Nachtwachen abgerechnet. Bis in den August waren Stadtzimmerleute und Arbeiter damit beschäftigt, die Folgen des schweren Hochwassers zu beseitigen. Kaum waren die Arbeiten abgeschlossen, bedrohte am 9. Oktober erneut ein Hochwasser München, das offensichtlich weniger Schäden verursachte.[66]

Die Konstruktion der Isarbrücke war genormt, Breite und Dicke des Brückenbelags zwischen zwei Jochen im Stadtrechtsbuch von 1340 festgehalten, wobei man sich schon zu dieser Zeit auf lange bekannte Vorgaben berief. Durch Jahrhunderte blieb die Brücke in ihrem Aussehen erhalten, nach jedem Hochwasser wurden beschädigte Teile in der überlieferten Weise ersetzt oder die ganze Brücke neu gebaut. Als einfache Pfahl- oder Jochbrücke unterschied sich die Münchner Brücke nicht von vielen anderen Brücken dieser Bauart:[67]

Als Verbindung zwischen zwei Jochen hatten sechs „Enspaem" (Holzbalken) von je 10,8 m Länge zu liegen und darauf wieder die „prugkladen" (Deckbretter), bestehend aus einem 24er Floß (ein Floß, bestehend aus 24 Baumstämmen), zugeschnitten auf Bohlen von 16 Schuh (bei einem Schuh zu 26,9 cm) Länge. Die Brücke wies also eine Breite von fast viereinhalb Meter auf. Auch die Höhe der Brückenjoche war vorgegeben: Bei Mittelwasser, also bei Normalwasserstand, sollte ein auf einem Floß die Brücke passierender Mann mit seinem ausgestreckten Arm die Trägerbalken nicht berühren können. [68] Aussagen über die Brückenbrüstung sind nicht enthalten, zeitgenössische Darstellungen sind nicht unbedingt verlässlich; sie zeigen in den meisten Fällen ein einfaches Holzgeländer.

Auch zu Befestigungsanlagen vor der Brücke am rechten Isarufer finden sich nur wenige Hinweise. In den Kammerrechnungen von 1337 werden Arbeiten für eine nicht näher beschriebene Befestigungsanlage auf der rechten Isarseite erwähnt. Später ist davon nichts mehr in den Quellen zu finden, es könnte sich also um eine vorübergehende Anlage gehandelt haben. [69] Auf der anderen Seite, dem linken Isarufer, erscheint das „torhäusl" mit einem Wächter auf der Isarbrucken 1421 und 1471 in den Kammerrechnungen, auch auf der München-Ansicht von 1493 ist dieses Torhäusl zu sehen, das 1501 erneuert wurde. In den Jahren 1517 bis 1519 baute man den neuen Isarturm mit Fensterläden, die Jan Pollack mit Ölfarbe strich. Seine rote Farbe gab dem Turm später den Namen „Roter Turm". [70]

Wührbauten an der Isar und in den Stadtbächen sind in den frühesten Kammerrechnungen und in den Rechtssätzen zwischen 1295 und 1313 belegt. Zu dieser Zeit waren die Münchner bereits mit Uferverbauungen und der Regulierung der Stadtbäche beschäftigt. So soll Holz auf dem Mühlbach (dem Großen Stadtbach bzw. dem Westermühlbach) nur bis zur Angermühle getriftet werden und wer dabei an die neue Wühr stößt, in diesem Fall möglicherweise den Senkbaum an der Einfahrt in den Bach, der muss Strafe zahlen. [71] Auf größere Arbeiten an Wührbauten verweisen auch die in den Kammerrechnungen erwähnten Floßankäufe.

Bei normalem Wasserstand ist die Isar mit Flößen befahrbar, wenn es auch sicher sehr viel Erfahrung bedurfte, in dem sich ständig verändernden Flusslauf die richtige Fahrrinne zu finden. Da die Isar offensichtlich häufig einen selbst für Flöße zu niedrigen und unzuverlässigen Wasserstand aufwies, arbeiteten die Münchner wohl schon um 1330 an einer Fahrrinne für die wasserarme Zeit. Für diese „notferte" zahlten die Regensburger einen hohen Betrag als Beihilfe und Regensburger Kaufleute waren deshalb von Abgaben für diese Arbeiten befreit, während alle anderen Reisenden Zoll für die Nutzung der Fahrrinne bezahlen mussten. [72] Für eine Verbesserung der Fahrt auf dem gefährlichen Oberlauf der Isar reiste der Münchner Stadtzimmermeister sogar bis nach Fall, um dort zusammen mit einem Flößer die Arbeiten zum Entschärfen der gefährlichen Stellen zu beaufsichtigen. Ein Saumpfad an der Isar bis nach Fall wurde ebenfalls von den Münchnern unterhalten und im Bedarfsfall baute man sogar Brücken wie z. B. 1368 über den Walchen, den Rißbach und den Grintel. [73]

Daneben wurde aber spätestens seit der 2. Hälfte des 14. Jahrhunderts darauf geachtet, eine beständige Kiesbank bei der Isarbrücke zu erhalten, denn das Entnehmen von Kies zum Kalkbrennen auf dem „Gries" zwischen Isarbrücke und Wühr war nicht gestattet. [74] Durch die gezielten Wührbauten der städtischen Werkleute zum Schutz der Ufer oder auch wiederholte Aufschüttungen im Isarbett können beständigere Kiesinseln und Wörthe entstanden sein. Ob es sich bei den Kiesaufschüttungen tatsächlich um Inseln handelte, ist zu bezweifeln; die Darstellungen von Schedel und Amman zeigen, wie schon erwähnt, keine Isarinseln. Ein beschlächtetes und damit langlebigeres Wöhrt als Standpunkt für ein Joch der Isarbrücke erscheint erst auf dem Stadtplan von 1613. Die linksseitige Fahrrinne der Isar für Flöße ist bereits bei Georg Hoefnagels Ansicht von 1596 als auch auf dem Plan Volckmers deutlich zu erkennen. Ein rechter Isararm existiert jedoch nicht, die Isar spaltet sich zu dieser Zeit noch in mehrere schiffbare Nebenarme und neben der späteren Museumsinsel erscheint eine zweite Kiesbank, die Au ist in diesem Bereich deshalb wesentlich schmäler.

Die Hochbrücke im Tal mit Rossschwemme und offenem Zugang zum Bach auf dem Panorama Georg Böttgers vom Petersturm, 1858.

Stadtarchiv München, Historisches Bildarchiv

Die Begehbarkeit der Stadt

Der enge Stadtkern Münchens lag auf dem Hochufer, also oberhalb des von Stadtbächen durchzogenen Bereichs. Brücken waren in dieser ersten Stadt also nur vor den Stadttoren für eine Überquerung des Wehrgrabens nötig. Mit dem Bau der neuen Mauer für die Stadterweiterung vor 1289 [75] blieb dieser Graben als innerer Stadtgraben erhalten und war auch weiterhin mit Wasser gefüllt. Damit mussten auch die Brücken unter den alten Stadttoren erhalten bleiben und sie finden sich durch die Jahrhunderte in den Brückenverzeichnissen der Stadt: die Brücke am Rindermarkt, auch genannt Pütrichsbrücke für den Zugang von Sendling her, die Brücke am Kaufinger Tor, 1338 auch genannt „pons apud macellum" nach der dort errichteten Fleischbank, die Brücke unter dem Inneren Schwabinger Tor in der Dienerstraße, möglicherweise auch die Brücke in der Weinstraße und die Brücke zum Türlinsbad im Schlichtinger Bogen. [76] Der Zugang zur Stadt war allerdings nur möglich nach der Überquerung des Laimbachs sowie des Kaltenbachs über die Kaltenbach- oder Hochbrücke. [77]

Mit den Stadterweiterungen und dem Bau der neuen Mauer seit dem Ende des 13. Jahrhunderts bis zum Jahr 1338 [78] kamen weitere Brücken über den neuen Graben vor den Stadttoren dazu: die Brücken vor dem Schwabinger Tor am heutigen Odeonsplatz, dazu die Brücke am Angertor, bereits genannt 1320, [79] die Brücke vor dem Kaufinger Tor und die Brücke

Das Sendlinger Tor mit der Hauptbrücke über den Stadtgraben.

Radierung von D. Quaglio, 1812
Historischer Verein von Oberbayern

„verberiorum et gragnawe" (Brücke der Färber und Graggenau), womit eine Brücke in der Nähe des Wurzertores bzw. Kosttores gemeint sein dürfte. Die genannten Brücken zusammen mit der alten Brücke vor dem Inneren Schwabinger Tor wurden 1338 instand gesetzt. [80] Da alle diese Brücke über einen Befestigungsgraben führten, könnten die Arbeiten mit der Fertigstellung des Stadtgrabens zusammenhängen. Daneben waren natürlich auch das Sendlinger Tor und das Isartor mit Brücken ausgestattet. [81] Alle Brücken, selbst die Brücken vor den vier großen Stadttoren, waren aus Holz, spätestens seit dem Ende des 14. Jahrhunderts war ein Teil als Schlagbrücke beweglich. [82]
Die Unterhaltspflicht für alle Brücken im Stadtbereich lag seit der frühesten Zeit sicher bei der Stadt. Eine Ausnahme bildeten – neben der Isarbrücke – die erwähnte Laimbrücke und die Brücke über den Kaltenbach, aber auch diese gehen wohl zusammen mit der Isarbrücke 1337 in die Unterhaltspflicht der Stadt über. Beide Brücken finden sich auch im städtischen Brückenverzeichnis von 1494. [83]

In der ersten Hälfte des 14. Jahrhunderts werden Brücken, die nicht im Zusammenhang mit den Stadtgräben oder der Straße im Tal stehen, in den Stadtkammerrechnungen nicht genannt. [84] Es kann wohl davon ausgegangen werden, dass der Ausbau der innerstädtischen Wege im Bereich der Stadtbäche erst in der zweiten Hälfte des 14. Jahrhunderts begann. Für das Ende des 15. Jahrhunderts nennt das Brückenverzeichnis dann 49 Brücken und 30 Stege, die von der Stadt instand zu halten waren,

Das Schwabinger Tor mit der Brücke über den Westlichen Stadtgrabenbach.

Aquarell von 1812
Historischer Verein von Oberbayern

dazu noch zwölf Waschbänke, zehn Stiegen und sechs „lurel", möglicherweise Gesimse zum Wasserholen. [85] Diese Brücken und Stege waren sowohl innerhalb der Stadtmauer als auch vor der Stadt zu finden, auf den Wegen, die zu Mühlen und den städtischen Werken an Bächen führten. Auch noch am Ende des 15. Jahrhunderts war der größte Teil der Brücken aus Holz, denn es wird nur eine einzige gewölbte Brücke genannt. [86]

Sowohl der Kaltenbach als auch die Hochbrücke stellten bis in das 19. Jahrhundert ein Problem für die Anlieger dar, denn der Wasserspiegel des Bachs lag angeblich sogar höher als die Straßenoberfläche des Tals. Schon bei kleinen Stauungen lief der Bach über und sein Wasser überschwemmte nicht nur das Tal, sondern auch die Keller der umstehenden Häuser. Der Namenswechsel von Brücke am Kaltenbach in Hochbruck ab dem Jahr 1395 könnte mit dem Bau einer gewölbten Brücke zusammenhängen, wie sie auch später auf allen Abbildungen zu sehen ist. Das Brückenverzeichnis von 1494 erwähnt sie als Hochbruck ohne weitere Beschreibung und erst im Brückenverzeichnis von 1562 ist sie ausdrücklich als gewölbt, also gemauert erwähnt. [87]

G.v.D. f.

Der Zugang zur Stadt 1500 – 1800

Die städtischen Brückenmeister

Hochwasserbekämpfung und Uferschutzbauten wurden in den folgenden Jahren zu einer der wichtigsten Aufgaben der Stadtzimmerleute, da Hochwasser manchmal im Abstand von einem Jahr oder auch nur wenigen Monaten auftrat. Es dürfte jedoch weniger auf diese Folgen der im Zuge der „Kleinen Eiszeit" zunehmenden Niederschläge zurückzuführen sein, dass die Stadt 1536 einen zweiten Unterzimmermann anstellte, dem wenig später unter der Bezeichnung „Wasser- oder Brückenmeister" die Sorge um Münchens Brücken und Uferschutzbauten übertragen war. [88] Diese Spezialisierung des neuen Brückenmeisters ist wohl eher im Zusammenhang mit einer Ausweitung des Aufgabenspektrums städtischer Zimmerleute zu sehen, das mit der Einrichtung neuer Brunnen in der Stadt und dem Ausbau des städtischen Wasserleitungsnetzes nach dem Bau des Brunnhauses am Gasteig ab 1511 eine deutliche Ausdehnung erfuhr. [89]

Ab 1540 wird Anton Peysser als städtischer Wasser-, Wühr- und Brückenmeister genannt. Er bezieht vierteljährlich drei Gulden und hat eine Dienstwohnung vor dem Isartor. Sein Eid verpflichtet ihn dazu, sämtliche Brücken, Uferwehre und dergleichen „Wassergebäu" laufend instand zu halten. Dabei darf er kein Baumaterial verschwenden und nur so viele Arbeiter einstellen, als die unvermeidliche Notdurft erheischt. Stadteigenes Material soll er nicht für andere Zwecke verwenden. [90] Noch zu Lebzeiten Anton Peyssers, Verfasser des Brückenverzeichnisses von 1562, wird im selben Jahr, am 12. April 1562, sein Nachfolger eingestellt, Paulus Hintermayr, gelernter Zimmermann. Hintermayr war verpflichtet, auf den Rat Anton Peyssers zu hören, wurde also von diesem angelernt und sollte auf dessen Stelle erst nach dem Tod Peyssers nachrücken. Wahrscheinlich war er, ebenso wie Peysser, zur handwerklichen Mitarbeit verpflichtet, eine ausdrückliche Befreiung des Brückenmeisters von Handarbeit ist erst ab 1571 erwähnt. Zu seinen Aufgaben gehörte auch die Beaufsichtigung des Ablasses, also der Zuleitung zum Großen Stadtbach, und die Vermeidung von Überschwemmungen. Im Winter hatte er dafür zu sorgen, dass die Bäche nicht zufroren. Seine Bezahlung erfolgte in wöchentlichen und vierteljährlichen Raten, dazu standen ihm pro Jahr ein gewisses Quantum Korn, Brennholz, ein guter Rock und eine mietfreie Wohnung zu. [91]

Häufige Hochwasserereignisse beunruhigten die Münchner auch noch in der ersten Hälfte des 16. Jahrhunderts. Im Abstand von nur wenigen Jahren, manchmal auch nur ein Jahr später, kam es zu den üblichen Sommerhochwassern, 1524 und 1535 auch zu Hochwasser im Winter. Mit dem Hochwasser im Dezember 1535, bei dem auch der Eisgang Schäden verursachte, war jedoch die Periode häufiger Überschwemmungen und hoher Wasserstände vorbei. Bis 1640 verzeichnen die Kammerrechnungen Hochwasser seltener, dazwischen lagen relativ lange hochwasserfreie Abstände von zehn oder auch fast 20 Jahren. [92] Dafür kam es im August 1598 an Mariae Himmelfahrt, am Montag früh um sieben Uhr ohne ersichtlichen Anlass zu einem plötzlichen Ansteigen der Isar und zu einem der schlimmsten Hochwasser in der Geschichte Münchens, das auch mehrere Todesopfer forderte. Wie später behauptet wurde, war die Ursache ein Wolkenbruch, der weiter im Süden niedergegangen war. Die Au und der gesamte Bereich vom Isartor bis zur Isarbrücke wurden zu einem See, in der Au mussten einige der Bewohner sogar auf die Bäume klettern, um sich in Sicherheit zu bringen. Die Strömung war dabei so stark, dass sie Gegenstände, aber auch Vieh und Menschen mit sich riss, die Isarbrücke aber hielt stand. [93] Am 27. September 1608 dagegen konnte die Isarbrücke dem Hochwasser nicht mehr widerstehen, ein Brückenteil vor dem Roten Turm stürzte ein und riss mehrere Menschen mit in den Tod. [94]

Für schwierige oder auch umfangreiche Arbeiten holte man Wassermeister von auswärts, so z. B. nach dem schweren Hochwasser von 1566, als es zu starken Abrissen am neu gebauten Ablass, also dem Beginn des Großen Stadtbachs, oberhalb der Stadt gekommen war. Mindestens sechs auswärtige Werkmeister hielten sich in den folgenden Monaten hier auf, einige der auswärtigen Meister blieben bis 1568 in der Stadt, es handelte sich also um wirklich große Baumaßnahmen. [95]

Die erste steinerne Brücke über die Isar und den Auer Mühlbach.

J. G. von Dillis, Ausschnitt
Stadtarchiv München,
Historisches Bildarchiv

Die Brücke am Einlass. Das Einlasstor entstand 1582 als Zugang für Reisende und Bürger, die München erst nach dem Schließen der Stadttore erreichten.

C. A. Lebschée, 1866
Historischer Verein von Oberbayern

Einer der auswärtigen Palliere, ein Zimmermann aus Kössen, sollte 1569 eine Stelle als Münchner Wassermeister antreten, aus unbekannten Gründen kam es jedoch nicht dazu. [96] Die Arbeiten an den Brücken, besonders an der Isarbrücke, konnten sehr gefährlich sein: 1588 fielen zwei Männer von der Isarbrücke und mussten von den Wundärzten der Stadt behandelt werden, einer der Männer lag mehrere Wochen darnieder. 1592 verletzten sich vier Zimmerleute und Tagwerker bei einem Austausch der Brückenjoche. Selbstverständlich wurden die Kosten für die ärztliche Behandlung von der Stadtkasse übernommen. [97]

Spätestens ab 1571 war der Wasser- und Brückenmeister gemäß seines Bestallungsbriefes von der Handarbeit befreit, [98] auch wenn dies in der Realität vielleicht nicht so gehandhabt wurde. Er hatte aber bei allen Arbeiten anwesend zu sein und die Arbeiten seines Palliers und seiner Zimmergesellen zu beaufsichtigen, vor allem wenn es sich um Einrichtungen wie eine neue Wühr, um Beschlächte, Brücken, Ablässe oder Laugbretter handelte. Es war ihm auch nicht mehr wie früher erlaubt, zusätzlich private Aufträge anzunehmen, damit er wichtige Arbeiten für die Stadt nicht versäumte. Seine Gesellen mussten vom Oberbaumeister oder den Stadtkämmerern begutachtet und ihre Anstellung bestätigt werden. Wie alle mit städtischen Bauarbeiten Beauftragte erhielt er seine Anweisungen von den Stadtkämmerern und dem Oberbaumeister, die er auch zu den samstäglichen Besprechungen treffen musste. [99] Der Oberbaumeister war seit dem 17. Jahrhundert Angehöriger des Inneren Rats aus einer Familie der Münchner Bürgerdynastien (z. B. im Januar 1691 ein Ferdinand Hörl) und seit den 70er Jahren des 17. Jahrhunderts akademisch gebildet, was jedoch in dieser Zeit vorzugsweise ein Studium der Jurisprudenz bedeutete, nicht aber eine Ausbildung als Architekt. [100] Für die Isarbrücke zuständig war außerdem der Oberzimmermann, der durch seinen Unterzimmermann vertreten werden konnte und im Übrigen unter den gleichen Bedingungen wie die Wassermeister bei der Stadt beschäftigt wurde. [101]

Der Bau zusätzlicher Brücken in der Stadt und in ihrem Umfeld ist im Wesentlichen mit dem Ende des 15. Jahrhunderts und dem Brückenverzeichnis von 1494 abgeschlossen. Alle jüngeren Verzeichnisse sowohl des 16. als auch des 17. Jahrhunderts führen etwa die gleiche Zahl an Brücken auf.
Erst im 18. Jahrhundert entstanden wieder einige neue Brückenbauten.[102] Eine Ausnahme bildet der „Totensteg", ein Steg, der über den Westermühlbach zum 1563 neu angelegten Friedhof führte, den heutigen Alten Südlichen Friedhof. Der Totensteg stellt auch noch in anderer Hinsicht eine Besonderheit dar – er war einer der wenigen Stege oder Brücken, die einen Namen trugen, die meisten Brücken wurden nach ihrer Lage bei einem Gebäude bezeichnet und führten keinen eigenen Namen.[103]

In der Stadt empfand man den Bau weiterer Brücken offensichtlich nicht für dringlich, auch wenn der relativ breite Angerbach nur an vier Stellen auf einer Holzbrücke zu überqueren war und der Bach den späteren Oberanger auf diese Weise in zwei Teile zerschnitt, in ein „rechtes Ufer" und ein „linkes Ufer".[104] Vielmehr konzentrierten sich die Arbeiten der Brückenmeister auf eine Verbesserung bereits bestehender Übergänge. Bis 1562 waren sämtliche Brücken an den vier Haupttoren aus Stein gebaut, ebenso einige Brücken über große Stadtbäche im Bereich des Zwingers wie z. B. am Wurzertor über den Katzenbach oder auch zwischen Angertor und Sendlinger Tor über den Angerbach.

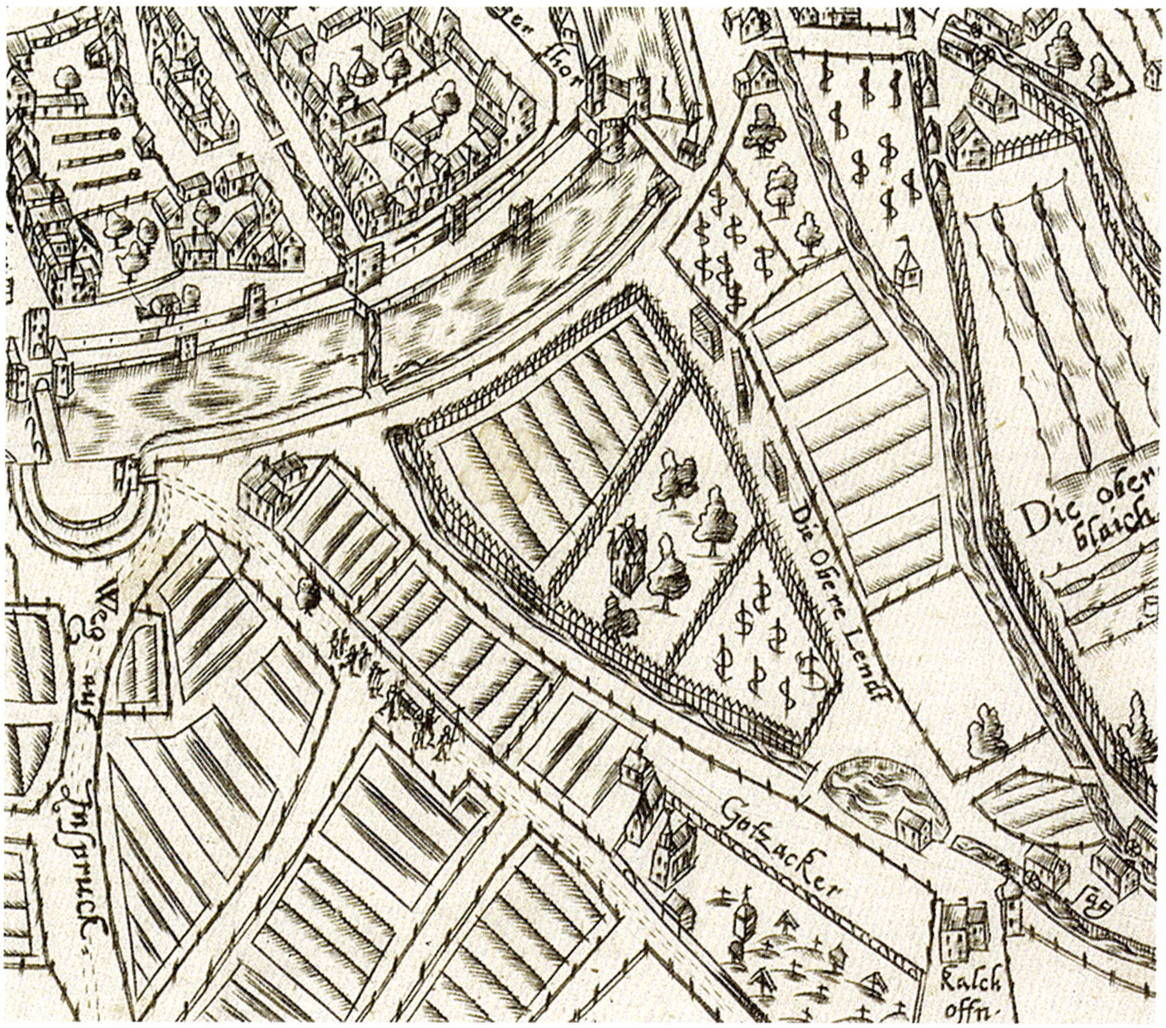

Der Gottesacker mit dem Totensteg bei der Oberen Länd auf dem Stadtplan Tobias Volckmers von 1613.
Stadtarchiv München

Einfacher Steg für Fußgänger am Sendlinger Tor.

Karl Hohfelder nach einer Vorlage von J. A. Stephan von 1775
Historischer Verein von Oberbayern

Auch die Brücken über den Färbergraben- und den Hofgrabenbach an den ehemaligen Stadttoren der ältesten Stadtbefestigung sowie die Brücken über den Pfisterbach bei St. Peter waren inzwischen aus Stein „gewölbt". Die Brücken an den drei Nebentoren dagegen, am Wurzertor, am Angertor und am Schiffertor waren weiterhin aus Holz, jedoch mit Kieselstein, dem in München üblichen Straßenpflaster belegt. [105]

In den städtischen Brückenverzeichnissen sind nur Brücken erfasst, die von der Stadt und ihren Werkleuten zu unterhalten und zu reparieren waren, Brücken im Bereich des Hofs werden hier nicht erwähnt. Peinlich genau wird auch unterschieden zwischen städtischen und privaten Bauwerken. Brücken, die auf bürgerlichen Grundstücken errichtet wurden, gab es sicher in großer Zahl, sowohl in den großen Mühlenbetrieben als auch in den Gärten vor der Stadt. Sie erscheinen allerdings ebenfalls nicht in den Verzeichnissen, obwohl die Stadt vor jedem Brückenbau eines Bürgers ihre Zustimmung geben musste, die Unterhaltspflicht aber bei dem jeweiligen Besitzer lag. Nur in ganz wenigen Fällen teilten sich Stadt und Hausbesitzer Kosten und Arbeitsaufwand wie bei der Hochbruckmühle, deren Müller einen der beiden Stege samt Geländer zu unterhalten hatte, während die Stadt für den Fußgängersteg vor der Mühle zuständig war. [106]

Von Herzog Maximilian I., der seit seinem Regierungsantritt 1594 den Ausbau der Landesverteidigung forcierte, sah sich der Münchner Rat 1602 gedrängt, die mittelalterliche Stadtmauer der modernen Kriegsführung anzupassen. Zur besseren Verteidigung sollten nach den Wünschen des Herzogs an allen Stadttoren neue Schlagbrücken angebracht werden, ein Wunsch, dem die Stadt sehr zögerlich und erst nach langem Drängen nachkam. [107]
Die neue Stadtbefestigung Maximilians I. brachte für die Stadt zwar neue Brücken in den Wallanlagen, eine Verpflichtung zum Unterhalt dieser neuen Brücken bestand jedoch nicht, sie gehörten zum Aufgabenkreis des Hofs. Auch die Anlage des Triftkanals mit dem Holzgarten war ebenso wie die Errichtung herzoglicher Mühlenbetriebe und Hammerwerke seit dem 16. Jahrhundert inner- und außerhalb der Stadt Angelegenheit des Hofs, der damit verbundene Brückenbau und Brückenunterhalt Sache des Hofbauamts oder des Triftamts.

Angesichts einer gleichbleibenden Anzahl städtischer Brücken für öffentliche Verkehrswege ist es nicht verwunderlich, dass sich Münchner, die ein Anwesen in der Nähe eines Baches besaßen, darum bemühten, die Zugänge, Zufahrten oder auch Hinterausgänge ihrer Häuser selbst zu verbessern. Wie viele dieser Privatbrücken während des 16. und 17. Jahrhunderts entstanden, ist nicht mehr festzustellen, denn nur ein kleiner Teil der Anträge zum Bau privater Brücken hat sich erhalten. Für die von der Stadt genehmigten Eingaben erhielt der Antragsteller einen schriftlichen Nachweis, der ihm und seinen Nachkommen das Recht zum Brückenbau, aber auch die Verpflichtung zum Unterhalt dieser Brücke bestätigte, so z. B. einem Bierbrauer, der 1653 einen Steg über das kleine Bächl im Tal, das „Räckl" errichten wollte. [108]

Häufig standen bei diesen Vorhaben zur Errichtung einer Brücke die Interessen der Nachbarn den Wünschen der Hausbesitzer entgegen, denn bessere Möglichkeiten zum Überqueren der zahlreichen Bachläufe boten natürlich auch unerwünschten Besuchern eine gute Gelegenheit, in Häuser einzubrechen. [109]

Wollte ein Brückenbesitzer an seiner Brücke Reparaturarbeiten vornehmen oder sie gar neu bauen, konnte dies für ihn schwierig werden, denn häufig war es nötig, für die Brückenarbeiten den jeweiligen Stadtbach abzulassen. Wie lange aber eine Genehmigung zum Bau auf sich warten ließ, musste Franz Caspar Baron Schmid erfahren, Bewohner eines Hauses an der Roßschwemm.
Ein Vorbesitzer seines Hauses, Georg Ligsalz von Berg, hatte 1581 eine vom Garten des Hauses über die Roßschwemm führende Brücke erweitern lassen, um sie auch für Fahrten benutzen zu können. Diese Brücke aus Holz ließ der Vater des Barons einreißen, aufmauern und noch einmal erneuern, als sie baufällig geworden war – auch gewölbte Brücken hatten also eine relativ kurze Lebensdauer. Baron Schmid hatte nun festgestellt, dass die Brücke wieder einmal baufällig war und ersuchte um eine Genehmigung, für die Zeit des Abbruchs und den Neubau der Brücke – er rechnete mit zwei Tagen – den Roßschwemmbach trocken zu legen. Da der Hofpfister diesen Bach benutzte, war zuerst dieser zu verständigen, auch der Oberbaumeister musste zustimmen, der Wasserbaumeister tätig werden... Zusätzlich zu der in den Akten enthaltenen Genehmigung zum Neubau der Brücke findet sich die kurze Bemerkung: „interim ist die Pruggen eingefallen". [110]

B.
C.
D.
A.
E.
F.
F.
F.
K.
K.
G
H

Abrechen und Röhrenbrücke

Münchens zweite „Isarbrücke" war nicht gedacht als eine weitere Möglichkeit, den Fluss trockenen Fußes zu überqueren, sie entstand aus einem Auffanggitter für Brennholz. Für den Holztransport aus den herzoglichen Wäldern im Isarwinkel nutzte man die Isar. Langholz, das für eine Weiterverarbeitung in Schreinereien oder Zimmereien gedacht war, wurde zu Flößen gebunden und auf der Isar bis München gefahren. Auf Flößen transportierten die Münchner auch ihre Holzkohle, die sie nach den Waldschenkungen Herzog Albrechts IV. im Jahr 1498 im Gericht Bad Tölz an Ort und Stelle in Kohlemeilern brennen ließen. Für die wachsende Menge an Brennholz, die der Hof benötigte, wurde gegen Ende des 16. Jahrhunderts eine andere Möglichkeit gewählt, die Holztrift. In kleinerem Rahmen übten die Münchner die Holztrift bereits während des Mittelalters aus und es war ihnen ausdrücklich gestattet, in den ihnen zur Nutzung überlassenen Waldgebieten im Isarwinkel „Klausen, Lendt und Rechen" einzurichten, um das Holz an einen für die Weiterverarbeitung geeigneten Platz zu transportieren. [111]

Die in einem kleineren Bereich ausgeübte Methode, gefällte Baumstämme über Bäche und Auffangbecken, den Klausen, von den Bergen ins Tal zu transportieren, wurde ab Ende des 16. Jahrhunderts in weitaus größerem Rahmen umgesetzt. Für Brennzwecke bestimmte Baumstämme transportierte man zur Isar oder Loisach und warf sie dort in den Fluss. Auf der Höhe der heutigen Mariannenbrücke war ein Auffanggitter angebracht, der Rechen, an dem sich die Bäume sammelten und von Holzarbeitern aus dem Fluss gezogen werden konnten. Bauarbeiten am Abrechen sind ab etwa 1585, seine Fertigstellung für 1587 belegt, starkes Hochwasser zerstörte jedoch dieses Auffanggitter.
In der Folgezeit entstand zwischen einer Kiesbank etwa in Höhe der späteren Praterinsel und dem linken Isarufer ein sehr solides Bauwerk, das stark genug war, Hochwasser und schwere Baumstämme auszuhalten. Andererseits aber musste die Durchfahrt für Flöße frei bleiben, eine äußerst schwierige Aufgabe für Wassermeister Hans Reifenstuel, der wohl für die Konstruktion verantwortlich war.

Die Wasserleitung aus dem Brunntal über Röhrensteg und Abrechen auf einer Zeichnung von Mathias Hilger 1688.

Bayerisches Hauptstaatsarchiv, GL Fasz. 2635, Nr. 130

Als ein zweiter Schritt folgte dann bis 1606 der Bau des Triftkanals, über den die Baumstämme in den so genannten Holzgarten getriftet werden konnten. Die für den landesherrlichen Holzbedarf so nützliche Einrichtung war nicht zur Freude von allen gebaut. Besonders die Flößer ärgerten sich über die neue Einrichtung, denn der Abrechen stellte nun auch eine Sperre dar, die ein Floß erst passieren durfte, wenn das Zollgeld bezahlt und das Münchner Stapelrecht ausgeschöpft war. Ein nächtliches Umgehen der Münchner Zollstation war nun nicht mehr möglich. [112]

Anlass für eine Fortsetzung dieses Übergangs auf das andere Isarufer war der Ausbau der Wasserversorgung für die Residenz mit dem Brunnhaus im Brunntal. Dieses Brunnhaus war spätestens 1599 in den Besitz der Herzöge Maximilian I. und Wilhelm V. übergegangen. Das im Brunnhaus gewonnene Wasser wurde zuerst in den Wasserturm hochgepumpt, anschließend zum herzoglichen Wasserturm am Gasteig geleitet, von dort, wie auch das städtische Brunnwasser, in einer Röhrenleitung über die Isarbrücke geführt und schließlich weiter entlang des Stadtgrabens und zum Kosttor geleitet. Diese umständliche Art der Wasserführung konnte Hofbaumeister Heinrich Schön wesentlich verbessern, denn er machte den Vorschlag, das Wasser über eine Verlängerung des Abrechens sozusagen „in gerader Linie" zur Residenz zu führen.
Schöns Vorschlag wurde dankbar angenommen und ihm für seine gute Idee sogar 1643 ein Wasserbrief für Wasserbezug aus dem Hofbrunnwasser ausgestellt. [113]

1632 zerstörten die auf der rechten Isarseite lagernden Schweden Brunnhaus und Wasserleitung und 1633 mussten deshalb umfangreiche Arbeiten vorgenommen werden. 1688 sollte die Wassergewinnung aus den im Brunntal entspringenden Quellen weiter verbessert werden und der zuständige Baumeister Mathias Hilger illustrierte seine Bauvorschläge mit einem sehr anschaulichen Plan, aus dem man gut das Aussehen der beiden Brückenteile erkennen kann. [114] Für Arbeiten am Abrechen und an der Röhrenbrücke waren beide mit einem Gangsteig versehen, es war also möglich,

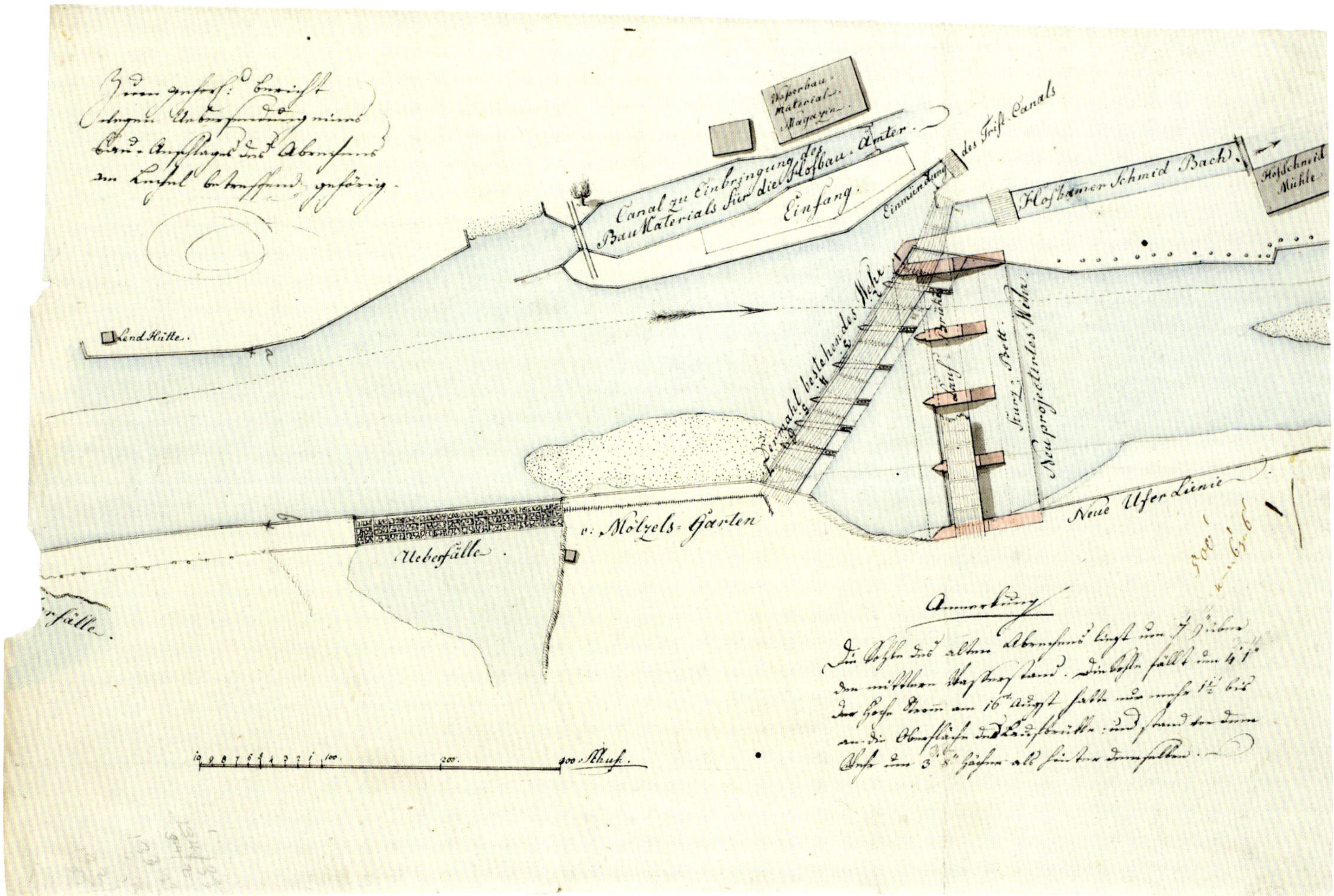

Vorschlag von Joseph Baader zum Bau eines neuen Wehres am Abrechen 1805

Bayerisches Hauptstaatsarchiv, GL Fasz. 2635, Nr. 126

über den Abrechen auf die Kiesbank und von dort weiter auf die andere Isarseite zu gelangen. Um die Holzvorräte im Holzgarten vor Dieben zu schützen, war diese Brücke mit einem Gatter versehen und nur sehr wenige Menschen hatten dazu einen Schlüssel. [115]

Die Brücke war also nicht für den allgemeinen Fußgängerverkehr gedacht, sowohl Haidhauser als auch Bogenhauser mussten, um in die Stadt zu gelangen, den Umweg über die Ludwigsbrücke gehen. Im Jahr 1744, als österreichische Truppen auf der anderen Isarseite lagerten, sollte sich diese Verbindung an das rechte Isarufer als unglücklich erweisen. Um die Stadt vor den feindlichen Truppen zu schützen, forderte der Stadtrat am 30. April den Abbruch des Abrechens. Dies wollte der Hofrat allerdings verhindern, denn mit dem Abbruch wäre auch die Röhrenleitung und damit die Wasserversorgung der Residenz empfindlich beeinträchtig gewesen. Wie befürchtet, versuchten die feindlichen Truppen am 6. Mai über den Abrechen vor die Stadt zu gelangen, unter Umgehung der befestigten Isarbrücke. Da man in München nur wenige „Schützen und Jäger" zur Verteidigung der kleinen Brücke aufbieten konnte, musste der Abrechen den Österreichern überlassen werden, die nun auf diesem Weg auch die Brücke eroberten. Daraufhin war die Isarpassage auch für die Kavallerie offen und „Panduren und Husaren" richteten nach einem Bericht von Bürgermeister Reindl im Lehel ein fürchterliches Blutbad an. [116]

Übergabe der Stadtschlüssel an König Gustav Adolf von Schweden am 17. Mai 1632 auf einem Stich von Mathäus Merian 1644. Die Isarinsel wird inzwischen als Brückenstandort genutzt, zur späteren Praterinsel besteht bereits ein Verbindungssteg.

Stadtarchiv München, Historisches Bildarchiv

Die Isar als Landesgrenze

Nicht nur aus militärischen Gründen blieb die Münchner Isarbrücke lange Zeit die einzige nutzbare Brückenverbindung über die Isar zwischen Bad Tölz und Freising. Den Bau weiterer Brücken verhinderten vor allem wirtschaftliche Interessen. Eifersüchtig wachten sowohl die Stadt München als auch der kurfürstliche Hof darüber, dass alle für den Handel bestimmten Waren nur über die vorgegebenen Zollstationen transportiert wurden, wo der kurfürstliche oder der Münchner Zoll zu kassieren waren. Selbst Fähren bewachte man aus diesem Grund und als der Wolfratshauser Pfleger der kurfürstlichen Hofkammer meldete, dass bei Schäftlarn angeblich Schweine und „andere Sachen" mit der Fähre transportiert wurden, sahen sich die Untertanen bei Beigarten und der Fährmann selbst einer Befragung ausgesetzt. Letzterer gab an, er habe solche Überfahrten „nur von Tag zu Tag" und dabei handle es sich um Geschäfte für die Herren im Kloster, also innerhalb der klösterlichen Hofmark. Alle anderen Transporte seien ihm von den Herrn Prälaten strengstens verboten. Er hätte auch alle Zeit dieses Verbot befolgt und kein Vieh übergesetzt „außer bei Hochwasser", wenn man der Gefahr halber „mit Ross, Vieh und Schwein" nicht nach Wolfratshausen hatte gelangen können. [117] Wie diese Erklärung aufgenommen wurde, lässt sich nicht mehr nachvollziehen, jedoch ist offensichtlich, dass die bestehenden Fährverbindungen für Schmuggel genutzt wurden, falls dies nur irgend möglich war.

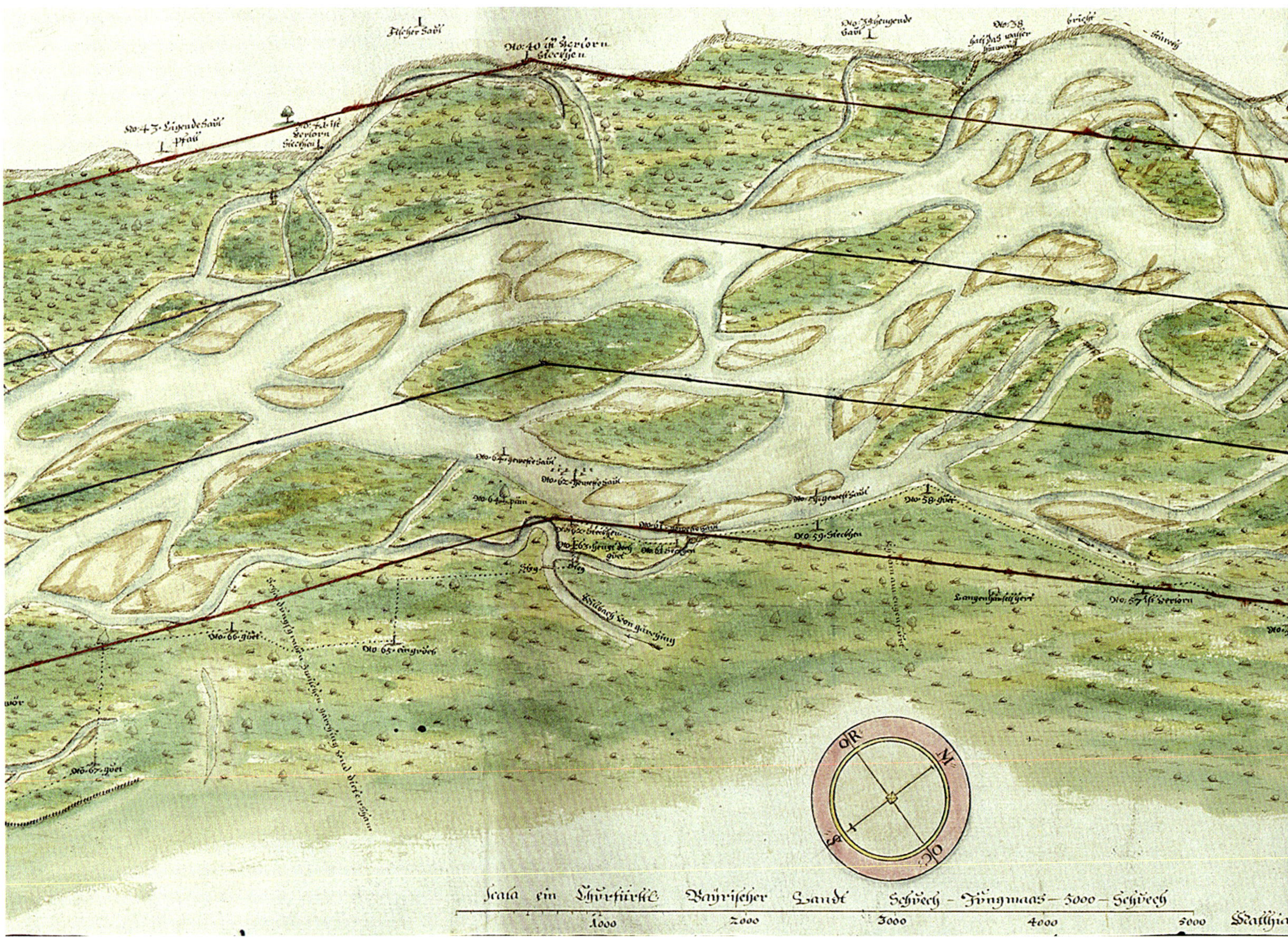

Dabei war eine Kontrolle des Flussübergangs nicht immer leicht, denn wie schon erwähnt, gab es zwischen Thalkirchen und Freising mehrere Möglichkeiten, den Fluss auch ohne Fähre zu überqueren. Der bei der Ausleitung des Auer Mühlbachs bereits seit dem Mittelalter angebrachte Auer Senkbaum war sicher mit einem Arbeitssteg versehen, den auch ortskundige Fußgänger nutzen konnten, falls sie den Weg durch das anschließende Gries nach Thalkirchen zu finden wussten. [118]

Eine weitere Möglichkeit zur Überquerung des Flusses, wenn auch nicht trockenen Fußes, stellten Furten dar. Neben der genannten Isarfurt beim Radlwirt (Lilienstraße 42) gab es anscheinend südlich von Freimann eine Furt, denn der Bach bei St. Emmeram trägt den Namen Furtbachl. Südlich von Dirnismaning dagegen weist der Name „Furtgeräumt" auf einen alten Übergang. Im Norden von Dirnismaning kannte man ebenfalls eine Möglichkeit, die Isar zu überqueren; hier wird hingewiesen auf „ain engen Furt". [119]

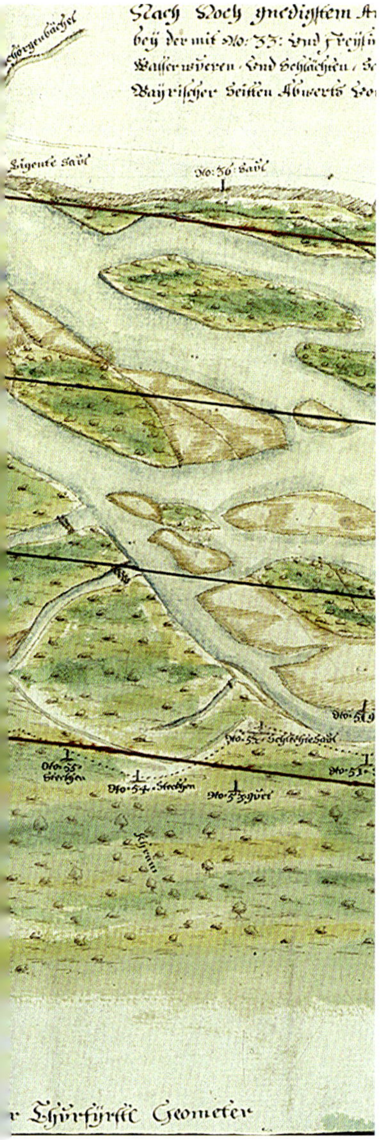

Die Isar zwischen Garching und Dietersheim im Jahr 1716 auf einem Plan von Mathias Paur. Oberhalb der Windrose der Hinweis auf eine „enge Furt".

Bayerisches Hauptstaatsarchiv, Plansammlung 662

Natürlich konnte der Fluss nach jedem Hochwasser seinen Lauf verlegen und es musste eine neue Furt gesucht werden. Es bedurfte also einer gewissen Ortskenntnis, sich der Furten zu bedienen, auch wenn ein Überqueren der Isar in diesem Teilabschnitt einfach war, da sie hier in einem breiten Bett verlief und jeder Arm bei normalem Wasserstand nur wenig Wasser führte. Über Jahrhunderte hinweg lagen die Untertanen des Freisinger Bischofs und des bayerischen Kurfürsten außerdem im Streit um den Lauf der Isar, denn jedes Hochwasser riss wertvolles Land mit sich fort, wenn die Isar, durch Hochwasserwühren abgelenkt, auf das gegenüberliegende Ufer drückte. Sowohl Bayern als auch Freisinger versuchten daher, die Fließrichtung der Isar auf die andere Seite zu lenken und damit für sich selbst mehr Boden zu gewinnen, ein Streit, der auch im 18. Jahrhundert noch nicht beigelegt war und erst mit der Säkularisation enden sollte, als das Hochstiftsgebiet an Bayern fiel. [120]

Für Schmuggler und auch für Bauern wie die Bogenhausener, die ihr Vieh auf der Fähre oder durch eine Furt zu den Weiden auf der anderen Isarseite brachten, mochte der Übergang relativ einfach sein, für offizielle Warentransporte war er dies nicht, denn für sie stellte die Isar einen besonders sensiblen Abschnitt der Landesgrenze dar. Als nun 1695 Kurfürst Max Emanuel einen Lehmacker auf der Lössebene des Hochstifts erstand, um dort Ziegel für seinen Schlossbau gewinnen zu lassen, musste eine Möglichkeit gefunden werden, das Baumaterial über die Isar zu bringen, wollte man lange Wege vermeiden. Am 8.1.1689 beschritt der Kurfürst den offiziellen Weg und traf mit dem Bischof von Freising ein Abkommen zum Bau einer Brücke bei Dirnismaning. Über diese Brücke durfte nur der auf der anderen Isarseite gestochene Lehm transportiert werden. Fuhren keine Wagen mit Lehm über die Brücke, war sie versperrt. In Dirnismaning wurde der Lehm in einer kurfürstlichen Ziegelei zu Ziegeln verarbeitet und anschließend über den Schlosskanal nach Schleißheim gebracht. [121]

Trotz der Tatsache, dass diese Brücke bereits 1690 baufällig war und schwankte, nutzte sie doch der Kurfürst von Köln für seine Reise von Freising nach München – auch zu dieser Zeit ging man Risiken für den kürzesten Weg ein. 1695 jedoch wurde die Brücke für die Lehmtransporte nicht mehr benötigt und abgebrochen. [122] Auch für eine offizielle Fähre als Verbindung zwischen Hochstift und Bayern, die der Bischof von Freising zwischen Garching und Ismaning 1764 errichten lassen wollte und für die er eine Genehmigung erbat, verweigerte man am kurfürstlichen Hof die Zustimmung. Die Errichtung einer Fähre (Farmb) wäre sehr zum Nachteil, warnte die Hofkammer den Münchner Rat, „da hierdurch viele Defraudationen und Kontrabanden nebst anderen polizeiwidrigen Abschleiffungen in den nämlichen Distrikt" vorkommen würden. Man soll es daher nicht auf Neuerungen ankommen lassen, sondern bei dem alten Herkommen bleiben." [123]

Bei dieser Haltung ist es nicht verwunderlich, dass vom Hochstift eine Absage kam, als 1799 von bayerischer Seite eine Brücke bei Ismaning beantragt wurde. Um den österreichischen Truppen, die sich in München und seiner Umgebung aufgehalten hatten, einen möglichst raschen Abzug zu ermöglichen – man wollte natürlich Plünderungen vermeiden – wurde unter der Leitung des Oberst und General-Chaussee-Direkteurs Adrian von Riedl von Dachau aus entlang des Schleißheimer Schlosskanals eine Militärstraße nach Ismaning gebaut, die dann über die Isar nach Riem und weiter in das Oberland hätte führen sollen. Die Brücke war als Notbrücke mit zwölf Jochen geplant, acht davon im Wasser, die restlichen vier auf dem Land. Die Pfeiler waren nur aus Fichtenholz, nicht aus Eiche wie bei dauerhaften Brücken üblich. Da sich Hochstift und Kurfürstentum nicht auf die Bedingungen einigten, musste nach etwa vier Monaten der Bau eingestellt werden. [124]

Die Teilung des Flussraums

Angesichts der strikten Weigerung zwischen München und Freising, eine weitere Isarbrücke zu tolerieren, sollte zumindest die Brücke in München eine verlässliche Konstante darstellen. Das Gegenteil war der Fall. Mit dem Beginn des 18. Jahrhunderts mussten auch die Münchner die Isar immer häufiger über rasch errichtete Notbrücken überqueren, denn kaum war die Isarbrücke nach einem Hochwasser oder mutwilliger Zerstörung aufgebaut, wurde sie schon wieder verbrannt, eingerissen oder erneut durch ein Hochwasser zerstört. Den Zeitgenossen präsentierte sich also die Isarbrücke häufig als Baustelle.

Nach der Niederlage des Kurfürsten bei Donauwörth am 2. Juli 1704 verwüsteten die kaiserlichen und die englischen Truppen das Land zwischen Lech und Donau, zwischen Iller und Amper. Zahlreiche Menschen flüchteten in das befestigte München, um sich hier in Sicherheit zu bringen. Während die Kurfürstin und ihr Gefolge die Stadt Richtung Burghausen verließen, wartete man in der Stadt auf die Ankunft der Soldaten, legte Vorräte an und rüstete sich zur Verteidigung. Zuerst zwischen Sendlinger Tor und Schwabinger Tor, schließlich um die ganze Stadt wurden Häuser und Gärten abgebrochen, Holz von der Holzlände auf die Kiesinseln in der Isar und vor den Gottesacker an der Thalkirchner Straße verlegt, eine Forderung nach Abbruch aller Mühlen

Erstürmung der Isarbrücke und des Roten Turms durch die aufständischen Bauern am 24. Dezember 1705.

Lithografie nach einer Vorlage von P. Elmer
Historischer Verein von Oberbayern

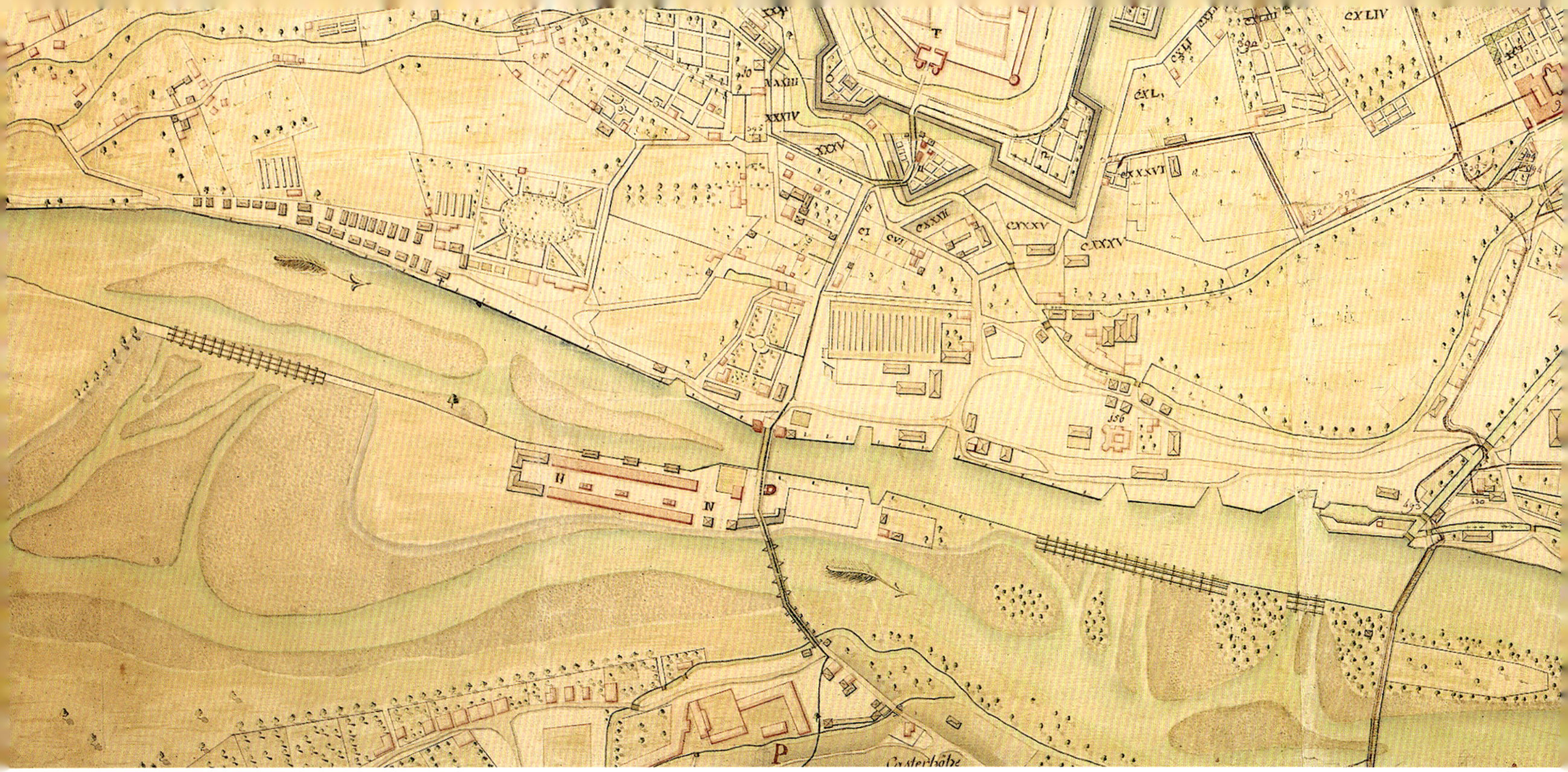

Die Kaserneninsel mit der geteilten Isarbrücke sowie den Oberen und Unteren Überfällen auf dem Stadtplan von Maximilian de Groth 1748. Zu erkennen sind auch die steineren und hölzernen Joche der Brücke über die Kleine Isar.

Bayerische Staatsbibliothek

im Vorfeld der Stadt konnte gerade noch zurückgewiesen werden. Sämtliche Bürger waren aufgerufen, sich an den Schanzarbeiten vor der Stadt zu beteiligen. Für den Stadtgraben vor dem Isartor forderte der Hofkriegsrat den Bau einer neuen Schlagbrücke. [125]

In fliegender Eile – teilweise auch in der Nacht – arbeiteten die Zimmerleute an der Brücke. Während der Arbeiten führte über den Graben eine Notbrücke, die später abgerissen wurde. Ende Juli war die Schlagbrücke in einer Länge von 12 Schuh und in einer Breite von 21 Schuh fertig gestellt. Sie bestand aus acht Eichenstämmen, der Belag aus einem Unterboden in Fichtenholz, darauf eine Schicht „Kott“ (Erde), in die Pflastersteine versenkt wurden. In eigens in den Turm geschlagenen Mauerlöchern befestigte man schließlich auch Halterungen für die Zughölzer zum Aufziehen der Brücke. [126] Nach der Niederlage des Kurfürsten und der verbündeten Franzosen bei Höchstädt im August 1704 forderten die Sieger bei den anschließenden Friedensverhandlungen die Entfestigung Münchens. Österreicher lagerten in großer Zahl vor den Toren und drohten mit einem Blutbad; die Stadt wurde kampflos übergeben und die Österreicher zogen in München ein – die Schlagbrücke war also vorerst nutzlos. [127]

Während des legendären Kampfes der Bauern aus dem Oberland gegen die Österreicher an Weihnachten 1705 konnten die kämpfenden Bauern immerhin über die Isarbrücke bis zum Roten Turm vorrücken und diesen einnehmen. Da die Münchner aber nicht wie erwartet den Oberländern ihre Tore öffneten, mussten diese vor der Stadt bleiben. Um sich hier vor den Österreichern zu schützen, zerstörten die Bauern die Isarbrücke (bzw. zumindest die Querhölzer). In der so genannten „Sendlinger Mordweihnacht“ gelang es den Österreichern jedoch, die Isar bei einer Furt in der Nähe des Radlwirts zu überqueren, den Bauern in den Rücken zu fallen, sie einzukreisen und viele von ihnen zu töten. [128] Die Isarbrücke musste anschließend von den Münchnern repariert werden.

1723 beschloss die Stadt den Bau einer steinernen, also einer dauerhaften Brücke über die Isar. Dabei sollte jedoch nicht mehr eine durchgehende Brücke entstehen, sondern zwei getrennte Brücken. Grundlage dieser Planungen war eine veränderte Situation im Fluss und die Entstehung einer festen Insel, der späteren Museumsinsel. Verbauungen an der Isar zur Regulierung des Isarwassers sind, wie schon erwähnt, bereits mit den ersten Kammerrechnungen belegt. Später schufen die Münchner sogar eine eigene Fahrrinne, die direkt auf die untere Lände zuführte.

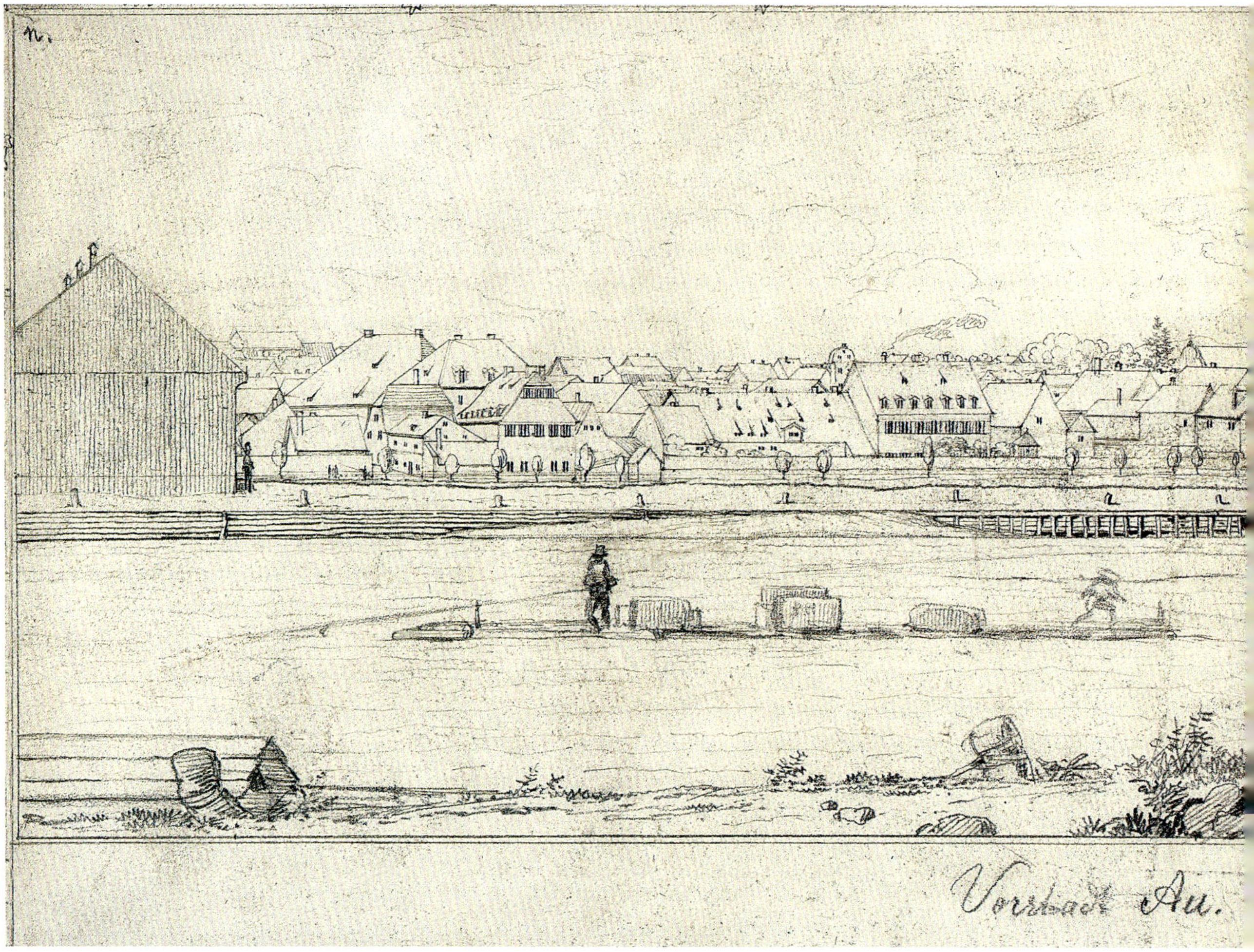

Blick auf die Oberen Isarüberfälle und die Vorstadt Au auf einer Zeichnung von Carl August Lebschée, 1823. Links im Bild die von einem Soldaten bewachte Isarkaserne an der Inselspitze.

Historischer Verein von Oberbayern

Weitere Arbeiten am Fluss wurden nötig, um die zahlreichen Mühlenbetriebe über die Stadtbäche mit Wasser zu versorgen und dabei die Wassermenge möglichst konstant zu halten. Dabei gerieten die Münchner mit den Mühlenbesitzern in der Au in Konflikt, denn während die Münchner zwar versuchten, möglichst viel Wasser in ihre Stadtbäche und zu den Mühlen zu leiten, sollte Hochwasser ferngehalten werden. Seit dem 17. Jahrhundert wurden die Wasserstreitigkeiten häufiger, sowohl Münchner als auch Auer errichteten größere Wühren, um den Wasserzufluss nach ihren Bedürfnissen zu regeln: die Münchner das Hauptwehrbeschlächt auf der rechten Isarseite vom Ausfluss des Auer Entenbachs bis hinunter zur Isarbrücke, die Auer ein Streichwehr von der Anschlusstelle des Mühlbachs hinüber nach Thalkirchen, ein Wehr, das die Münchner bald zerstörten. Der Wasserstreit zwischen Auern und Münchnern wurde auch noch im 18. Jahrhundert ausgetragen, ein Streit, der sowohl mit gewalttätigen Auseinandersetzungen als auch prozessualen Lösungsversuchen ausgetragen und doch nie befriedigend beigelegt wurde. [129]

Für die Bildung der Isarinseln entscheidend war wohl das von den Münchnern errichtete Hauptwührbeschlächt, an dem ab 1683 gearbeitet wurde und für das auch noch in den Jahren nach 1688 Kosten von mehreren 100 Gulden jährlich anfielen. [130] Dieses Beschlächt erfüllte zwei Aufgaben: eine Befestigung des Ufers am Bereiter Anger in der Au, übrigens im Besitz der Stadt München, und ein Abdrängen des Wassers auf die linke Seite des Flussbettes zur Sicherstellung der Floßrinne. Die zwischen Bereiter Anger und Isarbrücke in den Fluss gerammte Wühr, die sog. „Oberen Überfälle", war so tief gelegt, dass der rechte Seitenarm der Isar normalerweise fast trocken lag und nur bei Hochwasser das überschüssige Wasser aufnahm. Nördlich der Brücke war bereits früher eine Fortsetzung des Wehres angebracht worden (sie ist auf Volckmers Plan von 1613 gut sichtbar), das auch hier den Fluss einengte und einen bei geringer Wassermenge trockenen Flussarm schuf. Kies und Sand lagerten sich hierdurch leichter an bereits bestehenden Kiesbänken, dem „Gries" an, die sich nun nicht mehr nach jedem Hochwasser verlagerten. [131]

Die Beständigkeit der Kiesinsel oberhalb der Brücke war zudem mit Verboten des Kiesabbaus an dieser Stelle gefördert. Auf den Kiesbänken entstand Bewuchs, das „Gries" wurde zum „Wörth" mit niedrigem Bewuchs.[132] Spätestens seit dem Ende des 17. Jahrhunderts wurde das „Wöhrl oberhalb der Isarbrücke" mit Bauschutt aufgefüllt und damit nicht nur vergrößert, sondern auch befestigt. Bereits ab 1711 wählte man die Insel zwischen Großer und Kleiner Isar, also dem linken und rechten Isararm, als Standort einer Kavallerie-Kaserne, die „Isarkaserne". Damit die Insel nicht bei starkem Hochwasser wieder verschwand, musste sie mit einem „Beschlächt" befestigt werden,[133] womit jedoch auch der Lauf der Isar beschleunigt wurde, und die Isar, die nun nicht mehr nach den Seiten ausweichen konnte, ihr Bett immer tiefer in den Untergrund eingrub.

Mit der Entstehung fester Inseln in der Isar waren neue Voraussetzungen für den Brückenbau geschaffen: Anstatt unberechenbarer Kiesbänke, die keinen verlässlichen Standort boten und daher eine Brücke erforderten, die in einem Zug über die Isar führte, bildete die neue Insel einen festen Untergrund, auf dem die Widerlager errichtet werden konnten. Es ist zu vermuten, dass bereits nach 1705, als die Isarbrücke während der Kämpfe beschädigt wurde, zwei getrennte Brücken aus Holz als Ersatz entstanden. Ein Bauwerk aus Stein hatte man bisher aufgrund des sich ständig verändernden Flussbettes vermieden, nun aber glaubte man, die Insel fast in der Mitte des Flusses für den Bau einer soliden Steinkonstruktion nutzen zu können. Beginnen wollte man mit dem einfacheren Bau, der äußeren Brücke vom rechten Isarufer bis zur Insel, denn dieser Arm der Isar, die Kleine Isar, führte weniger Wasser als der linke Arm. Miteinbezogen in die Konstruktion war auch der Auer Mühlbach und die über den Bach führende Straße sollte in einem eleganten Schwung über Kleine Isar und Auer Mühlbach den Gasteig hinauf geleitet werden.

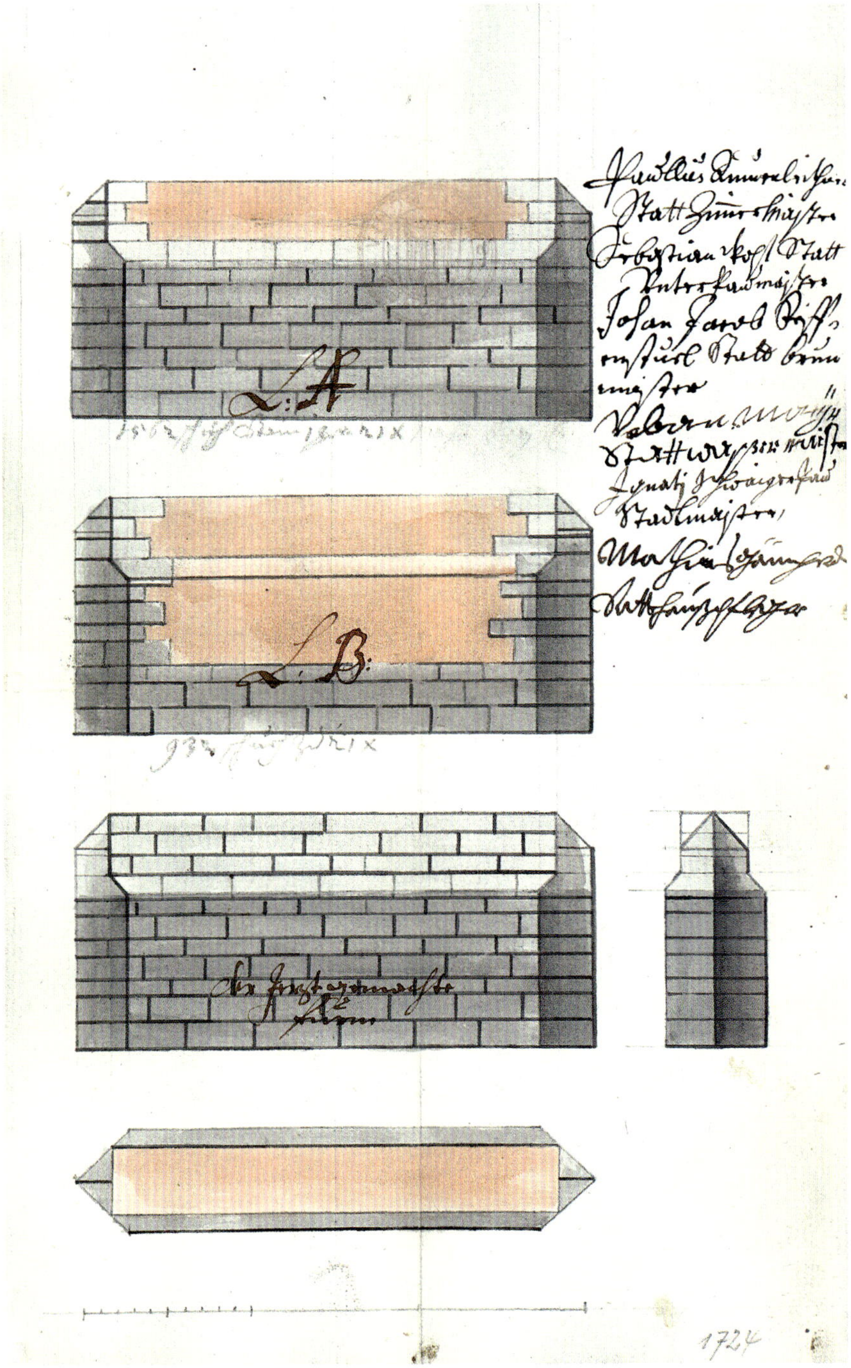

Vorschläge von Stadtmaurermeister Johann Mayer für den Bau der steinernen Brückenjoche 1724. Erhalten sind auch die Unterschriften aller städtischen Werkmeister.

Stadtarchiv München

Für den Bau der neuen Brücke war Stadtmaurermeister Johann Mayr verantwortlich. Bei der Festlegung der Brücken- bzw. Fahrbahnbreite orientierte sich Mayr angeblich an der Regensburger Donaubrücke. Für die Brückenpfeiler entwarf er drei Vorschläge, die den Stadträten die Möglichkeit gaben, je nach Haushaltslage zwischen kostengünstigen und teuren Modellen zu wählen: Auf einer Gründung durch Rammpfähle mit Faschinenflechtwerk und Holzrost sollten die Pfeiler entweder als reines Ziegelwerk erstellt werden, aus einem Mischwerk aus Ziegeln und Naturstein oder aber ganz aus Naturstein, dem „Lenggrieser Marmor". Wie es scheint, wählten die Räte Mayrs zweiten Vorschlag, denn Ende Januar 1724 meldete Mayr anlässlich eines Baustellenbesuchs, dass der erste Pfeiler nun fertig gestellt sei, aufgemauert mit „Quaterstucken" und in der Mitte mit 500 Ziegelsteinen und „inzwischen gemachter Mertl-Bänder." [134]

Die großen Mengen an Naturstein hoffte die Stadt aus dem Steinbruch des Grafen Hörwarth zu erhalten, der sich allerdings für seine Zusage die Mithilfe von Stadtmaurermeister Mayr bei der Planung eines Kalvarienbergs in seiner Hofmark bei Lenggries sichern ließ und der Stadt die Kosten für den Bau anzulasten dachte. Dies alles, so der Graf, sollte allein für die Ehre Gottes geschehen, er selbst verlange nichts – außer das Nachlassen des Bergschillings. Während man auf Seiten der Stadt sich schließlich dazu bereit erklärte, immerhin das Frontispiz zu bezahlen, sagte Mayr zwar seine Mitwirkung zu, konnte sich jedoch später nicht mehr daran erinnern und musste schließlich von den Stadträten aufgefordert werden, seinen Verpflichtungen, für die er angemessen bezahlt wurde, auch nachzukommen. [135]

Ab Beginn des Jahres 1723 wurden schließlich die für den Bau benötigten Steine von den Steinbrechern im Hörwarthischen Steinbruch gebrochen und von Lenggrieser Bauern zur Isar gefahren. Der weitere Transport auf der Isar nach München sollte dann auf Flößen geschehen. Da jedoch der erste Transport durch ein stärkeres Hochwasser verhindert wurde, traten Verzögerungen ein. Der eigens nach Tölz gereiste Stadtmaurermeister konnte weder Bauern für den Transport noch Flößer finden, die bereit waren die Steine nach München zu flößen. [136]

Vorschlag von Stadtmaurermeister Johann Mayr zum Bau einer steinernen Bogenbrücke über die Große Isar 1725.

Stadtarchiv München

Auch mit dem Stadtmaurermeister hatte die Stadt eine etwas unglückliche Wahl getroffen. Zwar attestierte man ihm sehr gute fachliche Qualitäten, daneben aber eine nicht geringe Neigung zum Trinken. Nicht nur wirkte sich die Trunksucht des Stadtmaurermeisters äußerst nachteilig auf sein Gedächtnis aus – getroffene Vereinbarungen und empfangene Aufträge waren rasch vergessen – er war auch nicht dazu imstande, den von ihm im August 1725 geforderten Kostenplan zu erstellen, da er zum vereinbarten Zeitpunkt zu bezecht war. [137]

Trotzdem waren im Juni 1725 fünf Joche und ein halbes aufgemauert. Anlässlich eines Ortstermins wurde festgestellt, dass man für die Fertigstellung der Brückenbögen das sechste Joch stärker würde bauen müssen. Sämtliche Werkmeister beschlossen nun aber, die Baumaßnahmen hier abzubrechen und die restlichen Brückenpfeiler nicht mehr in Stein mauern zu lassen, hatte man doch die Überquerung des Auer Mühlbachs erst vor zwei Jahren erneuert. Diese sieben Joche aus Eichenholz waren noch in sehr gutem Zustand und „mögen noch ganz sicher 30 Jahre stehen bleiben".

Blick auf München mit den beiden Isarbrücken auf einer Zeichnung von Friedrich B. Werner um 1730. Auf der Insel ist bereits die Kapelle des hl. Nepomuk entstanden.

Münchner Stadtmuseum, Inv. Nr. M I 951

Weil die Vollendung der Steinbrücke eine sehr langwierige Arbeit sein und dazu eine große Menge an Material erfordern würde, beschloss man, auch den Rest der Brücke vorerst in der bewährten Weise mit Enzbäumen zu belegen und aus Holz fertig zu stellen.[138] Stattdessen wollte man mit dem Bau der Brücke über die Große Isar beginnen und für den Anfang die noch vorhandenen Steine dazu verwenden.

Für die neue Steinbrücke über die Große Isar hatte Johann Mayr eine Gewölbebrücke mit einer zur Brückenmitte ansteigenden Straße und steinerner Brüstung geplant, ganz in der Tradition mittelalterlicher Brückenbauten. Die Pfeiler sollten kräftiger als bei der äußeren Isarbrücke und aus besonders schweren Quadern gefertigt werden, um die Wucht des Wassers auszuhalten. In der Breite würde die Brücke insgesamt etwa 6,70 m aufweisen, wobei die als Münchner Neuheit eingeplanten Gehwege für die Fußgänger etwas über einen Meter in der Breite betragen sollten. Für Verteidigungszwecke war die Brücke zu sperren mithilfe einer Ziehtafel, die bei ihrem Heben auch gleichzeitig den Roten Turm abriegelte. [139] Es sollte nicht zu diesem Brückenbau kommen. Im Juli 1725 beschäftigte sich der Rat der Stadt noch einmal mit einem Kostenvoranschlag, der auch den Bau einer Notbrücke, der „Fählbrücke", enthielt. Wie man jedoch anlässlich eines Ortstermins im Juni 1727 feststellte, war die Brücke über die Große Isar ebenfalls erst vor kurzem neu erbaut worden und in bestem Zustand. Auch mit diesem Neubau konnte man daher noch etwas warten. Damit endeten die Überlegungen, die Pläne legte man beiseite. Von dem neuen großartigen Brückenprojekt einer Brücke aus Stein blieben nur einige Steinjoche in der Kleinen Isar zurück und zwei Brückenmodelle aus Holz, die im April 1725 ein Maler farbig verziert hatte. [140]

Über die Entstehung der Kapelle des hl. Nepomuk auf der Insel zwischen den beiden Brücken ist wenig bekannt. Der später als Brückenheiliger in Bayern so beliebt gewordene Beichtvater der böhmischen Königin Sophie wurde 1721 selig gesprochen und es entstand eine erste Münchner Bruderschaft, am 23. Mai 1722 fand in der Frauenkirche ein Te Deum zu Ehren Sankt Nepomuks statt. Im Jahr 1729 wurde er heilig gesprochen und auf Wunsch Kurfürst Karl Albrechts auch Landespatron. Schon in den Jahren davor war der Kult in Bayern weit verbreitet. Die Kapelle auf der Insel dürfte daher spätestens nach seiner Heiligsprechung entstanden sein, denn auf einer Ansicht Münchens von etwa 1730 ist sie deutlich zu sehen und im Juli 1763 zahlte die Stadtkammer bereits für die Reparatur der Kapelle zwischen den beiden Isarbrücken. 1780 baute Maurermeister Mathias Widmann die Kapelle neu und Bildhauer Johann Prözner schuf eine Nepomuk-Statue, während der Maler Mathias Zwerger für Malerarbeiten in der Kapelle bezahlt wurde. [141]

Der „vor kurzem erbauten" hölzernen Brücke über die Große Isar war immerhin eine Lebensdauer von etwas mehr als 20 Jahren gegönnt. In den darauf folgenden Jahren aber war eine der Hauptarbeiten städtischer Zimmerleute Reparaturarbeiten an der durch österreichische Kriegstruppen zerstörten Isarbrücke. So rückten in der Nacht vom 12. auf den 13. Februar 1742 die Österreicher in die Stadt ein, unter anderem auch deshalb, weil die Brücke über den Abrechen nicht wie beschlossen abgebrochen worden sondern zum Schutz der Hofwasserleitung stehen geblieben war und damit den feindlichen Truppen eine einfache Möglichkeit bot, den Fluss zu überqueren. Als die österreichischen Truppen am 6. Oktober die Stadt wieder verließen, legten sie während ihres Rückzugs über die Isar Feuer an das Tor des Roten Turms und an die Isarbrücke. [142]

Die nun folgenden Truppenbewegungen in und um München scheinen keinen größeren Schaden an den beiden Brücken verursacht zu haben, erst 1744, mit dem erneuten Abzug österreichischer Truppen in der Nacht vom 16. Oktober, wurden Roter Turm und Brücke noch einmal Opfer eines gewaltigen Feuers, zu dem die Münchner selbst zehn Zentner Pech und weiteres Brandzeug hatten beschaffen müssen. Die anschließend in die Stadt einmarschierenden kaiserlichen bzw. bayerischen Truppen bauten sofort eine Floßbrücke. Zwei Tage später begannen Zimmerleute der kaiserlichen Regimenter mit dem Wiederaufbau und mit einem Arbeitseinsatz von 39 Männern konnte die Brücke vom 18. bis zum 24. Oktober fertig gestellt werden. [143] Als schließlich am 15. April 1745 das kurfürstliche Leibregiment aus der Stadt marschierte, ließ man für Verteidigungszwecke eine kleinere Brücke über dem Stadtgraben vor dem Isartor abbrechen und – wieder einmal – die Isarbrücke. [144]

Das Auer Tor mit dem Gasteig-Brunnhaus auf der wohl bekanntesten Münchner Stadtansicht von Bernardo Belloti de Canaletto 1761.

Stadtarchiv München, Historisches Bildarchiv

Die erste Isarbrücke aus Stein

In den nächsten Jahren war die Zufahrt nach München von Osten nur über eine Notbrücke möglich, die Anfang des Jahres 1748 bereits wieder baufällig war, wie Stadtunterbaumeister Wolfgang Liebl in einem Kostenvoranschlag für eine neue Brücke vom 25. April 1748 mitteilte. Auch bei dem Neubau sollte es sich wohl wieder um eine Notbrücke handeln, wie die Summe von 968 Gulden, die Liebl dafür ansetzte, vermuten lässt. [145] Als im September 1748 schließlich ein Hochwasser nicht nur Wührbauten bei Thalkirchen zerstörte, sondern auch der Isarbrücke so stark zusetzte, dass sie an einer Seite nachgab und zusammensackte, war dieser Vorfall Anlass für den Münchner Rat zu einer Neuordnung des städtischen Bauwesens.

Schon im Jahr 1700 war der „nachlässige Zustand" des Bauamts beklagt worden, 25 Jahre später rügte man erneut die unregelmäßige Rechnungsführung und die Unfähigkeit der Bausachverständigen: „... ist auch ein schädliche Sach, dass der Underbaumeister und der Zimmerpallier und ander mehr des Schreibens unkundig sind, die ihnen notwendig alles vormerken und Überschläge auch Riss machen sollen können." [146] Von dem neuen Stadtoberbaumeister erwartete man offensichtlich gewisse Fähigkeiten und Kenntnisse, denn er, so sicherte man ihm zu, solle nun beim Stadtbauwesen die „Direktion" haben. Alle städtischen Werkleute, die bis zu diesem Zeitpunkt einem Nichtfachmann aus dem Inneren Rat und dem von der Stadt besoldeten Stadtunterbaumeister unterstanden,

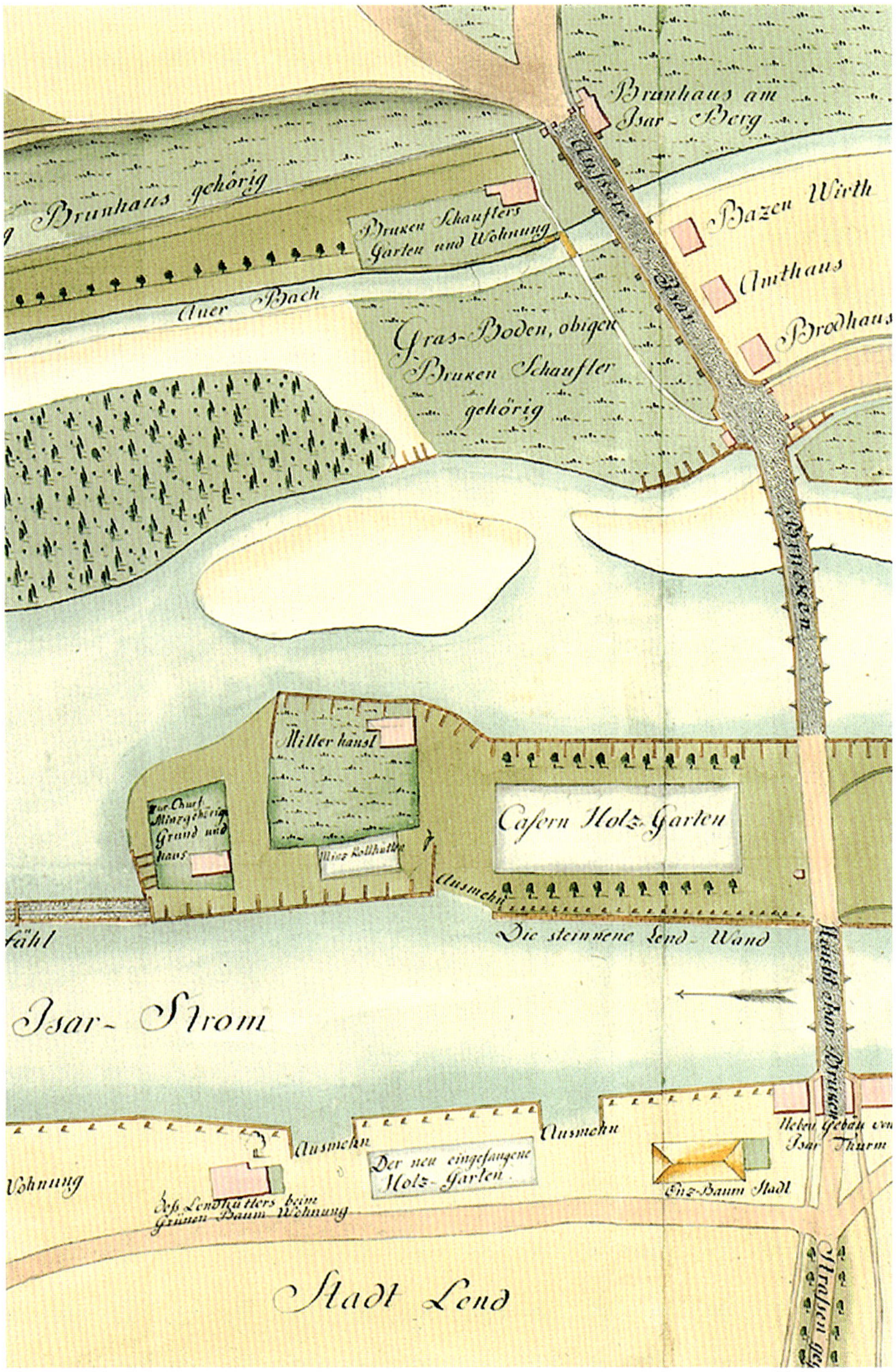

Die beiden steinernen Isarbrücken auf einem Plan von Stadtunterbaumeister Wolfgang Liebl 1787. Zu erkennen sind auch die beiden Zugänge von der Brücke zur Au bzw. auf die Kalkinsel.

Bayerisches Hauptstaatsarchiv, Plansammlung 743 d

würden dem bisherigen Stadtmaurermeister Ignaz Anton Gunezrhainer untergeordnet werden. Diesem war nun ab 25. Oktober 1748 als Stadtoberbaumeister die Direktion des gesamten Bauwesens übertragen. [147]

Mit der Ernennung Gunezrhainers zum Stadtoberbaumeister weist die städtische Baupolitik in eine neue Richtung. Isarwühren und Isarbrücke blieben zwar zentrale Aufgaben des neuen Bauamts, dies zeigt schon der Zeitpunkt der Neuordnung. Einem gesteigerten Bedürfnis an Repräsentation aber ist es zuzuschreiben, dass nun alle Werkleute, sowohl Stadtzimmerer als auch Wassermeister dem Stadtmaurermeister Gunezrhainer untergeordnet wurden. Mit der Neuordnung des städtischen Bauwesens dürfte es sich auch um eine personelle Entscheidung gehandelt haben, denn dem neuen Stadtoberbaumeister sollte die Aufgabe übertragen werden, endlich die schon lange gewünschte Isarbrücke aus Stein fertig zu stellen. Ignaz Anton Gunezrhainer war der Sohn von Stadtmaurermeister Martin Gundlzrainer/Gunezrhainer. Ihre erste Ausbildung erhielten wahrscheinlich sowohl Ignaz als auch sein bekannterer Bruder Hofbaumeister Johann Baptist Gunezrhainer bei ihrem Stiefvater, Stadtmaurermeister Hans Mayr, den die Mutter nach dem frühen Tod des ersten Ehemannes geheiratet hatte. Hans Mayr, der sich bekanntlich an der ersten steinernen Isarbrücke versuchte, wurden trotz seiner Trunksucht große Fähigkeiten als Baumeister bescheinigt. Sein Hauptarbeitsfeld, wie auch das seiner Vorgänger Martin Gundlzrainer und Georg Zwerger, dürfte allerdings eher im Hochbau zu suchen sein, dies um so mehr, als auch Johann Michael Fischer zeitweilig bei Mayr als Pallier arbeitete. [148]

Die durch das September-Hochwasser beschädigte Notbrücke war gerade durch eine weitere Notbrücke ersetzt, als diese im Dezember zusammen mit den Wührbauten am Großen Stadtbach ein weiteres Mal Opfer des Hochwassers wurde. Erneut musste man eine Notbrücke bauen, denn eine Isarbrücke war vor München natürlich unverzichtbar. [149] Überlegungen zu einem neuen Brückenbau wurden nun ganz wesentlich vom Hof beeinflusst, denn wie man auf städtischer Seite im November 1749 säuerlich feststellte, wurden „beim Stadtkammerrat

Die Isar Brücke bey München

Ansicht Stromabwerts, mit Profil vom 23ten Februar und 7ten July 1814

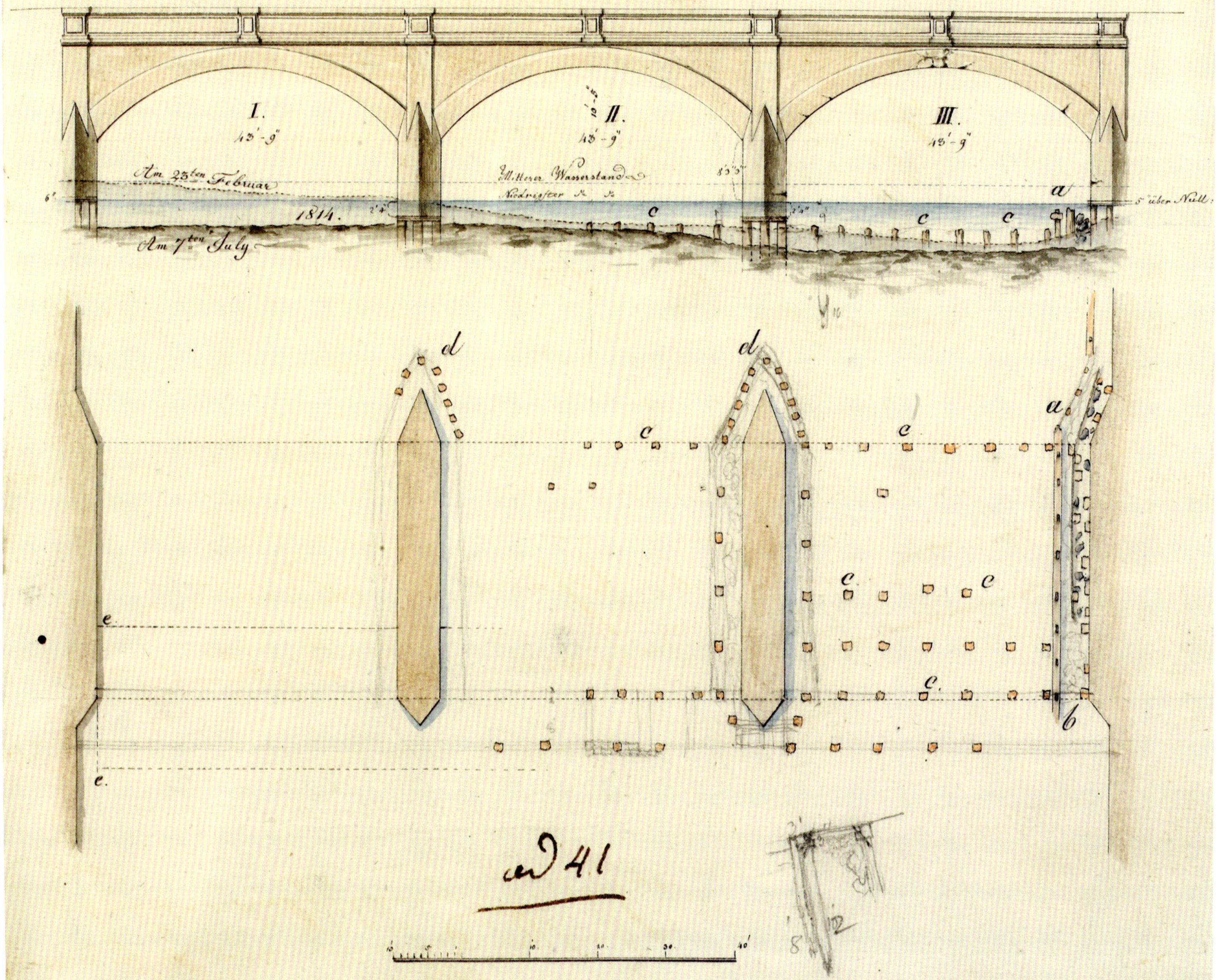

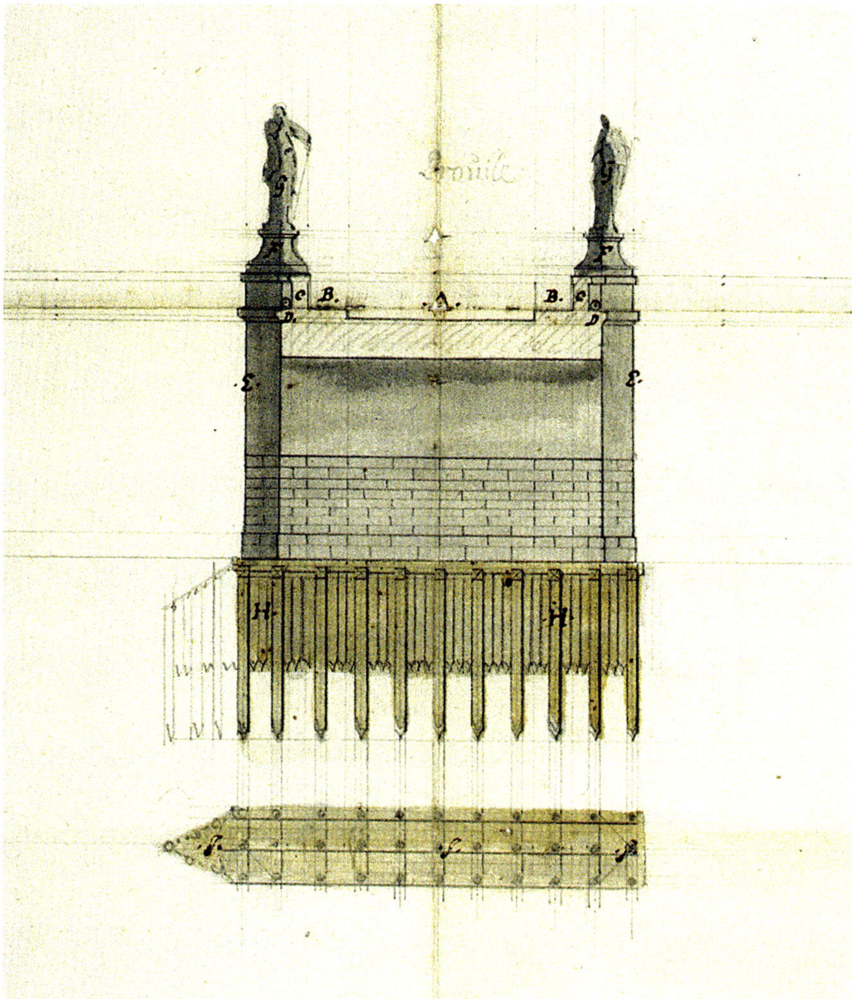

Bild oben
Vorschlag für einen Brückenpfeiler aus dem Jahr 1750.

Stadtarchiv München

Bild links
Zeichnung der steinernen Isarbrücke über die Große Isar von 1814.
Die schmückenden Brückenpostamente sind zu dieser Zeit bereits entfernt. Eingezeichnet sind auch Flussprofile mit unterschiedlichen Wasserständen, die auf Auskolkungen vor dem rechten Pfeiler verweisen.

Bayerisches Hauptstaatsarchiv, OBB 1975

Vorstellungen gemacht, dass die herinnere Isarbrucken", also die Brücke über die Große Isar, „mitweechs von Holz oder aber mit steinernen Jochen hergestellt werden muss. Daraufhin wurde mündlich beschlossen, dass man sie dauerhaft mit steinernen Jochen herstellen ließe". Sofort schloss man deshalb einen Kontrakt mit einem Lenggrieser und einem Münchner Steinmetz und leitete alles für die Steinlieferungen zur neuen Brücke in die Wege. [150]

Auch wenn man im Rat der Meinung war, eine Isarbrücke aus Stein sei angesichts des reißenden und unberechenbaren Flusses so wenig dauerhaft wie eine Holzbrücke, konnte man sich dem an höchster Stelle geäußerten Wunsch nach einer „zierlichen und dauerhaften Hauptbrucken und gewölbten Jochen auf eine solide Art" doch nicht völlig verschließen. Dass mit der neuen und vor allem teuren Brücke nicht nur dem Wunsch des Landesherrn nach einer seiner Residenzstadt angemessenen Zufahrt entsprochen werden sollte, lässt sich aus einem Schreiben vom Dezember 1749 entnehmen. Die 90.000 Gulden, die man für die neue Brücke mit ihren 16 Schwibbögen bis zum Gasteig anlegen müsste, würden sich wohl lohnen, denn das dauerhafte und solide Werk wäre ein großes Dekor der Haupt- und Residenzstadt und eine Beruhigung für das Publikum! [151] Die Münchner und Münchenbesucher waren der vielen Brückeneinstürze und wenig dauerhaften Notbrücken inzwischen ganz offensichtlich überdrüssig und hofften auf eine verlässlichere Einrichtung.
Eine Residenzstadt wie Dresden verfügte bereits über eine Brücke aus Stein, die man auch schon besichtigt hatte, ganz zu schweigen von Regensburg, dessen berühmte steinerne Brücke schon Mayr zur Nachahmung angeregt hatte. [152]

Für die Stadtkammer aber war der geplante Brückenbau eine Katastrophe, denn der Krieg mit Österreich hatte die Stadtkasse mit einem riesigen Schuldenberg belastet und für viele Jahre manövrierunfähig gemacht. Man bat daher um die Bewilligung, auch weiterhin den städtischen Bierpfennig erheben zu dürfen, und erklärte sich unter diesen Umständen zum Brückenbau bereit. Die folgenden Monate diskutierten Stadt und Hof verschiedene Brücken- und Finanzierungsmodelle, wobei die Stadt um das billigere Modell und vor allem den Erhalt des Roten Turms kämpfte, der nach dem Wunsch des Hofs zugunsten einer breiteren Brückenfahrbahn zu weichen hatte. Immer wieder kam auch Holz als Baumaterial zur Sprache, auch wenn man betonte, schon der herrschende Holzmangel würde einen Bau aus Stein erzwingen. [153] Nach mehreren Audienzen bei Hof (für die eine Rechnung von immerhin 63 Gulden für Kammerdiener, Portiers und Bediente vorliegt) einigte man sich endlich auf ein Brückenmodell wohl nach einem Entwurf Gunezrhainers und zum Bau unter dessen Leitung. Beteiligt an dem Entwurf war möglicherweise auch Stadtunterbaumeister Wolfgang Liebl, unter dessen

Blick auf das Auer Tor mit Brunnhaus und erster steinerner Isarbrücke auf einer Sepiazeichnung von Johannn Georg von Dillis.

Stadtarchiv München, Historisches Bildarchiv

Leitung in der Stadt zahlreiche Steinbrücken entstanden. Die Finanzierung der auf etwa 150.000 Gulden veranschlagten Gesamtkosten sollte über den auf weitere sechs Jahre bewilligten Bierpfennig erfolgen, „vielleicht" auch über einen Salzfassgroschen. [154]

Wie geplant begannen die Arbeiten an der Großen Isar. Zur Bezahlung der Arbeiter und dem Kauf von Baumaterial nahm die Stadtkammer eine erste Anleihe von 2000 Gulden bei Bankier Georg Nockher auf. Nachdem die eichenen Pilloten (Pfähle) zu den zwei Jochen bereits in die Flusssohle geschlagen waren, kam das nächste Hochwasser, die Pilloten wurden unterspült, einige sogar aus dem Boden gerissen und weggeschwemmt. Max. III. Joseph ordnete schließlich ein Einstellen der Bauarbeiten an und forderte neue Expertisen. Sowohl Gunezrhainer als auch Ingenieurhauptmann Hempell, J. A. V. Paur und der Wasserbauexperte Castulus Riedl legten neue Modelle vor. Vor allem Castulus Riedl warnte vor einer Einengung des Flussbetts und der dadurch steigenden Hochwassergefahr, denn Hochwasser und Überschwemmungen könnten nicht nur einmal, sondern auch öfter im Jahr vorkommen, wie er anmerkte. [155]

Am 12. Januar 1751 schlichtete Max III. Joseph schließlich den Expertenstreit mit einem Machtwort und befahl den Bau einer einfachen, dauerhaften und kostengünstigen Holzbrücke mit zwei steinernen Widerlagern und einer Wasserleitung für die Trinkwasserzufuhr über die Große Isar nach dem Plan des krfstl. Landgeometers und Hauptmanns Castulus Riedl. Am 25. Januar übergab der Rat die Bauleitung an Stadtoberbaumeister Gunezrhainer und ordnete einen sofortigen Baubeginn an, damit man „in der Winterszeit noch aus dem Wasser herauskomme". Als Berater zugezogen wurde außerdem der Brückenmeister von Wasserburg. [156] Nach den Abrechnungen der Stadtkammer wurde die neue Holzbrücke über die Große Isar schließlich 1752 fertig gestellt, erst 1756 aber die letzten Ausgaben hierzu abgebucht. [157]

An der Kleinen Isar waren inzwischen die Bauarbeiten an zehn Steinjochen vorangetrieben worden und bis 1759 auch fertig gestellt, denn im Mai dieses Jahres legte Stadtbaumeister Gunezrhainer einen Kostenvoranschlag zur Einwölbung der Brücke vor. Mit enthalten war auch ein Vorschlag zur Sicherung der Brückenpfeiler, um deren Fundierung Holzkästen gelegt werden sollten, damit sie nicht weiter von der Isar unterspült werden konnten. [158] Im Gegensatz zur ehemaligen Holzbrücke, die von der Stadt in einem eleganten Schwung nach Nordosten führte, waren die 1723/24 hergestellten Steinjoche in der Kleinen Isar etwas nach Süden verschwenkt und in gerader Linie bis etwa zur Flussmitte geführt worden. Erst hier platzierte man die Joche wieder leicht nach Norden versetzt bis zum Brückenwiderlager auf der Kalkinsel. [159] Die Einwölbung der Brückenpfeiler wurde wohl nach den Vorschlägen

Gunezrhainers und unter dessen Aufsicht vorgenommen. Der Name des Stadtoberbaumeisters erscheint allerdings nicht auf einer 1813 entdeckten Inschriftenplatte zur Grundsteinlegung von 1759. Genannt werden dagegen die beiden Bürgermeister bzw. Stadtkämmerer, die für den Bau als Vertreter der Stadt zuständig waren und die Finanzierung der Baumaßnahmen überwachten. [160]

Die Brücke selbst hatte Gunezrhainer nach mittelalterlichen Vorbildern geplant, die sich am jeweiligen Ende zum Ufer hin absenkten. Um eine zu steil ansteigende Brückenauffahrt zu vermeiden, wollte Gunezrhainer die Fahrbahn auf der Insel zwischen den Brücken auffüllen und mit einer Mauer von der Insel abtrennen. Die Bogengewölbe waren aus Ziegeln gemauert und nur außen mit Stein verkleidet, die Brüstung dagegen bestand ganz aus Stein. Über den Pfeilern war die Brüstung mit Postamenten durchbrochen, die ab 1764 von Steinkugeln gekrönte Pfeileraufsätze trugen, ein Schmuck, für den spätere Generationen nur noch abfällige Bemerkungen übrig hatten. Unter den beiden erhöhten Gehwegen verlief die Wasserleitung für das Trinkwasser aus dem städtischen Brunnwerk am Gasteig. [161]

Der Zeitpunkt der Fertigstellung dieses für München so teuren und aufwändigen Baus lässt sich nicht genau ermitteln. Gunezrhainers Kostenvoranschläge umfassen eine Brücke über die Kleine Isar, in Wirklichkeit aber bestand diese Brücke aus zwei Teilen, dem ersten Teil von der späteren Museumsinsel bis zur Kalkinsel und einem zweiten von der Kalkinsel über den Auer Mühlbach und ein gutes Stück den Gasteig-Berg hinauf. Zuerst benutzbar war offensichtlich letztere: Sowohl Gunezrhainer selbst, der als Bauzeit für diese Brücke die Jahre 1759 bis 1761 angibt, als auch Hübner, der die Jahre 1759 bis 1760 erwähnt, sprechen von dieser Brücke als der ersten fertigen Isarbrücke. (Auf der 1813 aufgefundenen Inschriftenplatte steht das Jahr 1760). [162] 1761 legte Max III. Joseph den Grundstein „zur zweiten Fortsetzung" – also zur Einwölbung der „innern äußern Isarbrücke", wie sie in den Kammerrechnungen genannt wird, [163] eine Arbeit, die spätestens 1764 beendet gewesen sein muss, da in diesem Jahr die mit Steinkugeln gekrönten Pfeileraufsätze gefertigt werden.

Wie aus einer Zeichnung Gunezrhainers hervorgeht, gestaltete der Stadtoberbaumeister auch die Zufahrt zur Brücke neu. Im Anschluss an das städtische Brunnhaus entstanden ein Wächterhäuschen und ein Stadtportal für die Straße mit zwei Durchgängen für Fußgänger. Da Canaletto 1761 in seiner Ansicht von München das „Auer Tor" mit aufnahm, entstand es wohl zusammen mit den Brücken über die Kleine Isar. Das Auer Tor war kein Stadttor im Sinne einer Befestigungsanlage, es stellte vielmehr für jeden Ankommenden ein Zugangsportal dar, das die Größe Münchens als Residenzstadt des bayerischen Kurfürsten ankündigte und das, einmal passiert, den Blick auf diese großartige Stadt erneut freigab. Auch für die zwei Wege, die von der Straße in die Au und auf die Kalkinsel führten, hatte Gunezrhainer „Porten" geplant, diese wurden offenbar nicht realisiert. [164]

Nach Fertigstellung der äußeren Isarbrücke erachtete man die Holzbrücke über die Große Isar ganz offensichtlich nicht mehr als einer Residenzstadt angemessen, denn bereits im Juli 1761 legte Gunezrhainer Erklärungen zur Weiterführung seines Brückenbaus über die Isar vor, die auch seinem Bruder Hofbaumeister Johann Baptist Gunezrhainer und dem eigentlichen Spezialisten für Wasserbau, Castulus Riedl, zur Prüfung übergeben wurden. [165] Es folgten erneut Diskussionen und Auseinandersetzungen über technische Probleme, vor allem aber über die Finanzierung. Sorge bereitete den Fachleuten vor allem die von Gunezrhainer in Kauf genommene Verringerung der Durchflussbreite unter der Brücke, die bei Hochwasser gefährlich werden konnte. Anstatt der beabsichtigten zwei Bögen sollte man besser drei bauen, so der Vorschlag, wie schon bei der äußeren Isarbrücke waren die Rampen zu steil und sollten deshalb flacher gelegt werden. Auch der Rote Turm, Abschluss der Brückenüberfahrt auf der Straße zum Isartor, störte, denn um der Brücke eine angenehme Breite von etwa 8 m geben zu können – Vorbild war hier die Brücke in Dresden – war man bei Hof der Meinung, der Turm sei entbehrlich und könnte abgerissen werden. Die Stadt dagegen wollte ihren Turm keinesfalls preisgeben und plädierte für eine Brückenbreite von etwa 5,70 m.

Der als einfache Pfahljochbrücke erbaute Röhrensteg zur Praterinsel auf einer Zeichnung von Cantius Dillis von 1810.

Münchner Stadtmuseum, Inv. Nr. Z 646

Sogar der Kurfürst, der sich offensichtlich ebenfalls in die Diskussion eingeschaltet hatte, sah diese Breite angeblich als durchaus akzeptabel an. [166]

Für die Stadt jedoch war ein entscheidender Punkt die Kostenfrage, denn den von Gunezrhainers geschätzten 90.000 Gulden Baukosten standen Schulden von 100.000 Gulden gegenüber, die man noch abzuzahlen hatte, während die Finanzierung des Neubaus noch nicht geklärt war. Die Stadtkämmerer errechneten Erträge aus dem Salz- und Pflasterzoll und kämpften für eine weitere Gewährung des Bierpfennigs, den man bei Hof wiederum keineswegs zugestehen wollte, sondern für Baumaßnahmen in der Residenz reserviert hatte. [167] Aus den vorgeschlagenen drei Modellen für den Bau der Pfeiler – ganz aus Ziegel, ganz aus Stein und begonnen mit Ziegeln, aber weitergeführt mit Stein – entschied sich die Stadt schließlich schweren Herzens für die dritte Möglichkeit, die sie „mit Gottes Hilfe und mit dem Bierpfennig" sich leisten könnte. Auch bei der Frage der Brückenbreite (immerhin 8,37 m), wobei 5,90 m für die Fahrspur und der Rest für die Gehsteige vorgesehen waren, konnte man sich schließlich einigen. Der Rote Turm sollte nun doch nicht abgerissen werden, sondern nur die Durchfahrt erweitert und erhöht sowie ein neues Gewölbe eingezogen werden. Es wurden außerdem Seitenportale für Fußgänger eingebaut und die alten Seitengebäude durch moderne ersetzt. [168]

Auch die innere Isarbrücke dürfte im Wesentlichen nach Plänen von Ignaz Anton Gunezrhainer gebaut worden sein, denn er lieferte weitere Kostenvoranschläge und Pläne ab, die als Grundlage für alle Diskussionen dienten. Die Fertigstellung des Baus sollte er jedoch nicht mehr erleben, er starb im November 1764, im März des folgenden Jahres schloss die Stadt Verträge mit zwei Steinmetzen zur Herstellung der benötigten Steine und erst am 10. Februar 1767 war offizielle Grundsteinlegung. [169] Drei Jahre später, im Februar des Jahres 1770, musste man feststellen, dass das Wasserbett unter der neuen Brücke zu hoch angelegt war, sich deshalb dort das Wasser staute und langsamer floss. Um zu vermeiden, dass sich Kies oberhalb der Brücke ablagerte und sich der Flusslauf dadurch auf die Seite der Kleinen Isar verlagerte, musste nachgebessert werden. Die Flusssohle wurde tiefer gelegt, das Gewölbe offensichtlich erhöht. [170] Dabei konnten die Baumaßnahmen nicht in dem gewünschten Tempo fortgeführt werden, denn immer wieder gingen eigentlich für den Brückenbau bestimmte Steinlieferungen an den Hof ab oder wurden für den Bau einer neuen Kaserne abgezweigt. Die als Ersatzbrücke eingesetzte Holzbrücke war inzwischen baufällig, wollte man nicht eine zweite Notbrücke errichten, musste der Bau beschleunigt werden. Immerhin war die neue Brücke im Herbst 1770 so weit gediehen, dass sie wenig später begeh- und befahrbar war. [171]

Endgültig abgeschlossen war der Brückenbau erst 1772, denn im April dieses Jahres ließ die Stadt von der Brücke bis zum Isartor eine Allee von Lindenbäumen pflanzen. Noch 1777 zahlte die Stadtkammer jährlich mehrere 10.000 Gulden für den Brückenbau, Ausgaben, die allerdings über den Bierpfennig gedeckt waren. [172] Erst 1784 wurde schließlich auch das Zollnerhäusl „auf der Isarbrucken von Grund auf neu gemauert". [173] Bereits 1796 waren an der Brücke über die Große Isar wieder Reparaturen fällig, denn die französischen Truppen hatten München vom Gasteig aus mit Kanonen beschossen und dabei das erste Joch der Brücke sowie das Brückengeländer beschädigt. „Viele hundert Kugeln", so später Carl Probst, „trafen dieses Joch, rissen Splitter aus den Steinen, zertrümmerten das Geländer und verletzten die unteren Bogenschlussteine." Der Stadtmagistrat ließ zwar das schadhafte Geländer mit Ziegelsteinen ausbessern, unternahm jedoch nichts zur Sicherung des ersten Brückenjochs. [174] Der ebenfalls bei der Kanonade beschädigte Rote Turm wurde 1798 abgebrochen, die enge Durchfahrt war endlich beseitigt. [175]

Der unter großer Anteilnahme betriebene Brückenbau über die Isar überdeckt die Tatsache, dass zur gleichen Zeit auch in der Stadt Baumaßnahmen von vergleichbaren Ausmaßen stattfanden. Dabei handelte es sich um ein ganzes Bündel an Maßnahmen, die der Stadt ihr „ländliches" Aussehen nehmen und ihr ein etwas städtisches Gepräge geben sollten – dies nach Meinung des Kufürsten Max III. Joseph, als er das zögerliche Befolgen seiner Anordnung beklagte, die wie bei Bauernhäusern in die Gassen und Straßen auskragenden Regenrinnen zu entfernen und an ihrer Stelle „Stehrinnen" zu verwenden. Die altmodischen Regenrinnen mussten nicht nur wegen ihres Aussehens ersetzt werden, sondern waren auch für das in der Stadt neu gelegte Straßenpflaster schädlich, da das Wasser von großer Höhe auf das Pflaster prallte und es dadurch beschädigte. [176]

Neues Straßenpflaster und elegante Regenrinnen fanden ihre Ergänzung mit dem Bau repräsentativer Stadtbrücken. Während des 17. Jahrhunderts waren zwar einige Holzbrücken durch dauerhafte Steinbrücken, die „gewölbten" Brücken, ersetzt worden. Daneben hatte man auch einige Holzbrücken mit einem Kieselpflaster belegt. Nun aber, in den Jahren 1759 bis 1763, also während der Jahre des Isarbrückenbaus, entstanden immerhin 29 neue gewölbte Steinbrücken. Dabei handelte es sich vor allem um Brücken in der Stadt, aber auch vor den Toren baute man neue gewölbte Brücken, falls es sich um häufig benutzte Brücken handelte. Dazu gehörte auch die städtische Brücke in die Au, dicht an der Isarbrücke gelegen und einer der wenigen Zugänge vom Gasteig über den Auer Mühlbach in die Au. Noch 1712 war diese Brücke ein einfaches „Prickl", seit 1757 aber neu gewölbt. Natürlich erforderte die Brücke über einen Stadtbach ein geringeres Können als die stets direkt vom Hochwasser bedrohte Isarbrücke. Nicht alle Stadtbäche jedoch waren Gewässer, die leicht zu überschreiten waren, und Bäche wie der Pfisterbach wiesen an einigen Stellen Breiten von mehreren Metern auf. Planer und Bauleiter dieser umfangreichen Baumaßnahmen war wohl Stadtuntermaurermeister Wolfgang Liebl, von ihm jedenfalls stammt ein Aufriss zu einer neuen steinernen Brücke am Einlass und er erstellte auch die Liste aller neuen und alten Brücken im Zuständigkeitsbereich der Stadt. [177]

Der Lettinger Steg am Ablass mit dem Wohnhaus des Ablassknechts. Der Ablass- oder Wasserknecht hatte an diesem Hauptzufluss für alle Stadtbäche die regelmäßige Wasserzufuhr zu besorgen.

J.G. v. Dillis
Münchner Stadtmuseum,
Inv. Nr. M I 1288-4

Das neue Stadtbauamt

Bereits 1748 war mit der Ernennung des Stadtmaurermeisters Ignaz Anton Gunezrhainer zum Stadtoberbaumeister und Leiter des gesamten Bauwesens der Stadt ein wesentlicher Schritt erfolgt. Als „Direktor" des Bauamts fungierte nun ein „Spezialist", der zwar den beiden Räten als Aufsichtsorgan Bericht erstatten musste, im Übrigen jedoch alle wesentlichen Bauprojekte überwachte – ein Zeichen für die wachsende Bedeutung dieses „Amtes" im Rahmen der Stadtentwicklung.
Das Stadtbauamt war dabei immer noch Teil der Stadtkämmerei, ein eigener Bauetat stand nicht zur Verfügung. Am 12. Dezember 1797 bzw. 4. Januar 1798 erfolgte mit dem Beschluss des Münchner Magistrats eine endgültige Trennung beider Bereiche: Das Stadtbauamt war nun völlig von der Kämmerei getrennt und mit einem eigenen Personalbestand ausgestattet. Als Vorschuss aus der Stadtkasse war auch ein eigener Etat ausgewiesen, über den am Ende des Rechnungsjahres mit der Stadtkämmerei abgerechnet wurde. [178]

Die Amtsführung lag weiterhin in den Händen eines Inneren Rats mit dem Titel Stadtoberbaudirektor und einem Äußeren Rat mit dem Titel Stadtbauamts Commissär. Leiter des Bauamts war nun also ein Spezialist mit einem Sitz im Inneren Rat.
Nach der Aufgabenstellung der Bauamtsinstruktion von 1799 hatte der Stadtoberbaudirektor alle „Bauentwürffe, Pläne, Überschläge, Projekte" und alle in das „architektische oder geometrische Fach einschlagende Gegenstände ganz allein zu entwerffen", aber auch „den Verkauf aller Materialien

zu besorgen" und die Rechnungen gegenzuzeichnen. Er trug dem Magistrat die aktuellen Projekte vor und führte sie schließlich auch aus. Als fester Vortragstermin im Magistrat war der Mittwoch eingeplant, von den übrigen Ratssitzungen war der Stadtoberbaudirektor „dispensiert", da er in dieser Zeit „das Bauwesen zu überpüfen" hatte. Dies bedeutete in der Realität, dass der Stadtoberbaudirektor nur zu den Themen seines Fachbereichs über ein Stimmrecht im Inneren Rat verfügte. Der Bauamts Commissär war dagegen zuständig für die kaufmännische Seite des Stadtbauamts, für „die Ökonomie", für das Stadthaus, die Ziegelstädel, die Hammerschmiede oder andere städtische Wirtschaftsbetriebe. Der Verkauf städtischer Wasserbriefe war jedoch weiterhin dem Magistrat vorbehalten und ausdrücklich untersagt war den beiden Räten auch jegliche Einmischung in die Gerichtsbefugnisse des Magistrats.

Der Wirkungskreis des Stadtbauamts umfasste alle städtischen Baumaßnahmen, also Land- und Wassergebäude, Brunnhäuser, Alleen, Straßen- und Stadtpflaster, dabei nicht nur aktuelle Baumaßnahmen, sondern auch den Unterhalt und Reparaturen bestehender Gebäude und Einrichtungen. Dazu gehörten die städtischen Werke, der Fuhrwagenpark im Stadthaus, die Feuerlöschwerkzeuge und die städtischen Bauholz- und Werkstädel. Den beiden Leitern des Stadtbauamts waren sämtliche städtischen Werkleute und Arbeiter unterstellt, darunter auch der Stadtmaurermeister, der Zimmermeister und die Brücken-, Brunn- und Wassermeister mit ihren Pallieren, Gesellen und Knechten. Die bevorzugte Stellung des Stadtoberbaumeisters war also aufgehoben. Brunn- oder Brückenmeister berichteten in regelmäßigen Rapporten über den Zustand der ihnen anvertrauten Einrichtungen und hatten Kostenvoranschläge für anstehende Baumaßnahmen vorzulegen.

Auch der Zustand der Wassergebäude in den Stadtbächen und Kanälen war festzuhalten, und zwar während der Bachauskehr. Was „die übrigen Wasser- und Führgebäude am Isarstrom betrifft", könnte man zwar „keinen sicheren und bestimmten Augenschein" vornehmen, „weil sich das Rinnsal des Flusses immerdar verändert", nichtsdestotrotz müsste man auch hierzu von Zeit zu Zeit einen Bericht über den aktuellen Zustand verfassen. Waren Leiter und die Mitarbeiter des Stadtbauamts zwar angehalten, bei allen Unternehmen den Stadtmagistrat vorab zu informieren und die Erlaubnis einzuholen, sollte Eigeninitiative in den Fällen gestattet sein, in denen rasches Handeln notwendig war, um Personen und Sachen vor Schaden zu bewahren. Vor allem auf die Wassergebäude hatte das Bauamt sein „vorzüglichstes Augenmerk" zu richten und der Wassermeister stete Nachsicht halten, seine diesfälligen Rapporte auf der Stelle genau zu untersuchen und selbst von Zeit zu Zeit nachzusehen, ob er seiner Schuldigkeit gehörig nachkommt". [179]

Für den Wasserbau zuständige Spezialisten waren die städtischen Werkmeister, der Wassermeister und der Brunnmeister. Sie verfügten wahrscheinlich über eine solide handwerkliche Ausbildung, nicht aber über theoretische Kenntnisse auf dem Gebiet des Wasserbaus. Der ehemalige Stadtoberbaumeister und nun Stadtoberbaudirektor, Nikolaus Schedel von Greiffenstein, war zwar als „Ingenieur und Hauptmann" offensichtlich in Bausachen bewandert, verfügte aber über keine „hydrotechnischen Kenntnisse", denn für diese Arbeiten war der Wasserbaumeister zuständig, wie er selbst etwas hochmütig angab. [180] Ein Spezialist mit fundierten Kenntnissen im Wasserbau fehlte also zu dieser Zeit im Stadtbauamt. Die Etablierung des Stadtbauamts als eigener Verwaltungsteil und die Besetzung des neuen Postens eines Stadtbaudirektors mit einem Architekten geschah daher nicht vor dem Hintergrund geplanter Wasserbaumaßnahmen. Ursache für die Umstrukturierung der Stadtverwaltung war ganz offensichtlich die 1791 von Kurfürst Karl Theodor in die Wege geleitete Entfestigung Münchens als Vorbereitung zur Stadterweiterung. [181] In seiner Eigenschaft als Leiter des Stadtbauamts sollte Nikolaus Schedel von Greiffenstein für die Planung verschiedener städtischer Gebäude, vor allem aber als Mitglied der 1805 gegründeten Baukommission, der späteren Lokalbaukommission, als Stadtplaner tätig werden. [182]

H. Adam

Die Stadt an der Isar
1800 – 1850

Bild links
Die alte steinerne Isarbrücke als Zufahrtsweg zur Stadt auf einer Zeichnung von Heinrich Adam 1829.

Münchner Stadtmuseum, Inv. Nr. P 522

Bild unten
Einschlagen neuer Holzpfeiler für eine Sanierung der Augsburger Gehbrücke auf einer Zeichnung Karl von Wiebekings 1812.

Foto Deutsches Museum München

Die Schönheit der Flusslandschaft

Die Ausrichtung des neu gestalteten Stadtbauamts auf Stadtplanung und Stadterweiterung war die Folge einer vom Staat gestalteten Stadtpolitik, wie sie sich schon in der zweiten Hälfte des 18. Jahrhunderts angedeutet hatte. In den nun folgenden Jahren wurde die gesamte bürgerliche Selbstverwaltung langsam zurückgedrängt und durch staatliche Aufsichtsorgane immer weiter eingeschränkt. Ihren Höhepunkt erreichte diese Entwicklung im Edikt über das Gemeindewesen von 1808, das für München die völlige Entmachtung des Magistrats bedeutete und erst mit der Gemeindeordnung von 1818 in eine wenigstens rudimentäre bürgerliche Mitwirkung am eigenen Gemeindewesen mündete. Stadtplanung und Stadterweiterung waren bis 1818 wesentliche Bestandteile landesherrlicher und damit staatlicher Planungen, während die bürgerlichen Gremien sich zunehmend in die Defensive gedrängt sahen und zum ausführenden Organ staatlichen Willens wurden. Ein Projekt der auf Stadterweiterung ausgerichteten Stadtplanung beinhaltete, verbunden mit der „Entfestigung", d. h. dem Abbruch der Stadtmauer, den Bau neuer und breiter Brücken, die den Zugang zur Stadt über die noch offen fließenden Stadtbäche erleichterten. Ein weiteres Projekt der nun zuständigen staatlichen Stellen war jedoch der Bau neuer Hochwasserschutz- und Flussregulierungsvorrichtungen.

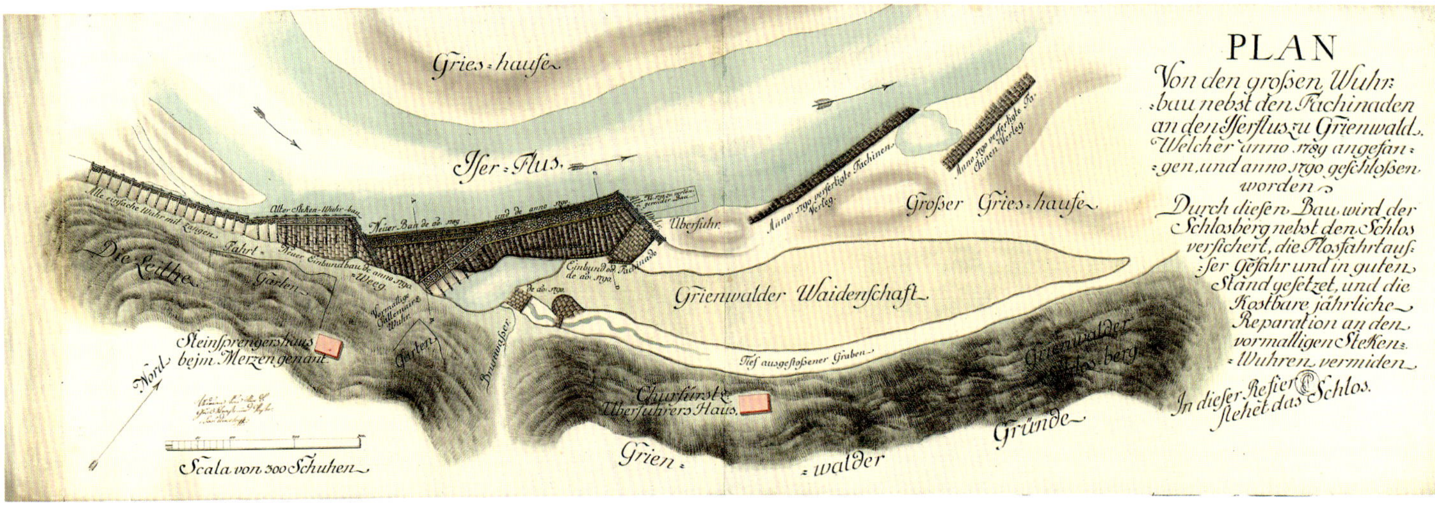

Plan Adrian von Riedls zu den Uferverbauungen an der Isar bei Grünwald aus dem Jahr 1790. Nach den hier von Riedl gezeigten Methoden der Faschinenverbauung konnte sich hinter den Faschinen Kies und Sand anlagern und das Flussbett damit auffüllen. Diese neue Methode der Flussverbauung war also in Bayern bereits bekannt.

Bayerisches Hauptstaatsarchiv, Plansammlung 7206

Hochwasserschutz bedeutete lange Zeit der Einsatz von Wührbauten, die das Wasser vom bedrohten Gebiet ablenkten und damit zwangsläufig auf die andere Seite des Flusses drängten. War ein Hochwasser zu erwarten, konnte man in den gefährdeten Gebieten nur mit Flucht reagieren. So wies im Februar 1785 die Obere Landesregierung das Münchner Bauamt an, Vorkehrungen für ein zu erwartendes Hochwasser zu treffen, da wegen „viel gefallenem Schnee sonderbar im Gebürg eine Austretung der Isar und eine Überschwemmung der hiesigen Vorstädte, sonderlich Au und Lehel, zu befürchten ist." Deshalb sollten Schiffe und Flöße zur Rettung von Personen und ihrer Habe bereitgestellt werden. Bemühungen zu einem dauerhaften Schutz vor Überschwemmungen der Anwohner werden andererseits schon 1780 greifbar, als die kurfürstliche Wasserbaudirektion in Erwägung zog, die Isar zwischen Hesselohe und Thalkirchen auf eine bestimmte Breite einzuschränken und unterhalb von Thalkirchen in den Großen Stadtbach zu leiten. Wegen der zu hohen Kosten kam das Projekt jedoch nicht zur Verwirklichung. 1786 wurde dagegen der Münchner Rat aufgefordert, darüber nachzudenken, wie die in diesem Jahr bereits zweimal „vom Wasser beschädigten" Bewohner des Lehels durch eine „Wehranlage" zu schützen seien. [183]

Am 26. Januar 1790 schließlich erging ein Mandat Karl Theodors, das für zukünftige Hochwasserschutzmaßnahmen einen „methodischen Wasserbau" forderte: Für den jeweiligen Fluss waren von Experten die Grenzen des Flussbetts festzulegen, Veränderungen an diesen dem Fluss zugewiesenen Grenzen durften nur nach Anweisung der Experten vorgenommen werden und nur dann, wenn der Fluss auszubrechen drohte. Diese sinnvolle Einschränkung einzelner von Eigeninteresse diktierter Baumaßnahmen konnte für die an gegenüberliegenden Flussufern wohnenden Bewohner nur von Vorteil sein. Da jedoch jedes Wasserbauprojekt bei der Generallandesdirektion anzumelden war und ohne deren Zustimmung nichts unternommen werden durfte, war damit auch ein weiterer Schritt zur Entmachtung des Münchner Stadtbauamts getan. [184]

Zuerst im Norden der Stadt und nicht für das Lehel, sondern als Schutz für den Englischen Garten vor Überschwemmungen entstand 1789/90 unter der Anleitung Adrian von Riedls ein 2 km langer Isardamm, der bereits 1806 erhöht werden musste.

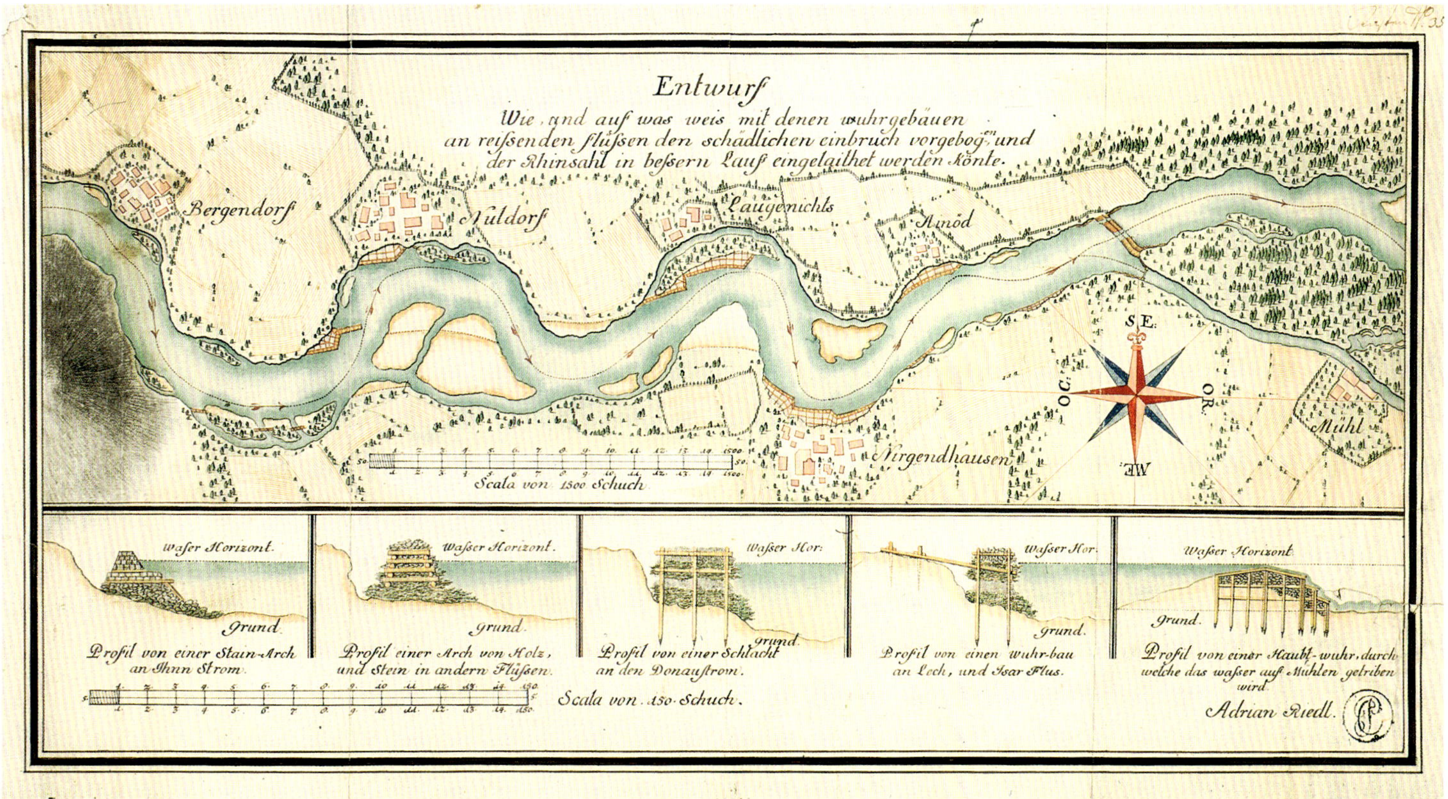

Beispiele für die verschiedenen Möglichkeiten der Uferverbauung an einem imaginären Flusslauf, vorgestellt von Adrian von Riedl vor 1790.

Bayerisches Hauptstaatsarchiv, Plansammlung 6730

Für die rechte Isarseite im Süden des Stadt, deren Anwohner ebenfalls schon länger über die Bedrohung durch Hochwasser klagten, erstellte Riedl 1802 Pläne für eine neue Führung der Isar von Harlaching bis zur Isarbrücke, die von der Generallandesdirektion vehement kritisiert wurden. 1803 folgte die Aufforderung der Generallandesdirektion, von Harlaching bis zur Brücke auf beiden Seiten der Isar Parallellinien auszustecken, die den zukünftigen Verlauf des Flusses in einer reduzierten Breite anzeigen sollten. Ziel dieses Unternehmens war die Kultivierung und Nutzbarmachung bisher öder Gründe, also die Verschönerung einer ehemals „wüsten" Gegend. Daneben sollte die Flussbegradigung auch den Zweck haben, größere Wassermengen in die Stadtbäche zu leiten und damit die Anlage weiterer Mühlenbetriebe zu ermöglichen, gleichzeitig aber der immer wieder vom Hochwasser geplagten Vorstadt Au den gewünschten Hochwasserschutz bieten. [185]

All dies war nach Ansicht der Generallandesdirektion mit den bisherigen Methoden nicht zu erreichen. Anstatt immer wieder auszubessernder und daher kostspieligen Wührbauten aus Holz und Steinen sollte man eine einmalige „große Summe für Dämme und Schleusen" aufwenden, denn nur auf diese Weise könnten Bauwerke entstehen, die sich der Hauptstadt eines Landes der Nation würdig zeigen, besonders „wenn damit auch Geschmack verbunden ist". Sichtbar wird hierin nicht nur eine überraschende Freigiebigkeit in der Frage der Finanzierung (die allerdings in einem späteren Satz wieder der Realität angepasst wurde), sondern vor dem Hintergrund einer neuen Stadtplanung der Wunsch nach einer schönen, mit repräsentativen Bauwerken versehenen Stadt an ihrem Fluss.
So hoffte man nicht nur auf würdige Wasserbauwerke, sondern auch auf einen Ersatz der angeblich wenig gefälligen und verkehrstechnisch ungünstigen steinernen Isarbrücken. Für Fußgänger wie Schiffer seien die „geschmacklosen" engen Brücken gefährlich, denn oben drängten sich Fuhrwerke und Fußgänger auf einer schmalen Passage, während der Fluss sich vor dem Bauwerk staute und anschwoll.

Für die mit der Isarregulierung neu entstandenen Flächen sollte sofort die Planung für neue Anlagen – womit wohl Straßen und weitere Wohnviertel gemeint sind – beginnen. Mit ein zu beziehen in die Planungen waren auch die beiden steinernen Brücken sowie zwei neu anzulegende Verkehrsverbindungen über die Isar, eine Brücke im Süden

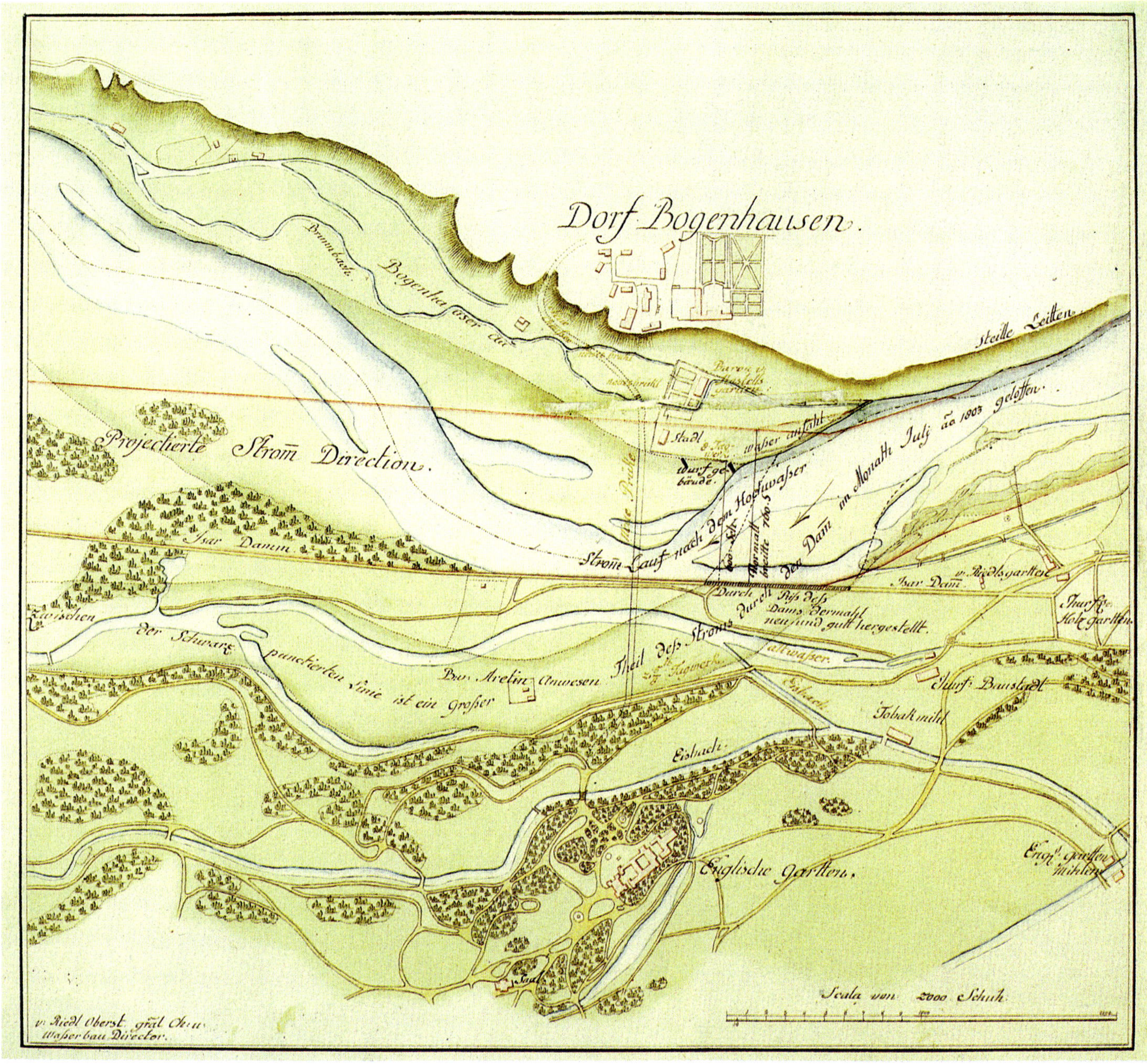

Plan Adrian von Riedls für die Isarkorrekturen bei Bogenhausen von 1803. Eingetragen ist bereits der Verlauf der neuen Straße über die Isarbrücke bei Bogenhausen.
Die Brücke war ein Jahr später fertiggestellt.

Bayerisches Hauptstaatsarchiv, Plansammlung 17

zwischen Harlaching und der steinernen Brücke und eine zweite flussabwärts unterhalb der Brücke. Verbunden mit dieser zukunftsweisenen Ansicht war auch der Wunsch, München möge sich nicht länger dem Vorwurf aussetzen, sich von seiner schönen Lage entfernt zu haben und „eher den Kieshaufen genährt zu haben", sich wieder auf seine Lage am Fluss besinnen und wie andere Städte auch das Flussufer als seinen lebhaftesten und schönsten Teil pflegen – wozu aber die weiteren Übergänge, eben die zusätzlichen Brücken vonnöten seien. [186]

Versuche, die Isar als ihren „schönsten" Teil in die Stadt zu integrieren, sollten vorerst scheitern. Auch der Bau weiterer Brücken als Verbindungsglied zwischen hüben und drüben traf in München auf wenig Gegenliebe, zu groß war der Wunsch Münchner Handwerker und Geschäftsleute nach Abschottung von der Konkurrenz auf der rechten Isarseite in den Vororten Au und Haidhausen. Standort einer weiteren Brücke wurde deshalb eine bisher sogar außerhalb Bayerns im Gebiet des Hochstifts Freising gelegene Gemeinde, das Dorf Bogenhausen.

Mit dem Bau der Bogenhausener Brücke wollte man offensichtlich Zeichen setzen. Anlass für diesen Bau einer zweiten vollwertigen Brückenverbindung über die Isar am Rande Münchens war die Angliederung der säkularisierten freisingischen Gebiete an Bayern. Bayerns neue Untertanen sollten mit einem Brückenbau besser an ihre neue politische Heimat angebunden, die wirtschaftlichen Beziehungen dies- und jenseits der Isar verbessert werden.

In einer Entschließung der Landesdirektion von 1804 wird detaillierter auf die Gründe eingegangen, warum nun anstelle einer wohl schon lange bestehenden Fährverbindung der hoffentlich anwachsende Güterverkehr in Zukunft über eine Brücke geführt werden sollte: für die Trockenlegung des Ismaninger Mooses, bzw. für die dort hergestellten Ziegel, die vor allem in der Residenzstadt Verwendung fanden, für Holzlieferungen aus dem Anzinger Forst und ganz allgemein für die „Belebung und Verschönerung der hiesigen Gegend". [187] Am Standort dieser neuen Verbindung, dem ehemaligen Grenzort Bogenhausen, hatte Minister Graf von Montgelas einen Landsitz erstanden, auch dies vielleicht ein Grund für die Wahl des Ortes.

Gleichzeitig mit dem Brückenbau mussten rechts und links der Isar Dämme angelegt werden, denn nach einem Hochwasser des Jahres 1803 drohte sich der Isarhauptfluss mit dem Eisbach im Englischen Garten zu vereinen und damit einen Teil der Parkanlage zu zerstören. Nach dem Bau dieser Dämme sollte dann für die ebenfalls zu bauende Straße auch eine Brücke über den Eisbach errichtet werden. Planung und Durchführung des Projektes waren dem Vorstand der Kgl. General-Straßen- und Wasserbaudirektion Adrian von Riedl anvertraut, der am 27. Januar 1804 mit den Arbeiten an der Isarbrücke beginnnen ließ. Schon im Mai des gleichen Jahres war die Brücke fertig gestellt. Sowohl die Isarbrücke als auch die Brücke über den Eisbach bestanden aus Holz; die etwa 190 m lange und 6,24 m breite Brücke über die Isar verfügte über ein Tragwerk aus Fichtenholz und Schwellen aus Eichenholz. [188]

Der neuen Isarbrücke war kein gutes Schicksal zugedacht. Bereits 1807 wurde die Brücke bei einem Hochwasser leicht beschädigt, 1809 mussten sie die Bogenhausener beim Anrücken der Franzosen zweimal zum Teil demontieren, bald danach waren zahlreiche Reparaturen durchzuführen, da sich am Brückenholz Anzeichen von Fäulnis bemerkbar machten. 1811 meldeten Sachverständige gravierende Sicherheitsmängel und der seit 1805 für den staatlichen Wasserbau zuständige Karl Friedrich Wiebeking beantragte einen Neubau. Nach dem Bau einer Notbrücke begann man im August 1811 mit den Arbeiten an einer Holzbrücke auf zwei gemauerten Pfeilern mit drei gleich großen Öffnungen. Aber auch dieser neuen Brücke würden nicht, wie Wiebeking angegeben hatte, „einige Jahrhunderte" beschieden sein. [189] Schon nach wenigen Jahren zeigten sich die negativen Auswirkungen der von Wiebeking ab 1806 veranlassten Isarregulierung im Norden Münchens: Die Isar grub sich tiefer ein, als man dies erwartet hatte, und im Jahr 1819 war die Brücke einsturzgefährdet. Da jedoch Geld für einen Neubau fehlte, führte man bis 1826 notdürftige Reparaturen durch; als auch in diesem Jahr die Mittel für einen Neubau fehlten, entschloss man sich zum Bau einer Notbrücke, mit der man sich mehrere Jahrzehnte behalf, obwohl bereits 1829 einige Jochpfähle morsch geworden waren und auch weiterhin umfangreiche Reparaturarbeiten an der Brücke durchgeführt werden mussten. [190]

Einen Stellenwert vergleichbar der Münchner Isarbrücke erreichte die Bogenhausener Brücke vorerst nicht. Bauern aus Ismaning und Oberföhring fuhren an Markttagen weiterhin über die Münchner Brücke, um zum Schrannenplatz zu gelangen. Die Bogenhausener Bauern nutzten die Brücke für den Viehtransport zu ihren Weidegründen im Norden des Englischen Gartens. Als diese Grundstücke verkauft werden mussten und dem Park zugeschlagen wurden, bestand auch für die Bogenhausener Bauern kein Anlass mehr, die Isar auf dieser Brücke zu überqueren. [191]

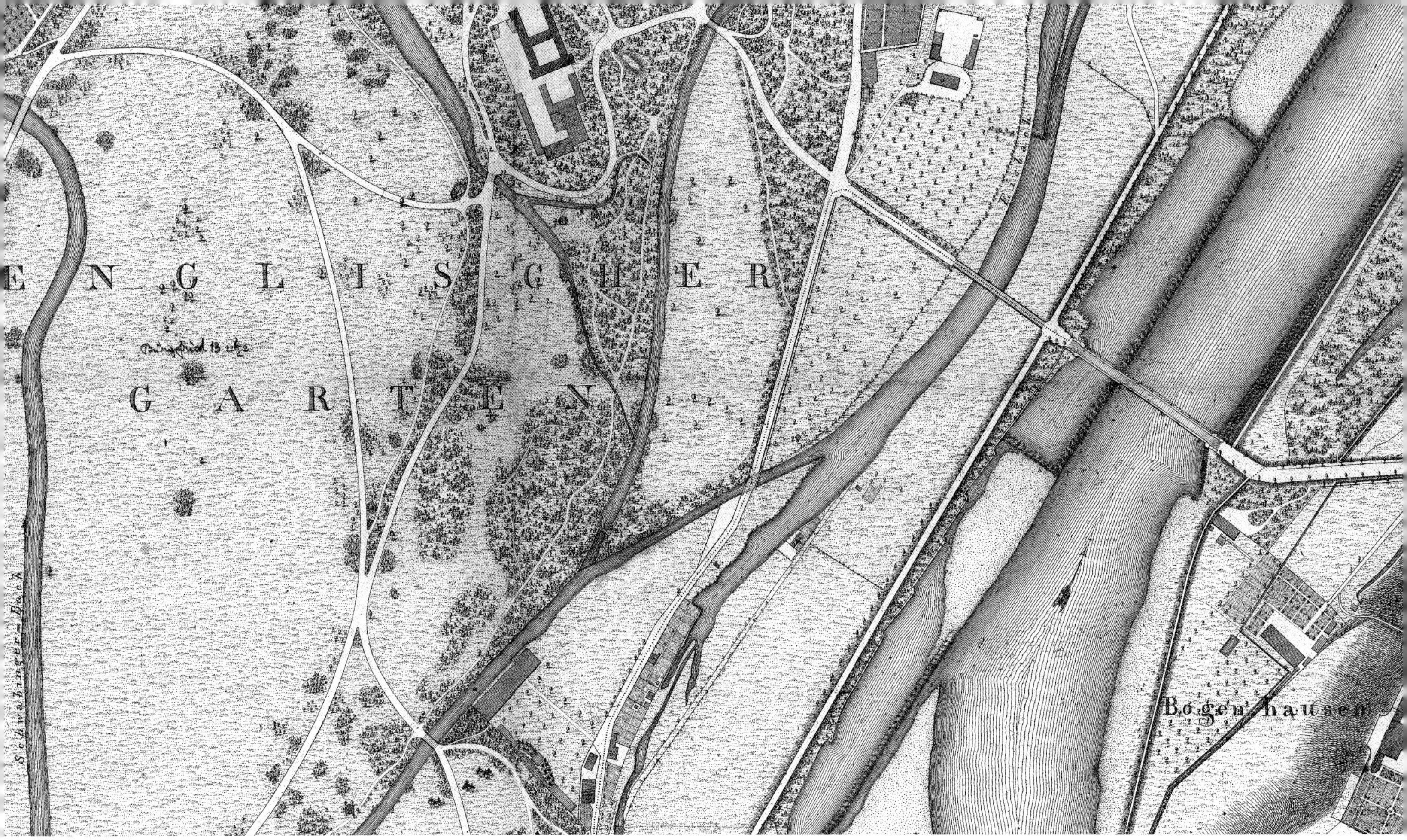

Die neue Straße über die Isarbrücke bei Bogenhausen und die neue Brücke über den Eisbach auf einem Stadtplan von 1814.
Im Gegensatz zu dem von Riedl projektierten Straßenverlauf führte man die Straße schließlich in gerader Linie in den Englischen Garten.

Stadtarchiv München

Die Durchführung grundlegender Maßnahmen für den Hochwasserschutz an der Isar war inzwischen noch nicht realisiert, der dafür zuständige General-Straßen- und Wasserbaudirektor Adrian von Riedl dagegen im Juni 1805 kurzerhand seiner Zuständigkeit für den Wasserbau an der Isar enthoben.
In die Wege geleitet hatte diese Maßnahme Karl Friedrich Wiebking, seit Februar 1805 Geheimer Rat sowie Chef des Centralen Wasser- und Straßenbaubüros und nach seinen eigenen Angaben Kenner „modernster hydrotechnischer Verfahren". [192]

Die von Wiebeking bei Thalkirchen angeordneten Wasserbaumaßnahmen führten sofort zu Konflikten mit dem Münchner Stadtbauamt, da Arbeiter sämtliche Weiden und Büsche im Isarbett abgeholzt hatten, die vom Stadtbauamt dort angebaut worden waren, um in Notfällen das nötige Material für Wührbauten zur Hand zu haben. Als sich vier Jahre später erneut ein Streit um das Buschwerk im Isarbett entspann, regelte Minister Montgelas diesen Streit persönlich und erklärte, er selbst habe dem Zentral Wasser- und Straßenbüro, wie Wiebekings Büro nun hieß, den Auftrag erteilt, alles dem Aerar zustehende Faschinenholz schlagen zu lassen, was nun auch geschehen war, denn die Büsche hätten nicht am Ufer, sondern auf den Isarinseln gestanden – somit auf dem Grundbesitz des Staates.
Im Übrigen habe die Stadt München ihre in äußerst schlechtem Zustand befindlichen Wasserbauten in Ordnung zu bringen und der städtische Baudirektor bleibe dem städtischen Gemeinwesen wegen „Unterlassung jener Arbeit verantwortlich". Und da schließlich das Wasserbauwesen der Stadt weder mit „Oekonomie noch mit den praktischen Maximen der Flussbaukunde" betrieben werde „müssen andere der Sache angemessene Maßregeln eintreten." [193]

Als der auf diese Weise düpierte Baudirektor von Schedel dazu noch beschuldigt wurde, vom Faschinenbau keine Ahnung zu haben und sich doch bitte darüber zu informieren habe, konterte der Stadtbaudirektor mit der Expertenmeinung des verabschiedeten Adrian von Riedl, dass Faschinenbauten wegen des losen Untergrunds an der Isar nicht

Die neue Isarbrücke bei Bogenhausen auf einer Darstellung von Carl Heinrich Wenng von 1812.

Münchner Stadtmuseum, Inv. Nr. II i/11

möglich seien. In der nun folgenden Auseinandersetzung um die richtige Vorgehensweise beim Hochwasserschutz schlug die Stadt schließlich vor, die Oberaufsicht über die Flussverbauungen mit Ausnahme der städtischen Bäche und Kanäle, aber einschließlich aller Zahlungen an den Staat abzugeben, erklärte sich aber dazu bereit einen anteilsmäßigen Beitrag zu leisten. Minister Montgelas weigerte sich, der staatlichen Wasserbaubehörde Verantwortung und vor allem Finanzierung der aufwändigen Baumaßnahmen zu übertragen, unterstellte ihr jedoch die städtische Baubehörde und forderte bei dieser Gelegenheit sofort die Jahresrechnungen ein – auch diese waren nun vom Central-Straßen- und Wasserbau-Bureau zu überprüfen – und verlangte außerdem das Erstellen einer neuen Instruktion für Werkmeister und Palliere. [194]

Wiebeking wartete immerhin noch fast sechs Wochen, um dann von Stadtbaudirektor von Schedel die bereits geforderten Unterlagen binnen einer Frist von acht Tagen – oder aber eine begründete Entschuldigung – noch einmal anzufordern, zusätzlich sämtlicher Karten und Pläne städtischer Wasserbauten binnen dreier Tage sowie eine Aufstellung darüber, an welchen Tagen diese Bauten von den städtischen Sachverständigen untersucht werden würden. Von Schedel reagierte verbindlich und verwies auf den Magistrat als seinen obersten Dienstherrn, übersandte aber eine Liste der anstehenden Ausbesserungsarbeiten an der Isar sowie die gewünschten Dienstinstruktionen für den Wasserbaumeister und den Ablassknecht, die jedoch erwartungsgemäß wenig Neues ergaben. Der Wassermeister war zuständig für sämtliche Bauten an Isar und Stadtbächen sowie für die Wasserleitungen und hatte auch die Arbeiter während der Baumaßnahmen zu beaufsichtigen. Im Faschinenbau musste er sich über die neuesten Techniken kundig machen und ohne Zustimmung der Stadt war es ihm nicht gestattet zu verreisen. Der Wasserpallier oder Ablassknecht war vor allem zuständig für die richtige Bedienung der Wasserfallen und der Wasserleitungen. In seiner Eigenschaft als Wasserpallier unterstützte er den Wassermeister bei seiner Tätigkeit. Ein Spezialist für Brückenbau wurde nicht erwähnt. [195]

Die Unteren Isarüberfälle im Jahr 1827. Wie die Oberen Überfälle waren auch sie mit einem Werksteg versehen.

Leistner
Münchner Stadtmuseum, Inv. Nr. 51/79

Die Zusammenarbeit von staatlicher und städtischer Behörde funktionierte nicht reibungslos. Von Schedel reagierte auf verärgerte Aufforderungen, die angeordneten Baumaßnahmen zum Hochwasserschutz in Angriff zu nehmen, mit deutlicher Zurückhaltung und dem Hinweis auf seine eigenen mangelhaften hydrotechischen Kenntnisse, die er allerdings versucht hatte etwas zu verbessern. Im Übrigen sei für Wasserbauten der Wassermeister zuständig, der jedoch ohne Anweisung des Magistrats nichts unternehmen dürfe. Wasserbauten aber seien äußerst kostpielig und Leib und Leben tausender Bewohner hingen von ihnen ab – da sei es doch dreist, sich hier einmischen zu wollen. Da sich von Schedel ganz offensichtlich immer noch weigerte, die Verantwortung für schwierige Hochwasserschutzbauten zu übernehmen, bat der Magistrat noch einmal, die Stadt von dieser Aufgabe zu entbinden. [196]

Als von Schedel im Jahr 1810 starb, hatte die Stadt schon einen geeigneten Nachfolger gefunden, der endlich auch die nötigen Kenntnisse in Wasserbauten aufweisen konnte. Carl Probst, seit 1809 Münchens Kommunal-Bauinspektor und ab 1818 im Zuge der neuen Gemeindeordnung als technischer Baurat Mitglied der Lokal-Baubehörde, hatte zuvor schon in Würzburg als Straßen- und Wasserbauinspektor gearbeitet und konnte in München endlich die geforderten Baumaßnahmen durchführen: zwei Faschinendämme, die im Bereich der Isarvorstadt unter „hohen Kosten" gebaut wurden und auf diese Weise wertvollen Gemeindegrund erschlossen. Allerdings wurde auch weiterhin mit einer Gefährdung dieses Geländes bei Hochwasser gerechnet. [197] Als Münchens Bauinspektor, der nach der neuen Gemeindeordnung von 1808 zwar vom Münchner Magistrat bezahlt wurde und auch Anweisungen von diesem erhielt, andererseits aber in seiner Tätigkeit Wiebeking unterstellt war, hatte Probst keinen leichten Stand. Wiebeking machte selbst geringfügige Dinge zu seinem ganz persönlichen Anliegen und mischte sich sogar in den Ankauf von Faschinenholz ein, das die Stadt seiner Meinung zu teuer gekauft hatte. [198] Offener Streit entstand schließlich um die Isarbrücke.

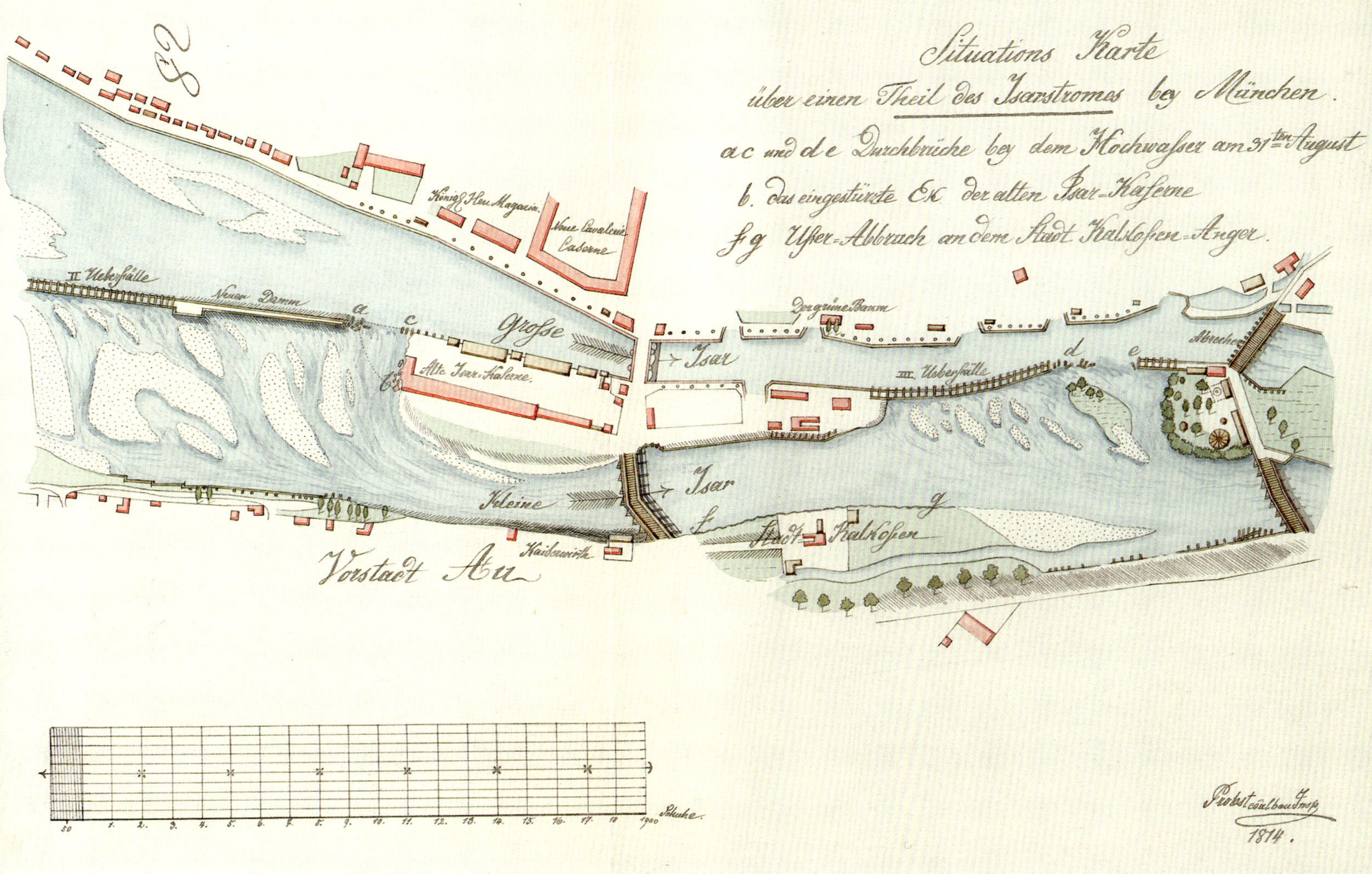

Durchbruch bei den Isarüberfällen während eines Hochwassers im August 1814. Als Ersatz für die eingestürzte Brücke über die Kleine Isar dient eine hölzerne Notbrücke.

Stadtarchiv München

Das Brückenunglück von 1813

Im August 1813 meldete das Kgl. Triftamt, dass in der Nacht vom 24. auf den 25. August Hochwasser in der Isar das Überfallwehr vor der Kohleninsel durchbrochen hatte und mit dem Wasser eine große Menge an Triftholz in die Kleine Isar geschwemmt worden war. Die Holztrift musste daher eingestellt werden. Wohl mit dem Wissen, dass auch das Triftholz zum Durchbruch des Wehres beigetragen hatte, betonte man, der Stadt sei hier keine Schuld zuzumessen – immerhin war der Schaden des verlorenen Holzes beträchtlich –, jedoch sollte das Überfallwehr möglichst rasch wieder instand gesetzt werden, damit die Holztrift weiter durchgeführt werden konnte. Bauinspektor Probst sah sich jedoch gezwungen, das Kgl. Triftamt zu vertrösten, da derzeit alle Arbeiter damit beschäftigt waren, Abbrüche an den Ufern der Stadtbäche sowie an der Isar zu beseitigen und die Ufer neu zu befestigen. Dabei gab er auch zu bedenken, dass wohl weiteres Hochwasser zu erwarten sei und man daher die Arbeiten am Wehr besser aufschieben sollte, um nicht noch einmal von vorn anfangen zu müssen. [199]

Carl Probst sollte Recht behalten. Nur etwa zwei Wochen später herrschte erneut schlimmes Hochwasser, mehrere Häuser in der Au waren bereits unterspült und zum Einsturz gebracht worden. Die städtischen Werkleute, mit Seilen gesichert, waren immer wieder damit beschäftigt, das an den Brückenpfeilern aufstauende Holz und Gestrüpp zu entfernen, um dem Wasser bessere Durchflussmöglichkeiten zu bieten. [200] Am Spätnachmittag des 13. Septembers stand sowohl am Isarufer als auch direkt auf der Isarbrücke eine größere Anzahl Schaulustiger, die den bevorstehenden Einsturz des Kaiserwirtshauses bei der Brücke verfolgten. Andere Passanten waren auf dem Heimweg in die Au oder nach Haidhausen. Warnungen eines die Brücke passierenden Bräuknechts, der beim Überqueren ein Wanken der Brücke bemerkt haben wollte, blieben unbeachtet. Als daher wenig später mehrere Brückenbogen einstürzten, wurden fast alle auf der Brücke Stehenden mit in die Isar gerissen, ein Soldat der Cheveauxlegers überlebte angeblich, da er schwimmen konnte, alle anderen ertranken oder wurden von schwimmenden Gegenständen erschlagen. [201]

Das Brückenunglück vom 13. September 1813 wurde in zahlreichen Flugblättern und Gazetten dargestellt. Auch aus diesem Grund blieb dieses Unglück als ein zentrales Ereignis im Gedächtnis der Münchner.

Bild oben
Stich von D. Quaglio, Münchner Stadtmuseum

Bild unten
Stich von C. H. Wenng, Historischer Verein von Oberbayern

Nach dem ersten Entsetzen folgte am 16. September ein allerhöchstes Reskript mit dem Auftrag, die durch den Brückensturz unterbrochene „Kommunikation" auf Rechnung der Kommune „in möglichster Bälde" wieder herzustellen, und zwar unter Anordnung und Leitung der Kgl. General Direktion des Wasser-, Brücken- und Straßenbauamtes, also Wiebekings. Bauinspektor Probst aber hatte sich sofort an diese Stelle zu wenden und auf weitere Anweisungen zu warten. Die erwähnte „Kommunikation" aber, so der Vorschlag, sei am besten über die Bogenhausener Brücke, von der Au aus aber mit Schiffen zu bewerkstelligen, dies aber „mit völliger Sicherheit der Überschiffenden".[202] Natürlich forschte man gleichzeitig nach den Ursachen des Unglücks sowie den dafür Verantwortlichen und stellte dabei fest, dass sowohl die Pfahlroste der alten Brückenpfeiler von 1725 unterspült gewesen waren und ein Einsturz der Brücke daher unvermeidlich, daneben aber wohl auch die Holztrift dazu beigetragen hatte. Zusammen mit der Brücke waren übrigens auch die zwei über die Brücke führenden Wasserleitungen zerstört und viele Münchner daher ohne fließendes Wasser. An die Münchner Polizeidirektion erging dagegen die Rüge, dass nichts zur Rettung der Unglücklichen unternommen worden war und weder Kähne noch Seile zur Stelle waren, als man sie gebraucht hätte. Für die Zukunft seien daher dementsprechende Vorschläge zu unterbreiten.[203]

Sollte man beim Generalkommissariat des Isarkreises, der für München zuständigen staatlichen Aufsichtsbehörde, noch versucht haben, diese Ergebnisse von der Öffentlichkeit fern zu halten, musste man erkennen, dass eifrige Informanten Berichte über das Unglück veröffentlicht hatten. Bevor noch mehr „schlecht unterrichtete Teile des Publikums nachteilige Eindrücke" erhielten, wie Wiebeking sich ausdrückte, erging die Anweisung, dass sämtliche Schilderungen des Unglücksfalls, übrigens auch ein Text des Münchner Polizeidirektors Anton Baumgartner, vor ihrer Veröffentlichung zur Prüfung vorgelegt werden mussten. Erst diese zensierten Berichte durften dann für den Druck freigegeben werden. Einfluss auf die Inhalte der Berichte nahm vor allem Wiebeking, der sich darum bemühte, seinen und den Namen seiner Behörde aus den Berichten zu streichen.[204]

Zensiert wurde auch ein Bericht des tragischen Unglücks, der verkauft werden sollte, um den verwaisten Kindern der Unglücksopfer ein kleine Unterstützung gewähren zu können. Zu diesem Zweck ließ das Generalkommissariat des Isarkreises Listen der verunglückten Personen erstellen, wobei man feststellte, dass der Brückeneinsturz 93 Todesopfer gefordert hatte. Sammlungen und Spenden ergaben schließlich eine Summe von 8.000 Gulden, die zum größten Teil angelegt und zu einem kleinen Teil für Kleidungsstücke und kleine Geldschenkungen an die verwaisten und bedürftigen Kinder verwendet wurden. [205]

Die Masse an Drucken, Zeichnungen und Gedichten, die nach diesem Unglück entstanden, zeigt den tief sitzenden Schock, den der Brückeneinsturz in der Bevölkerung hinterließ und der sich so schnell nicht legen sollte, wie noch zu zeigen sein wird. Die Brücke in Bogenhausen als vorerst einzige Möglichkeit, die Isar trockenen Fußes zu überqueren, stand unter lebhafter Beobachtung und die Eindringlichkeit, mit der man die Sicherheit dieser in der Realität wenig vertrauenserweckenden Konstruktion betonte, zeigt die Ängste, die nun überall herrschten. Dagegen war die Wiederherstellung des Überfallwehrs vor der späteren Museumsinsel in der Öffentlichkeit wenig beachtet, ebensowenig die Tatsache, dass das Wehr schon ein Jahr später erneut vom Hochwasser zerstört war. [206]

Mit der Bogenhausener Brücke als einzige Isarbrücke im Norden Münchens und einer Fährverbindung im Süden konnte man sich auf Dauer natürlich nicht behelfen. Schon am 18. September erging daher der Auftrag an die staatliche Generaldirektion Wasser- und Brückenbau zum Bau einer Notbrücke und zum Neubau einer steinernen Brücke. Die Bauleitung hatte der staatliche Bauinspektor Ott zu übernehmen und der städtische Bauinspektor Probst zusammen mit Ott die „Wochenlisten" zu überprüfen, also die Arbeiter zu beaufsichtigen. Sollte die Stadt nicht genügend Holz vorrätig haben, erklärte sich die Hofbauintendanz bereit, Holz abzugeben, „falls dort Holz entbehrlich ist". Für den Bau einer neuen steinernen Brücke war jedoch wenig später allein Karl von Wiebeking zuständig, wie dieser selbst mitteilte, da Ott „wegen seiner vielen verschiedenen Geschäfte" dafür keine Zeit mehr erübrigen konnte. Wie die Generaldirektion alsbald wissen ließ war ja auch niemand besser als Wiebeking geeignet für die Beaufsichtigung eines so schwierigen Unternehmens, um das es sich bei der Herstellung „einer mit weiten Bögen versehenen steinernen Brücke" handelte, Wiebeking, der nun „alle Mittel" aufwenden müsse, „damit ein dauerhaftes Nationalwerk entstehe". [207]

Wiebeking hatte in einem von ihm herausgegebenen Lehrbuch 1809 als Ersatz für die alte Brücke eine neue Isarbrücke entworfen, da der bestehende Bau seines Erachtens mit ihren zu niedrigen Bögen und den massiven Pfeilern eine Fehlkonstruktion war, die das Wasser zu sehr aufstaute und daher in ihrem Vorfeld für Überschwemmungen sorgte. Mit der neuen Brücke wollte Wiebeking einen Bogen von 80 m – den größten Bogen der Welt als Holzkonstruktion – erbauen lassen. Als Genehmigungsvorlage erstellte er jedoch Pläne für eine Brücke aus Holz, Eisen und aus Stein, letztere mit drei Bögen anstatt einem einzigen. Im Gegensatz zur alten Brücke plante Wiebeking die neue Konstruktion im rechten Winkel zum Fluss und damit eine Verbesserung der Zufahrtswege zur Stadt. Um die Achsenverschiebung sowohl mit dem weiteren Straßenverlauf auf der Insel als auch in der Au in Einklang zu bringen, sah er auf der Insel einen runden Platz vor und am Brückenende in der Au einen weiteren rechtwinklig gehaltenen Platz, an dem auch eine kleine Zollstation untergebracht werden sollte. [208] Allerdings stellten die erwähnten „Mittel" für den Brückenbau ein schwerwiegendes Hindernis dar. Das geh. Ministerial Finanz-Departement hatte zwar bereits beschlossen, eine steinere Brücke nach den von Wiebeking vorgelegten Plänen errichten zu lassen, die Kosten für den aufwändigen Bau aber musste natürlich die Kommune tragen. Diese aber war bekanntlich nicht dazu imstande, die hohen Baukosten zu tragen, und erhielt deshalb einen Vorschuss aus der Kgl. Zentral-Staatskasse von 30.000 Gulden, auszuzahlen in monatlichen Raten von 6000 Gulden. Und während man sich bei der Stadt noch darüber beriet, auf welche Weise das teure Projekt zu finanzieren war, ließ Wiebeking schon mit den Arbeiten beginnen. [209] Im Juli 1814 mussten die Münchner auch um ihre Brücke über

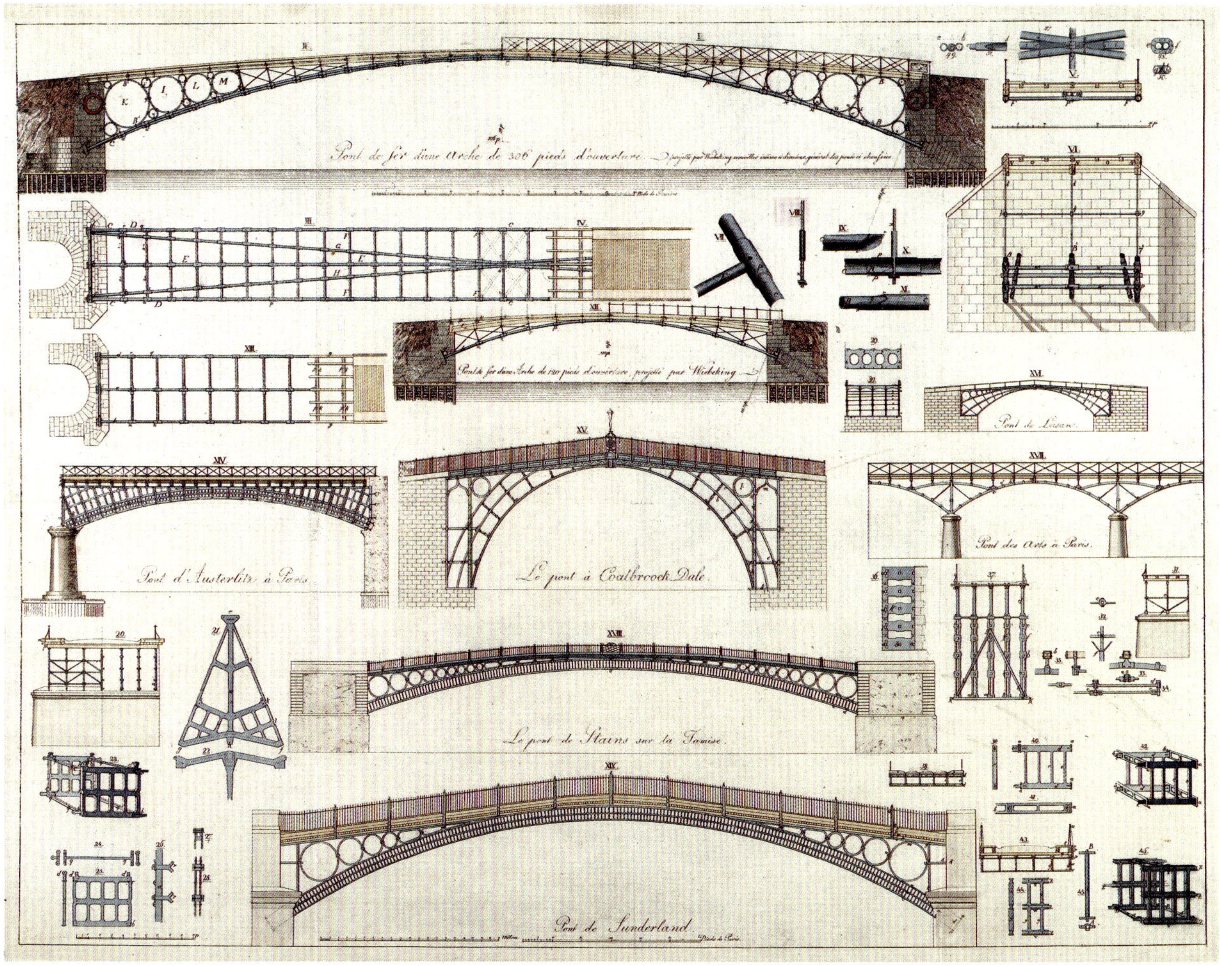

Entwurf Karl von Wiebekings zu einer neuen Eisenbrücke für München; darunter Beispiele bereits existierender Eisenbrücken aus Frankreich und England.

Aus: „Theoretisch-Practische Wasserbaukunst"
Foto Deutsches Museum München

die Große Isar bangen, denn hier waren verdächtige „Schwingungen" festgestellt worden, die Karl von Wiebeking zu einem in der Öffentlichkeit angekündigten „Augenschein" veranlassten mit dem Ergebnis, die Brücke sei durch Sprünge und Risse im Gewölbe sowie deutliche Vertiefungen in der Flusssohle stark einsturzgefährdet und daher sofort zu sanieren. Die Verkolkungen unter der Brücke aber seien auf die Erhöhung der städtischen Überfälle oberhalb der Kohleninsel zurückzuführen, daher müsse auch das verfaulte Sturzbett repariert und die Sohlensicherung unterhalb des Bauwerks verlängert werden. [210]

Carl Probst unternahm nun zusammen mit dem Kgl. Oberbaukommissar von Herigoÿen ebenfalls eine Brückenprüfung, deren Ergebnisse er in einem sehr ausführlichen Bericht darlegte und dabei auch nicht versäumte, sich über Wiebeking lustig zu machen. Die Schäden an der Brücke, so Probst, seien längst bekannt und eine Folge der Beschießung Münchens von 1796 durch die Franzosen. Brückengeländer und erstes Joch der Brücke waren dabei beschädigt worden, das Geländer anschließend nur notdürftig mit Ziegeln ausgebessert, das erste Brückenjoch aber durchaus noch stabil. Die angeblichen Risse im Gewölbe seien sehr leicht mit einer Sonde als mit altem Kitt verstrichene verwitterte Steinadern auszumachen. Natürlich würden die Schäden an der Brücke sofort behoben werden, nachdem jetzt endlich die schon vor Monaten angeforderte Erlaubnis zu gerade dieser Baumaßnahme erteilt worden war. Schließlich erfolgte auch noch eine weitere Prüfung der angeblichen „Ascillationen" mithilfe einer Schnur und einem Senkblei, die jedoch keine Ergebnisse brachte – ein Brückeneinsturz stand offensichtlich nicht unmittelbar bevor. Die Eintiefungen unter der Brücke aber führte Probst zurück auf einen Wasserdurchbruch bei den unteren Überfällen zwischen Museumsinsel und Praterinsel während des Hochwassers 1805, denn als diese Überfälle erneuert worden waren, setzten sich die Eintiefungen unter der Brücke nicht fort. Sehr wohl aber, so Probst, bestünde eine Gefahr weiterer Verkolkungen durch den geplanten Neubau des Praterwehres. [211]

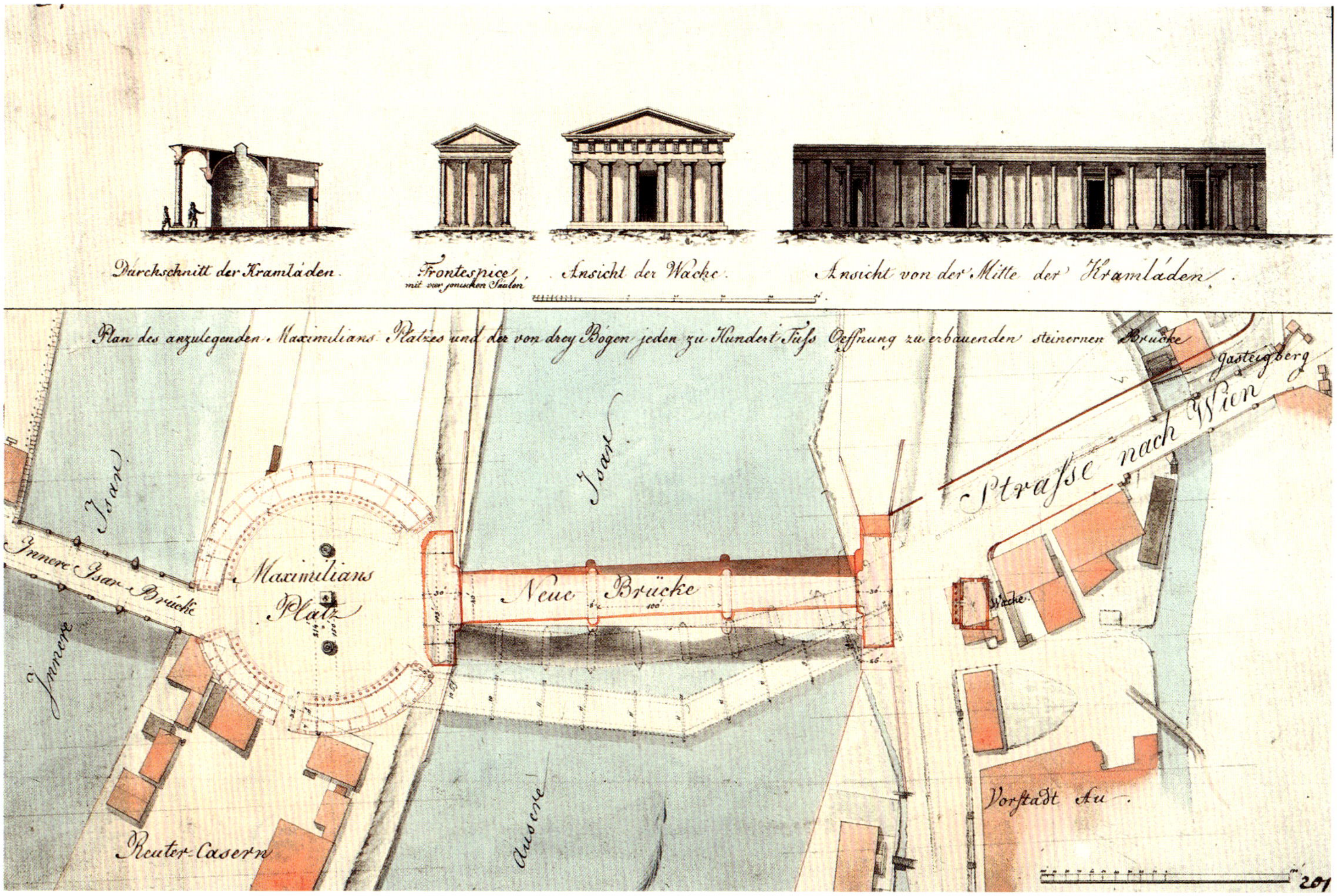

Entwurf Karl von Wiebekings zu einer neuen Straßenführung von der Isarinsel auf den Gasteig sowie zu einer Platzanlage auf der Insel.

Bayerisches Hauptstaatsarchiv, Plansammlung 1701

Der auf diese Weise seinem Ärger über die unbefriedigende Situation einer kommunalen Behörde Ausdruck verleihende Probst musste trotzdem den Bau des Praterwehres nach den Plänen Wiebekings in den Jahren 1814 und 1815 hinnehmen. Wiebeking sah im Abrechen einen wesentlichen Grund für die verheerenden Hochwasser von 1813 bzw. 1814. Um dem Wasser bessere Möglichkeiten zum Abfluss zu gewähren, trennte er bei der neuen Anlage die Funktionen Stauhaltung und Auffanggitter für das Triftholz. Rechtwinklig zum ebenfalls neu angelegten Flussprofil wurde ein Durchlasswehr errichtet, das bei Hochwasser bis auf die Flusssohle geöffnet werden konnte. Abgesehen von den hölzernen Grundpfählen war das Wehr nun aus Stein gemauert: Die Pfeiler bestanden aus Nagelfluhwerkstücken, die oberen Lagen waren in Tuffstein ausgeführt, das Innere mit Ziegel und Bruchsteinen aufgefüllt. Gedeckt waren die Pfeiler mit blauem Sandstein. Auf der linken Seite wurde die 6 m breite Floßgasse durch eine Mauer abgetrennt, über das Wehr verlief die eichene Brücke mit der Quellwasserleitung. Der Auffangrechen für das Triftholz war nun vom Wehr getrennt einige Meter oberhalb als siebenjochiger Steg angebracht, um das Holz während der Trift direkt in den Triftkanal zu leiten. Er war mit beweglichen Rechen versehen und konnte je nach Wasserhöhe und Holztrift verstellt werden. Mehrere Hochwasser von 1837, 1840 und 1855 zerstörten das Wehr ganz oder auch zum Teil. Es wurde immer wieder instand gesetzt oder nach den Plänen Wiebekings neu aufgebaut. [212]

Auch die so genannte Röhrenbrücke, gebaut für die Wasserleitung vom Hofbrunnhaus im Brunntal bis zur Residenz, wurde wiederholt ein Opfer des Hochwassers. Da nicht nur der Hof, sondern auch zahlreiche bürgerliche Wasserabnehmer ihr Trinkwasser aus dem Brunntal bezogen, musste der Erhalt des Röhrenstegs ein wesentliches Anliegen sein. Seit seiner Errichtung war der Steg und in seiner Fortsetzung der Abrechen zwar als Fußgängerverbindung zwischen den beiden Isarufern zu nutzen, jedoch war der Zugang mit einem Gitter

versperrt und ein Schlüssel nur wenigen Personen anvertraut. Der für die Brücke abgestellte Brückenwart ließ Passanten, die sich bei ihm über eine Klingel gemeldet hatten, gegen eine Gebühr die beiden Stege benutzen. Mit den steigenden Bevölkerungszahlen auch in Haidhausen und Bogenhausen zu Beginn des 19. Jahrhunderts wurde der Steg für den allgemeinen Verkehr geöffnet. Ein Wachtposten hatte nun dafür zu sorgen, dass kein Vieh über den Steg getrieben wurde, da dieser nicht für schwere Lasten ausgelegt war. [213] Als 1840 Steg und Wasserleitung erneut vom Wasser weggerissen wurden, erwog man sowohl den Bau einer gusseisernen Wasserleitung anstelle der bisher verwendeten hölzernen Deicheln als auch den Bau einer eisernen Kettenbrücke über die Isar bis zur Praterinsel, unterließ jedoch vorerst aus Kostengründen eine Realisierung dieser Pläne. Erst 1859 wurde dann die Hofwasserleitung in Holzdeicheln unterhalb der Ludwigsbrücke durch das Isarbett geführt – die Röhrenbrücke hatte ausgedient und wurde nicht ersetzt. [214]

Ferdinand Bollingers Ansicht der neuen Isarbrücke, die nach den Plänen von Karl von Wiebeking entstehen sollte. Der Bau dieser Brücke wurde jedoch 1816 eingestellt, da das Projekt von Fachleuten heftig kritisiert wurde.

Münchner Stadtmuseum, Inv. Nr. G 82/19

Bild links oben
Das neue Praterwehr Karl von Wiebekings, erbaut 1814/15.

Bildtafel zu Wiebekings „Theoretisch-Practische Wasserbaukunst"
Foto Deutsches Museum München

Bild links unten
Praterwehr und Praterinsel im frühen 19. Jahrhundert.

Historischer Verein von Oberbayern

Die neue Ludwigsbrücke

Wiebekings Baumaßnahmen an der äußeren Isarbrücke kamen nach den ersten Fundierungsarbeiten nur stockend voran, Grund dafür war der versiegende Geldfluss. Der Münchner Munizipalrat, Nachfolger des Magistrats gemäß der Regelungen von 1808, war auf der Suche nach neuen Geldquellen wenig erfolgreich geblieben. Weder eine neue Bewilligung des Bierpfennigs noch der von Montgelas empfohlene Getreideaufschlag erschienen als ausreichend, die riesigen Summen, die der Brückenbau verschlang, zu erbringen. Als der erboste Wiebeking im September 1816 eine deutliche Erhöhung der jährlichen Zahlungen von 30.000 Gulden forderte, konterte der Rat mit der Entgegnung: Da sich die General Straßen- und Wasserbaudirektion nicht mit dem bereitgestellten Geld begnügen wolle, „so muss man gehorsamst bemerken, dass, da (es) in des Munizipalrats Mächten nicht steht, Gelder nach denen hundert Tausend sogleich herschaffen zu können. Wenn also mit der gezeigten Summe die weitere Fortsetzung des Baues nicht sogleich angefangen werden kann, alles weitere auf sich beruhen muss, bis man weitere Anleihen getätigt hat." [215]

Und so geschah es, denn die von der Staatskasse bereitgestellten Gelder waren aufgebraucht und man konnte schließlich nicht einmal mehr den Lohn eines Nachtwächters aufbringen, der verhindern sollte, dass sich nächtliche Besucher an der Baustelle bedienten mit allem, was an Tragbarem zu finden war. Am 14. Dezember 1816 erging daher der Befehl, den Brückenbau einzustellen und einstweilen eine dauerhafte eichene Interims-Pfahlbrücke als Ersatz für die baufällige Notbrücke herzustellen. Als Carl Probst darauf verwies, welche Schwierigkeiten und vor allem Kosten aus der Errichtung einer dritten Brücke entstünden – neben der Baustelle Wiebekings und der Notbrücke – nahm man davon Abstand. Probsts Vorschlag, auf den Fundamenten der neuen Brücke eine hölzerne Brücke weiterzubauen, fand keine Zustimmung, die 1813 rasch aufgebaute Notbrücke musste also repariert werden und diente bis zur Fertigstellung der steinernen Brücke als einzige Brückenverbindung zwischen Museumsinsel und der Au, häufig durch Unterspülung der Joche vom Einsturz bedroht und immer wieder notdürftig instand gesetzt. [216]

Wiebekings Brückenprojekt war von allen Seiten heftiger Kritik ausgesetzt, allen voran die Akademie der bildenden Künste unter Karl von Fischer sowie die Münchner Baukommission mit ihren Mitgliedern Karl von Fischer, Friedrich Ludwig Sckell und Joseph Emanuel Herigoÿen. Sowohl die Brückengestalt als auch die neue Straßenführung fanden keine Zustimmung und so war es möglicherweise nicht nur der Mangel an finanziellen Mitteln, der zu einem Einstellen des Projekts führte. [217] Das Ausscheiden Wiebekings 1817 aus dem Staatsdienst brachte die festgefahrenen Brückenverhandlungen wieder in neue Bahnen und es war nun vor allem der städtische Bauinspektor Probst, der Vorschläge für einen Brückenneubau unterbreitete, vorzugsweise in Holzbauweise, da Holzbrücken weniger Kosten verschlangen. Probsts Entwurf einer Bogensprengwerksbrücke wurde nicht akzeptiert, dagegen der Bau einer hölzernen Bogenbrücke auf steineren Widerlagern befohlen, die später auch ein steinernes Brückentragwerk halten konnten. Die Bauleitung aber sollte Kreisbauinspektor Vorherr als Oberbaukommissär übernehmen. Gustav Vorherr war Architekt und nicht bewandert im Wasser- und Brückenbau – ein Umstand der Probst erneut verbitterte. [218]

Die neue Isarbrücke war zusammen mit dem Isartor und der daraufhin führenden Straße auch Thema in den Überlegungen der Stadterweiterungskommission. Schon Ende des 18. Jahrhunderts gab es mehrere Vorschläge, wie dieser bedeutende Zufahrtsweg erweitert und verschönert werden könnte. Täglich erreichte München eine große Menge an Waren über die Rosenheimer und die Wasserburger Landstraße. Dementsprechend schwierig konnte für Fuhrleute die Fahrt über die Brücken und weiter zum Isartor werden, Letzteres ein zweiter Engpass, der beseitigt werden sollte. [219] 1808 wurde schließlich ein Projekt genehmigt, das neben einer erweiterten Tordurchfahrt die Verbreiterung und auch Begradigung der späteren Zweibrückenstraße als Zufahrt zum Isartor vorsah, damit verbunden auch eine neue breitere Brücke über den Hacklmühlbach im Vorfeld des Tores. Dem neuen Anspruch einer Hauptstadt des Königreichs Bayern angemessen war die neue Zufahrt als geradlinige Auffahrt zur Residenzstadt geplant, die der Ankommende auf seiner Fahrt bis zum Tor stets im Blick hatte und sich ihr Schritt für Schritt näherte. [220] Dieser und ähnliche Pläne wurden nicht verwirklicht, da die Kosten für die damit verbundenen Baumaßnahmen, darunter auch eine Umleitung der Stadtbäche, schließlich doch zu hoch erschienen.

Besondere Beachtung verdient ein Projekt Gustav Vorherrs, denn in seiner Planung wird der – immer noch einzigen – Münchner Brücke eine ganz herausragende Stellung zugewiesen. Trotz ihrer für die Stadt so bedeutenden Rolle waren Isar und die Brücke über den Fluss zumindest optisch immer noch an den Rand gedrängt, der 1802 in der Generallandesdirektion ausgesprochene Wunsch nach einer stärkeren Hinwendung zur attraktiven Flusslage blieb unerfüllt. Das städtische Leben spielte sich auf und um den Marienplatz ab, sämtliche Straßen „kreisten" um diesen städtischen Mittelpunkt. In seinem Projekt zur Stadterweiterung gab Vorherr sowohl Brücke als auch Fluss eine ganz neue Bedeutung, denn in seinem 1820 vorgestellten Projekt Forum an der Isar werden Brücke und Fluss in den Mittelpunkt gestellt. Über das von Vorherr vor dem Isartor geplante Forum mit seinen viergeschoßig angelegten Arkaden öffnet sich die Stadt gewissermaßen zur Isar hin und überschreitet den Fluss mit der geradlinig über die Isar und auch noch den Berg hinaufführenden Straße. Durch die flankierende Bebauung sowohl auf der Isarinsel als auch den Gasteigberg hinauf wird die Straße zum Bindeglied der Stadtteile links und rechts der Isar. Die Isar selbst ist mit einem geradlinigen Kai gebändigt. [221]

Bild rechts
Projekt Gustav Vorherrs für ein Forum an der Isar von 1820.

Stadtarchiv München, Historisches Bildarchiv

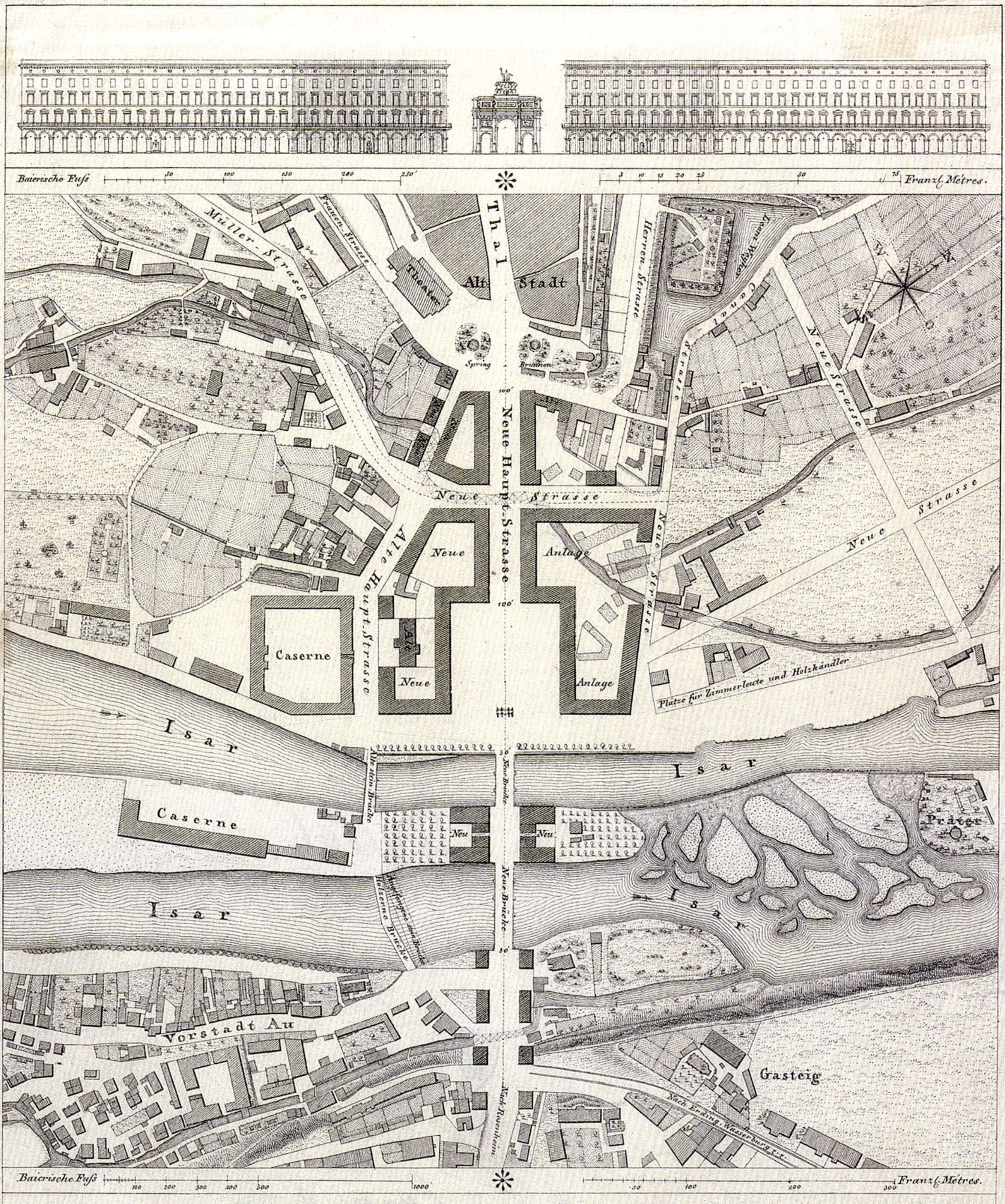

ANDEUTUNGEN ÜBER DEN ZWECKMÄSSIGSTEN ZUG DER HAUPTSTRASSE VOR DEM ISARTHORE ZU MÜNCHEN.

ENTWORFEN VON I.M.C.G.VORHERR.

In Stein gravirt durch M.Reisach, 1821.

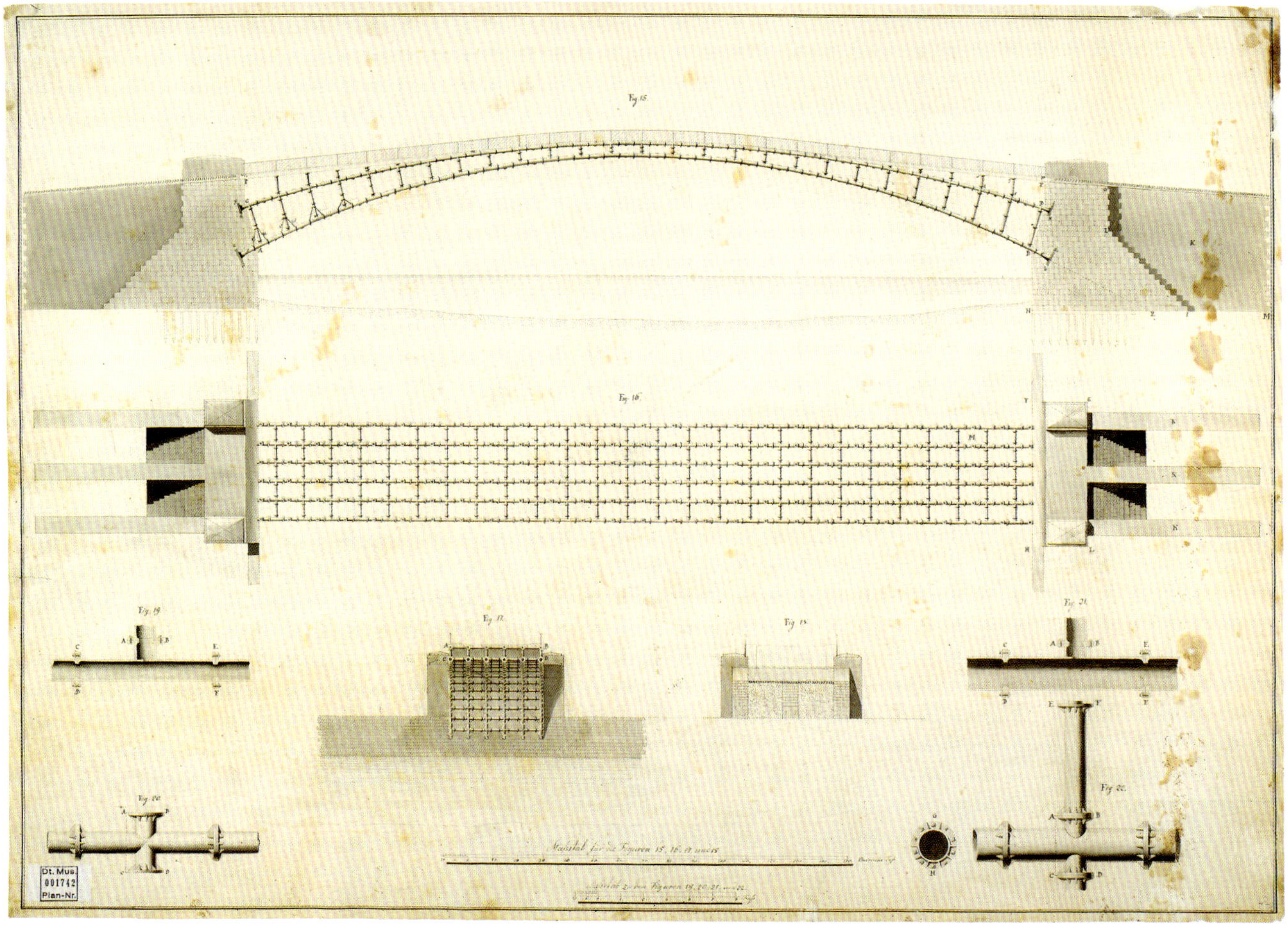

Entwurf einer gusseisernen Röhrenbrücke von Georg von Reichenbach 1810.

Foto Deutsches Museum München

Die Hinwendung zum Fluss und sein rigoroses Überschreiten war der Zukunft vorbehalten, vorerst standen die Diskussionen um die Bauart der neuen Isarbrücke im Vordergrund. Dabei war die Frage des Baustoffs noch immer im Zentrum des Interesses und alle Kenner der im Wasser- und Brückenbau angewandten Technik sandten Entwürfe oder Vorschläge ein. [222] Der Münchner Magistrat, ab 1818 mit der neuen Gemeindeordnung wieder innerhalb bestimmter Grenzen entscheidungsberechtigt, äußerte sich nun ebenfalls und erstaunlich modern. Das von den städtischen Vertretern favorisierte Modell war der Entwurf Georg von Reichenbachs einer gusseisernen Röhrenbrücke. Georg von Reichenbach war ein Exponent des neuen, technisch orientierten Münchens. Zusammen mit Fraunhofer und Liebherr machte er München zu einem Zentrum der Präzisionstechnik, mit seinen Dampfmaschinen und seinen Wassersäulenmaschinen, z. B. für die Sole in Reichenhall, wurde er über Bayern hinaus bekannt, sogar berühmt, wie man im Polytechnischen Verein stolz feststellte. [223]

Auf seinen Reisen durch England hatte Reichenbach Brückenkonstruktionen aus eisernen Röhren kennen gelernt, seine Beobachtungen und daraus entwickelten Theorien legte er 1811 in seiner „Theorie der Brückenbögen" nieder. Wie Wiebeking sah Reichenbach im Einsturz der Isarbrücke 1813 die Gelegenheit zur Verwirklichung seiner Ideen. Münchens Magistrat stand dem Plan einer Brücke aus Eisen positiv gegenüber, denn mit der neuen Technik konnte man sehr gut dem Wunsch nach Repräsentation des neuen Münchens entsprechen. Zum andern aber war Reichenbachs Vorschlag weniger kostspielig und deshalb ebenfalls im Sinne einer mehr als ausgelasteten Stadtkasse. [224]
Vielen Zeitgenossen jedoch war Reichenbachs Brücke zu schlicht. Obwohl Reichenbach sich nicht weigerte, an seiner Brücke weitere figürliche Verzierungen anbringen zu lassen, wurde sein Vorschlag abgelehnt, auch weil man dieser neuen Technik noch sehr zweifelnd gegenüberstand. [225]
Mit der Ablehnung einer eisernen Brücke zog sich der Magistrat zurück auf den Vorschlag Probsts einer Brücke aus Holz, mit dem Argument, dass man Modernität gegen geringe Kosten einzutauschen wünsche. [226]

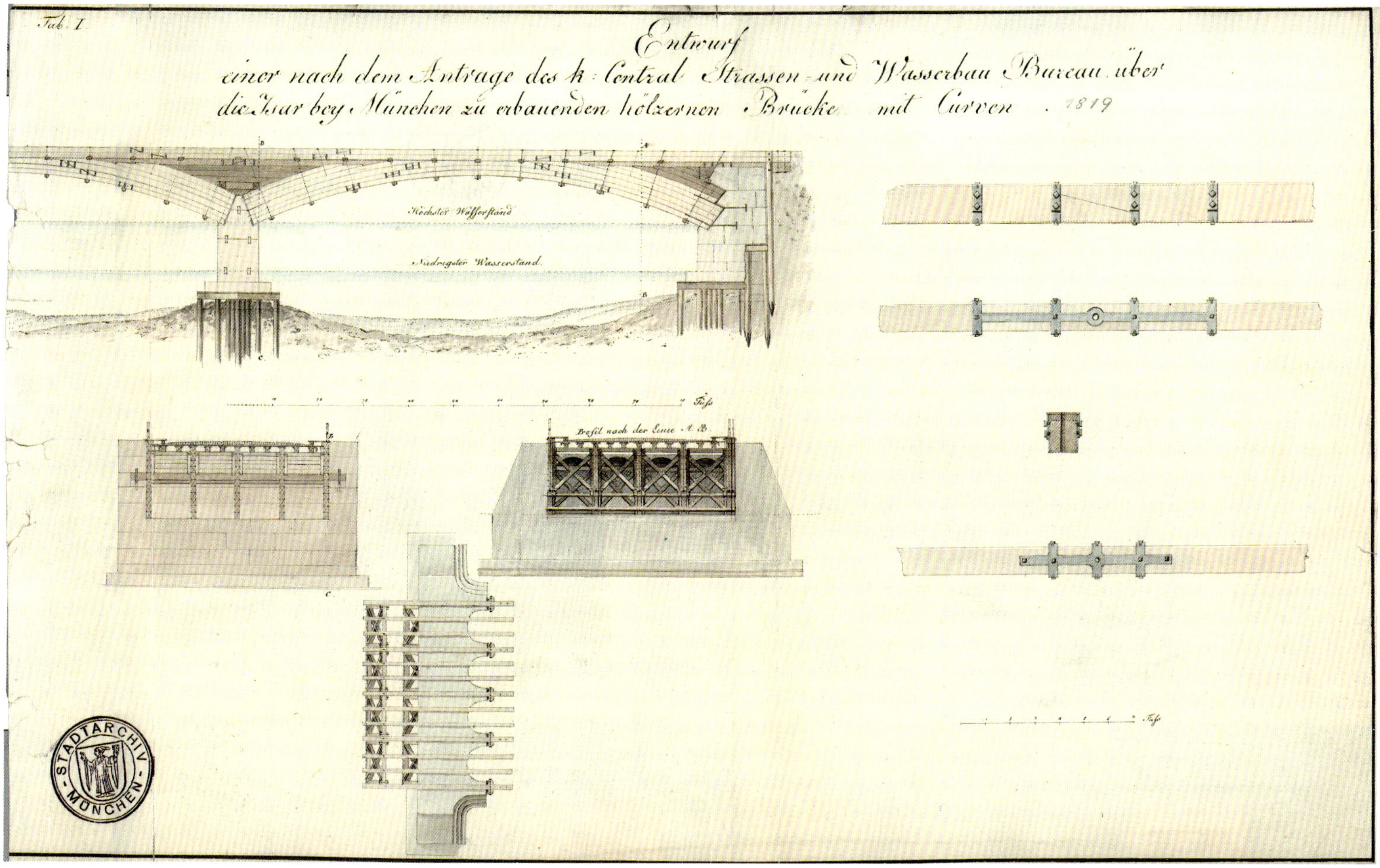

Entwurf einer hölzernen Curven-Brücke über die Isar von Carl Probst 1819.

Stadtarchiv München

Mit dem Erscheinen Klenzes erhielt schließlich der Kampf um die Brücke eine neue Dimension. Am 23. Oktober 1818 zum Hofbauintendanten ernannt und ab 25. Oktober Oberbaurat im Ministerium des Innern, [227] wurde Klenze damit auch zuständig für die Gestaltung der neuen Isarbrücke. Klenzes Kenntnisse über die Konstruktion von Brücken waren nicht tief greifend wie auch ein eigenständiger Brückenentwurf Klenzes offensichtlich nie zustande kam. [228] Sein Beitrag zur neuen Isarbrücke beschränkte sich schließlich auf die Gestaltung des Brückengeländers und der Kandelaber zur Beleuchtung der Brücke. Auch sein Vorschlag zur Änderung der Brückenachse, die er in fast gerader Linie mit der inneren Isarbrücke legen wollte, konnte nicht realisiert werden, da auf diese Weise die Verkehrssituation in der Au schwierig geworden wäre. Man einigte sich letztendlich auf die von Probst vorgeschlagene Brückensituation anstelle der alten eingestürzten Brücke; als Baumaterial würde Stein verwendet werden. [229]

Daraufhin legte der Magistrat der Vorstadt Au im August 1821 bei der Regierung von Oberbayern Widerspruch gegen den Brückenbau der Münchner ein, denn durch den Brückenbau wurde die Straße zum Gasteigberg hinauf noch höher gelegt, die Bewohner der kleinen Häuser in der Lilienstraße mussten befürchten, direkt vor ihren Fenstern nur noch die Füße und Räder der Passanten und vorbeifahrenden Fuhrwerke zu erblicken. Die mächtigen Joche der steinernen Brücke aber würden, so die Vermutung, Wasseraufstauungen hervorrufen, die zu den in der Au gefürchteten Hochwassern führen könnten. Nach Verhandlungen beider Magistrate und einem Vorschlag von Stadtbaurat Probst, die Zu- oder Abfahrt zur neuen Brücke etwas niedriger als geplant zu legen, konnten sich die Parteien schließlich gütlich einigen. [230]

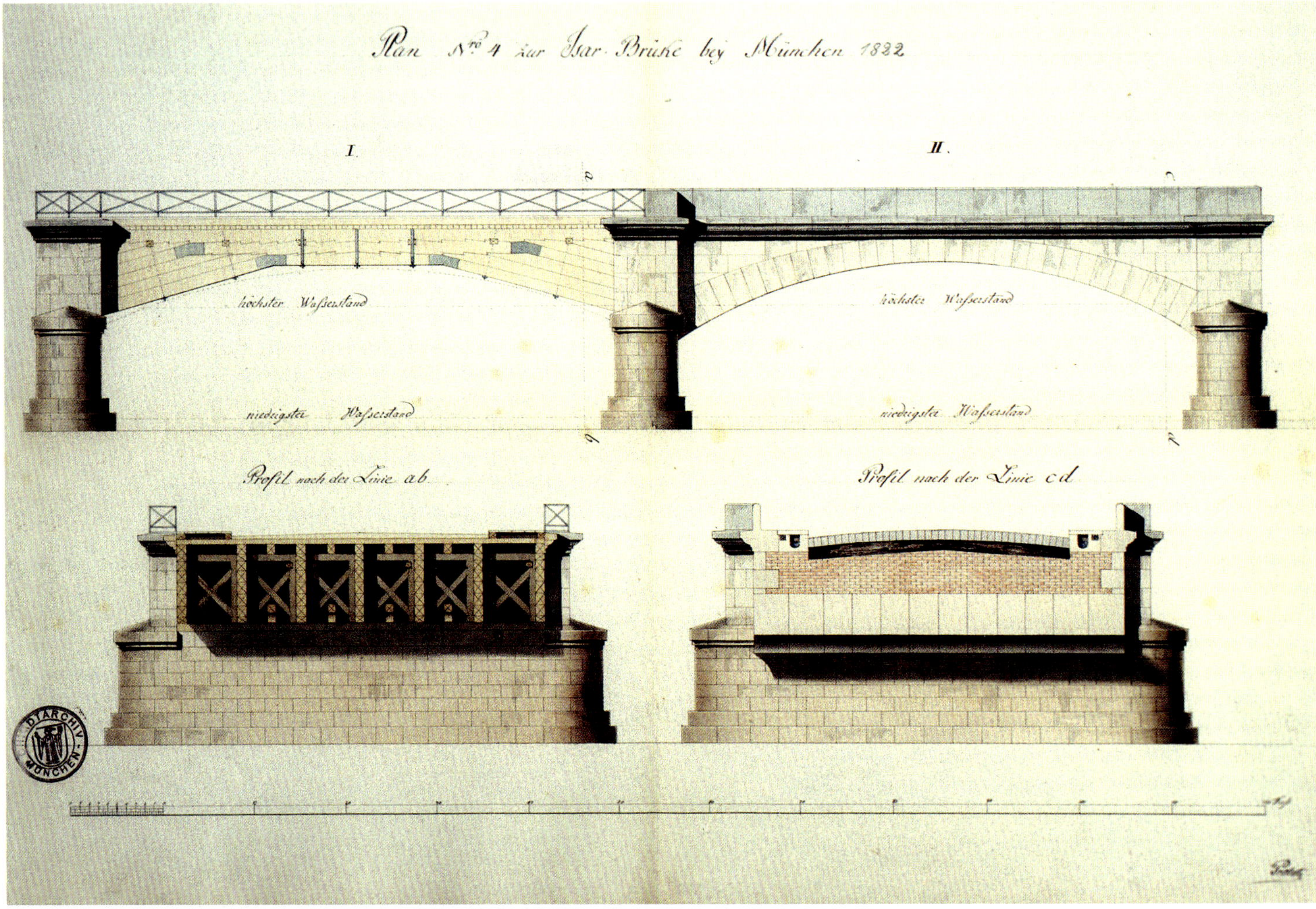

Entwurf einer Isarbrücke aus Stein von Carl Probst 1822.

Stadtarchiv München

Nach dem Entwurf von Carl Probst sollte eine neue Steinbrücke mit fünf Bögen entstehen, die Gründungsoberflächen der Pfeiler würden 60 cm tiefer zu liegen kommen und auf der gesamten Breite des Stromes war ein Sturzbett einzubauen, die Fahrbahnbreite würde 8,17 m betragen. Als Baumaterial schlug Probst Lenggrieser Marmor oder Neubeuerner Sandstein vor – ein Teil war aus dem Abbruchmaterial der Wiebeking'schen Pfeiler zu gewinnen –, wurde dann allerdings von Leo von Klenze überstimmt, der grauen Sandstein aus Kelheim forderte. Einem Wunsch des Magistrats entsprechend ersetzte ein Eisengitter nach den Entwürfen Klenzes die geplante Steinbrüstung. [231] Nach der Zustimmung des Münchner Magistrats erfolgte am 27. Juni 1822 die Entschließung König Max I., mit der nicht nur der Entwurf Probsts gebilligt (und die Bauleitung Klenzes bestätigt) wurde, sondern auch das lange aufgeschobene Finanzierungsproblem gelöst war: Mit der Einführung des Lokal-Malzaufschlags von einem Gulden 30 Kreuzern pro Schäffel Malz für braunes und weißes Bier, für Essig und Branntwein, Hefe oder Germ. Als Entschädigung der Brauer war diesen gestattet, den Bierpreis um einen Pfennig pro Maß zu erhöhen, bei Essig, Branntwein und Hefe konnten ebenfalls Preiserhöhungen durchgeführt werden. Als Baukosten wurden 300.000 Gulden angenommen anstatt der von Probst errechneten 279.023 Gulden. Der städtische Bauinspektor aber wurde auf Dienstreise geschickt, um in der Umgebung von Kelheim Steinbrüche zu besichtigen. [232]

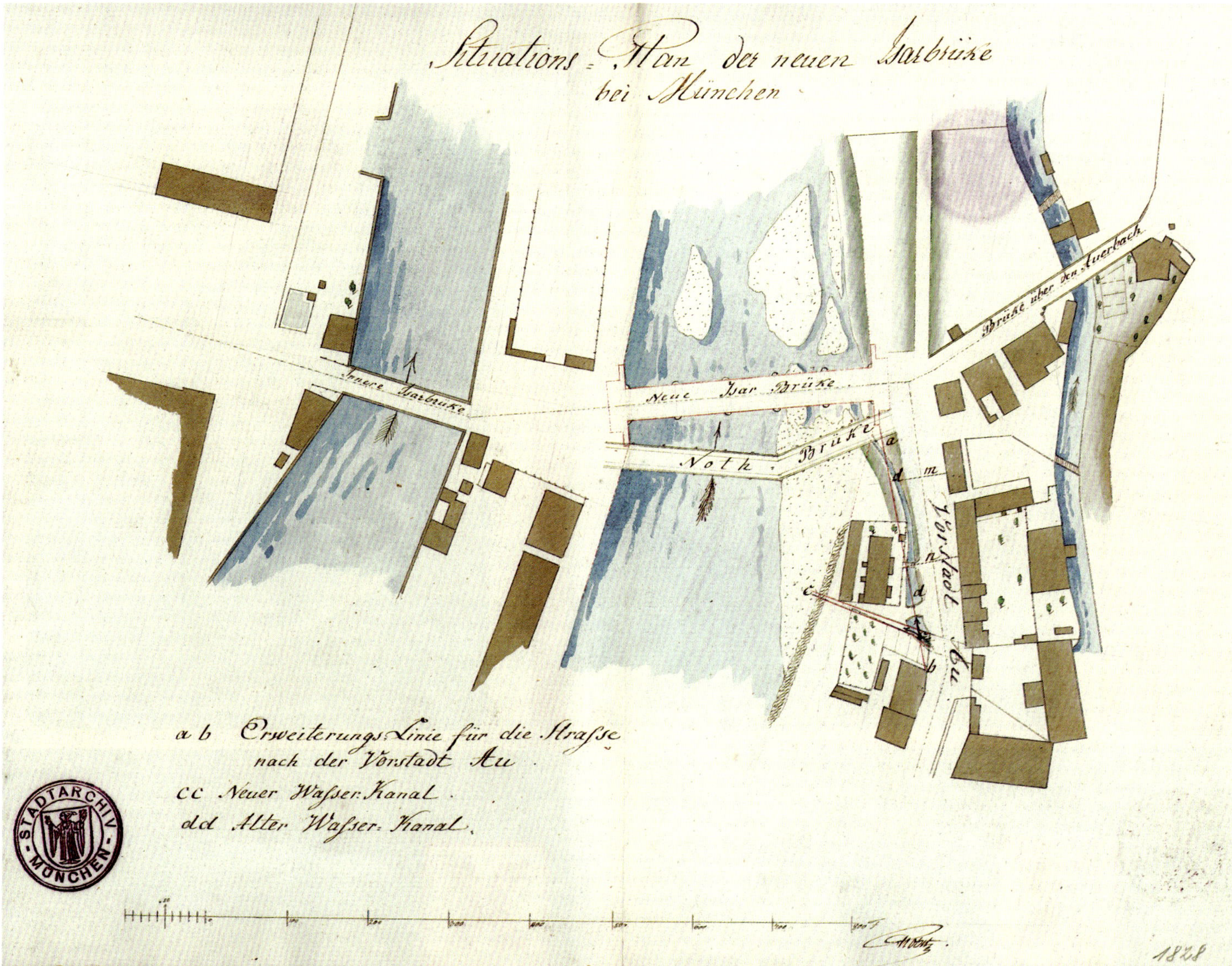

Um die Auffahrt zum Gasteigberg zu verbessern und die Zufahrt in die Lilienstraße zu erleichtern, erhöhte Carl Probst das Brückenniveau und verbreiterte die bisher äußerst enge Einfahrt in die Au. Das kleine Aubächl wurde dabei verrohrt.

Stadtarchiv München

Wie einem Protokoll vom März 1823 zu entnehmen ist, bestand die Brücke schließlich aus den verschiedensten Gesteinsarten: Für die Pfeiler wurde Kelheimer Stein von gröberer Körnung verwendet, für alle Verkleidungen Kelheimer Stein von feinerer Körnung, zum Ausmauern der Widerlager Nagelfluh, für die inneren Gewölbesteine Tuffstein, für das Trottoir grauer Sandstein von Pesenbach. Später stellte man fest, die Probenplatten der Gehwege über die Innere Isar würden sich besser eignen, also entschloss man sich zu rotem Sandstein aus Neubeuern. Für die Ufermauern kaufte man Lenggrieser Marmor, für die Fahrbahnpflasterung wahrscheinlich Gneis aus der Gegend von Wangen bei Starnberg. [233]

Zu den Steinmetzarbeiten war Steinmetzmeister Höllriegel aus München verpflichtet, Lehrgerüst, Sturzbett und andere Zimmererarbeiten erstellten Franz Reifenstuel und sein Sohn Michael. Für alle übrigen Arbeiten an dieser Baustelle sollten nach den Wünschen Probsts vom Magistrat bezahlte Arbeiter eingestellt werden und nicht wie zuvor üblich von den städtischen Werkleuten entlohnte. Für sich selbst bzw. seine Gattin und ihre zwei Kinder erbat sich Probst im Falle eines Unglücks eine Unterstützung sowie eine sofortige Gehaltserhöhung von 12.000 auf 16.000 Gulden im Jahr. [234]

Entwurf einer Brückenbrüstung mit Kandelaber von Leo von Klenze. (Als Urheber der Zeichnung wurde später fälschlich Probst angegeben.) Die Kanonenkugel dürfte die Ergänzung eines boshaften Zeichners aus dem Umkreis von Carl Probst sein.

Stadtarchiv München

Als am 27. Mai 1823 endlich der Grundstein für das neue repräsentative Bauwerk gelegt werden konnte, [235] waren die Schwierigkeiten noch nicht vorbei. Am 12. Mai 1823 ging bei der Stadt München eine Beschwerde der kgl. Regierung des Isarkreises ein mit dem Inhalt, die Straße von Geisenfeld nach Pfaffenhofen sei für die schweren Steine, die man drei Jahre lang von Kelheim nach München transportieren wolle, nicht geeignet und ginge daran „zugrunde". Auch würden die hier vorhandenen Brücken Gewichte von 30 bis 130 Zentnern nicht aushalten. Empfohlen werde daher ein Umweg über Pörnbach. Wie man später feststellte, hatte die Gemeinde Geisenfeld die Straße mit 34 Brücken und Durchlässen selbst zu unterhalten und daher schon länger versucht, Zuschüsse in Form von Brennholz für den Straßenunterhalt zu bekommen. War die Gemeinde gezwungen, die Brücken für die Schwertransporte zu reparieren, würde sie sich dazu nur gegen einen Zuschuss bereit erklären. Die Kgl. Bauinspektionen München II und Landshut wurden daraufhin beauftragt, für den guten Zustand der Brücken und Durchlässe auf den Straßen von Geisenfeld über Pfaffenhofen und von Mainburg über Freising nach München zu sorgen. Schwere Steine waren über Mainburg und Freising zu transportieren, da die Unterbrucker Amperbrücke auf der Münchner – Pfaffenhofener – Ingolstädter Straße durch den letzten Eisstoß baufällig geworden war, „derzeit" neu erbaut werden müsse und gegenwärtig nur auf einer Seite befahren werden konnte. Wie nicht anders zu erwarten, hielten sich nicht alle Fuhrleute an die ihnen vorgegebenen Routen und es kam immer wieder zu Beschwerden und Geldstrafen für Fuhrleute. [236]

Probst hatte sich bei seinen Berechnungen zur Durchflusshöhe am Hochwasser von 1819 orientiert, das bei den Brückenrosten zu erheblichen Vertiefungen geführt hatte. Als am 29. Oktober 1824 erneut starkes Hochwasser auftrat mit einem Pegel von 2,38 m über dem Normalstand an der Bogenhausener Brücke, waren neue Berechnungen für die Isarbrücke unumgänglich, Brücke und Straße mussten um fünf Schuh erhöht und damit die Durchflussverhältnisse unter der Brücke verbessert werden. [237] Natürlich regte sich in der Au Widerstand, als man von dieser erneuten Straßenerhöhung Kenntnis erhielt, vor allem aber als bekannt wurde, dass zudem eine Verbreiterung der Brücke über den Auer Mühlbach unumgänglich schien, da die Wagen auf dem Gasteigberg sich zu manchen Zeiten stauten und dabei auch die Fußgänger gefährdeten, die dort nur wenig Ausweichmöglichkeiten hatten. Schließlich waren sowohl die Auer Bürger von der Notwendigkeit der Maßnahme zu überzeugen als auch der Wirt Ignaz Kaiser zu einer Grundstücksabtretung zu überreden – die dringend nötige Verbreiterung und Höherlegung der Straße konnte damit durchgeführt werden. [238]

Die neue Ludwigsbrücke um 1835. Der Blick geht von der späteren Museumsinsel zum Gasteig.

Johann Baptist Kuhn
Stadtarchiv München, Bildersammlung

Zur weiteren Verbesserung der Brückenauffahrt wurde der Abbruch einiger Gebäude auf der Museumsinsel beschlossen, darunter auch des alten städtischen Zollhäusls sowie eines kleinen Militärgebäudes. Auch die Einfahrt in die Lilienstraße musste angeschrägt und zum Kaiserwirt hin erweitert werden, damit die Einfahrt ebenfalls ein schönes „Trottoir" erhalten konnte. Das Feuerbächel, auch genannt der kleine Aubach, das unter der Metzgerbrücke hindurchlief, verlegte man in einem unterirdischen Kanal. [239] Als weitere Erleichterung der Einfahrt auf die Isarbrücke wurde auch die enge und sehr schmale Brücke beim Schleifer Mann (vom Gasteig auf die Isarinsel) erweitert: der Gehsteig zur Brücke geschlagen, die Brückeneinfassung zurückgesetzt und ein neuer Gehsteig geschaffen. [240] Mit all diesen Maßnahmen wurde der Brückenbau noch teurer und es entstanden schließlich Gesamtkosten von 380.000 Gulden. [241]

Die Einweihungsfeier der Brücke am 3. Mai 1828 wurde ein prächtiges Ereignis, die neue Brücke als eine Errungenschaft der neuen bayerischen Monarchie, aber auch als neue Verbindung der beiden Städte München und Au gefeiert. Die Magistratsräte beider Städte nahmen an den jeweiligen Brückenauffahrten Aufstellung, weiß-blau gekleidete Knaben und Mädchen zogen in einem Festzug über die Isarbrücke – die Ähnlichkeit mit dem Eröffnungszug des Oktoberfestes ist unverkennbar und beabsichtigt. Anschließend ehrte man die am Bau Beteiligten mit Geldgeschenken. Schließlich erschienen König Ludwig I. und Königin Therese auf der Brücke und der König gestattete huldvoll, der neuen Brücke seinen Namen zu geben. Der Name Ludwigsbrücke war nun gleichbedeutend mit der Bezeichnung äußere Isarbrücke. Die Münchner behandelten die neue Brücke allerdings nicht mit dem Respekt, den sie verdiente. Bäume wurden über die Brücke geschleift und ruinierten das Pflaster, der Dünger, den Arbeiter aus der Kaserne abholten, verunreinigte die Fahrbahn und es mussten eigens Taglöhner angestellt werden, die dazu angehalten waren, die Brückenfahrbahn regelmäßig zu reinigen. [243]

Am 12. Mai 1828 stellte das Kollegium der Gemeindebevollmächtigten einen Antrag zur Herstellung einer Gedenktafel an der Brücke. Die Brücke scheine doch für die Ewigkeit zu sein, so der Antrag und außerdem von großer Wichtigkeit für „Commerz" und „Communication". Auf der Tafel wollte man den Tag des Baubeginns, den Tag seiner Vollendung und den Namen des städtischen Baurats Probst als Baumeister verewigt wissen. Der Entwurf dieser Tafel war an das Ministerium des Innern gegangen und man wartete nur noch auf dessen Genehmigung, um die Herstellung der Tafel in Auftrag zu geben. [244]

Nachdem eine längere Wartefrist verflossen war, kam schließlich auf eine erneute Anfrage der Gemeindebevollmächtigten die Anwort des Ministeriums, man vermisse auf der Tafel den Namen des Geheimen Oberbaurats von Klenze, denn die Durchsicht der Akten hätte ergeben, dass Klenze nicht nur die oberste Bauaufsicht über dieses Unternehmen geführt, sondern auch die entscheidenden Entwürfe dazu geliefert hätte. Klenzes Name sei also unbedingt einzufügen. Bürgermeister Dr. Jacob Bauer formulierte dies später folgendermaßen: Baurat Probst hat die Brücke gebaut, Geheimer Rat von Klenze „hat die Zeichnung zu den in den steinernen Brückengeländer angebrachten eisernen Verzierungen gemacht, sonst aber keinen Anteil an diesem Baue, obgleich er sich diesen in den Augen des Königs und des Publikums eignen wollte." [245] Das Kollegium der Gemeindebevollmächtigten bestand daraufhin nicht mehr auf dem Anbringen einer Gedenktafel und der Vorgang wurde vertagt bis in das Jahr 1849, als das Kollegium einen erneuten Vorstoß wagte und nun auch Erfolg hatte. Die Tafel wurde schließlich bei der Firma Maffei in der Hirschau in Auftrag gegeben und endlich auch Carl Probst als der Erbauer der Brücke genannt. [246]

Eine Brücke für die Au

Bereits 1816 hatte Ulrich Himbsel in seinen Planungen für die Stadterweiterung Münchens nach Osten eine weitere Brücke für eine bessere Verkehrsanbindung der rechts der Isar gelegenen Vororte vorgesehen. Vor der Isarbrücke bis zum Isartor bündelte sich inzwischen sämtlicher Verkehr, der auf den östlichen Fernstraßen nach München drängte, dazu kam der tägliche Verkehr aus den Vororten sowie von der Floßlände und den dort anlandenden Flößen. Als einzige Entlastung existierte die weit im Norden der Stadt gelegene Brücke bei Bogenhausen. Besonders an Markttagen kam es daher immer wieder zu Stockungen vor dem Isarübergang und im weiteren Verlauf der Straße bis zum Isartor. Zur Vermeidung des täglichen Verkehrschaos vor dem Isartor plante Himbsel daher einen dritten Isarübergang im Münchner Süden als Verbindung der südlichen Isarvorstadt mit der Au sowie eine Straßenanbindung durch das Angertor bis zum Stadtzentrum. Das Isarufer im Lehel sollte zum Schutz der Bewohner vor Hochwasser befestigt und damit gleichzeitig weitere Lande-, Stapel- und Umschlagplätze geschaffen werden, dies wieder hätte zur Aufwertung eines bisher von der Stadtplanung vernachlässigten Gebietes geführt. [247] Himbsels Programm der Stadterweiterung im Süden und Osten, das übrigens auch die dringend nötige Überwölbung des Hacklmühlbachs beinhaltetete, wurde vorerst nicht verwirklicht, bestimmte aber immerhin den Standort einer zweiten Brücke über die Isar im Stadtgebiet von München, der späteren Reichenbachbrücke.

1828 stellten 75 Bürger der Au beim Münchner Magistrat einen Antrag zur Errichtung einer weiteren Brücke über die Isar und einer Anbindung der Müllerstraße an die Vorstadt Au. Die Münchner leugneten die Notwendigkeit einer zweiten Brücke im Stadtgebiet nicht, versuchten jedoch ihre Ausgaben angesichts der angespannten finanziellen Lage nach dem Bau der steinernen Isarbrücke möglichst gering zu halten. Sie forderten daher zuerst die jeweiligen Grundbesitzer auf, den für die Anlage einer Straße und Brücke benötigten Grund kostenfrei abzugeben und hatten mit dieser Bitte auch Erfolg. Sowohl Baron von Eichthal als auch Lederfabrikant Bloch versprachen großzügige Grundabtretungen, kleinere Grundbesitzer wollten sich mit geringen Geldforderungen für ihre Grundstücke begnügen. Ein Gesuch zur Überlassung von Grundstücken aus Militärbesitz wurde dagegen abgewiesen unter dem Hinweis auf die Verfassungswidrigkeit einer Schenkung.
Die Regierung von Oberbayern lehnte einen eingereichten Brückenplan als fehlerhaft und hinsichtlich der Kosten als unrealistisch niedrig ab. Als sich schließlich sowohl der Münchner Magistrat als auch die Gemeinde Au einer finanziellen Beteiligung an dem Brückenbau verweigerten, entschlossen sich Auer Bürger zu einer spektakulären Sammelaktion, bei der immerhin 3362 Gulden erzielt wurden. [248]

In den folgenden Monaten und Jahren mangelte es nicht an Ideen und Vorschlägen für eine passende Brückenkonstruktion, keiner dieser Pläne war realisierbar. [249] Schließlich schlug Bierbrauer Franz Xaver Zacherl vor, mit den gesammelten Geldern den Bau einer Notbrücke zu finanzieren. Zimmermeister Franz Reifenstuel sen. fertigte den Plan für eine einfache Brücke von 195 m Länge und etwas über 6 m Breite, die man für 5.960 Gulden würde bauen können. Vor allem die Münchner Gemeindebevollmächtigten, zum großen Teil Geschäftsleute, [250] verhielten sich gegenüber dem Bau einer zweiten Isarbrücke sehr zurückhaltend, denn sie befürchteten Konkurrenz. Die an der neuen Straßenverbindung entstehenden neuen Häuser würden nur eine Verminderung des Vermögens Münchner Hausbesitzer bedeuten und Auer Handwerker als Konkurrenten sollte man nicht auch noch fördern. Eine zweite Brücke in die Au hätte geradezu eine Minderung des Wohlstandes Münchner Bürger zur Folge.
Die Münchner Magistratsräte hätten bisher die gleiche Meinung vertreten und keine Möglichkeit gesehen, Geldmittel für den Brückenbau freizumachen, jetzt aber würde Bürgermeister Klar eine andere Meinung vertreten. [251]

Es war schließlich König Ludwig I., der den Bau einer Notbrücke mit einigen Planänderungen genehmigte und dabei auch den Bau einer dauerhaften Brücke in Aussicht stellte, sollte sich die Notbrücke als wichtig genug erweisen (und die Finanzierung über Aktien möglich sein). Der Münchner Magistrat wurde in einer Regierungsentschließung zur Zusammenarbeit mit den Auer Bürgern und zur Herstellung einer neuen Straße als Zugang zur

Brücke aufgefordert. Der Münchner Magistrat wehrte sich, bestand darauf, dass Brückenbau eine Gemeindeangelegenheit sei und behielt sich vor, rechtliche Schritte zu unternehmen. Baurat Muffat, seit 1831 Nachfolger von Carl Probst im Stadtbauamt, wurde trotzdem mit einem Gutachten beauftragt und plante schließlich eine neue Brücke aus Nadelholz mit einer Länge von 195 m und einer Breite von 6,13 m sowie zwei Land- und 13 Mitteljochen. [252]

Es regnete Proteste von den Floßmeistern, die glaubten, durch die Brücke in ihrer Durchfahrt behindert zu sein, und von den Gemeindebevollmächtigten, die auch weiterhin die Konkurrenz aus der Au in Schach zu halten suchten. [253] Schließlich siegte doch der Wille zum Bau einer weiteren Verkehrsverbindung, um damit die neue Ludwigsbrücke zu entlasten. Franz Reifenstuel fertigte für die Summe von jetzt 15.000 Gulden eine neue Brücke, wie von Muffat geplant, allerdings mit einer Länge von 204 m und einer Breite von etwas mehr als 9 m, wobei die Fahrbahn 5,55 m und die Gehwege jeweils 1,46 m aufwiesen. Die Gehwege waren gegenüber der Fahrbahn erhöht, um zwischen die Bordhölzer eine Kiesschüttung anbringen zu können, das Geländer bestand in offener Holzkonstruktion aus Handlauf und Mittelholm. Den Bedenken der Flößer wurde Rechnung getragen durch die Festlegung einer Mindestdurchfahrtshöhe von 3,79 m. [254]

Mit dem Bau einer Brücke über die Isar allein war es nicht getan. Auf beiden Seiten der Isar war das Ufer für eine gute Fundierung der Widerlager zu begradigen. Sollte die Brücke auch für Fahrzeuge zu nutzen sein, mussten nicht nur auf der linken Isarseite Zubringerstraßen gebaut werden, sondern auch in der Au und über den Bereiter Anger, der noch im Münchner Stadtgebiet lag. Die Grenze zwischen dem Stadtgebiet München und dem Stadtgebiet der Au bildete der breite Entenbach, auch dieser musste reguliert und mit Dämmen versehen werden, um den Bau einer Brücke und damit die Weiterführung der späteren Ohlmüllerstraße zu ermöglichen. [255] Am 26. August 1832 war die Isarbrücke begehbar, am 28. Dezember gleichen Jahres fertig gestellt. Noch aber fehlte ein Teil der Zufahrtstraßen auf der rechten Isarseite wie auch die Uferbegradigungen des Entenbachs und schließlich die Entenbachbrücke, die aus einfachen Balkenträgern mit einem Mitteljoch bestehen sollte und mit deren Bau Franz Reifenstuel beauftragt war. [256] Die Gemeinde Au hatte jedoch noch nicht einmal alle Grundstückskäufe abgeschlossen, die sie für die Bachregulierung benötigte. Es ist also nicht weiter verwunderlich, dass man in der Au auch nicht dazu bereit war, die vier Unschlittlaternen zu bezahlen, die für eine Brückenbeleuchtung erforderlich gewesen wären. Die Brücke stand auf Münchner Gebiet und daher hatten die Münchner diesen Luxus zu finanzieren! Trotzdem war die neue Brückenverbindung ein Erfolg. Sie stellte nicht nur die schnellste Verbindung zwischen Isarvorstadt und dem am rechten Isarufer liegenden Schweinemarkt sowie zu den südlichen Teilen der Au dar, sondern wurde von Münchner Ausflüglern auch gerne auf ihrem Weg zu den Ausflugsgaststätten in Harlaching und zur Menterschwaige genutzt. [257]

Nur ein Jahr nach ihrer Fertigstellung und noch einmal 1837 litt die Reichenbachbrücke – so wurde sie bereits 1833 bezeichnet – unter den Folgen eines schweren Hochwassers und musste kurzfristig gesperrt werden. Da man die Schäden nur in Flickarbeit behob, wurde ihr Zustand bedenklich, andererseits aber die wiederholten Reparaturen teuer. Münchens Bürgermeister Steinsdorf plädiert daher im März 1840 für einen Neubau, für eine solide Konstruktion, aber auch für eine „gefälligere" und der Stadtverschönerung dienenden Form.
Er beauftragte Baurat Muffat damit, jeweils Pläne samt Kostenvoranschlag für eine neue Brücke mit Steinjochen, für eine Brücke mit Jochen aus Eichenholz und für eine Kettenbrücke zu fertigen. [258]
Bevor jedoch ein Entschluss gefasst werden konnte, stürzte am 4. November 1840 ein Brückenjoch der Reichenbachbrücke ein, ein zweites Joch musste abgetragen werden und der Münchner Magistrat beschloss sofort einen Neubau. [259]

Es folgten die üblichen Vorschläge für die verschiedensten Brückenmodelle, seien sie nun ganz aus Holz, Stein und Holz – Vorschläge Muffats – oder aber aus Eisen und Holz, ein Vorschlag Reifenstuels. Man schwankte zwischen neun Öffnungen (Muffat) oder deren acht (Reifenstuel). Auch ein weiterer Vorschlag Muffats zu einer Brücke mit steinernen

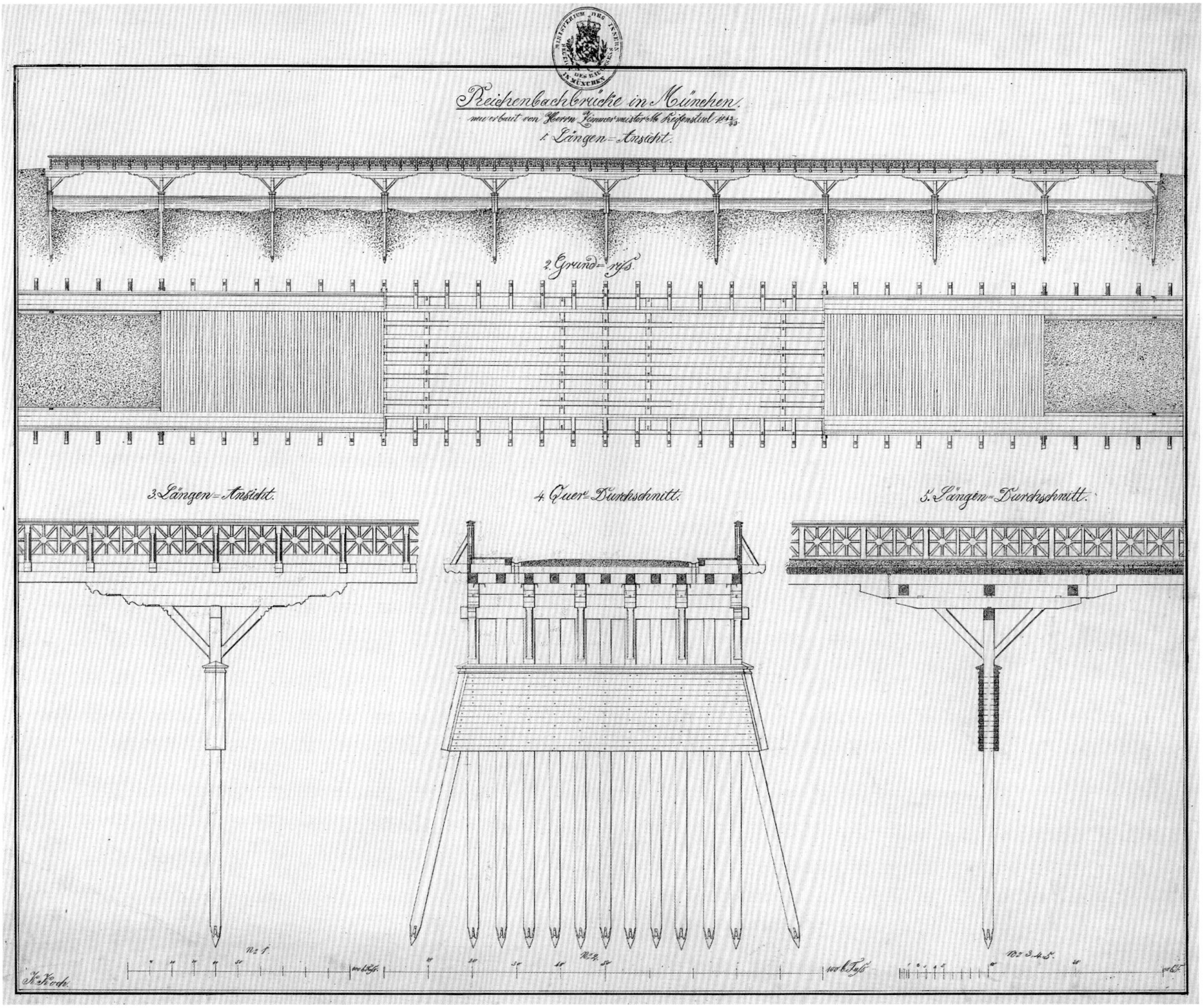

Schnitte der neuen Reichenbachbrücke nach den Vorgaben Carl Muffats und Friedrich von Gärtners 1842/43.

Bayerisches Hauptstaatsarchiv, OBB K.u.Pl. 6716

Jochen und einer Fahrbahnplatte aus Holz, für die Friedrich von Gärtner die künstlerische Gestaltung übernahm, fand aus Kostengründen keine Zustimmung. Die alte Brücke war mittlerweile durch Reparaturarbeiten zumindest für Fußgänger wieder gangbar gemacht. [260] Da keine Einigung zu erzielen war, rief man König Ludwig I. als Schlichter auf und dieser entschied am 16. April 1842 zugunsten Muffats bzw. Gärtners Vorschlag, Ausführender der Zimmermannsarbeiten sollte Michael Reifenstuel werden. Baubeginn an der neuen Brücke war im Dezember 1842, ihre Fertigstellung am 12. Mai 1843. Die Fahrbahn hatte man auf eine Breite von 6,20 m ausgelegt mit Gehsteigen von jeweils 1,27 m. Bügen, Geländerstreben, Streck- und Sattelhölzer wurden mit Schnitzereien in der Art oberbayerischer Bauernhäuser versehen und in die Haupthölzer ein geometrischer Fries eingelassen. In die nahezu quadratischen Öffnungen zwischen Pfeilern, Bodenbrett und dem dachförmig gedeckten Handlauf passte Reifenstuel acht Streben in Sternform ein. [261] In den folgenden Jahren hielt die Brücke allen Hochwassern stand, wenn auch während eines Hochwassers im August 1851, das die gesamte Au mit Wasser bedeckte, zwei Joche unterspült wurden und absackten. Nach den Reparaturen überstand die Brücke die Hochwasser 1853, 1855 und 1864 und vor allem das Jahrhunderthochwasser 1899. [262]

Die Zufahrten zur Stadt blieben noch bis in die 2. Hälfte des 19. Jahrhunderts durch die Torbrücken und offenen Stadtgräben sehr eingeschränkt.

Bild oben
Das Angertor auf einem Aquarell von C.A. Lebschée 1852
Historischer Verein von Oberbayern

Bild unten
Das Sendlingertor und der noch offene Stadtgraben um 1870
Stadtarchiv München, Historisches Bildarchiv

Die Stadt der Brücken

Nach einem Brückenverzeichnis von 1833 gab es in der Stadt und in den locker besiedelten Gebieten außerhalb des Stadtzentrums links der Isar insgesamt 162 Brücken, wobei jetzt sowohl städtische als auch staatliche Brücken in dem Verzeichnis enthalten waren. Die Brücken der Au fehlten in dieser Aufstellung, da die Au erst 1854 eingemeindet wurde. [263] In den von Stadtbächen durchflossenen Bereichen vor der Stadt, im späteren Glockenbachviertel, im Lehel und natürlich auch auf der anderen Isarseite, in der Au, stellten diese Brücken dringend benötigte Übergänge für Verkehrswege zu Mühlen und anderen Gewerbebetrieben dar. Auch in der Stadt war man in den von Bächen durchzogenen Vierteln auf Brückenübergänge angewiesen. Die Bäche verliefen zum größten Teil offen und ohne Brücken waren Stadtteile wie das Angerviertel oder die Graggenau nicht zu begehen. [264]

Besonders an den Zufahrtsstraßen und hier wieder an der Zweibrückenstraße kam es an den Engpässen immer häufiger zu Verkehrsstockungen. Eine Verbesserung der Verkehrssituation vor dem Isartor war daher – neben der Gestaltung einer Hauptstadt des Königreichs Bayern würdiger Stadtportale – das Ziel stadtplanerischer Entwürfe. 1811 wurde zwar der Östliche Stadtgraben zusammen mit dem Kanalbächl und dem Stadthammerschmiedbach überwölbt und vor dem Isartor auf diese Weise eine größere freie Fläche geschaffen. Versuche Himbsels oder auch Vorherrs, die enge Brücke über den Hacklmühlbach abbrechen zu lassen und auch diesen Bach in die Überwölbung mit einzubeziehen, scheiterten, die Brücke über den Hacklmühlbach blieb als Engpass in der Zweibrückenstraße bis in die zweite Hälfte des 19. Jahrhunderts bestehen. [265] Die Stadteinfahrt am Sendlinger Tor war zwar seit 1810 mit dem Abbruch des Hauptturms und der Verbreiterung der Stadtgrabenbrücke erweitert, der Stadtgraben aber blieb bis etwa 1860 offen und die Passage durch das Tor damit eingeschränkt. [266] Beim Bau eines neuen Stadttores, des Max-Tores an der Prannergasse, ergriff man die sich bietende Gelegenheit nicht, mit einer Überwölbung des Westlichen Stadtgrabens eine großzügige Ausfahrt zu schaffen. 1804 verfüllt man mit dem Abbruchmaterial aus der alten Mauthalle zwar die Remparts

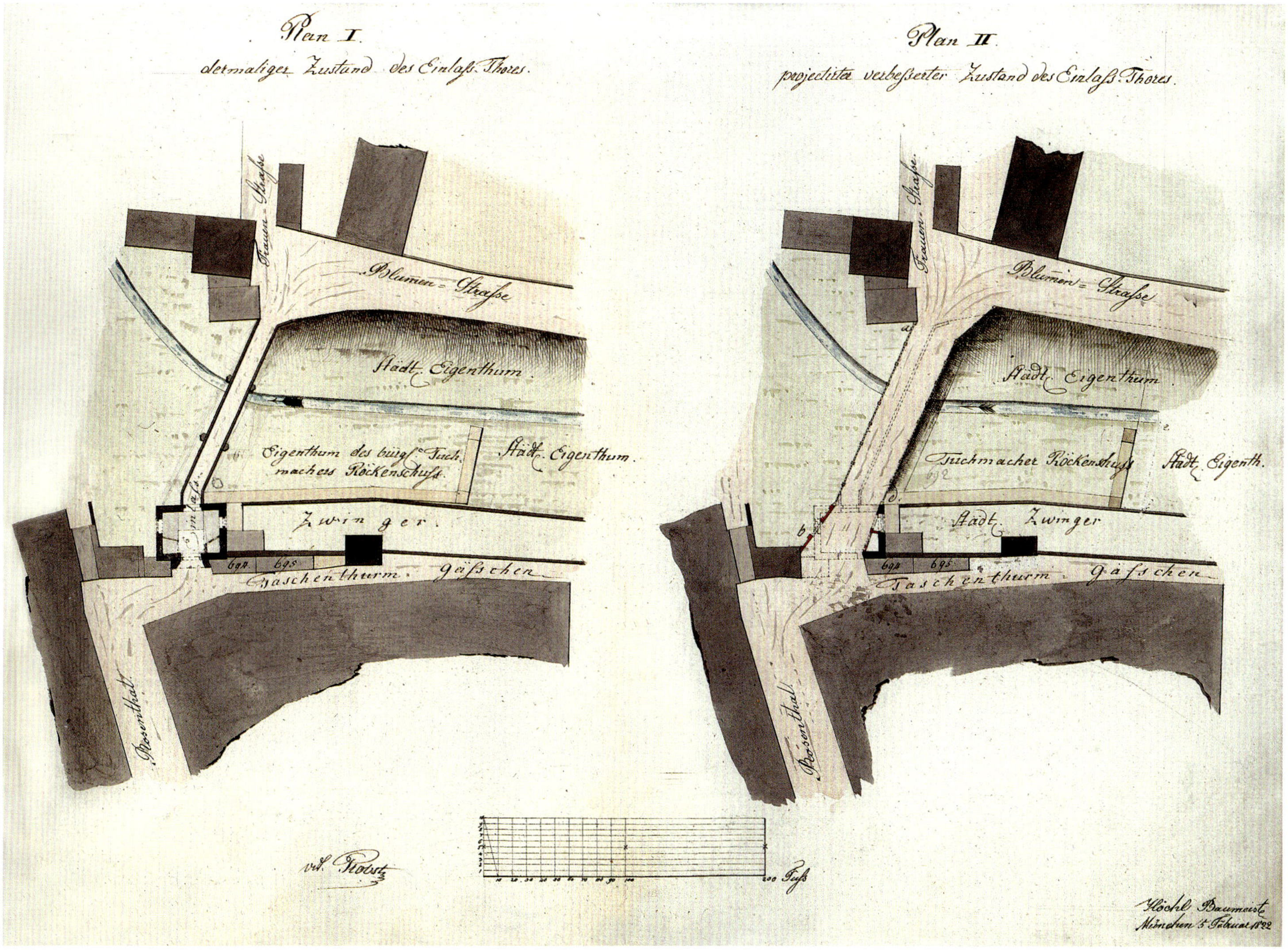

Verbesserungsvorschlag für die Verbreiterung der Zufahrt am Einlass von Joseph Höchl aus dem Jahr 1822.

Stadtarchiv München

vor der Stadt, der eigentliche Graben blieb offen und den Zugang zum Tor bildete eine neue Brücke.[267] Um die Erweiterung kleinerer Stadttore und der vor ihnen angebrachten Brücken entspann sich ein regelrechter Kampf, da die Stadt nur geringe finanzielle Mittel zur Verfügung hatte und außerdem bis 1869 bei jedem Bauvorhaben um die Genehmigung der staatlichen Aufsichtsbehörde nachsuchen musste. Im Mai 1822 legte Carl Probst einen Enwurf Anton Höchls zur Erweiterung der Brücke am Einlass vor, da die 11 Schuh breite Brücke nur ein Wagen passieren konnte, während ein entgegenkommender warten musste. Von keiner Seite war die Brücke gut einsehbar, standen sich z. B. auf der Brücke zwei Wagen gegenüber, kam es zu einem Verkehrsstau von manchmal 15 Minuten bis zu einer halben Stunde. Die Brücke sollte deshalb um das Dreifache verbreitert und außerdem mit einem Gehsteig versehen werden. Bauunternehmer Höchl wollte auch den Bau einer Einwölbung des Stadtgrabens und der erforderlichen Erdböschungen übernehmen, im Gegenzug jedoch den Einlassturm samt Anbau zum Abbruch erhalten. Tuchscherer Röckenschuss, der mit seinem Grundstück an die Brücke angrenzte, verlangte zur zukünftigen Sicherung seines Eigentums den Bau einer Brückenmauer anstelle eines einfachen Geländers und für seinen Brunnen, der mit der Brückenerweiterung verloren ging, eine Entschädigung.[268]

Pläne von 1822 und von 1824 zeigen, dass die Verhandlungen voranschritten und dabei auch eine Erweiterung angrenzender Straßen mit einbezogen wurde. 1834 verbot das Kgl. Staatsministerium des Innern den im Zuge der Straßenerweiterungen notwendigen Straßendurchbruch zwischen Blumenstraße und Sebastiansplatz. 1839 legte Muffat einen weiteren Plan vor, Röckenschuss war inzwischen weniger gern bereit, seinen Grund abzutreten, zeigte sich aber verhandlungsbereit. Inzwischen entstanden Schwierigkeiten mit dem Nachbarn auf der anderen Seite der Brücke, denn dieser stellte nun fest, dass sein Garten durch die Brückenumbauten verkleinert werden würde. Am 14. April 1840 erfolgte ein neuer Antrag der Anlieger, die Einlassbrücke zu verbreitern, da sich dort immer häufiger Unglücksfälle ereigneten. Sie verwiesen auf die Verpflichtung des Magistrats, für die Bewohner einer so stattlichen Residenzstadt Sorge zu tragen. Bewohner, die sich bedrängt fühlten von Vieh, das zur Schranne oder zur Schlachtbank getrieben wurde, ganz zu schweigen von den Kindern, die jeden Tag über die Brücke zur Schule gingen und dabei Gefahr liefen, von Fuhrwerken überfahren oder von Rindern zertrampelt zu werden.

Mittlerweile hatte sich König Ludwig I. eingeschaltet und verbot die Verbreiterung – aus Gründen des Denkmalschutzes, denn mit der Brückenverbreiterung hätte ein kleines Haus nahe der Brücke abgebrochen werden müssen. Es sei allerdings wünschenswert, so Ludwig I., die Brücke zu verbreitern, sei es nun nach links oder nach rechts. Daher soll ein Kostenvoranschlag eingereicht, aber nichts weiter unternommen werden, bis er nicht darüber entschieden habe. Der Magistrat anwortete darauf süffisant „... wir erkennen voll innigsten Dankes diese allerhöchste Rücksichtnahme ..." und erklärte noch einmal die verschiedenen Umstände. Es folgte ein Vorschlag zum Bau einer zusätzlichen Brücke und schließlich ein neuer Entwurf Muffats vom Mai 1842. Am 13. Juli 1842 meldete die Kammer des Innern die Genehmigung von Überwölbung und Einebnung zwischen alter und neu herzustellender Brücke am Einlass zum Viktualienmarkt. [269]

Trotz aller Widerstände gegen eine Verbreiterung lange genutzter Brücken in der Stadt entstand in der ersten Hälfte des 19. Jahrhunderts eine große Anzahl neuer Brücken im Stadtbereich, wie ein Vergleich der Brückenverzeichnisse zeigt. Am Ende des 18. Jahrhunderts war die Stadt für 85 Brücken unterhaltspflichtig, das Hofbauamt für etwa 30 Brücken zuständig. [270] 1833 zählte man die schon erwähnten 162 Brücken, wobei wohl ein großer Teil dieser neu gebauten Brücken im Lehel und im späteren Glockenbachviertel im Zuge besserer und zusätzlicher Zufahrtswege zu Gewerbebetrieben entstanden. Natürlich kam es bei dieser großen Zahl an Brücken immer wieder zu Unklarheiten bezüglich der Unterhaltspflichten. Neue aktualisierte Brückenverzeichnisse sollten Zugehörigkeit und Unterhaltspflichten deshalb klären. Zeitweise wurde auch auf Verlangen staatlicher Behörden an jeder Brücke ein Schild angebracht, das darüber Auskunft gab, unter welcher Brückennummer die Brücke im Verzeichnis zu finden war, und ob Staat oder Stadt hier unterhaltspflichtig waren. [271] Zu einem längeren Streit zwischen Staat und Stadt kam es 1830, als der Stadt einige staatliche Brücken aufgebürdet wurden, die in deren Unterhaltpflicht übergehen sollten, darunter Brücken, die zu Mühlen im Besitz des Hofs führten. [272]

Der Brückenunterhalt konnte hohe Summe verschlingen, denn viele der Brücken waren noch aus Holz gezimmert und damit rasch vergänglich. So musste die Brücke über den Stadtmühlbach in der St. Anna-Straße 1819 ersetzt werden, weil sie baufällig war und die Brücke von Schulkindern genutzt wurde, die im Köllmayrschlössl die Schule besuchten. Da auch eine zweite Brücke in der Straße schadhaft war, ließ das Stadtbauamt beide 1819 ersetzen. 1835 waren die zwei Brücken erneut „ruinös", die Balken so verfault, dass man mit den Füßen durchbrach, 1849 war die Brücke wieder schadhaft. 1857 musste sie erneut repariert werden, 1866 erfolgte ein Beschluss der Gemeindebevollmächtigten, die Brücke in Stein zu errichten, was schließlich auch geschah. [273]

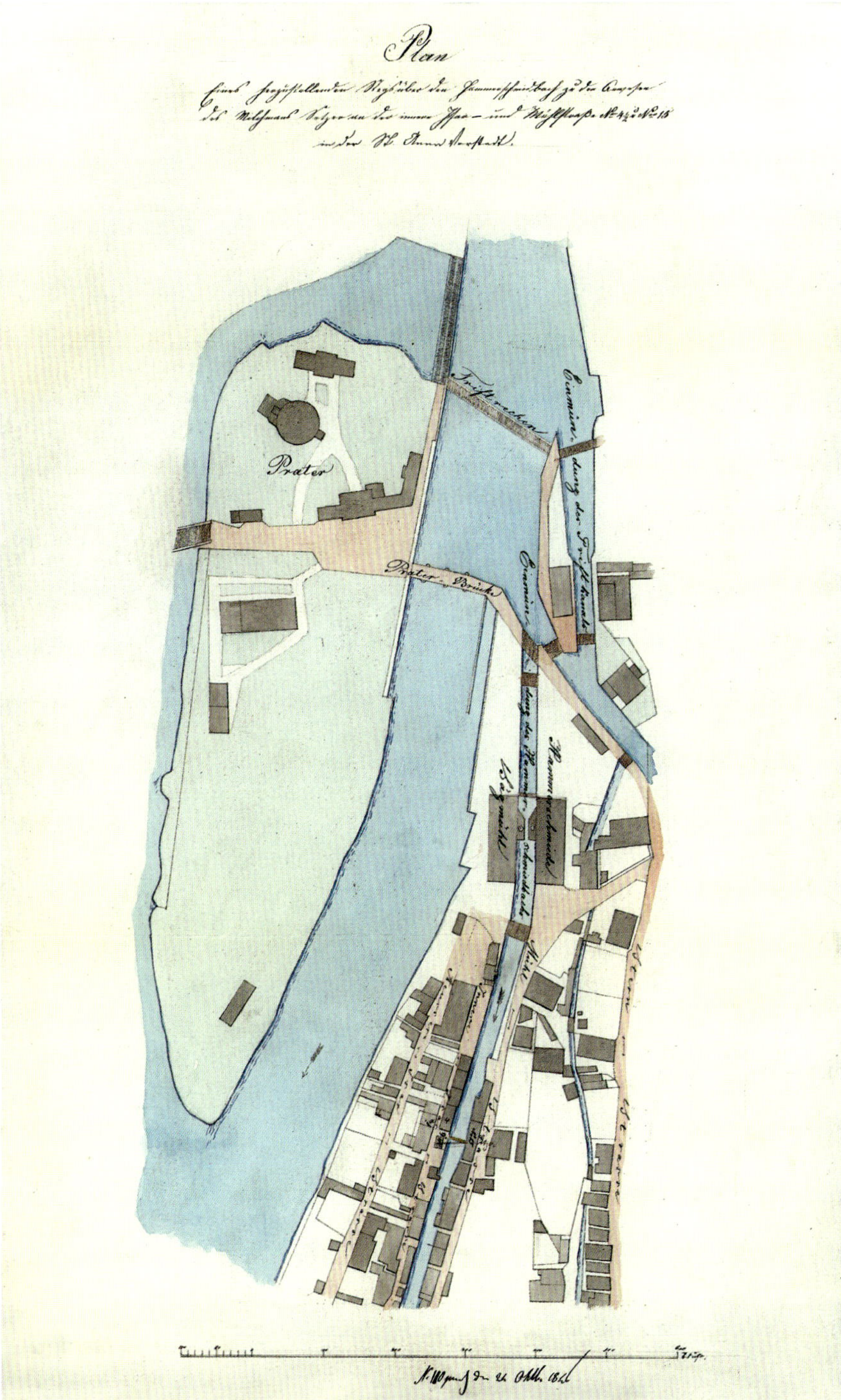

Das Lehel mit dem Hofhammerschmiedbach und dem Feuerbachl 1826. In der unteren Bildmitte der strittige Steg des Milchmanns Setzer.

Stadtarchiv München

Privatstege und -brücken mussten von den Grundbesitzern unterhalten werden, selbst wenn diese Stege einem öffentlichen Bedürfnis entgegenkamen. Abbruch und Neubau erforderten auch jetzt noch in jedem Fall die Zustimmung des Magistrats. Diese Tatsache musste in einem 20 Jahre währenden Streitfall ein Hausbesitzer an der inneren Isartalstraße erfahren. Milchmann Setzer hatte einen Steg über den Hofhammerschmiedbach gebaut und beschwerte sich nun über seine Nachbarn, die seinen Steg zum Wasserholen nutzten. Es war jedoch nicht die Nutzung des Steges, die Milchmann Setzer erzürnte, sondern die Tatsache, dass alle Nachbarn auf der anderen Bachseite, die in ihren Häusern kein fließendes Wasser, ja nicht einmal gesundes „Pumpbrunnenwasser" hatten, ihr Wasser „wie Milch" aus seinem Haus in der Mühlstraße holten und dabei sein Haus in der Inneren Isartalstraße als „Durchhaus" benutzten. Er beklagte, die dortigen Einwohner würden fortwährend belästigt, der Hausflur ständig verunreinigt und ihr Eigentum sei stets gefährdet. Wäsche, Waschrequisiten und Hausgeräte würden entwendet und selbst Türschlösser abgenommen werden. Da Setzer befürchtete, seine Mieter zu verlieren, sah er sich genötigt, den Steg abzubauen und ihn an anderer Stelle wieder aufzubauen. Nach einem Protest der Anwohner, die durch eine Verlegung des Steges die Versorgung mit Löschwasser bei Bränden gefährdet sahen, untersagte auch die Kgl. Regierung von Oberbayern die Verlegung des Steges. Baurat Muffat musste schließlich dem Milchmann den Abbruch des Steges innerhalb eines Zeitraums von 14 Tagen befehlen, da dieser unerlaubtermaßen verrückt worden war. Gleichzeitig erteilte er aber die Genehmigung zum Wiederaufbau des Steges an der gleichen Stelle.[274]

Der Werksteg bei den Thalkirchner Überfällen in den Isaranlagen beim späteren Flaucher mit Blick auf Harlaching 1803.

zugeschrieben J.G. von Stengel
Münchner Stadtmuseum,
Inv. Nr. 39/627

Die oberen Isarauen

Die Isar war inzwischen im Norden der Stadt mit Dammanlagen im Bereich des Englischen Gartens und bei Bogenhausen verbaut. Im Süden stellten die 1819 und 1820 bei der Birkenleiten und der Falkenau angelegten Dämme wie auch die linksseitigen Dämme der Isarvorstadt einen gewissen Schutz dar. In der Au lebten die Bewohner jedoch weiterhin in der Angst, ihre Häuser nach einem schweren Regen verlassen zu müssen, ab 1839 verstärkte die Stadt München daher ihre Bemühungen um ein Eindämmen der Hochwassergefahr auch in diesem Isarabschnitt. Mit den Uferschutzmaßnahmen rechts der Isar konnte die Stadt München endlich die seit Jahrhunderten andauernden Streitigkeiten mit der Gemeinde und späteren Vorstadt Au beilegen und dabei auch noch wertvolles Gemeindeland gewinnen. [275] Zukünftige Hochwasser sollten offensichtlich auf zwei Wegen beseitigt werden: zum einen durch die Dammbauten, die ein Überschwemmen der angrenzenden Gebiete verhinderten. Zum anderen aber durch den Umstand, dass sich der Fluss an den Stellen, an denen er durch Dammbauten gehindert war, seinen eigenen Lauf im gesamten Hochwasserbett zu suchen, immer tiefer eingrub. Sowohl angrenzende Bereiche als auch die Flussinseln traten auf diese Weise höher aus dem Flussbett heraus und würden, so hoffte man, in Zukunft von Hochwasser verschont bleiben. [276]

Für die im Isarbett zwischen Großem Stadtbach und Isar gelegenen Inseln im Süden Münchens entstand damit eine ganz neue Möglichkeit der Nutzung. Isarinseln und ufernahe Bereiche wurden von der Stadt für die Anpflanzung von Weiden und Büschen genutzt, um bei Bedarf für den Faschinenbau dort die nötigen Zweige zur Verfügung zu haben. [277] Als nun 1839 die Stadt in einem Schreiben des Innenministeriums aufgefordert wurde, sich um die Anpflanzung von Maulbeerbäumen für die Seidenraupenzucht zu bemühen, beschloss die mit dieser Sache betraute Kommission, den Wunsch der Regierung mit einem städtischen Anliegen zu verbinden. [278] Für die Anpflanzung der Maulbeerbäume wurden die Inseln in der Isar ausersehen, die nun jedoch zu Grünanlagen für Spaziergänger gestaltet werden sollten. „Spazierengehen" war mit der Entdeckung der Natur seit dem Anfang des 19. Jahrhunderts in Mode gekommen. Für die Münchner waren daher nicht nur die Menterschwaige und der Praterwirt auf der gleichnamigen Insel zu beliebten Ausflugszielen geworden, Spaziergänger promenierten auch sehr gerne an der Isar, denn gerade hier ließ sich die Natur in ihrer „ungebändigten Form" bewundern. [279]

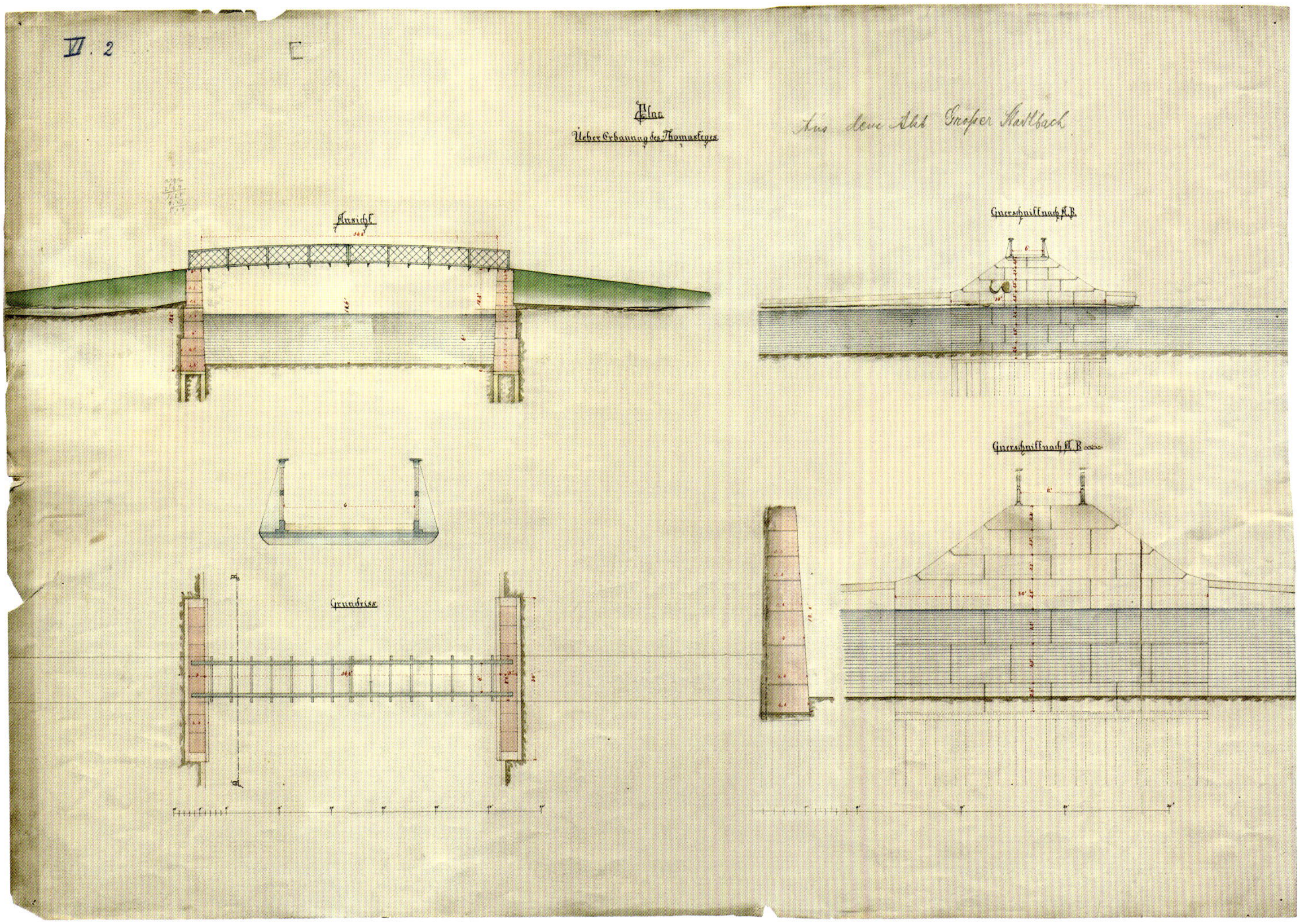

Der Thomasteg bildete den Zugang zu den Isaranlagen über den Großen Stadtbach bzw. den späteren Werkkanal.

Plan Baureferat o. Dat.

Im Norden bestand bereits mit dem Englischen Garten eine Parkanlage, die jetzt auch Münchner Bürger nach langen Jahren der Vernachlässigung aufsuchten. Der Süden der Stadt war dagegen mit Möglichkeiten zum Spazierengehen sehr schlecht ausgestattet, die Wallfahrtskirche in Thalkirchen und einige Gastwirtschaften waren keine Ziele, die zum geschmackvollen Promenieren einluden. Um den Münchnern auch im Süden der Stadt Spaziergänge in einer Umgebung von großem landschaftlichem Reiz zu ermöglichen, beschloss der Magistrat, das Schöne mit dem Nützlichen zu verbinden und die Isarinseln in eine gärtnerisch gestaltete Anlage zu verwandeln. Dabei traf es sich günstig, dass es der Stadt gelungen war, die so genannte Thoma-Insel, die sich zum Leidwesen Münchner Spaziergänger lange in Privatbesitz befunden hatte und damit der Öffentlichkeit verschlossen geblieben war, zu ersteigern und die Insel für Spaziergänger zu öffnen. [280]

Das gesamte Gelände von der Reichenbachbrücke bis zum Flaucher gestalteten Gärtner nach einem von Hofgärtner Seitz entwickelten Plan als Grünanlage. Unter der Leitung von Baurat Muffat wurden Tümpel und Wasserläufe verfüllt bzw. begradigt, um für Fußgänger Wege zu schaffen. Aus Kostengründen verzichtete man vorerst auf Brücken, da die Wasserläufe nur selten Wasser führten. Die Bepflanzung der Geländes geschah nach äußerst praktischen Gesichtspunkten: Neben Maulbeerbäumen, denen übrigens keine lange Lebensdauer vergönnt war, fanden sich dort für den Wasserbau dringend benötigte Weidenbüsche sowie Birken, Erlen, Eschen und andere heimische Nutzpflanzen. Dazwischen waren Wiesen angelegt, deren Heu versteigert werden konnte. [281]

Brücken für die Stadterweiterung
1850 – 1899

Bild oben

Blick auf die Maximiliansanlagen und das Maximilianeum mit der Brücke um 1870.

Historischer Verein von Oberbayern

Bild links
Blick auf die Maximiliansbrücke um 1905.

Stadtarchiv München, Historisches Bildarchiv

Die Maximilianstraße im Lehel

Die Ende des 18. Jahrhunderts mit der Schönfeldvorstadt begonnene Stadterweiterung, aber auch die Baumaßnahmen an der Ludwigstraße und in der Maxvorstadt ließen die vorstädtischen Bereiche im ursprünglichen Hochwasserbett der Isar unberührt – vor der Anlage neuer Baugebiete in dem von Bächen durchzogenen Gelände war man bisher zurückgeschreckt. Unter Maximilian II., seit 1848 bayerischer König, sollte diese Zurückhaltung aufgegeben werden. Im Gegensatz zur bisherigen Praxis fanden die von Maximilian initiierten Planungen zu einer neuen Münchner Prachtstraße ihren Anfangspunkt auf der rechten Isarseite: Bereits 1832 hatte Kronprinz Maximilian die Anhöhe am gegenüberliegenden Isarufer am Rand des Dorfes Haidhausen als Standort für „einen Nationalbau, einen Park, ja sogar einen ganzen Stadtteil" in Erwägung gezogen. Ungewöhnlich war neben der Wahl des Standorts auch die Einbindung der Natur in die Gesamtkonzeption Maximilians – das neu zu errichtende Athenäum des Kronprinzen sollte umgeben sein von Grünanlagen. Der von ihm kurz notierte Gedanke fand seine Fortsetzung 1839 mit dem Wunsch nach einer Verkehrsverbindung, ausgehend von der Residenz durch das Lehel und über die Isar hinweg. [282] Ab 1840 nahmen die Planungen zu Maximilians Nationalbau konkretere Formen an und mündeten zwei Jahre nach seinem Regierungsantritt in einen Architekturwettbewerb; bis 1851 war allerdings die Lage des Athenäums noch nicht genau festgelegt. [283]

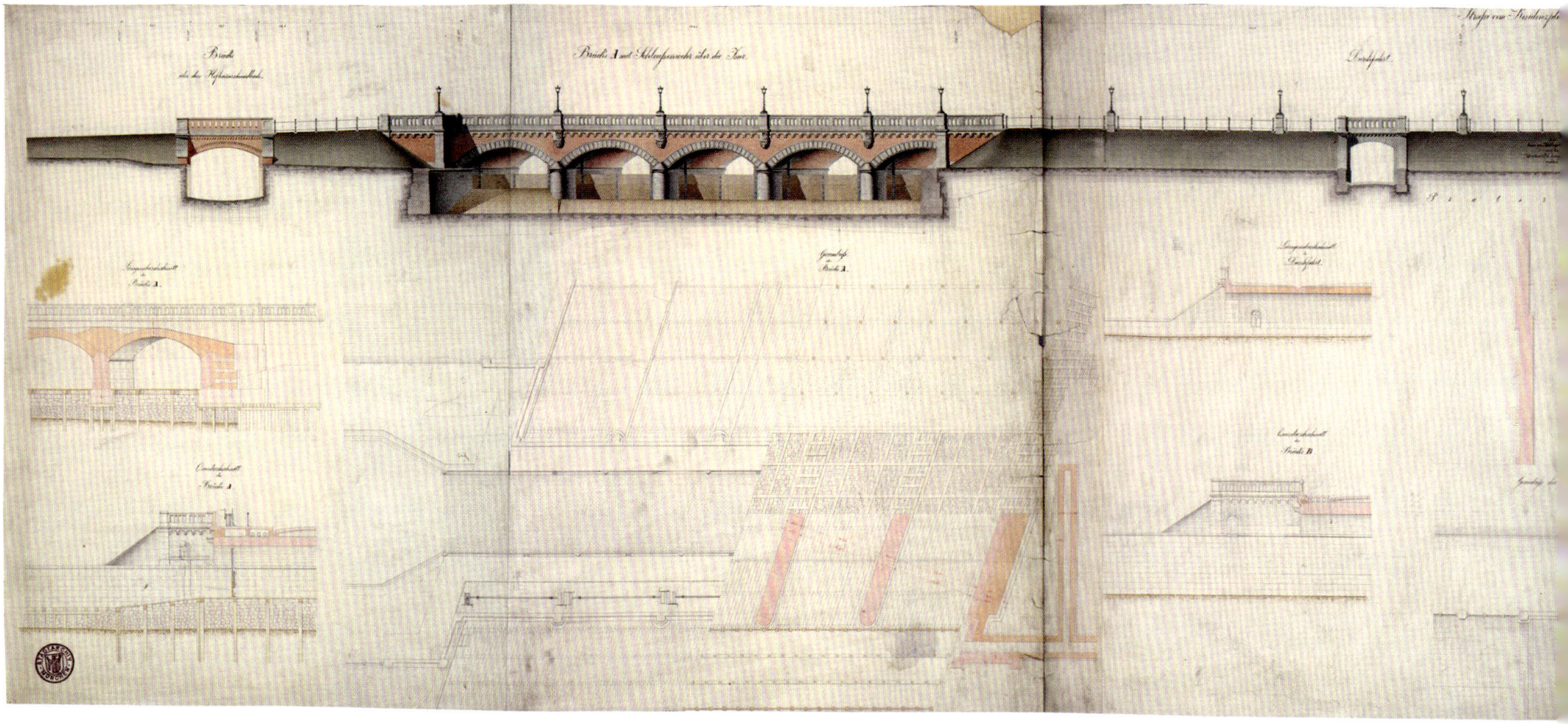

Plan von Stadtbaurat Arnold Zenetti zu den beiden Teilen der Maximiliansbrücke.

Stadtarchiv München

Eine bessere Erschließung und damit Aufwertung des bisher vernachlässigten Lehels hatten Münchner Gemeindemitglieder bereits zu Beginn des 19. Jahrhunderts gefordert und dabei die Hildegardstraße als Verbindungsstraße nach Osten vorgeschlagen. [284] Diese Forderung wurde jedoch nicht realisiert und die folgenden Planungs- und Baumaßnahmen konzentrierten sich auf die Lieblingsprojekte Ludwigs I., die Ludwigstraße und die Schönfeldvorstadt. Eine Realisierung der Münchner Vorschläge war auch deshalb nicht zustande gekommen, weil sie mit den geschilderten Schwierigkeiten verbunden war. Die hier bereits vorhandenen Straßen folgten den Stadtbächen und den an ihnen gelagerten Wirtschaftsbetrieben in der Süd-Nord-Richtung, Querverbindungen existierten kaum. Darüber hinaus lag das Gelände in der Hochwasserzone und war damit für Bauherren wenig interessant.

Friedrich Bürklein, Gewinner des 3. Preises des von Maximilian II. ausgelobten Architekturwettbewerbs und Beauftragter des Königs, konzipierte seine Anlage ohne Berücksichtigung dieser Schwierigkeiten. Die zukünftige Prachtstraße führte zwangsläufig über die Bäche zur Isar und auf deren rechtes Ufer. Weniger Probleme bereitete der Erwerb der für den Bau der Straße nötigen Grundstücke. Die noch unbebauten Flächen waren zu einem großen Teil im Besitz des Hofs, die noch nötigen Grundstücksankäufe wollte König Maximilian auf eigene Kosten tätigen, die Stadt aber sollte zur Finanzierung des Straßenkörpers herangezogen werden, da sie schließlich auch davon profitierte. Wie schon bei der Ludwigstraße war die Stadt München an der zukünftigen Gestaltung dieser Straße nicht beteiligt. Bürgermeister Bauer wurde am 25. Dezember 1852 von den königlichen Bauabsichten in Kenntnis gesetzt und dabei mit der Frage konfrontiert, ob sich die Überbrückung und das Auffüllen der Kanäle sowie die Herstellung des Straßenkörpers aus städtischen Mitteln ins Werk setzen ließe. Den für die Straßenanlage benötigten Baugrund wollte man der Stadt kostenlos überlassen. [285] Ein Vortrag von Bürgermeister Bauer am 4. Februar 1853 vor dem Magistrat legte die Vorteile dar, die der Stadt aus der neuen Straße erwachsen würden: Neues Leben

würden der bisher verkehrstechnisch benachteiligten St. Anna Vorstadt durch diese Verbindung mit dem Stadtzentrum entstehen, „ein lange gefühltes Bedürfnis", das nun endlich befriedigt werden könnte. Beide Kollegien des Magistrats billigten in ihrem Beschluss diese neue Verbindung von Vorstadt und Innenstadt, eine bessere Verkehrsanbindung des Vorortes Haidhausen war dagegen ein Jahr vor der Eingemeindung noch nicht von Interesse und wurde daher als weiterer Grund auch nicht erwähnt. Die für den gesamten Straßenbau veranschlagte hohe Summe von 260.000 Gulden sollte laut Magistratsbeschluss über Anleihen beschafft werden.[286] Die Bachbrücken würden dabei einen größeren Posten in der Gesamtsumme der Baumaßnahmen einnehmen: So kostete im Jahr 1855 die Überwölbung des Malzmühlbachs 5.000 Gulden, des Fabrikbachs 1.400 Gulden und des Triftkanals 20.000 Gulden bei einer Jahresgesamtbausumme von 31.000 Gulden.[287]

Am 18. Juli 1853 begann man unter der Leitung Arnold Zenettis mit den Straßenbauarbeiten.[288] Für den seit 1850 im Stadtbauamt angestellten Ingenieur[289] bedeutete die von König Maximilian II. durchgesetzte Terminierung der Bauzeit auf drei Jahre eine größere Herausforderung, denn das Projekt umfasste zahlreiche Arbeitsschritte die sorgfältig aufeinander abzustimmen waren. Da die geplante Straße ihren Ausgangspunkt am Max-Joseph-Platz nehmen sollte, waren im Vorfeld der Baumaßnahmen eine Reihe alter Gebäude abzubrechen, darunter die alte Kosttorkaserne und die Salpeterraffinerie, die „Salpeterie". Anschließend verlief die Trasse durch ein von Isar und Stadtbächen zerfurchtes Gelände. Um diese Niveauunterschiede auszugleichen, musste für die auf eine Breite von 23 m ausgelegte Straße ein Damm angelegt werden. Die Hauptschwierigkeit und damit auch der Hauptkostenpunkt war dabei die Überbrückung von sieben Stadtbächen, die nicht stillgelegt werden durften, da zahlreiche Triebwerksbesitzer und damit die gesamte Stadt von der Wasserführung dieser Bäche abhängig waren: vom Apothekerbächl, Feuerbächl, Fabrikbach, Kanalbächl, Malzmühlbach (ab dem Hof des Hotels Vier Jahreszeiten Kainzmühlbach genannt), Hacklmühlbach und vom Pfisterbach.

Bau der Maximiliansbrücke 1860

Stadtarchiv München, Historisches Bildarchiv

Der Hacklmühlbach, der in den Jahren 1854 bis 1857 auf der Höhe des Völkerkundemuseums für die Maximilianstraße überbrückt wurde,[290] war vor allem Wasserlieferant für eine der großen alten Münchner Mühlen, der Hackl- oder Walsermühle. Der Pfisterbach, der nicht nur überbrückt, sondern auch verlegt und teilweise überwölbt werden sollte, diente neben anderen kleineren Triebwerken der Hofpfisterei und der kgl. Münze, durchfloss anschließend den Bereich des kgl. Marstalls und trieb schließlich die Mahlwerke der Köglmühle an. Zenetti hatte für den Straßenbau einen genauen Zeitplan erarbeitet, damit die Arbeiten nicht nur zeitgerecht, sondern auch kostengünstig durchzuführen waren. So konnten Fundamente und Aufmauerungen für die zahlreichen Bachüberwölbungen nur bei trockenem Bachbett ausgeführt werden. Diese Arbeiten mussten also während der jährlichen Bachauskehr im Herbst stattfinden, um kostspielige Schadensersatzforderungen verärgerter Mühlenbesitzer zu vermeiden.

Von Einschränkungen betroffen waren nämlich nicht nur die direkt mit den Baumaßnahmen verbundenen Bäche, sondern auch jene, die als Wasserlieferanten für diese Bäche dienten und deren Wasser nicht umgeleitet werden konnte. Der zum Bau benötigte Kies sollte aus der Isar entnommen werden, eine Arbeit, die für den Spätherbst oder Winter geplant wurde, da hier in der Regel mit einem niedrigeren Wasserstand zu rechnen war.[291]

Bereits im August 1853, also einen Monat nach Baubeginn, war abzusehen, dass der Zeitplan nicht eingehalten werden konnte, da weder die erforderlichen Gebäude – in diesem Fall die Salpeterie – abgebrochen, noch alle für den Straßenbau nötigen Grundstücksankäufe getätigt worden waren.
Im September traf schließlich die Meldung des Kgl. Hofsekretärs Hofmann ein, „alles Erforderliche sei nun in die Wege geleitet", nur um dann im Oktober eine Verringerung der Bauzeit auf zwei

Die Maximiliansbrücke über die Kleine Isar um 1865. Der Blick geht von der Baustelle des Maximilianeums auf das linke, nur wenig befestigte Isarufer und bis zur Bogenhausener Brücke.

Stadtarchiv München, Historisches Bildarchiv

Jahre zu fordern, [292] ein Plan der natürlich nicht durchzuführen war. Den Mühlenbetreibern am Pfisterbach hatte man angekündigt, dass ihnen durch die Arbeiten am Bach kein Schaden entstehen würde. Als sich allerdings nach der Bachauskehr Ende September 1853 kein Wasser einstellen wollte, verlangten die Mühlenbesitzer Schadenersatz.
Die Kgl. Hofbauintendanz führte dagegen die Beschwerde an, dass durch die Verlegung des Bachbetts der Abfluss von Regenwasser im Bereich des Marstallgebäudes nicht mehr funktionierte und sich bei Regen große Seen bildeten. [293]
Am 3. Dezember 1861 kam schließlich die Meldung, dass die Überwölbung des Pfisterbachs eingestürzt, das Gewölbe aber bereits in der Wiederherstellung begriffen sei. [294] Für den Triftkanal galten wieder andere Bedingungen, denn hier hatten die Bedürfnisse der königlichen Holztrift Vorrang und die Arbeiten an den Brücken waren daher auf die Termine der Holztrift ausgerichtet. Gegen diesen Zeitplan wieder sperrten sich drei Mühlenbesitzer, die klagten, schwere Verluste zu erleiden, sollte der Kanal in der wasserreichen Zeit trocken liegen, eine Zeit, in der sie gehofft hatten, ihre im wasserarmen Sommer erlittenen Verluste wieder wettzumachen. [295]

Seit 1853 arbeitete Arnold Zenetti außerdem an Entwürfen für die Brückenverbindung über die Isar bzw. für zwei getrennte Brückenabschnitte, da die Verlängerung der Straßentrasse über die Praterinsel geführt werden sollte. Bereits im Sommer 1853 musste er seine ursprünglichen Berechnungen überdenken und die Durchflussweiten der Brücke um dreieinhalb Meter vergrößern, denn das starke Hochwasser vom 19. Juni überstieg alle bis dahin bekannten Hochwassermarken. [296] Zenettis Planungen waren außerdem von zwei weiteren Faktoren beeinflusst: von der angespannten Finanzlage der Stadtkammer, die teure Lösungen ausschloss, und von der ungünstigen Lage der zukünftigen Brückenverbindung. Durch die von Bürklein projektierte Anlage der Trasse traf die Straße in spitzem Winkel auf den Fluss, eine Brückenposition, die bisher in München beim Brückenbau vermieden worden war, da eine schräg gestellte Brücke wesentlich mehr Angriffsfläche für das Wasser darstellte und damit leichter weggespült werden konnte. Zenettis erster Vorschlag einer Flussverlegung zur Begradigung der Brückentrasse scheiterte wohl aus Kostengründen. [297]

Mit einer Uferkorrektur an der Praterinsel erreichte man schließlich einen Kompromiss: Die über 133 m lange Brücke mit fünf Bögen über den äußeren Isararm konnte gerade gestellt werden, die Stadt hatte einen Teil der Kosten der dafür gebauten Stützmauer zu tragen. [298] Eine weitere Schwierigkeit war das steile rechtsseitige Isarufer, auf das die neue Straße traf. Um die Straßenneigung niedrig zu halten, ließ Zenetti die Pfeilerhöhen der äußeren Brücke von West nach Ost leicht ansteigen. [299]
In ihrem weiteren Verlauf wurde die Trasse dann in zwei weiten Kurven um das zukünftige Maximilianeum und auf das Isarhochufer hinauf geführt.
Die innere Maximiliansbrücke sollte ursprünglich das Praterwehr ersetzen, denn das alte Wehr war nach der Ansicht einiger Münchner neben der neuen schönen Brücke völlig unpassend. Schon sehr bald musste man jedoch feststellen, dass ein Integrieren aller Funktionen des Praterwehres in die neue Brücke äußerst kostspielig werden würde und man entschied sich schließlich für den Erhalt des Praterwehres. [300] Die innere Maximiliansbrücke entstand daher in einer Länge von 52,5 m sowie mit zwei Bögen und einer Öffnung für die Floßfahrt. Die äußere Maximiliansbrücke mit fünf Öffnungen wies eine Länge von 133,67 m auf. [301]

Bei der Brückenbreite machte sich der städtische Sparzwang besonders nachteilig bemerkbar. Für eine prächtige und repräsentative Straße ausgelegt, traf die Trasse in einer Breite von 23 m auf das Isarufer. Der Bau einer Brücke in dieser Breite war für die Stadt unbezahlbar und für die beiden Brücken wurde daher eine Breite von insgesamt 13 m, einer Fahrbahnbreite von 7,59 m und eine Gehsteigbreite von jeweils 2,63 m festgelegt, während der 58 m lange und über 3 m hohe Straßendamm auf der Praterinsel wieder eine Breite von 23 m aufwies. [302]
Auch die Materialwahl war vom Gedanken der Kostenersparnis beeinflusst. Ein Bau aus Eisen galt als wenig repräsentativ, Naturstein war in München teuer. Gewählt wurde daher die Ziegelbauweise für Gewölbe, Stirn- und Füllmauern, für die Widerlager und Pfeiler jedoch Nagelfluh, der in der Nähe von München gewonnen werden konnte. Für Gesimse und Brüstungen verwandte man dagegen grünen feinkörnigen Sandstein aus der Nähe von Schweinfurt. [303] Den Vorschlag Bürkleins, die vom Brunntal kommende Wasserleitung in Zukunft über die Maximiliansbrücken zu führen, zog man nicht weiter in Erwägung, denn die Hofbauintendanz plante, das Wasser in gusseisernen Röhren unter dem Isarbett hindurchzuleiten. [304]

Für den Bau der beiden Isarbrücken veranschlagte Zenetti 700.000 Gulden, eine Summe, für die der städtische Kämmerer erneut Anleihen aufnehmen musste und die sich nach der Schlussabrechnung noch auf 734.683 Gulden erhöhen sollte. [305]
Im August 1857 waren die endgültigen Pläne fertig gestellt und bereits am 1. Dezember des gleichen Jahres ließ Zenetti mit der Absteckung und den Fundierungsarbeiten beginnen. Diese Arbeiten benötigten etwa ein Jahr, obwohl in Tag- und Nachtschichten gearbeitet wurde, Grundsteinlegung war schließlich am 26. September 1858. [306] Etwa zeitgleich mit den Arbeiten an den Brücken hatte Zenetti auch mit der Weiterführung der beiden Straßenarme auf der anderen Isarseite beginnen lassen.

Um die Straßenführung in einem Halbkreis rechts und links des Maximilianeums zu ermöglichen, musste der tiefe Graben, den der Bach im Brunntal eingeschnitten hatte, für die Hofbrunnleitung zuerst überwölbt und anschließend mit Erde aufgefüllt werden. Sämtliche Behausungen am Brunntal waren inzwischen aufgekauft und abgerissen worden. Bei einem dieser Häuschen fanden Arbeiter später ein „gut erhaltenes menschliches Gerippe", das bis zum Weitertransport im städtischen Baubüro lagerte. [307]

In den ersten Monaten gingen die Arbeiten rasch voran und im November 1858 konnte Zenetti die Fertigstellung von zwei Pfeilern und der Fundierung des rechtsseitigen Widerlagers am rechten Isararm melden. Ein „unerwartetes" Hochwasser in der Isar in der Nacht vom 5. auf den 6. März riss jedoch die für die Brückenarbeiten aufgebaute Werkbrücke und ein kurzes Versatzgerüst des zweiten Pfeilers weg und da dieser Unglücksfall nicht der einzige bleiben sollte, dauerte der Brückenbau im Ganzen sechs Jahre. Nach einer Belastungsprobe mit einer in den Werkstätten der Firma Maffei hergestellten Lokomotive fand schließlich am Namenstag König Maximilians II., dem 12. Oktober 1863, die Eröffnung der beiden Brücken statt, allerdings ohne die Anwesenheit des Königs, da dieser bereits eine Reise nach Italien angetreten hatte. [308]

Reich verzierte Kandelaber sollten als gestalterisches Element die Beziehung der Brücke zu der als Prachtstraße konzipierten Maximilianstraße herstellen. Wie schon die Ludwigsbrücke plante man, auch die neue Maximiliansbrücke nach ihrer Fertigstellung sofort mit der in München seit 1850 eingeführten neuen Gasbeleuchtung auszustatten. Zwischen Hauptgesims und dem Rinnstein für Regenwasser war daher ein Zwischenraum für Röhrenleitungen belassen, den die Gasbeleuchtungsgesellschaft für den Einbau ihrer Röhrenleitungen nutzen konnte. Während aber auf der Ludwigsbrücke die neue Technik bestaunt werden konnte, musste man sich in der Maximilianstraße noch gedulden, denn die Gasbeleuchtungsgesellschaft weigerte sich noch, gegen Ende des 19. Jahrhunderts im letzten Straßenstück der Maximilianstraße und in ihrer Fortsetzung bis nach Haidhausen die Gasrohre verlegen zu lassen, bevor nicht eine ausreichende Anzahl von Abnehmern die Wirtschaftlichkeit dieses Unternehmens garantierte. Es ist also davon auszugehen, dass die Maximiliansbrücke wie auch die Reichenbachbrücke bis zur Einführung der elektrischen Beleuchtung mit wenig repräsentativen Unschlittlampen, also mit Rindertalg beleuchtet waren. [309] Hatten die Bewohner von Haidhausen gehofft, die neue Brücke über die Isar würde auch für sie einen Vorteil bieten, sollten sie in ihrer Meinung enttäuscht werden. Brücke und vor allem Straße blieben vorerst repräsentativen Zwecken vorbehalten und waren daher für den Schwerverkehr gesperrt. Während auf der Brücke immerhin noch zweispännige Ziegel- oder Lastfuhrwerke zugelassen waren, mussten die Fahrer aus Haidhausen oder auch Bogenhausen nach dem Verlassen der Brücke auf der linken Isarseite für ihre Weiterfahrt in die abzweigenden Straßen einschwenken, denn in der Maximilianstraße waren nur diejenigen Fuhrwerke zugelassen, die dort benötigtes Material transportierten. [310] Dabei war die Maximilianstraße ab dem Forum bis zum Isarufer noch gegen Ende des 19. Jahrhunderts keine reine Augenweide. Erst in den Jahren 1876 und 1877 entstand auf der linken Seite des Forums das Wilhelmsgymnasium und zur selben Zeit auf der rechten Seite ein Wohnblock. Zum Fluss hin blieb alles im alten vorstädtischen Zustand und wurde erst mit der Anlage des Isarkais neu geordnet. [311]

Blick auf die Kalkinsel mit dem Muffatbrunnhaus und der Ludwigsbrücke, die spätere Museumsinsel mit der alten, steinernen Brücke auf einer Aufnahme von etwa 1865. Im Anschluss an den Nordteil der Museumsinsel die Unteren Überfälle mit einem Werksteg.

Stadtarchiv München, Historisches Bildarchiv

Wehrbauten und Hochwasserschutz

An der neuen Brücke waren schon kurz nach ihrer Einweihung Nachbesserungsarbeiten durchzuführen, denn hervorgerufen durch die umfangreichen Isarregulierungen der 60er und 70er Jahre vertiefte sich das Isarbett und unter der Brücke entstanden tiefe Verkolkungen. Die Regulierungsarbeiten an der Isar zum Schutz vor zukünftigen Hochwassern zielten auf eine „fast gänzliche Eindeichung des Flusses" und die Anlage von Leitwerken im gesamten Stadtbereich. Angelegt wurden ein Hochwasserbett mit 145 m Normalbreite für eine Wassermenge von 1.500 Kubikmeter pro Sekunde und ein Mittelwasserbett mit 45 m Normalbreite für eine Menge von 170 Kubikmeter pro Sekunde. Zwischen der 1871 fertig gestellten Braunauer Eisenbahnbrücke und der Reichenbachbrücke entstand zusätzlich ein Niedrigwasserbett für 22,5 m Normalbreite für einen besonders niedrigen Wasserstand. Die Leitwerke der Niedrig- und Mittelwassergerinne waren zur gegenseitigen Verstärkung untereinander und mit dem rechtsseitigen Hochwasserdamm durch Querbuhnen in Abständen von 150 bis 300 m verbunden, an die sich in Zukunft Kies und Sand ablagern würden. Als Materialien zu den Korrektionsbauten verwandten die Arbeiter Flusskies, Nagelfluhsteine, Weiden- und Nadelholzfaschinen. Die Hochwasserdämme bestanden aus Kies mit vorgelegten Steinprismen und waren gesichert mit Abpflasterung, Rasenbelag und Anpflanzungen. Die Mittel- bzw. Niedrigwasserleitwerke sowie die Querbuhnen stellte man aus Faschinat und Steinpflasterung her.[312]

Auf die neue Maximiliansbrücke wirkten sich vor allem die vom Staat im Norden der Stadt durchgeführten Korrektionsbauten äußerst nachteilig aus, denn der Fluss grub sich stetig tiefer ein und durch die Vertiefung der Flusssohle entstanden zuerst an der unterhalb der Brücke eingelegten Hofwasserleitung tiefe Verkolkungen. Erste Bemühungen, die Brücke durch eine Erweiterung des Flussprofils, Tieferlegen des Wasserbettes und der Herstellung eines schrägen Hinterfluters mit Nagelfluhabpflas-

Die Kaskaden unterhalb der Maximiliansbrücke auf einer Aufnahme von 2007.

Foto Thomas Riehle
Baureferat

terung zu sichern, brachten nur bis zum nächsten Hochwasser im Jahr 1872 Abhilfe. Nun war ein 15 m langes und 6 m breites Loch ausgespült, das Pflaster aus Nagelfluh dadurch so tief eingesunken, dass die Sohle des Loches etwa eineinhalb Meter unter der Pfeilersohle lag. Als erste Rettungsmaßnahme wurde bei niedrigem Wasserstand die Eintiefung in der Flusssohle mit Steinen und Beton ausgefüllt, trotzdem musste natürlich eine dauerhaftere Lösung gefunden werden und man entschloss sich schließlich 1873 dazu, unterhalb der Brücke ein Stauwehr einzubauen sowie Uferschutzbauten anzulegen, um das Auffüllen der Flusssohle mit einer deckenden Kiesschicht zu fördern. [313]

Der neue Bau wurde unter der Leitung des städtischen Baurats Frauenholz als Grundwehr von 54 m Breite ausgeführt mit steinernen, direkt auf Flinz fundierten Widerlagern und einem Holzgerippe mit Steinfüllung sowie Wasserbetten. Offensichtlich ging man auch auf die Forderung des Central-Commités des landwirtschaftlichen Vereins in Bayern vom 11. März 1874 ein, am neuen Stauwehr eine Vorrichtung zum „Aufsprung der Fische", also einen Fischaufstieg einzubauen. Bereits 1884 musste man jedoch zugeben, dass der Wehrbau nicht die gewünschten Erfolge gebracht hatte und sich in der Flusssohle weitere Eintiefungen zeigten. Anstatt zur Herstellung eines neuen steinernen Wehres entschloss sich der Magistrat auf Wunsch der Staatsregierung zum Bau von sieben Grundschwellen in verschiedenen Abständen. [314]

An weiteren Wehrbauten gab es im Süden der Stadt natürlich den Auersenkbaum, ein aus Holz und Steinfüllung bestehendes Grundwehr zur Wasserregulierung für den Auer Mühlbach, die „alten" oder Thalkirchner Überfälle (am heutigen Flauchersteg), die eigentlich aus drei Wehrbauten bestanden, dem Dreimühlensenkbaum für die Ausleitung des von den übrigen Stadtbächen unabhängigen Dreimühlenbachs, dazu den mittleren und den äußeren Wehrbau für die Wasserregulierung zwischen Stadtbächen und Isar. Sowohl der Dreimühlensenkbaum als auch der mittlere Wehrbau waren Grundwehre, der äußere Wehrbau

Die Überfälle zwischen Praterinsel und Feuerwerksinsel um 1865. Im Jahr 1888 wurde dieses Wehr abgebrochen, der Zwischenraum mit Erdreich aufgefüllt und die beiden Isarinseln verbunden.

Stadtarchiv München, Historisches Bildarchiv

ein aus Überfällen und Schleusen kombiniertes Wehr aus Holz und Steinfüllung mit Abpflasterung. Zum besseren Schutz der Au vor Hochwasser ließ Baurat Muffat außerdem in den Jahren 1862 bis 1865 oberhalb der Museumsinsel anstelle der unter Probst eingerichteten Überfälle in Fortsetzung des Dammes an der rechten Isarseite eine Wehranlage bauen, das „Muffatwehr", ein kombiniertes massives Wehr mit acht Überfällen von je 15 m, vier Grundschleusen von je knapp 8 m Weite und vier Spiegelschleusen von je knapp 6 m Weite. Wie schon zuvor war das Wasserbett des rechten Isararms, der Kleinen Isar, vor allem gedacht für die Abfuhr überschüssigen Wassers in Zeiten von Hochwasser und noch deutlicher als früher in einem Bogen um die Museumsinsel geführt. [315]

Zwischen Kohlen- und Praterinsel bzw. der kleinen Feuerwerksinsel schlossen sich die Überfälle an mit Grund- und Spiegelschleusen aus Holz mit Steinfüllung und Abpflasterung. Sie waren mit einem Werksteg für Arbeiten am Wehr versehen. Als Verbindung der Praterinsel mit dem linken Isarufer diente immer noch das Praterwehr oder auch die Praterschleusen, ein massiv ausgeführtes Schleusenwehr mit vier Grundablässen von je 6,5 m Weite und einer Floßschleuse von 7 m Weite. Zwischen Feuerwerksinsel und Praterinsel existierte ebenfalls ein Wehr mit einem kleinen Steg. Die für die Hofwasserleitung gebaute Röhrenbrücke zum rechten Isarufer bestand noch bis etwa 1873, wurde jedoch kurz darauf abgerissen und nicht mehr ersetzt. [316]

Isarvorstadt und Glockenbachviertel

Ein Teil der Regulierungsmaßnahmen zum Schutz vor künftigen Hochwassern entstand bereits unter neuen kommunalpolitischen Bedingungen, denn mit der Gemeindereform von 1869 waren die bayerischen Gemeinden der unmittelbaren staatlichen Aufsicht entzogen und die bürgerliche Selbstverwaltung zum größten Teil wiederhergestellt. Nun fungierte wieder der Münchner Magistrat als Bauherr sämtlicher in der Stadt und für die Stadt hergestellter Bauprojekte, die Maximilianstraße mit der neuen Brücke über die Isar war daher das letzte der großen fürstlichen Bauvorhaben, das der Stadt aufgezwungen worden war, wenn auch zu ihrem Nutzen.

Der Übergang von staatlicher Kontrolle zur bürgerlichen Selbstverwaltung wurde zumindest im Bereich der Stadtplanung und städtischer Bauvorhaben nicht völlig abrupt vollzogen. Bereits nach dem Regierungsantritt Maximilians II. hatte der magistratische Einfluss zugenommen, eine Entwicklung, die sich vor allem bei der Bauaufsicht zeigte. [317] Das rasche Wachstum der Stadt seit der zweiten Hälfte des 19. Jahrhunderts sowohl flächenmäßig durch die Eingemeindungen einiger Vororte als auch zahlenmäßig – von 100.000 Einwohnern um 1850 auf 413.255 Menschen im Jahr 1895 – [318] bedingte in München einen „Bauboom" ohnegleichen. Neue Wohnhäuser für die wachsende Einwohnerzahl entstanden in Arealen, die von den Stadtplanern als zukünftiges Bauland ausgewiesen waren, für die aber zuerst eine ausreichende Infrastruktur geschaffen werden musste.

Städtisches Wachstum und eine deutliche Zunahme der damit verbundenen Bauvorhaben hatten bereits 1850 die Anstellung eines technischen Beamten zur Entlastung von Stadtbaurat Muffat bedingt – des „Ingenieurs" Arnold Zenetti. 1867 trat Arnold Zenetti die Nachfolge Muffats an und übernahm als Stadtbaurat die Leitung des städtischen Bauamts. Die Aufgaben des Stadtbauamts waren zu dieser Zeit beträchtlich angestiegen, der Magistrat beantragte deshalb beim Staat die Anstellung von zwei weiteren Ingenieuren, einer von ihnen sollte ausschließlich für den Wasser- und Brückenbau zuständig sein. Genehmigt wurde nur ein Ingenieur; beide Männer teilten sich nun die Aufgaben in einen Bereich Hochbau und einen Bereich Tiefbau, den Zenetti übernahm. Nach der Gemeindereform von 1869 waren diese Einschränkungen hinfällig und die Zahl der im Stadtbauamt angestellten Ingenieure stieg entsprechend wachsender Anforderungen. Der Brückenbau war dabei zeitweise zwei Mitarbeitern übertragen, wobei einer für den Brückenbau in der Stadt, der zweite für Brückenbauten an der Isar und den Isarbezirken zuständig war. 1875 wurde schließlich der gesamte städtische Brückenbau einem einzigen Baubeamten übertragen, dem seit 1873 im Stadtbauamt tätigen Hermann Frauenholz. [319]

Die Anstellung von Spezialisten für Brücken- und Tiefbauarbeiten im Stadtbauamt geschah nicht ohne Grund. Bereits vor der Mitte des 19. Jahrhunderts zielte die Stadtplanung auf eine Ausdehnung der Stadt ins Lehel, aber auch in das spätere Glockenbachviertel und in die Isarvorstadt. Wie schon die Arbeiten an der Maximilianstraße gezeigt hatten, waren Baumaßnahmen in den isarnahen Bereichen stark von den zahlreichen Bachläufen behindert, die dieses Areal durchflossen und beim Bau neuer Straßen aufwändige Überbrückungen erforderten.

Schon unter Ludwig I. hatten, wie schon erwähnt, Pläne für eine Bebauung des Gärtnerplatzviertels und einen Brückenschlag über die Isar bestanden. Als nach einer längeren Anlaufzeit sowohl die Fraunhoferstraße als Verbindungsstraße in die Au als auch die Reichenbachbrücke vor ihrer Fertigstellung standen, legte Simon Freiherr von Eichthal 1830 einen ersten Baulinienplan für seinen Grundbesitz in diesem Bereich, den so genannten Eichthalanger, vor. Trotz königlicher Bewilligung konnte von Eichthal nur sehr wenige Bauinteressenten für das neue Baugebiet gewinnen.

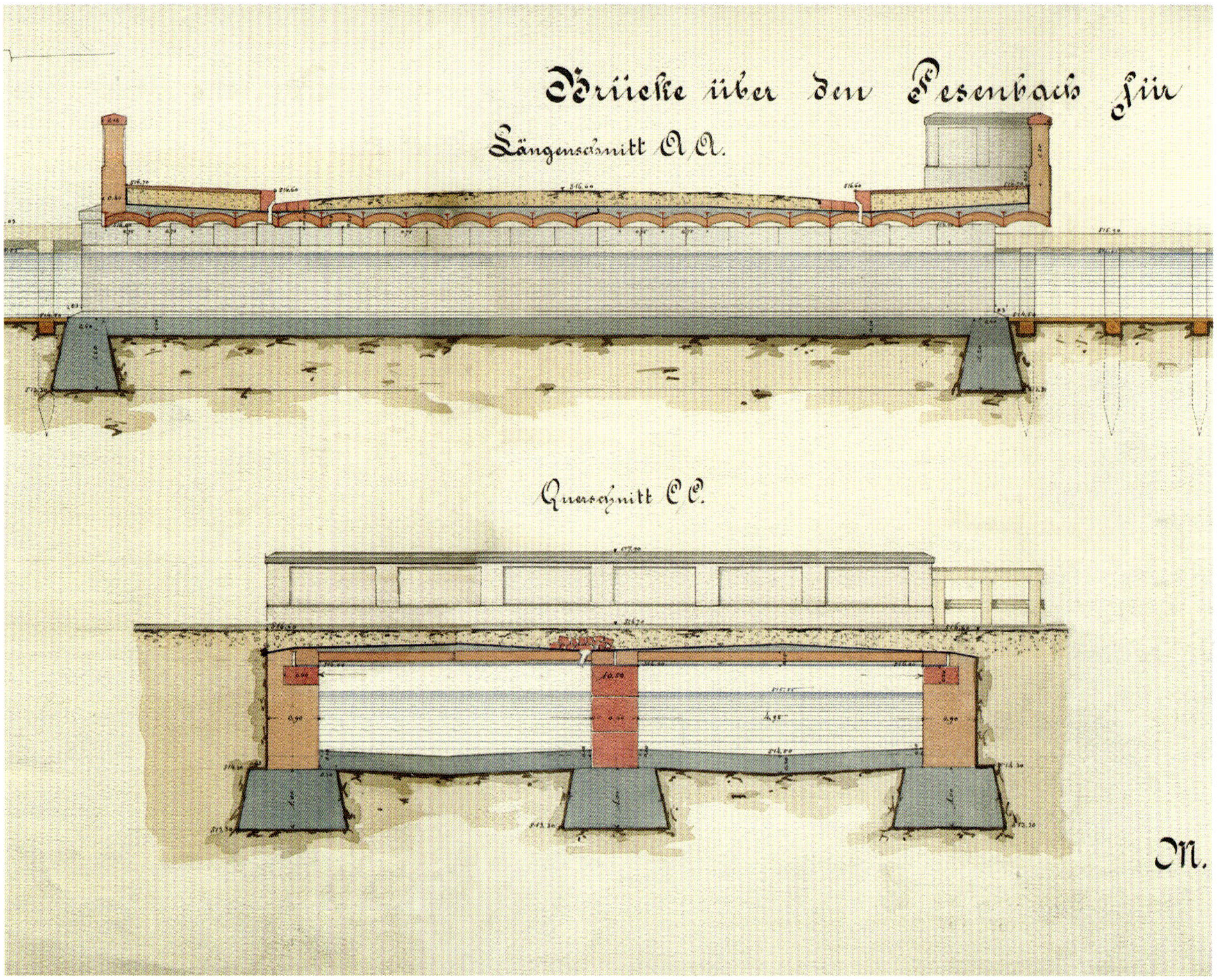

Neue Straßenbrücke in der Klenzestraße über den Pesenbach, Juli 1882

Baureferat

Die Münchner zogen als neue Adressen die Schönfeld- oder die Maxvorstadt an der Ludwigstraße und später die Maximilianstraße vor, die Fraunhoferstraße blieb daher bis nach 1850 eine Verbindungsstraße zur anderen Isarseite ohne weitere Seitenstraßen. Die Eingemeindung der ehemaligen Vororte Au, Haidhausen und Giesing im Jahr 1854 ließ schließlich auch das Gelände zwischen den beiden Teilen der Stadt für eine Bebauung attraktiv erscheinen und die steigende Wohnungsnot versprach Gewinne aus dem Bau von Miethäusern trotz höherer Baukosten in diesem von Bächen durchflossenen Viertel. 1860 legte von Eichtahl daher erneut Bebauungspläne für den Eichthalanger vor, die ein Jahr später bewilligt wurden. [320]

Für die Stadt von Vorteil war dabei das Zugeständnis des Grundbesitzers, die Kosten für die Überbrückungen und Bachregulierungen zu übernehmen, der Stadt würden dabei „nur" die Kosten für den Straßenbau verbleiben. In den folgenden Jahren fand sich eine größere Zahl Bauinteressenten und nicht nur rund um den Gärtnerplatz, sondern im gesamten späteren Gärtnerplatzviertel setzte eine lebhafte Bautätigkeit ein. Zug um Zug mussten daher die Verbindungsstraßen geschaffen werden.

Da man bei der Baulinienplanung geometrische Raster anlegte und auf den Lauf der Bäche keine Rücksicht nahm, waren drei größere Wasserläufe in ihrem Lauf von Norden nach Süden zu überbrücken, der Lazarettbach, der Heiliggeistmühlbach und der Kaiblmühlbach. Als ein Beipiel für viele kann hier der Lazarettbach im Zuge der Cornelius-

Der von Bächen durchzogene und noch unbebaute Eichthalanger, das zukünftige Gärtnerplatzviertel, auf dem Panorama von Georg Böttger aus dem Jahr 1858.

Stadtarchiv München, Historisches Bildarchiv

straße stehen: Eine erste Abdeckung des Bachs legte man 1861 mit Vierkantriegeln auf Längshölzern, gestützt durch einen im Bach platzierten Mittelpfeiler. Auf diese Schicht folgte eine Lage Rundhölzer und darauf wieder die Fahrbahn aus „Macadam" (Schotter). Da diese Bachüberbrückung keinesfalls dem zunehmendem Verkehr standhalten konnte, wurde sie 1878 durch ein Ziegelsteinkappengewölbe ($^1/_2$ Stein stark) zwischen Walzträgern ersetzt. [321]

Wie das Gärtnerplatzviertel war auch das spätere Glockenbachviertel geprägt von breiten Bachläufen sowie zahlreichen künstlich angelegten Kanälen und Ableitungen, die zu den für dieses Viertel typischen alten Mühlenbetrieben führten. Daneben waren hier auch die großen Lagerplätze an der Oberen Lände zu finden sowie der dort seit 1838 angesiedelte städtische Holzlagerplatz, der den Bedarf der Gemeinde an Holz deckte. In seinem Generalplan für dieses Viertel orientierte sich Baurat Muffat 1864 ebenfalls an einem geometrischen Konzept, das Bachläufe und bereits vorhandene Wege sowie Flurgrenzen nicht berücksichtigte. Brückenbauten wurden also bei den Baumaßnahmen der folgenden Jahrzehnte auch im Glockenbachviertel eine der vorrangigen Aufgaben Arnold Zenettis und seiner Abteilung. Erst ab etwa 1883 wichen die Planungen allmählich von streng geometrischen Baulinienplänen ab und die Holzstraße, Geyerstraße und Baumstraße folgten alten Wegen und sogar den Bächen in diesem Viertel, wobei sich natürlich auch hier Bachüberbrückungen nicht immer vermeiden ließen wie z. B. bei der Trasse der Westermühlstraße. [322]

Die Eisenbahnbrücke von Großhesselohe kurz nach ihrer Fertigstellung isarabwärts gesehen.

Emil Richter, 1858
Münchner Stadtmuseum

Die neuen Eisenbrücken

Für die Entwicklung des Schlachthofviertels entscheidend wurde eine der großen technischen Errungenschaften des 19. Jahrhunderts, die Eisenbahn. Nach der 1839 bis 1840 ausgebauten Verbindung München – Augsburg und der bis 1866 fertig gestellten Strecke bis Penzberg und Unterpeißenberg sollte die Strecke München – Rosenheim – Salzburg folgen, für deren Realisierung bei Großhesselohe das tief eingeschnittene Isartal zu überbrücken war. [323] In Amerika und England waren inzwischen Eisenbrücken als eine solide Alternative zu den reparaturanfälligen Holzbrücken entwickelt worden, mit deren Hilfe auch weite Täler wesentlich kostengünstiger als mit massiven Steinbrücken zu überspannen waren. (Das beste Beispiel hierfür ist das Göltzschtalviadukt aus Ziegelmauerwerk von wahrhaft riesigen Ausmaßen für die Eisenbahnstrecke Nürnberg – Leipzig, dessen Brückenbauer und Finanziers durch den teuren Bau noch vor der Fertigstellung des Viadukts finanziell ruiniert waren. [324]) In Deutschland fanden Eisenbrücken weitere Verbreitung nach der Entwicklung einer verbesserten Herstellungsmöglichkeit von Baustahl, führender Hersteller der neuen Eisenbrücken wurde die Nürnberger „Cramer-Klettsche Maschinenfabrik" mit ihrem leitenden Ingenieur Heinrich Gerber. [325]

Die neue Technik des Eisenbrückenbaus machte sich die Generaldirektion der Kgl. bayerischen Eisenbahn für die Eisenbahnbrücke bei Großhesselohe zunutze. Sie entstand in den Jahren 1850–57 nach den Plänen von Friedrich August von Pauli, dem Rektor der Technischen Hochschule München, in Zusammenarbeit mit Heinrich Gerber. Von Pauli entwarf mithilfe neuester mathematischer Methoden „grafischer Statik" einen extrem filigranen Gitterträger, den so genannten „Paulinischen Fischbauch- oder Linsenträger" der eine ungewöhnlich feingliedrige und zugleich sehr wirtschaftliche Tragwerks-Konstruktion ermöglichte. [326] Noch heute gilt die nur noch auf alten Darstellungen zu bewundernde Konstruktion als „technisch bahnbrechendes, ästhetisch faszinierendes Meisterwerk" seiner Zeit. Bereits 1908 mussten Veränderungen am Tragwerk der Brücke vorgenommen werden, da Zugkraft, Geschwindigkeit, Spurbreite und Waggongröße besonders beim Güterverkehr, dazu die Fahrlasten

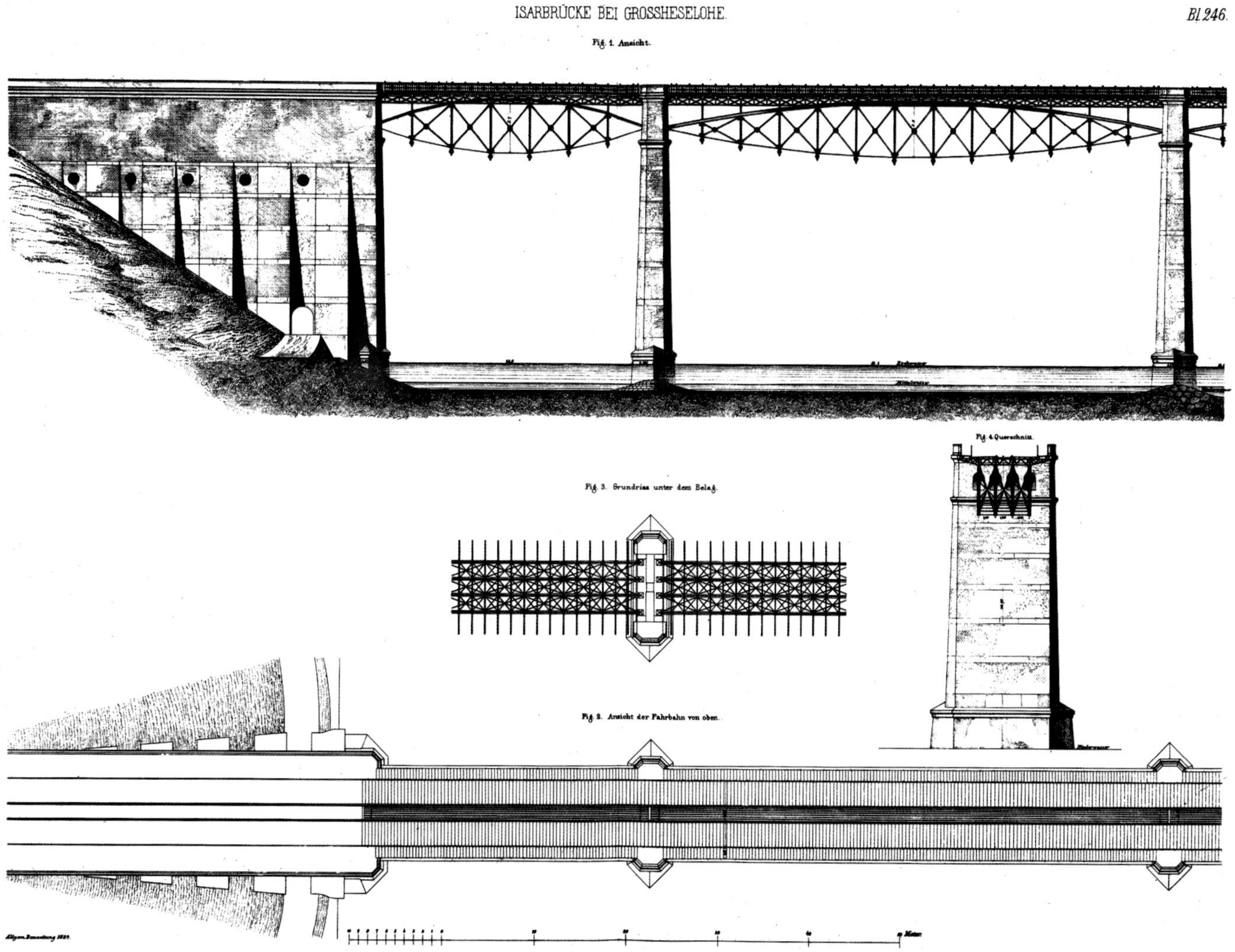

Technische Zeichnung der Brücke bei Großhesselohe in der Allgemeinen Bauzeitschrift 1859.

Foto Deutsches Museum München

Endabschnitt und Aufleger eines Trägers

Foto Deutsches Museum München

derart angestiegen waren, dass die Grundlagen für Paulis Berechnungen zur Tragfähigkeit der Brücke nicht mehr gegeben waren. [327] 1983 wurde die Brücke, die inzwischen als „Selbstmörderbrücke" traurige Berühmtheit erlangt hatte, abgerissen, neu erbaut und ihr Aussehen dabei grundlegend verändert. [328]

Auch wenn Eisenbrücken im Münchner Stadtgebiet zu dieser Zeit noch nicht entstanden, fand doch auch hier die Technik von Eisenkonstruktionen Eingang mit der von Carl Muffat 1851 bis 1853 erbauten Schrannenhalle und dem 1854 von August von Voit entworfenen Glaspalast. Und nicht zuletzt wurde der 1883 vom Bauleiter der Eisenbahnbrücke Großhesselohe, Heinrich Gerber, neu gebaute Münchner Zentralbahnhof mit seinem grazilen Fachwerk eiserner Sichelträger zu einem Wahrzeichen der neuen Technik. [329]

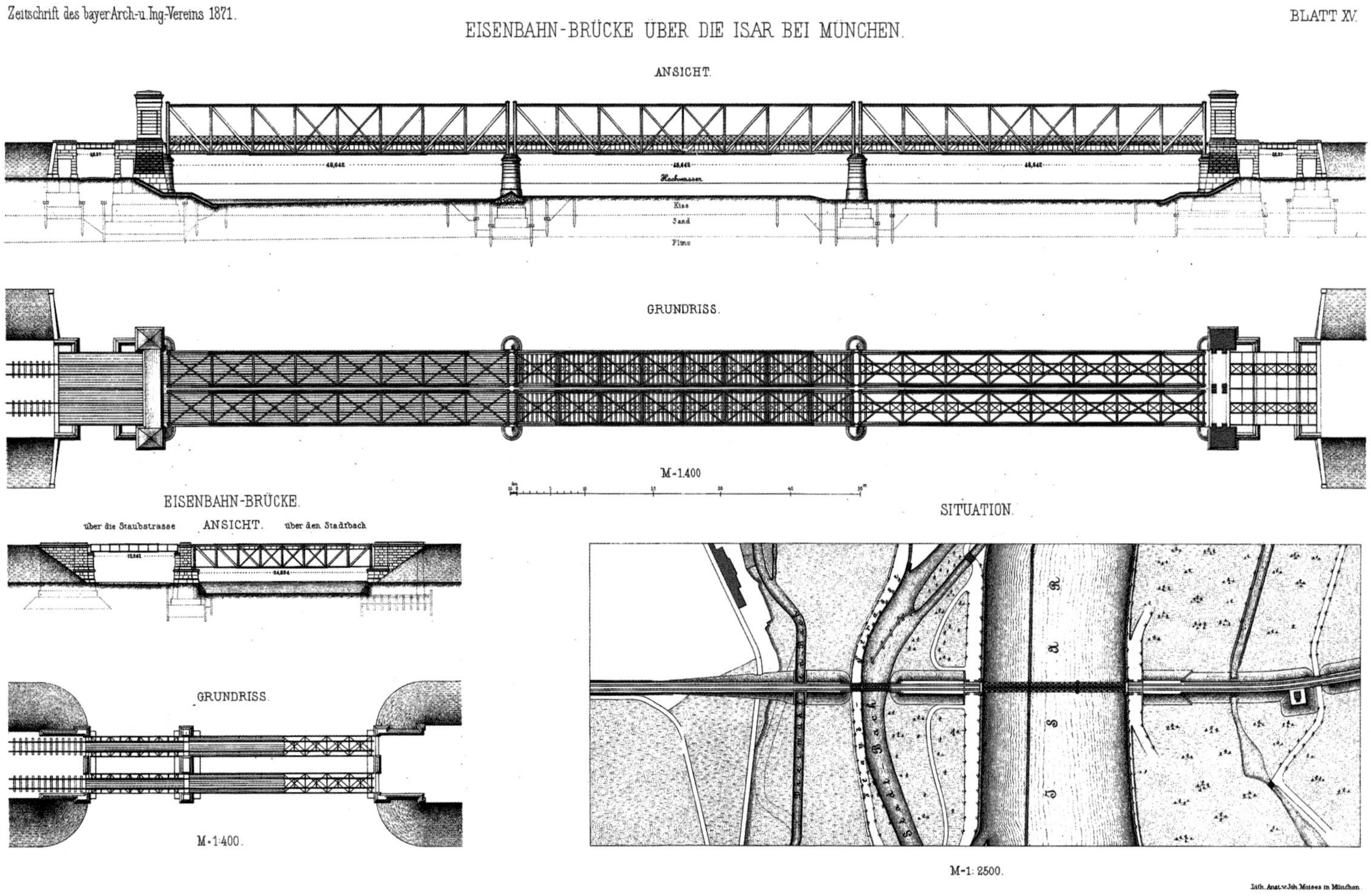

Technische Zeichnung der Braunauer Eisenbahnbrücke aus der Zeitschrift des Bayerischen Architekten- und Ingenieurvereins 1871.

Foto Deutsches Museum München

Für den Bau der Eisenbahnlinie nach Braunau musste eine zweite Eisenbahnbrücke über die Isar gebaut werden. Wieder wählte man eine Eisenkonstruktion nach den Plänen von Heinrich Gerber. Da man ab 1869 Tag und Nacht an der Brücke arbeitete, wurde hier zum ersten Mal eine von Siemens & Halske entwickelte Beleuchtungsanlage eingesetzt, die mit einer Lokomotive betriebene Bogenlampe. Ab März 1871 war die Brücke in Betrieb, am 1. Juni 1871 die offizielle Eröffnung dieses für den internationalen Güterverkehr wichtigen Bauwerks. Die Braunauer Eisenbahnbrücke mit ihrer 150 m langen Fachwerkträgerkonstruktion besteht heute noch; 1958 erfolgte ein Umbau, die Bahnstrecke ist inzwischen stillgelegt. [330]
Die Eisenbahnlinie München–Braunau, ausgehend vom Münchner Zentralbahnhof, führte in einem weiten Ring um das damalige München durch das spätere Schlachthofviertel, das durch den Bau eines Südbahnhofs eine neue Bedeutung gewann.

Ganz in der Nähe des Südbahnhofs an der Thalkirchner Straße entstand 1872 das städtische „Brennmaterialmagazin" als Ersatz für das alte Holzlager an der Oberen Länd. Es hatte die Aufgabe, den Bedarf der Gemeinde und ihrer Anstalten an Brennmaterialien zu decken, also an Holz, Kohle und Torf. [331]
Bereits 1850 wurde an der Thalkirchner Straße Münchens erste Gasfabrik gebaut und ab 1876 der neue große Schlachthof als Ersatz für die innerstädtischen Schlachtplätze, aus Hygienegründen eine der wichtigsten städtischen Baumaßnahmen im letzten Viertel des 19. Jahrhunderts.

In Bereichen von Sendling und Thalkirchen entstanden in dieser Zeit Gießereien und Brauereien sowie andere Industriebetriebe. Wollten die Münchner aus den Vierteln rechts der Isar an diese wirtschaftlich aufstrebende Gegend Anschluss finden, konnte dies nur über eine gute Verkehrsanbindung, also über eine weitere Isarbrücke geschehen. Forderungen nach einer weiteren Brückenverbindung über die Isar waren bereits vor dem Bau der Braunauer Eisenbahnbrücke laut geworden. Vertreter der 1854

Bild oben

Bau der Braunauer Eisenbahnbrücke 1869. Links die elektrische Beleuchtungsanlage von Hefner-Alteneck.

Verkehrsmuseum Nürnberg

Bild unten

Bau der Braunauer Eisenbahnbrücke 1869. Die Brücke kurz vor der Fertigstellung.

Verkehrsmuseum Nürnberg

eingemeindeten Vororte Giesing, Au und Haidhausen erhofften sich jedoch mit der neuen Brücke nicht nur einen besseren Zugang zu den städtischen Einrichtungen links der Isar, sondern auch Anstöße für die Entwicklung neuer Baugebiete mit Industriebetrieben und neuen Wohnvierteln. [332] Die Münchner Stadtmagistratsräte hatten daher ursprünglich in Erwägung gezogen, die Braunauer Eisenbahnbrücke auch als Fußgängerverbindung nach Giesing zu nutzen. Die Stadt hatte jedoch schließlich auf den Bau einer eigenen Fußgängertrasse verzichtet und der Kgl. Eisenbahnfiskus zahlte daraufhin eine Entschädigungssumme von 40.000 Gulden, die Stadt München dagegen verpflichtete sich, selbst für den Bau einer Brücke zu sorgen. Bis zur Durchführung dieses Bauprojekts wurde das Geld in einem Isarbaufonds angelegt. [333]

Die Wittelsbacherbrücke um 1900.
Münchner Stadtmuseum

Als im November 1870 die Generaldirektion der Kgl. Bayerischen Eisenbahn dem Münchner Magistrat den vom Hochwasser beschädigten Werksteg an der Braunauer Eisenbahnbrücke zum Kauf anbot, ergriffen die Münchner diese Chance. Für 250 Gulden ging der ehemalige Werksteg in den Besitz der Stadt über und wurde bis zum Bau der Wittelsbacherbrücke als weiterer Isarübergang und Verbindung zwischen Giesing und der Isarvorstadt (Kapuziner- und Freibadstraße) eingesetzt. Den schmalen Steg nutzten allerdings in der Folgezeit nicht nur, wie geplant, Fußgänger, sondern auch Reiter und Fuhrwerke, ja sogar Viehtreiber auf dem Weg zum Schlachthof. Da man bei dieser starken Beanspruchung ein Einbrechen des Stegs befürchten musste, verhängte die Polizeidirektion Ende Mai 1871 ein Verbot für Fuhrwerke und Reiter, ein Verbot, das wohl häufig missachtet wurde. Wie stark dieser Steg in den folgenden Jahren frequentiert war, lässt sich auch daran erkennen, dass man im Juli 1876 ein neues Geländer montieren ließ, also zu einer Zeit, als eine neue große Brücke bereits fast fertig gestellt war. [334]

Der Werksteg konnte nur eine vorübergehende Lösung bleiben, jedoch sollte die Lage einer neuen Brücke und wohl auch der auf sie zuführenden Verbindungsstraße erst endgültig festgelegt werden, nachdem der genaue Standort für den neuen Schlachthof bestimmt war. Unmittelbar danach, im August 1873, erfolgte der Beschluss des Magistrats zum Bau der Brücke. [335] Die Finanzierung dieses Bauwerks sollte zum Teil aus dem auf immerhin über 48.000 Gulden angewachsenen Isarbrückenfonds erfolgen, zum größeren Teil aber aus Anleihen. [336] Zenetti begann daraufhin Verhandlungen mit Heinrich Gerber, mittlerweile Leiter des Zweigwerks der Cramer-Klett'schen Maschinenfabrik, der Süddeutschen Brückenbaugesellschaft, und am 17. März 1874 kam es zum Vertragsabschluss zwischen Heinrich Gerber und Bürgermeister Dr. Alois von Erhardt. [337]

Die Wittelsbacherbrücke um 1900 mit dem von August von Voit gestalteten Brückenportal.
Münchner Stadtmuseum

Mit Entwurf und Bauleitung der Brücke wurde Hermann Frauenholz beauftragt. Für die architektonische Beratung war August von Voit zuständig, die Berechnung der Eisenkonstruktion führte Heinrich Gerber durch. Frauenholz und Voit entschlossen sich in ihrem Entwurf zu drei gleich großen Brückenöffnungen mit Stützweiten von je 45 m. Die Fahrbahnbreite sollte 8 m betragen, die Gehsteige jeweils 2 m breit werden. [338]
Im Juli 1874 wurde mit den Fundierungsarbeiten der Brückenpfeiler und Widerlager begonnen, [339] nach erfolgreich durchgeführten Materialprüfungen begann man im März 1876 mit der Montage der Eisenteile, die bereits im Juli 1876 abgeschlossen war. Sowohl die eindrucksvollen Portale der Brücke als auch die Kandelaber für die Brückenbeleuchtung entstanden nach Zeichnungen August von Voits, N. Oelmann fertigte die Modelle als Vorlagen für die kgl. bayerischen Eisenwerke in Sonthofen. [340]

Wie Bürgermeister Erhardt anlässlich der feierlichen Einweihung dieser vierten Isarbrücke am 25. August 1876 betonte, war das neue Bauwerk nicht für innerbayerische oder deutsche Verkehrsverbindungen geschaffen, auch Zollzahlungen wollte man nicht aus ihr schöpfen, sondern allein „zum Wohle" der Stadtteile rechts der Isar hatten die Gemeindevertreter diese Brücke in Angriff genommen.
Gerade die Stadtteile rechts der Isar sollten mit der neuen Verbindung noch besser an die Stadtteile links der Isar angeschlossen werden – so jedenfalls die Hoffnung des Festredners. Der Kostenvoranschlag von 400.000 Gulden aber sei nicht überschritten worden und man hatte deshalb auch noch Mittel für die Auffüllung der Zufahrtswege bereitstellen können, eine gute Tat, die allerdings auf jeden Fall nötig geworden wäre, wollte man die Brücke auch nutzen. Trotz aller kommunaler Besorgnis um das Wohl der neuen Stadtteile auf der anderen Seite der Isar gab man der Brücke den Namen

eines Herrschergeschlechtes: Die Einweihungsfeier fand am Namens- und Geburtstag König Ludwigs II. statt und sie erhielt den Namen Wittelsbacherbrücke aus „Dankbarkeit gegenüber dem Geschlecht der Wittelsbacher". [341] Trotz des Baus der Wittelsbacherbrücke nutzte die Stadt nach 1900 übrigens auch die Braunauer Eisenbahnbrücke und ließ an deren verlängerten Brückenwiderlagern einen eisernen Fußgängersteg montieren. [342]

Der Brückenbau über die Isar und der Ausbau der Kapuzinerstraße zu einer wichtigen Verkehrsverbindung zwischen dem Glockenbachviertel und Giesing zog noch eine weitere größere Brückenbaumaßnahme nach sich: den Bau der Geyerbrücke. Bereits um die Mitte des 19. Jahrhunderts war südwestlich des Südlichen Friedhofs eine Ringstraße als Verbindungsstraße zwischen Lindwurmstraße und Baldeplatz geplant, [343] 1856/57 wurde daher für ein Teilstück dieser Straßenverbindung am südwestlichen Ende des Südlichen Friedhofs eine Holzbrücke mit steinernen Flügelbauten über die hier sehr nahe nebeneinander fließenden Bäche, den Pesenbach und den Westermühlbach, hergestellt. Diese hölzerne Sprengwerksbrücke zeigte sich bei einer Untersuchung am Ende des Jahres 1873 in einem bedenklichen Zustand. Da nun die Planungen für die neue Wittelsbacherbrücke anliefen, war in der Folgezeit mit einem erheblichen Ansteigen des Verkehrs zu rechnen. Man beschloss daher anstelle einer Reparatur der schadhaften Holzbrücke den Bau einer massiven Brücke aus Stein. Da Widerlager und Pfeiler der neuen Brücke senkrecht zur Straße liegen sollten, wurde anlässlich des Brückenbaus auch noch eine Bachregulierung nötig. [344]

Straßenbrücke über den Westermühlbach in der Kapuzinerstraße 1952. In der Fortsetzung nach rechts überbrückte die Geyerbrücke den Großen Stadtbach.

Stadtarchiv München, Historisches Bildarchiv

Im Norden der Stadt, bei dem noch nicht eingemeindeten Dorf Bogenhausen, verliefen die Verhandlungen zu einem Brückenneubau weniger glücklich. Als 1873 ein Hochwasser die Brücke zerstörte, war in der Gemeindekasse von Bogenhausen für einen Brückenbau kein Geld vorhanden, vorläufig mussten sich Bogenhausener und Auswärtige mit einer Fähre begnügen, ein Jahr später wurde ein Notsteg errichtet. Das Ministerium des Innern lehnte einen teuren Neubau auf Staatskosten ab und versuchte das Projekt der Stadt München aufzubürden unter dem Hinweis, gerade die Stadt München würde das Fehlen einer Brücke an dieser Stelle als besonders unangenehm empfinden, also möge sie auch für die Kosten des Brückenbaus aufkommen. Zur Finanzierung des Baus, so der großzügige Vorschlag, werde das Kassieren eines Brückenzolls genehmigt. Auch wenn die Münchner in der Tat auf die Bogenhausener Brücke inzwischen nur noch ungern verzichteten, weigerten sie sich entrüstet gegen diesen aus ihrer Sicht unlauteren Versuch, ihnen staatliche Verpflichtungen aufzubürden. Innerhalb von zehn Jahren, so der Münchner Magistrat, sei dies nun schon der zweite Versuch, staatliche Verpflichtungen auf die Stadt abzuwälzen. Dabei sei es allgemeiner Brauch, Wege zu staatlichen Schlössern (gemeint ist damit wohl das Schlösschen Steppberg von Herzog Max in Bayern) auf Staatskosten zu errichten und weiterhin zu unterhalten. [345]

Die neue Eisenbrücke in Bogenhausen im Jahr 1876.

Bayerisches Hauptstaatsarchiv, OBB K.u.Pl. 6718

Auch die Gemeinde Bogenhausen versuchte sich von dem teuren Unternehmen zu distanzieren und sah wie München den Bau einer Brücke zwischen zwei Staatsstraßen als rein staatliche Aufgabe. Nachdem jedoch in einer Regierungsentschließung von 1875 den Bogenhausenern die Verpflichtung zum Brückenbau unter ähnlichen Bedingungen wie zuvor den Münchnern auferlegt worden war, mussten die Bogenhausener erkennen, dass sie möglicherweise in Zukunft ohne Brücke würden auskommen müssen. Sie entschlossen sich daher zum Bau einer Zollstation für die Einnahme eines Brückenzolls und zu einer Finanzierung der neuen Brücke aus diesen Mitteln. [346]

Im Anschluss daran wandte sich die Gemeinde Bogenhausen an das Münchner Stadtbauamt und erbat Vorschläge für eine neue und vor allem kostengünstige Brückenkonstruktion. Baurat Zenetti lieferte am 18. April 1875 seinen Entwurf einer Holzbrücke mit Betonpfeilern und massiven Widerlagern.

Die Fahrbahn wies eine Breite von 5 m auf, seitlich eingehängte Konsolträgern waren für Trottoirs von knapp 2 m Breite vorgesehen. Sowohl am Entwurf als auch an den von Zenetti veranschlagten Kosten entspann sich sofort eine heftige Kritik und man entschloss sich daher, einen Wettbewerb durchzuführen. Schließlich erhielt die Süddeutsche Brückenbaugesellschaft unter Heinrich Gerber noch einmal den Zuschlag für einen einheitlichen Stahlüberbau von etwas mehr als 114 m Länge unter Anwendung der Gerber'schen Gelenkträger. Die Brückenpfeiler wurden dagegen, wie dies Zenetti vorgeschlagen hatte, auf Fundamenten in Stampfbeton gegründet. Im September 1875 begannen die Baugrunduntersuchungen, Baubeginn war im Frühjahr 1876, im Dezember 1876 bereits Eröffnung der einfach gehaltenen Brücke. Auch die Bogenhausener hatten nun eine Eisenbrücke. [347]

Brücken als Verkehrshindernisse

Trotz neu entstehender Stadtviertel, die München fast nach allen Himmelsrichtungen wachsen ließen, und des inzwischen zusammen mit anderen städtischen Einrichtungen ausgelagerten Schlachthofs, konzentrierte sich das städtische Leben auch weiterhin in der Altstadt. Hier befanden sich immer noch die größte Zahl an Arbeitsplätzen, die Märkte als Umschlagplätze für Lebensmittel, die Läden und Werkstätten von Handwerkern. Der tägliche Strom an Arbeitskräften und Käufern von den neuen Stadtteilen und Vorstädten in die Stadt und am Abend wieder zurück, von Fußgängern, Reitern, Fuhrwerken und Kutschen führte zu katastrophalen Verkehrsverhältnissen in den engen Gassen und Straßen im Stadtzentrum. Klagen über mangelnde Verkehrsdurchlässigkeit und „Staus" an Engstellen häuften sich. [348]

So kreuzten sich nach der Schilderung einiger Bürger des Angerviertels auf der schiefen Brücke über dem Angerbach zwischen dem ehemaligen städtischen Eichhaus und dem bürgerlichen Zeughaus am Heumarkt die Wege vom Heumarkt, der unteren und oberen Angergasse und dem Dultgässchen. Die enge Dultgasse, auf der einen Seite mit einem schmalen Trottoir für Fußgänger versehen, war abschüssig und mit Wasserrinnen durchzogen, stellte aber gleichzeitig die einzige Zufahrt für die zum Heumarkt fahrenden „Heu- und Strohwägen, der Bier- und Getreidewägen" dar. Fußgänger konnten sich hier in Lebensgefahr begeben, vor allem zur Winterszeit, wenn die Wagen und Schlitten wegen der abschüssigen Lage abglitten und dabei die Auslagen der Geschäftsleute beschädigten, umstürzten oder gar in die Fenster von Wohnungen einbrachen. Der Bach wurde hier gleichzeitig als Roßschwemme genutzt, ein weiteres Hindernis, das die Anlieger nun baten zu beseitigen und dabei Brücke samt Straße gerade zu legen. [349] Eine Überwölbung des Angerbachs aber, einer der großen Stadtbäche, der den Oberanger jahrhundertelang in eine rechte und eine linke Seite geteilt hatte, leitete der Magistrat 1875 ein. Damit verlief der Bach unterirdisch und der Oberanger war nun zu einer Straße ohne Hindernisse geworden. [350]

Für eine andere dieser Engstellen, die aus Stein gebaute Hochbrücke im Tal, lieferte Baurat Muffat schon 1841 einen Vorschlag, wie die für Fuhrwerke vor allem im Winter bei Eis und Schnee schwer zu bewältigende gewölbte Brücke über den Katzenbach besser befahrbar zu machen sei: Das Gewölbe sollte abgebrochen werden und statt dessen eiserne Schienen als Unterstützung für einen Holzbelag über den Bach gelegt werden. Die Brücke würde außerdem verbreitert werden, damit mehrere Fahrzeuge gleichzeitig die Brücke passieren konnten. (Anlass für eine Beschwerde war übrigens die Einführung breiterer Radfelgen, die bei Glatteis leichter auf dem Brückenpflaster abrutschten.) Mit der Auflösung der Roßschwemme neben der Brücke glaubte Muffat, nicht nur den Anwohnern entgegenzukommen, die sich häufig über das Spektakel des „Rosseschwemmens" an dieser Stelle beschwerten, sondern auch einen ganz wesentlichen Beitrag zur Verschönerung des Tals zu leisten. Es mussten jedoch noch einige Jahre vergehen, bis die Umgestaltung der Hochbrücke und die Überbrückung der Roßschwemme genehmigt wurde. Im September 1860 konnten sich Anwohner, Baurat und Magistrat schließlich über das weitere Vorgehen einigen, die steinerne Brücke wurde abgetragen und der Bach zum größten Teil auf eichenen Trägern überbrückt. [351]

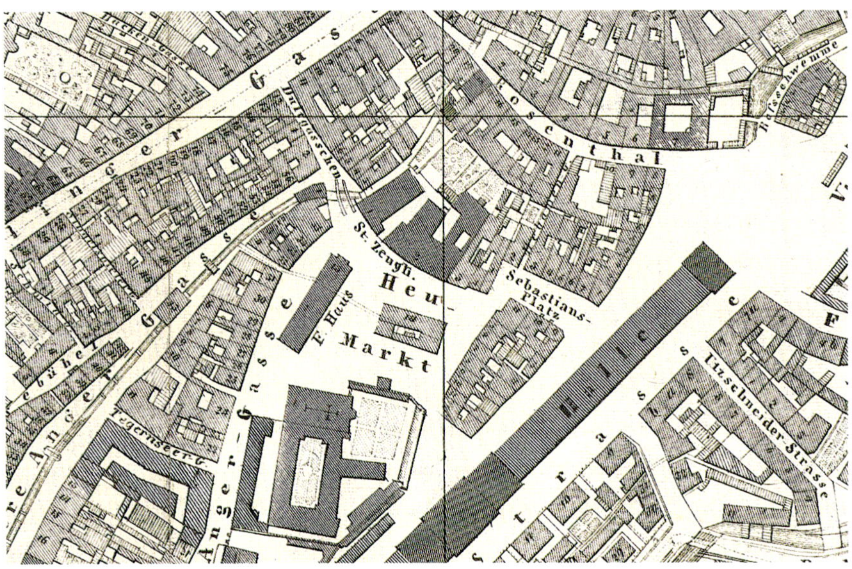

Ausschnitt aus dem Stadtplan von Mey & Widmayer von 1863 mit der Situation am Heumarkt und der Durchfahrt zum Dultgässchen.

Private Sammlung

Bild oben

Die Hochbrücke, aufgrund ihrer Wölbung vor allem im Winter ein Verkehrshindernis, auf einem Gemälde von Ferdinand Jodl.

Münchner Stadtmuseum, Inv. Nr. 49/121

Bilder rechts

Pläne zur Überbrückung des Kaltenbachs an der Hochbrücke im Tal von Peter Erlacher.

Stadtarchiv München

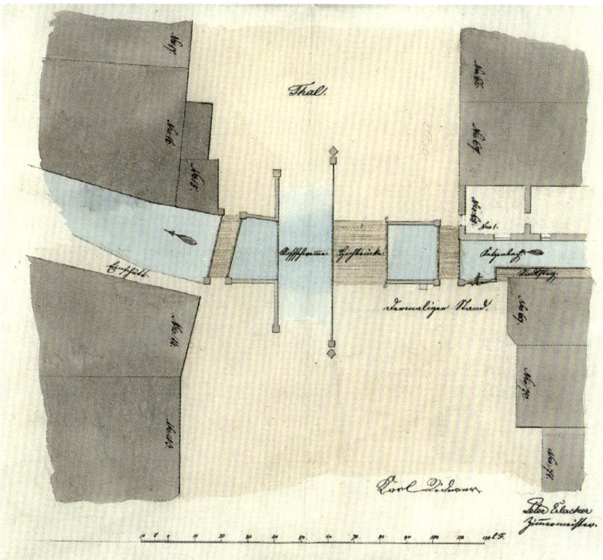

Die Innere Isarbrücke nach der Brückenverbreiterung 1877.

Stadtarchiv München, Historisches Bildarchiv

Weitere Engpässe existierten – trotz Kurfürst Karl Theodors Entfestigungsbefehl – immer noch an den Stadttoren. Tore und Gräben wurden erst in den 60er Jahren des 19. Jahrhunderts abgetragen bzw. zugeschüttet, ebenso die Reste der Stadtmauer, die noch in längeren Abschnitten um die Stadt führte. So fand 1869 und 1871 der Abbruch des Angertores statt, der Stadtmauer zwischen Ober- und Unteranger 1871/72, in den folgenden Jahren der Abbruch des Abschnitts zum Sendlinger Tor.
Erst 1879 wurde der Stadtgraben zwischen Sendlinger Tor und Josephspitalstraße überwölbt, in den folgenden Jahren die Fortsetzung bis zum Karlsplatz durchgeführt. [352] Die hier nur auszugsweise geschilderten Arbeiten am Verkehrsausbau in der Innenstadt forderten von den für diese Arbeiten Zuständigen – Hermann Frauenholz und seiner Mitarbeiter – einen beträchtlichen Arbeitseinsatz, denn in dieser Zeit entstanden große Brückenbauten wie die Wittelsbacherbrücke, mussten aber auch Arbeiten an den beiden Isarufern und den städtischen Wehren in der Isar geplant und beaufsichtigt werden.

Engstellen im Stadtverkehr bildeten inzwischen auch wieder die Brücken über die Isar. Besonders die alten Isarbrücken stellten hierbei ein ernstes Problem dar. Schon 1837 hatte die Polizeidirektion für Markttage und während der Auer Dult ein „Individuum" gefordert, um alle Fuhrwerke zum Rechtsfahren und Passanten zum „schnellen Zirkulieren" anzuhalten. Später stellte man sowohl an der Ludwigs- als auch der Reichenbachbrücke Tafeln auf mit dem Hinweis „rechts fahren und gehen". [353] Im März 1859 beschloss der Münchner Magistrat eine Verbreiterung der alten „Schwanenbrücke", der Fortsetzung der Ludwigsbrücke über den Auer Mühlbach.
Für geschätzte Kosten von 7.800 Gulden sollte die Brücke durch den Anbau hölzerner Trottoire besser befahrbar werden, ein Vorschlag, den die Regierung von Oberbayern aus ästhetischen und finanziellen Gründen ablehnte. Auch wenn man bei der Stadt der Meinung war, der Anblick der Holzkonstruktion sei „doch nicht so hässlich", musste man akzeptieren, dass eine Konstruktion aus Stein doch dauerhafter als Holz ist. Schließlich einigte man sich auf eine Verbreiterung mit eisernen Trottoiren, die zwar teurer, dafür aber „dauerhafter und zierlich" waren. Begonnen wurden die Arbeiten im Jahr 1860, da nun erst die Möglichkeit bestand, die Bauarbeiten mit Anleihen zu finanzieren. Nach dem Beginn der Bauarbeiten legte der Schwanenwirt gegen die Baumaßnahmen Protest ein, weil die Trottoire über seinem Grund gebaut wurden. Beim Schwanenwirtshaus konnten die Bauarbeiten daher erst nach der Beilegung des Rechtsstreits 1872 fertig gestellt werden. Nur drei Jahre später ersetzte das Stadtbauamt die „fliegenden Trottoire" durch Gewölbe, die auf gusseisernen Balken ruhten – die erste Konstruktion hatte sich also doch nicht bewährt. [354]

Mit dem Ausbau des Straßenbahnnetzes – zu dieser Zeit noch Pferdebahn – stellte sich das Problem der engen Isarbrücken erneut. Als die Direktion der „Münchner Tramway" 1877 beabsichtigte, die Pferdebahn auch über die Ludwigsbrücke zu führen, legte sie ihrem Antrag auf Weiterführung der Linie Zweibrückenstraße – Rosenheimer Straße Pläne zur Verbreiterung der inneren Isarbrücke vor, denn die Brücke aus dem 18. Jahrhundert war viel zu schmal für eine zusätzliche Fahrspur.

Der zusätzliche Ländplatz zwischen Reichenbachbrücke und Ludwigsbrücke, wie die Lände am Glockenbach auch als „Obere Länd" bezeichnet, musste bei Überfüllung der Unteren Lände benutzt werden.

J. Puschkin
Münchner Stadtmuseum
Inv. Nr. P 1876

Der Münchner Magistrat stimmte zu und an beiden Seiten der inneren Isarbrücke wurden schmiedeeiserne, in einer Breite von 2 m auskragende Konsolen an den Pfeilern und Widerlagern befestigt und mit Granitplatten belegt. Eine Probebelastung nach Fertigstellung der Bauarbeiten am 20. November 1877 verlief positiv, trotzdem war das Vertrauen der Bevölkerung in die neue Konstruktion nicht groß. Ein Verbot der Polizeidirektion, das „Stehenbleiben und Ansammeln von Menschen auf der alten steinernen Isarbrücke insbesondere auf den Trottoiren betreffend", trug ebenfalls nicht dazu bei, dieses Vertrauen zu bestärken. Das Stadtbauamt sah sich daher veranlasst, eine Richtigstellung herauszugeben und dabei zu betonen, die Anordnung der Polizeidirektion sei nicht in der geringen Tragfähigkeit und Festigkeit der Brücke begründet, sondern in der Tatsache, dass die Brücke keine „Schautribüne" sei, sondern dem Verkehr diene und nur dieser nicht beeinträchtigt und gefährdet werden dürfe.[355]

Die Angst vor einem Brückeneinsturz saß bei den Münchnern offensichtlich tief, der spektakuläre Einsturz der äußeren Isarbrücke während des Hochwassers von 1813 war in die Münchner Lokalhistorie als eines der zentralen Ereignisse eingegangen. Auch die Unglücksfälle der Gegenwart schürten das Vertrauen in die Dauerhaftigkeit der vorhandenen Brücken wenig: 1845 war die Brücke über den Entenbach vom Hochwasser weggerissen worden, während der Bauarbeiten an der Maximilianstraße stürzte die Überbrückung des Pfisterbachs in sich zusammen. Als im August 1898 schließlich ein böser Brief an das „Kollegium der Floßmeister" abging, der die Schilderung weiterer Unglücksfälle in den südlichen Isaranlagen enthielt, wurde jedoch auch offensichtlich, dass die Brückeneinstürze glimpflich verlaufen waren und dabei niemand ernsthaft zu Schaden gekommen war – ein glücklicher Zufall nach Aussage des Briefschreibers.[356]

Die erste Mariannenbrücke aus Holz.

Foto von 1928
Baureferat

Verbindungen zu den Isarinseln

Die spärliche ländliche Bebauung rechts und links der Maximilianstraße nach dem Forum war mittlerweile einer großstädtischen Bebauung mit mehrstöckigen Miethäusern gewichen. Zum Schutz des neu entstandenen Viertels vor Hochwasser ließ daher das Stadtbauamt in den Jahren 1881 bis 1890 zwischen der Ludwigsbrücke und Maximiliansbrücke das linke Isarufer begradigen und am Isarufer Kaimauern in Verbindung mit einer von Süden nach Norden verlaufenden Uferstraße errichten, der Quai- oder heutigen Steinsdorfstraße. Dabei wurde nicht nur der Zulauf des Triftkanals zugeschüttet, sondern vor allem Münchens große Floßlände aufgelassen, die „Untere Länd", an der seit hunderten von Jahren Flöße angelegt hatten. Bis zur Fertigstellung der Zentrallände in Maria Einsiedel 1899 mussten die Flöße vorübergehend zwischen der Reichenbach- und der Ludwigsbrücke anlegen, ein Platz, der bereits als Ausweichmöglichkeit gedient hatte. [357]

Als man für die Große Deutsch-Nationale Kunstgewerbeausstellung 1888 ein geeignetes Ausstellungsgelände suchte, fiel die Wahl für die von Emanuel Seidel entworfenen provisorischen Ausstellungsgebäude auf ein Areal am Isarkai zwischen Zweibrückenstraße und Mariannenplatz. [358] Der Fluss und die vorgelagerte Praterinsel wurden mit in das Ausstellungsgelände einbezogen: Der Isarkai war in Form eines Parks gestaltet, aus dem Fluss schossen Fontänen hoch und erweckten dadurch die Illusion eines Sees. [359] Auf der Praterinsel hatte bereits 1810 der Wirt Anton Gruber eine Ausflugsgaststätte nach dem Vorbild des Wiener Praters eröffnet, daher auch der Name der Insel. 1867 musste die bei den Münchnern sehr beliebte Gaststätte schließen, da der Besitzer in finanzielle Schwierigkeiten geraten war, auf die Insel zog die Likör- und Essigfabrik Riemerschmid. Auf der kleinen benachbarten Feuerwerksinsel sollte jedoch für die Ausstellung ein neuer Gastronomiebetrieb entstehen. Das kleine Wehr zwischen Prater- und Feuerwerksinsel wurde daher abgerissen, der Zwischenraum aufgefüllt und im Südteil der vergrößerten Praterinsel das „Weinrestaurant und Wiener Café Isarlust" errichtet. Den Zugang vom Isarkai ermöglichte der Bau der Mariannenbrücke, ein von Frauenholz beaufsichtigter Holzbau. [360]

Das Ausstellungsgelände der Großen Deutsch-Nationalen Kunstgewerbeausstellung 1888 mit Fontänen und nächtlicher Beleuchtung.

Private Sammlung

Die Gaststätte Isarlust auf der Praterinsel um 1900. Im Vordergrund der Wehrsteg.

Stadtarchiv München, Historisches Bildarchiv

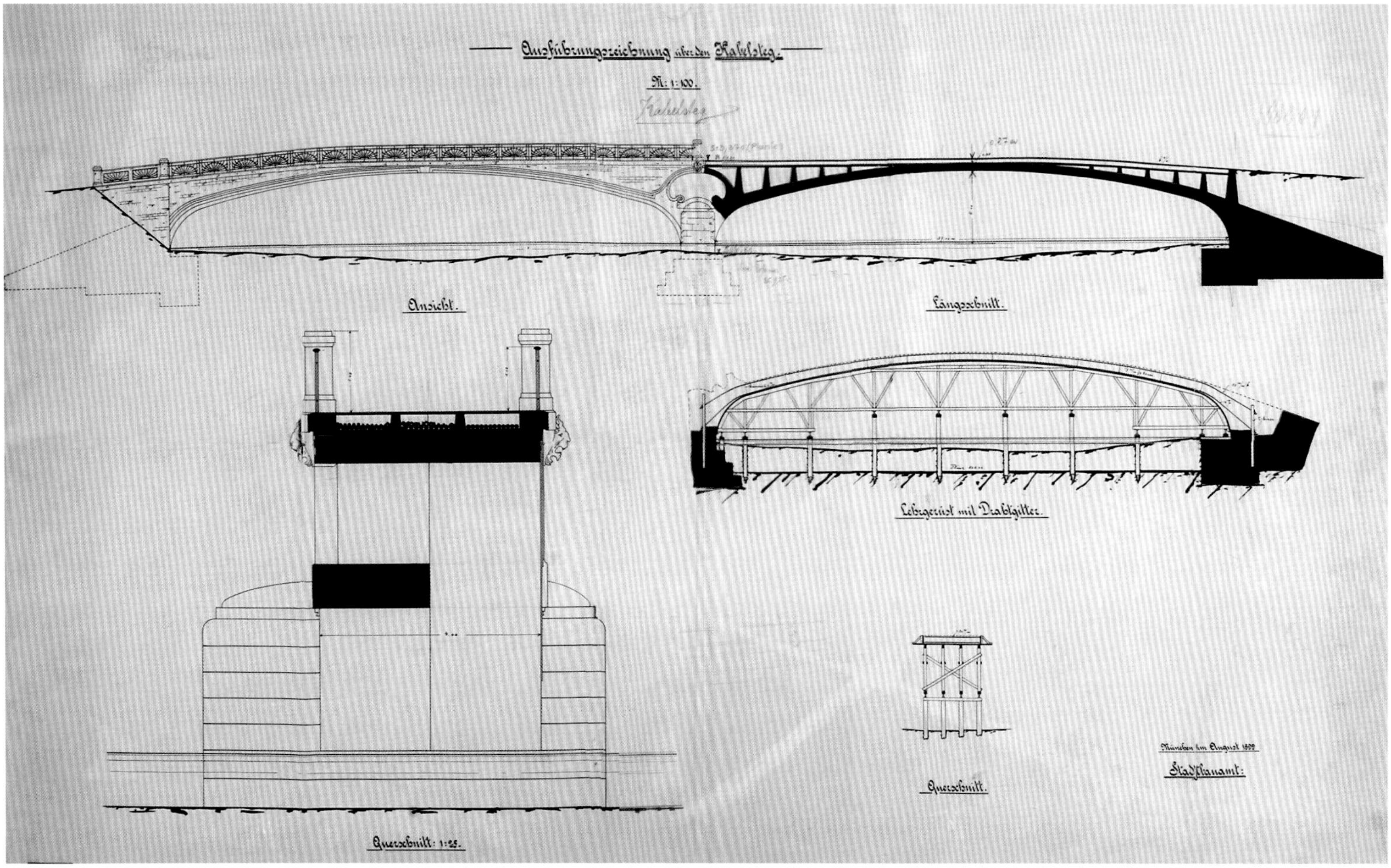

Der Kabelsteg, erbaut 1898 als eine der ersten Münchner Brücken aus Eisenbeton.

Bild oben
Plan Baureferat

Bild unten
Foto Pettendorfer, 1910
Stadtarchiv München,
Historisches Bildarchiv

Das Gegenstück zu dieser Brücke und gewissermaßen Ersatz für die in den 70er Jahren abgebrochene Röhrenbrücke bildete ab 1898 der Kabelsteg. Dieser von vielen als schönste Brücke Münchens bezeichnete Übergang zwischen Praterinsel und rechtem Isarufer entstand allerdings nicht nur als Verbindungsweg für Fußgänger. Grund für seinen Bau war vielmehr die Stromerzeugung in Münchens erstem Elektrizitätswerk, dem Muffatwerk.
Das Werk war gespeist vom Auer Mühlbach und lieferte ab Februar 1894 den Strom für die seit Ende November 1893 in München eingeführte elektrische Straßenbeleuchtung, ab Juni 1895 auch für die elektrische Straßenbahn. Als das Muffat-Werk 1897 bis 1898 ausgebaut wurde, um die Stromversorgung des inzwischen ausgebauten Straßenbahnnetzes sicher zu stellen, entstand für die Kabelüberführung auf die andere Isarseite nach Plänen von Oberbaurat A. Schwiening und A. Altmann, ausgeführt von der Firma Wayss & Freytag, ein zweifeldriger Steg in Korbbogenform – der Kabelsteg.

Erste Brücke Münchens aus Eisenbeton: die Ludwig-Ferdinand-Brücke über den Waisenhauskanal, erbaut 1892.

Bild oben
Stadtarchiv München, Historisches Bildarchiv

Bild unten
Baureferat

Obwohl ein Verlegen der Kabelstränge durch das Isarbett kostengünstiger gewesen wäre, wählte man doch den Bau eines neuen Isarsteges, da man mit der bevorstehenden Eröffnung des Volksbades einen vermehrten Fußgängerverkehr erwartete, der zum Teil auf den Kabelsteg ausweichen konnte. Die Kabel verlaufen nun in drei Kanälen in der Brückenplatte. Ebenso wenig sichtbar ist eine andere Neuheit an dieser Brücke: Der Steg wurde mit dem zu dieser Zeit noch selten verwendeten Eisenbeton „nach System Monyer" (Monier), dem Vorläufer von Stahlbeton, hergestellt, außen jedoch mit Muschelkalk verkleidet, der das moderne Innere des Steges den Blicken entzog. Bereits 1892 allerdings entstand in München-Nymphenburg die Ludwig-Ferdinand-Brücke über den Nymphenburger Schlosskanal als Münchens erster Eisenbetonbogen. [361]

Die Museumsinsel mit den Ausstellungsgebäuden der II. Kraft- und Arbeitsmaschinenausstellung 1898. Rechts das 1865 fertig gestellte Muffatwehr, im linken Flussarm die provisorische Lände sowie die für die Ausstellung errichtete Äußere Erhardtbrücke, die spätere Boschbrücke; im Vordergrund die alte Reichenbachbrücke.

Stadtarchiv München, Historisches Bildarchiv

Eine weitere Verbindung zur Praterinsel bestand mit dem Praterwehr, dem Nachfolger des Abrechens. Da die Holztrift Angelegenheit des Staates war, lag auch der Unterhalt des Praterwehrs in den Händen des staatlichen Triftamts. Nachdem die Holztrift mit dem Bau der Eisenbahnstrecken überflüssig geworden war und damit eingestellt wurde, ging Schritt für Schritt auch das Praterwehr in städtische Hände und damit in die Zuständigkeit der Abteilung Brückenbau über. 1870 übernahm die Stadt Stützen und Ziehvorrichtungen des Durchlasswehres, 1888 die Floßfahrtstenne und 1903 ging schließlich das Wehr ganz in das Eigentum der Stadt über. [362] Nicht nur die Verbindungswege zwischen den beiden Isarufern waren gegen Ende des 19. Jahrhunderts verbessert worden. Als mit dem Ende der Holztrift 1881 der Triftkanal aufgelassen und die Verteilung der Wasserabflüsse neu geregelt wurde, mussten auch die „Überfälle", die Schleusen zwischen Kohleninsel und Praterinsel, neu gebaut werden. Nach den Plänen Arnold von Zenettis und des Leiters der Abteilung Brückenbau Herrmann Frauenholz entstand in den Jahren 1883 bis 1888 das neue Wehr (VI). Um auch die Isarinseln untereinander besser zu verbinden, erhielt das Wehr anstelle eines einfachen Werkstegs einen festen Steg für Fußgänger, zu deren Schutz mit einem Geländer versehen. [363]

Auf der Kohleninsel, der heutigen Museumsinsel, waren anlässlich der Isarregulierungen und Ufersicherung ebenfalls neue Möglichkeiten für eine Bebauung entstanden. Nach dem Neubau der Schwere-Reiter-Kaserne auf dem gegenüberliegenden linken Isarufer 1817 diente die „Alte Isarkaserne" nur noch als Behelfsunterkunft. Ab 1885 kam hier das Städtische Arbeitsamt unter, das jedoch von dem alten Standort auf den Inselteil flussabwärts umziehen musste, als man das Kasernengelände mit den großen provisorischen Ausstellungsbauten

Bau des Isarkais an der Erhardtstraße.

Stadtarchiv München, Historisches Bildarchiv

Während der Bauarbeiten für das Deutsche Museum war der Zugang zur Boschbrücke mit einem Tor versperrt und sogar mit einem Wächterhäuschen versehen.

Foto Pettendorfer um 1907
Stadtarchiv München, Historisches Bildarchiv

für die II. Kraft- und Arbeitsmaschinenaustellung 1897 benötigte. Um für die Aufbauarbeiten einen guten Zugang zur Kohleninsel zu schaffen, ließ das Stadtbauamt als Verlängerung der Kohlstraße auf der linken Isarseite bzw. der Schwarzstraße auf der rechten zwei einfache Brücken errichten. Nach den Plänen von Hermann Frauenholz entstanden zwei Brücken aus Eichenholz mit einer Breite von jeweils 6 m für die Fahrbahn und 2 m für jeden Gehsteig. Sie erhielten die Bezeichnung Innere bzw. Äußere Erhardt-Brücke nach Münchens 1. Bürgermeister Dr. Alois von Erhardt von 1870 bis 1887.[364] Für die Zeit der Ausstellung hatte man außerdem als besondere Attraktion das Wasser im rechten Isararm zwischen Muffatwehr und Ludwigsbrücke zu einem See aufgestaut und eine Rutsche eingebaut, über die Boote auf Schienen in die aufgestaute Isar „rutschten".[365]

Eröffnung der Herbststraßenbrücke 1870

Verkehrsmuseum Nürnberg

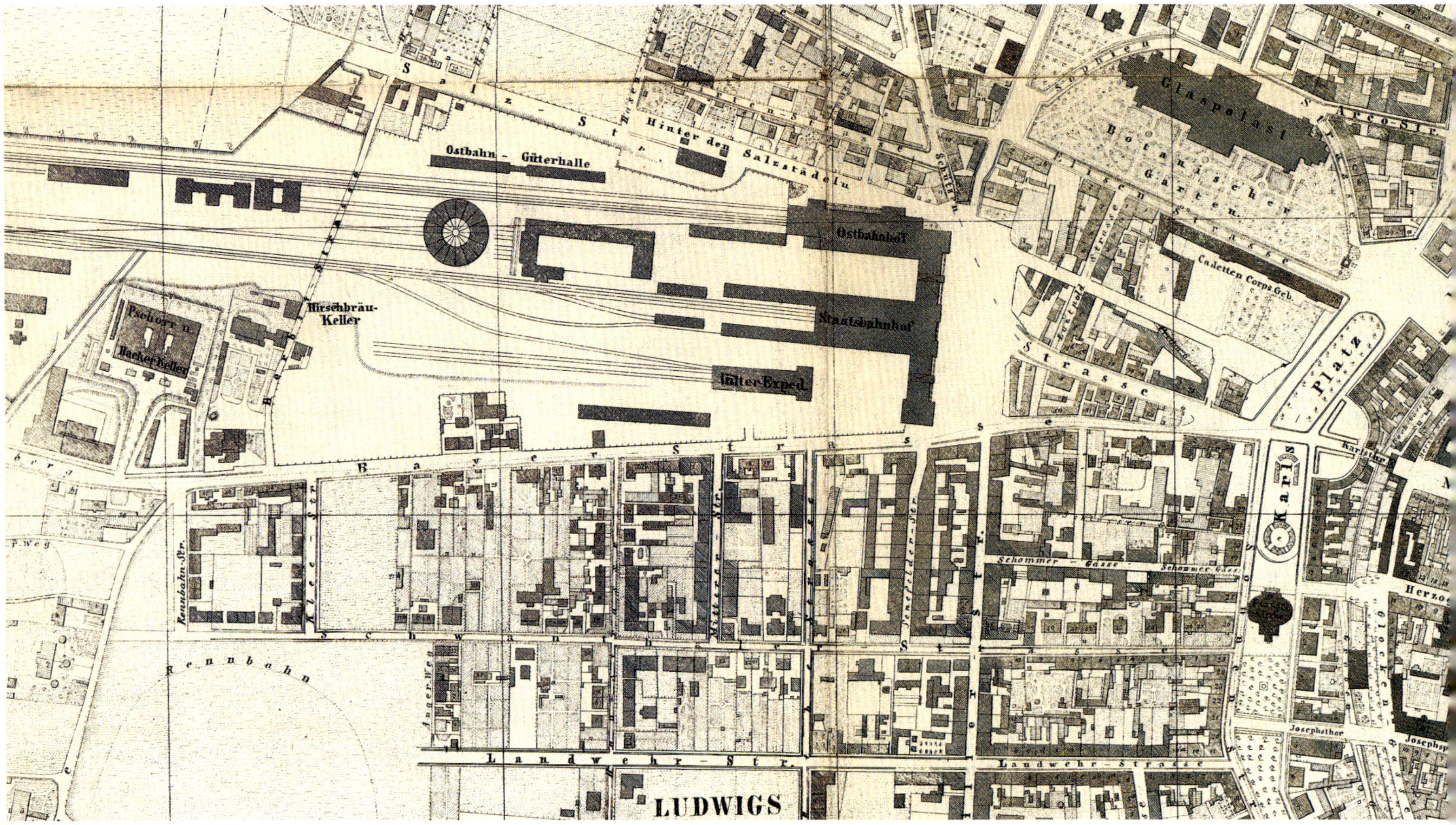

Situation der Herbststraße auf dem Stadtplan von 1863

Stadtplan von Mey & Widmayer
Private Sammlung

Bau der Hackerbrücke
1892

Verkehrsmuseum Nürnberg

Brücken über Gleisanlagen

Im Münchner Westend drohte der zunehmende Stadtverkehr an einem anderen Hindernis zu scheitern: an den Eisenbahnstrecken, die dieses neue Viertel wie ein eiserner Ring umgaben. Nach dem Bau der ersten Eisenbahnstrecke München – Augsburg entstanden sowohl rechts als auch links der Bahngleise verschiedene Großbetriebe wie die Maschinenfabrik Krauss, die Central-Werkstätte der bayerischen Staatsbahn rechts der Gleise oder die Fabrik Metzeler und mehrere Brauereikeller links davon. Daneben entwickelte sich das Westend zu einem typischen Arbeiterwohnviertel mit anfangs noch günstigen Mietpreisen für nach München zugezogene Arbeitskräfte. Mit dem Bau weiterer Eisenbahnstrecken und der Verbreiterung der Gleisanlagen am Hauptbahnhof wurde es noch schwieriger, die Eisenbahngleise zu überqueren. Sowohl für den Zulieferverkehr der Betriebe längs der Bahngleise als auch für die Bewohner auf beiden Seiten musste man daher eine sichere Möglichkeit zum Überqueren der Bahngleise schaffen.

Zur Überwindung dieses Hindernisses ließ die Generaldirektion der Kgl. Eisenbahngesellschaft im Jahr 1870 als Verlängerung der Herbststraße, also etwas östlich der heutigen Hackerbrücke, eine 145 m lange eiserne Fachwerkbrücke auf Granitpfeilern bauen. Diese Straßenbrücke für Fußgänger und Fuhrwerke war jedoch mit einer Breite von 8,50 m schon 20 Jahre später dem Verkehrsaufkommen nicht mehr gewachsen und wurde daher durch einen Neubau ersetzt. Unmittelbar neben der alten Herbststraßenbrücke entstand nach einem Musterentwurf von Ingenieuren der Bayerischen Staatsbahn in den Jahren 1891/92 ein bemerkenswerter Neubau: Mit ihrer fugenlosen Fahrbahnplatte aus Beton auf den drei Betongewölben und sechs Fachwerkbogenträgern aus Schweißeisen von je 29 m Stützweite bei einer Bogenhöhe von knapp 8 m stellte die neue „Hackerbrücke" nicht nur ein ästhetisch äußerst gelungenes Bauwerk dar, sondern auch ein sehr frühes Beispiel für eine Brückenkonstruktion in Beton-Stahl-Mischbauweise. [366]
Die Brückenfahrbahn war zwischen den Querträgern mit Holz gepflastert, über den drei Betongewölben aber mit Granit. Die Brückentrottoire wurden auf isolierter Unterlage aus Beton hergestellt. Die zur Brücke führenden Gehsteige ließ die kgl. Staatseisenbahn mit Großhesseloher Klinkern pflastern. [367]

Die neue Friedenheimer Brücke 1919 – zu dieser Zeit noch in fast unbebauter Landschaft.

Stadtarchiv München, Historisches Bildarchiv

Die Brückenbreite war allerdings einige Monate Diskussionsthema im Münchner Magistrat, denn der Forderung einiger Gemeindebevollmächtigter, die von der Bayerischen Staatsbahn vorgesehene Brückenbreite von ca. 10 m mit Gemeindezuschüssen auf etwa 13 m zu erhöhen, standen die Magistratsräte abwehrend gegenüber und verwiesen dabei auf die Maximiliansbrücke, die ja mit ihrer gegenwärtigen Breite ausreichend für Pferdebahn und allgemeinen Verkehr war. Dieses Verkehrsaufkommen sei bei der Hackerbrücke noch lange nicht zu erwarten! Der Generaldirektion der staatlichen Eisenbahnen dagegen einen so großen Zuschuss anzubieten, sei nachgerade gefährlich. Gerne aber würde man der Anregung folgen und für die neue Brücke eine starke Konstruktion verlangen, an der das Anbringen von Blendwerken möglich sei, sollte dies jemals nötig werden. [368]

Nach der Fertigstellung des Neubaus wurde die alte Herbststraßenbrücke abgebaut und weiter im Westen wieder aufgebaut. Sie diente nun als Überbrückung der Gleisanlagen für die Donnersbergerstraße bzw. die alte Verbindungsstraße von Sendling nach Neuhausen, die ebenfalls durch den Bau der Eisenbahngleise unterbrochen worden war und bis zum Aufbau der Brücke nur über einen einfachen Arbeitersteg überquert werden konnte. Damit wurde die alte Herbststraßenbrücke zum Vorgänger der modernen Donnersbergerbrücke, eine der am meisten befahrenen Brücken Europas. Bereits beim Wiederaufbau der alten Eisenbrücke war abzusehen, dass sie für den zu erwartenden Anstieg des Verkehrs auf der Donnersbergerstraße zu schmal sein würde. Beim Bau der Brückenpfeiler und Widerlager achtete man daher darauf, dass die alte Brückenkonstruktion bei Bedarf entfernt und durch eine Brücke mit 10 m Fahrbahnbreite und jeweils 3 m Gehsteigen ersetzt werden konnte.

Paul-Heyse-Unterführung um 1912. Für eine bessere Regulierung des Großstadtverkehr entstanden seit dem Ende des 19. Jahrhunderts auch Unterführungen, die im Gegensatz zu den darüberliegenden „Brücken" für die Eisenbahn von der Stadt unterhalten wurden.

Stadtarchiv München, Historisches Bildarchiv

Um das Gewicht der Bepflasterung zu vermindern, wurde als Fahrbahnbelag nicht mehr Granit verwendet, sondern nur Holz. Die ehemals hölzernen Trottoirbeläge wurden allerdings durch witterungsbeständige Monierplatten ersetzt. [369]

Auch die Friedenheimer Brücke hatte einen älteren Vorgängerbau aus der Zeit um 1900. Sie bestand aus zwei Betongewölben im Süden bzw. drei im Norden, die durch eine eiserne Brücke von 42,50 m Länge verbunden waren. Daneben entstanden im Auftrag der Kgl. Eisenbahndirektion bis 1904 zahlreiche Brücken aber auch Unterführungen: An der Landsberger Straße eine Überführung, um die Gleise der Güterverbindung Rangierhof Laim zum Südbahnhof und Mittersendling zu überbrücken sowie eine Überführung für Personenzüge zum Südbahnhof und Mittersendling (Landsberger Straße – Barthstraße). Zur Verlängerung der Ganghoferstraße eine Brücke über die zum Südbahnhof führenden Gleise, an der Lipowskystraße die Brücke zur Überführung der Theresienhöhe, eine Unterführung für die Fortsetzung der Forstenrieder Straße (Albert-Roßhaupter-Straße) als Ersatz für einen Bahnübergang, ebenso wie die Unterführung in der Westendstraße. [370]

Sowohl bei dem Bau der Donnersbergerbrücke als auch der Unterführung in der Landsberger Straße leistete die Stadt München Zuschüsse von 50.000 bzw. 60.000 Mark. Die Tunnelverbindung zwischen Heu- und Hasenstraße, die heutige Paul-Heyse-Unterführung mit einer Tunnelweite von je 10 m und 4 m lichter Höhe im Scheitel wurde vollständig von der Stadt finanziert. Die Trennung der beiden Fahrbahnen war durch die eisernen Zwischenpfeiler gegeben, die Beleuchtung des Tunnels erfolgte durch Lichtschächte. Zur besseren Verteilung des einfallenden Tageslichts wurden die Tunnelwände mit glasierten Wänden verkleidet. Um die komplizierten Besitzverhältnisse vor und unter den Brücken und den angrenzenden Grundstücken zu regeln, schlossen Bahn und Stadt 1904 einen Vertrag, der nicht nur Besitzansprüche und Unterhaltspflichten definierte, sondern auch weitere Arbeiten wie Straßenverbreiterung, Verlegung von Abwasserkanälen, Kabel- und Rohrverlegung. Sowohl Stadt als auch Eisenbahn erhielten dabei Nutzungsrechte am fremden Eigentum, Änderungen dieser Nutzung mussten von nun an in Absprache mit dem Eigentümer getroffen werden. [371]

Bauarbeiten und Richtfest an der Luitpoldbrücke 1891

Historisches Archiv der MAN AG Augsburg

Prinzregentenstraße und Luitpoldbrücke

Als vorläufig jüngste Isarbrücke im Zuge großer Stadterweiterungsmaßnahmen entstand 1891 die Luitpoldbrücke als Teil der letzten großen Prachtstraße Münchens, der Prinzregentenstraße. Trotz ihres Namens waren die Planungen zu dieser Straße nicht königlichen Ursprungs. Anstöße zum Bau einer weiteren Ausfallstraße auf die rechte Isarseite kamen 1885 von der Bayerischen Landesbank, eine Idee, die Bauunternehmer Jakob Heilmann 1889 wieder aufgriff und in seine stadtplanerischen Vorstellungen mit aufnahm. Da die projektierte Straße auch Grundstücke des Fiskus berührte, machte das Finanzministerium einen Grundstückstausch mit der Stadt von für den Fiskus äußerst vorteilhaften Bedingungen abhängig und gab bei dieser Gelegenheit auch gleich „Anstöße" zur Namensfindung; der Name „Prinzregentenstraße" war damit geboren.[372]

Die Luitpoldbrücke nach der Fertigstellung 1891

Historisches Archiv der MAN AG Augsburg

Blick in die Prinzregentenstraße um 1895. Im Hintergrund das Prinz-Carl-Palais.

Stadtarchiv München, Historisches Bildarchiv

Wie schon bei der Maximilianstraße führte die Straßentrasse über ein schwieriges Gelände, das durchzogen war von Stadtbächen und den künstlich angelegten Kanälen des königlichen Holzgartens. Seine ursprüngliche Funktion hatte der Holzgarten mit dem Bau der Eisenbahn zwar verloren und der Triftkanal war deshalb zusammen mit den meisten Nebenkanälen aufgelassen worden, der Holzgarten mit seinen Gräben bestand jedoch noch.[373] Im Gegensatz zu früheren Baumaßnahmen hatte nun das Stadtbauamt großen Einfluss auf die Gestaltung der Straße und ein erster Entwurf stammt daher von Arnold Zenetti aus dem Jahr 1888. Zenetti nahm dabei den Ausgangspunkt der Straße beim Prinz-Carl-Palais und ließ sie an der Isarpromenade enden.[374] Noch im Herbst 1888 wählte die Stadt jedoch einen Entwurf, der die Fortführung der Straße über die Isar hinweg vorsah und berücksichtigte damit Anträge aus der Bevölkerung, die schon länger eine weitere Brückenverbindung zwischen der Bogenhausener- und der Maximiliansbrücke gefordert hatte.[375]

Isarregulierung und Bau der Kaianlagen an der Widenmayerstraße 1893. Im Hintergrund die Luitpoldbrücke.

Stadtarchiv München, Historisches Bildarchiv

Da Prinzregent Luitpold die Kosten für den Bau der neuen Brücke übernehmen wollte, ging die Bauleitung diesmal nicht an den Stadtbaurat oder seinen dafür zuständigen Vertreter Frauenholz, sondern an die Oberste Baubehörde unter der Leitung von Max Ritter von Siebert, bzw. an Bauamtmann Max Sepp vom Kgl. Straßen- und Flussbauamt München und den Staatsbauassistenten Ludwig Freytag. [376] Angesichts der hohen Fließgeschwindigkeit des Flusses an dieser Stelle und des immer noch breiten Flussbettes entschied man sich für den Bau einer Eisenbrücke, die mit einem einzigen Bogen die Isar überspannen sollte. Nach den Plänen von Max von Siebert und den Berechnungen von Heinrich Gerber wurde daraufhin von der Maschinenbau-Actien-Gesellschaft Nürnberg eine Dreigelenk-Bogenbrücke als erste und einzige stählerne Bogenbrücke über die Isar gebaut.

An seinem 70. Geburtstag, dem 12. März 1891, übergab der Prinzregent seine großzügige Schenkung an die Stadt München. Da die Prinzregentenstraße noch nicht fertig gestellt war, stellte sie für den Verkehr zu diesem Zeitpunkt noch keine Ausweichmöglichkeit dar. Aber auch später erfüllte die Brücke die Hoffnungen vieler Münchner auf eine bessere Verkehrsanbindung nicht, denn auf der Prinzregentenbrücke waren noch im frühen 20. Jahrhundert nur Luxuskarossen und Kinderwagen zugelassen, Fuhrwerke mussten die Maximiliansbrücke benutzen. [377]

Überwölbung des Schwabinger Bachs vor dem Prinz-Carl-Palais für den Bau der Prinzregentenstraße 1890.

Stadtarchiv München, Historisches Bildarchiv

Straßenbrücke über den Eisbach in der Prinzregentenstraße.

Stadtarchiv München, Historisches Bildarchiv

Aufgrund der beschriebenen Geländeverhältnisse waren für den Bau der Prinzregentenstraße umfangreiche Brückenbauten nötig. Den Anfang machte der Eisbach (später umgetauft in Schwabinger Bach), der vor dem Prinz-Carl-Palais aufwändig überwölbt werden musste, um den großen freien Platz als Ausgangspunkt für die Prinzregentenstraße zu schaffen. Ab 1890 verlief der Eisbach in diesem Abschnitt in zwei großen, aus Ziegeln gemauerten Röhren und kam erst wieder im Englischen Garten an die Oberfläche. Im gleichen Jahr entstanden zur Weiterführung der Prinzregentenstraße die Brücken über den Stadtsägmühlbach und den Stadtmühlbach, die sich unter der Straße zum Eisbach vereinigen. Sichtbar ist heute nur die Brückenbrüstung am Eingang zum Englischen Garten. [378]

Die Stadt wächst zusammen 1899 –1914

Ein Hochwasser als Glücksfall?

Auf der Ludwigsbrücke und der Reichenbachbrücke waren die Verkehrsverhältnisse inzwischen so unbefriedigend, dass Bürger der Au zur Entlastung der beiden Brücken den Bau eines weiteren Isarübergangs forderten. Wie Pflastermeister Bernlocher im Januar 1885 in seinem Antrag „um Herstellung einer Brücke über die Isar in Verlängerung der Corneliusstraße und Fortsetzung dieser Straße bis zum Mariahilfplatz" betonte, ging es wieder einmal um das wirtschaftliche Wohl der Vorstadt Au. Deren Aufschwung und Gedeihen werde ganz wesentlich durch die ungünstigen Verkehrsverhältnisse behindert, denn die beiden vorhandenen Brücken lägen eine Viertelstunde Weges auseinander, an den beiden Endpunkten der Vorstadt. Der Mittelpunkt der Au jedoch, der Mariahilfplatz, sei ohne direkte Verbindung mit dem Mittelpunkt der Altstadt auf der anderen Isarseite, der Weg von einem Zentrum zum anderen käme einer kleinen Weltreise gleich. Für das aufstrebende Haidhausen gelte natürlich das Gleiche. Bereits bei der Herstellung des östlichen Teils der Corneliusstraße hatte man den Bau einer Brücke ins Auge gefasst, ein Plan der nun verwirklicht werden sollte. Um ihrer Forderung mehr Gewicht zu geben, hatten 288 Bürger aus unterschiedlichen Stadtteilen eine Petition unterschrieben, die den Brückenbau zum Ziel hatte. [379]

Bei einem Brückenbau in der Verlängerung der Corneliusstraße kamen auf die Stadt hohe Kosten zu. Die neue Brücke sollte über das südliche Ende der Kohleninsel und über das Muffatwehr geführt werden. Nicht nur der Brückenbau selbst, sondern auch die Änderungen und Umbauten am Flussgerinne und vor allem am Wehr würden daher in die Berechnungen mit einbezogen werden müssen. Diese Kosten aber – so jedenfalls die Ansicht der Antragsteller – seien durch die Möglichkeit, an der neuen Verkehrsverbindung Bauplätze zu verkaufen, gedeckt. [380] Der Magistrat der Stadt war jedoch eher geneigt, ein weiteres Projekt zu finanzieren, das Hermann Frauenholz im Stadtbauamt bereits ausführlicher untersucht hatte: die Verbreiterung der alten Brücke über die Große Isar und der Ludwigsbrücke sowie der Zweibrückenstraße als Zufahrtsstraße. Die alte Isarbrücke sollte bei dieser

Bild links
Blick auf die alte Innere Isarbrücke vor 1891
Ölgemälde von O. Strützel, 1889
Foto Deutsches Museum München

Bau der Inneren Ludwigsbrücke 1891
Baureferat

Gelegenheit auch tiefer gelegt werden, um ihre Fahrbahn auf gleiche Höhe mit der Ludwigsbrücke zu bringen. Wesentlich einfacher und vor allem dauerhafter als eine Tieferlegung des alten Bauwerks wurde schließlich ein Neubau der Brücke mit einem Betongewölbe über die Innere Isar eingeschätzt, der Magistrat entschied sich daher für diese Variante. Da man im Stadtbauamt für die zusätzliche Aufgabe keinen Ingenieur abstellen konnte, stellte man für Bauarbeiten an der Ludwigsbrücke für einige Monate sogar eine weitere Kraft ein. Der Bau einer neuen Brücke im Süden der Museumsinsel sollte einer unbestimmten Zukunft vorbehalten bleiben. [381]

Mit dieser Entscheidung des Magistrats waren die Anwohner nicht zufrieden. Diesmal wurden 1.307 Unterschriften gesammelt und in einem Begleitschreiben noch einmal eindringlich auf die katastrophalen Verkehrsverhältnisse auf den Brücken verwiesen: Die wirklichen Verkehrshindernisse seien nach dem Umbau der beiden Brücken die Zufahrtsstraßen in Haidhausen. In der Inneren Wiener Straße, in der Preysing- und Kellerstraße und in der ebenfalls sehr stark frequentierten Rosenheimer Straße stauten sich die Fuhrwerke. Zusätzlich belastet waren diese Straßen durch die Trambahnen, die angeblich alle drei Minuten hier fuhren und durch den Güterverkehr zum Ostbahnhof. Die Reichenbachbrücke konnte keine Entlastung bieten, denn sie würde in nächster Zeit einer umfangreichen Reparatur unterzogen werden müssen, eine neue Brücke über die Kohleninsel dagegen ließe sogar den Bau einer Notbrücke während der Reparaturarbeiten überflüssig werden. [382]

Für die erbosten Auer Bürger ließ der Magistrat den Werksteg am Muffatwehr als weiteren Fußgängerzugang zur Kohleninsel öffnen, [383] an den beiden Ludwigsbrücken begannen die Bauarbeiten. Um eine breitere Zufahrt zur Brücke zu ermöglichen, erfolgte als eine der ersten Maßnahmen der Abriss des Roten Turmwirtshauses an der Zweibrückenstraße, letzter Rest der ehemaligen Toreinfahrt am Brückenende. [384] Die Ludwigsbrücke wurde um etwa 7 m auf über 19 m verbreitert, wobei Pfeiler, Widerlager und Brückenbögen erneut aus Hausteinen gearbeitet wurden. Dabei musste allerdings die fünfte rechtsseitige Öffnung wegfallen, um für die Zeppelinstraße eine bessere Zufahrt schaffen zu können. [385]

Pylon an der Äußeren Ludwigsbrücke von Carl Hocheder.

Foto Pettendorfer Stadtarchiv München, Historisches Bildarchiv

Ausbesserung des Gewölbes der Äußeren Ludwigsbrücke.

Stadtarchiv München, Historisches Bildarchiv

Blick auf die beiden Ludwigsbrücken und die Ausstellungsgebäude der II. Kraft- und Arbeitsmaschinenausstellung 1898

Stadtarchiv München, Historisches Bildarchiv

Die entsprechend im Stadtbauamt entwickelter Pläne neu gebaute Innere Isarbrücke erhielt eine Breite von 18 m und überspannte ab dem 29. Oktober 1891 mit drei Öffnungen in Korbbogenform aus Beton die Große Isar. Die Verbreiterung der Ludwigsbrücke war am 21. September 1892 abgeschlossen. Die architektonische Gestaltung beider Brücken lag in den Händen Carl Hocheders, der dabei auch die Gestaltungselemente Klenzes an der äußeren Brücke leicht veränderte. Je zwei mit allegorischen Figuren geschmückte Pylone (Fischerei, Floßfahrt, Kunst und Industrie) am jeweiligen Brückenende fassten optisch die beiden Brücken zu einer Einheit zusammen, eine Einheit, die nun auch in der gemeinsamen Namensgebung Innere und Äußere Ludwigsbrücke ausgedrückt war. Eine weitere Neuheit galt ebenfalls für beide Brückenteile: Nach dem Wunsch des Kgl. bayerischen Kriegsministeriums wurden in beiden Brücken Sprengkammern eingebaut. [386]

Mit der Verbreiterung der beiden Ludwigsbrücken waren die chaotischen Verkehrsverhältnisse nur zum Teil beseitigt. Von allen Seiten trafen nun Anträge Münchner Bürger ein, die eine Erweiterung verschiedener Brücken oder den Bau neuer Flussübergänge wünschten. So war bereits im August 1889 der Antrag auf Erweiterung einer Brücke über den Auer Mühlbach nächst der Kupferhammer- und Bergstraße in Giesing eingegangen, da diese Brücke nicht nur zahlreiche Fuhrwerke, Bier- und Lastwagen passierten, sondern täglich „mindestens 300 Schulkinder" auf ihrem Weg zur Schule.
Als begleitende Baumaßnahme war auch die Erweiterung der Bergstraße bis zum Fuß des Berges wünschenswert. [387] Für die Ganghoferbrücke im Zug der Ganghoferstraße ging im Juni 1899 ein Antrag auf Erweiterung ein. Diese Brücke war mit einer Breite von 12 m erbaut worden, jedoch hatte hier der Fußgängerverkehr stark zugenommen und am 9. Juni gleichen Jahres war außerdem das Sicherheitsgeländer auf die Bahngleise hinuntergestürzt. [388]

Das Maximilianswerk in den Isaranlagen während des Hochwassers 1899.

Stadtarchiv München, Historisches Bildarchiv

Auch die Maximiliansbrücke, schon zur Zeit ihres Neubaus als zu schmal erkannt und inzwischen auch noch mit dem Ruf fraglicher Stabilität belastet, musste dringend erweitert werden, da mit dem Bau zahlreicher Mietshäuser im Haidhausener „Franzosenviertel" der Verkehr auf der Brücke bedeutend zugenommen hatte. Sowohl die Maximiliansbrücke als auch die Reichenbach- und die Wittelsbacherbrücke passierte nun die Straßenbahn, was zu zahlreichen Konflikten mit Fußgängern und Fuhrwerken führte. Für einen Neubau der Reichenbachbrücke stellte daher im Dezember 1898 die freie Vereinigung der XI., XII., XVI. und XVII. Stadtbezirke einen Antrag; dazu waren Anträge zur Erweiterung der Wittelsbacher- und der Geyerbrücke, die Straßenbrücke in der Kapuzinerstraße über den Großen Stadtbach eingegangen.[389] Der Magistrat stand diesen Wünschen grundsätzlich nicht ablehnend gegenüber, Baurat Zenetti hatte bereits die Verbreiterung zumindest der Maximiliansbrücke befürwortet. Trotzdem wollte man eine Entscheidung über die wichtigsten Baumaßnahmen noch aufschieben, da im Süden der Stadt ab der Wittelsbacherbrücke Maßnahmen zur Isarregulierung beabsichtigt waren und diese Baumaßnahmen die Flussbreite und damit auch die Länge der bestehenden und zukünftigen Brücken beeinflussen musste.[390]

Auf den drei städtischen Brücken, der Maximilians-, der Reichenbach- und der Wittelsbacherbrücke, ließ das Stadtbauamt „Frequenzzählungen" durchführen und stellte dabei fest, dass die Wittelsbacherbrücke am 13. Januar 1899 von 11.467 Fußgängern und 1.375 Fuhrwerken benutzt worden war, die Reichenbachbrücke von 27.970 Fußgängern und 1.186 Fuhrwerken und die Maximiliansbrücke von 13.433 Fußgängern und 2.518 Fuhrwerken. Die Trambahnen waren dabei noch nicht enthalten, für sie ist eine Zählung vom 26. November 1898 überliefert, die ergab, dass an diesem Tag 359 Trambahnen über die Wittelsbacherbrücke fuhren, 308 über die Reichenbachbrücke und 333 über die Maximiliansbrücke.[391] Damit war die Frage noch nicht gelöst, welche der Brücken nun zuerst erweitert oder neu gebaut werden sollte, die Maximiliansbrücke oder die Reichenbachbrücke, vielleicht aber auch eine zusätzliche Brücke über die Kohleninsel. Nach dem 13. September 1899 ergab sich jedoch eine völlig neue Situation, denn das gewaltige Hochwasser, das die Stadt in diesen Tagen heimsuchte, verursachte nicht nur an allen Senkbäumen und Wehren großen Schaden, sondern zerstörte auch zwei Isarbrücken. Damit waren völlig neue Voraussetzungen geschaffen und die Planungen mussten der neuen Situation angepasst werden.

Die am 13. September 1899 eingestürzte Bogenhausener Brücke nach dem Rückgang des Wasserspiegels.

Stadtarchiv München, Historisches Bildarchiv

Das unterspülte Widerlager der am 14. September 1899 eingestürzten Luitpoldbrücke.

Stadtarchiv München, Historisches Bildarchiv

Schiffsbrücke über die Isar

Postkarte
Stadtarchiv München, Historisches Bildarchiv

Das Münchner Brückenbauprogramm

Das Hochwasser von 1899 wurde für die folgenden Jahre als neuer Maßstab für alle Projekte im Bereich Brückenbau eingeführt, denn die gemessenen Wasserstände reichten zumindest in Münchenüber die bekannten Hochwassermarken hinaus. Nach zeitgenössischen Berichten war die Ursache für die Hochwasserkatastrophe eine längere Phase (sechs Tage) extremer Niederschläge, heute mit dem Begriff „Starkregen" bezeichnet, der während der ersten Tage im Gebirge als Schnee niederging, nach einem deutlichen Temperaturanstieg als Regen. Schneeschmelze und weitere schwere Niederschläge – an der Isar wurden Niederschlagsmengen von 95 mm gemessen, an der Salzach 168 mm und an der Saalach sogar 242 mm – führten zu einem Ansteigen der Wasserstände in München um etwa 4 m (bei der Bogenhausener Brücke angeblich sogar um 5,5 m). [392]

Wie bei jedem Hochwasser verschärfte das von der Isar mitgeführte Treibholz die Situation, denn durch Anlagerungen vor Wehren und Brücken staute sich das Wasser. An den Thalkirchner Überfällen entstand auf diese Weise ein Querriegel, der das Wasser bis über die dort gebauten Dämme steigen ließ und die Isarebene bei Thalkirchen samt der neuen Lände bei Maria Einsiedel in einen See verwandelte. Der Gewalt des Wassers fielen am 13. September auch die Eisenbrücke bei Bogenhausen und einen Tag später die erst vor einigen Jahren erbaute Luitpoldbrücke zum Opfer – Letztere, weil ihre Widerlager unterspült wurden. Im Gegensatz zu der Brückenkatastrophe von 1813 gab es glücklicherweise keine Todesopfer, alle Schaulustigen konnten rechtzeitig die Brücken verlassen. An zahlreichen anderen Stellen verursachte das Hochwasser Uferabbrüche und Unterspülungen. Der Dreimühlensenkbaum und das Überfallwehr bei Thalkirchen waren stark beschädigt und funktionslos, die Stadtbäche lagen damit trocken, die Abweisvorrichtungen für die Floßgasse bei Hinterbrühl waren zerstört. Als erste Maßnahme nach dem Sinken des Wasserspiegels genehmigten beide Gemeindekollegien auf einer Sitzung am 18. September die Aufnahme eines Kredits in Höhe von 250.000 Mark, im November, als der Umfang dringend notwendiger Baumaßnahmen bekannt geworden war, eine Erhöhung des Kredits auf 752.000 Mark. Angesichts der Fülle an Aufgaben wie die Wiederherstellung von Senkbäumen und Wühren, dazu der Bau zweier Notbrücken, um das nach dem Brückeneinsturz im Norden der Stadt entstandene Verkehrschaos

Bau der Notbrücke bei Bogenhausen 1899

Stadtarchiv München, Historisches Bildarchiv

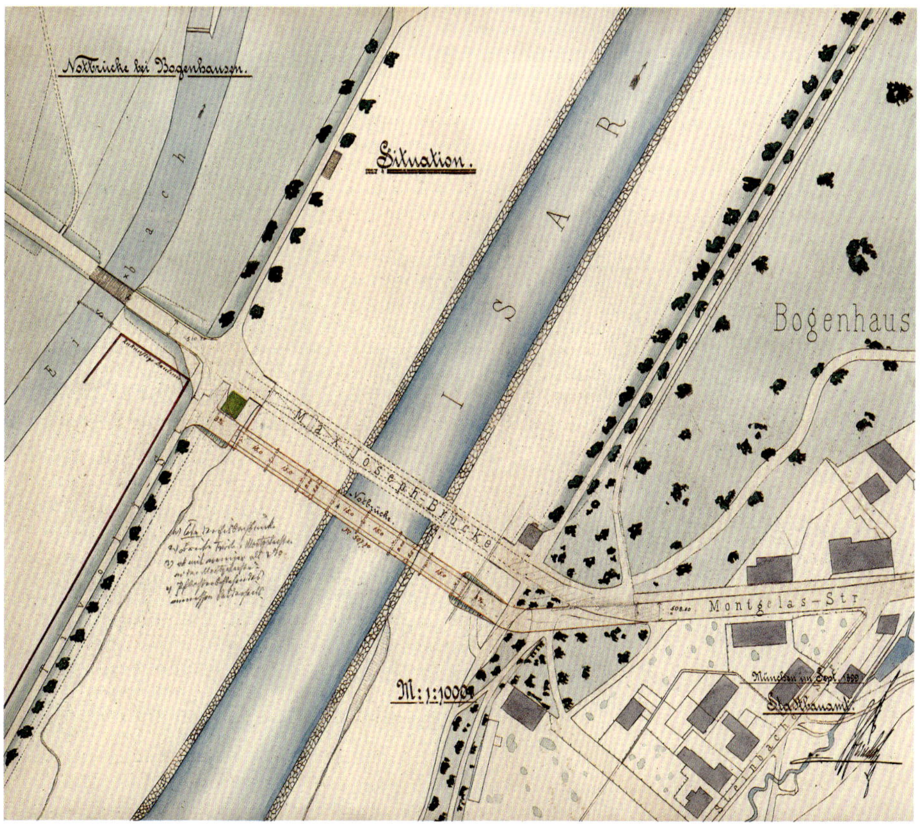

Lageplan der Notbrücke

Stadtarchiv München

wenigstens einigermaßen zu beheben, fehlte es der Stadt an Arbeitskräften. Bürgermeister Wilhelm von Borscht richtete daher einen Hilferuf an verschiedene Militäreinheiten und ersuchte um Abstellung einiger Pioniere und eines Eisenbahnbataillons für die vordringlichsten Arbeiten. [393]

Die K.B. Inspektion des Ingenieur-Corps und der Festungen stellte dem Magistrat daraufhin Pioniere zur Verfügung, die diese dringend erforderlichen Arbeiten auf Kosten des Magistrats, aber als Teil ihrer Ausbildung durchführten: Sie errichteten ein Schutzwehr aus T-Trägern am Einlasskanal in die Zentrallände bei Maria Einsiedel und reparierten das Wehr bei Thalkirchen. [394] Den Bau einer als Ersatz für die Prinzregentenbrücke gedachten „Kolonnenbrücke" übernahmen schließlich zwei Privatunternehmer. Die solide Behelfsbrücke bei Bogenhausen wollte das Eisenbahn-Bataillon bauen, für die Arbeiten in Bogenhausen war allerdings eine Arbeitszeit von mindestens einem halben Monat zu erwarten, wobei auch noch die Holzlieferungen abgewartet werden mussten. [395] Als vorübergehende Lösung bauten Pioniere daher eine Pontonbrücke nach einem Entwurf des Stadtbauamts und bereits

Erste der Isarbrücken aus dem großen Brückenbauprogramm nach der Hochwasserkatastrophe: die neue Luitpoldbrücke mit den Luitpoldterrassen und dem Friedensengel.

Architekturmuseum der TU München

am 23. September konnte die Brücke dem Verkehr übergeben werden. Die Bogenhausener mussten bei der fertig gestellten Pontonbrücke Einschränkungen in Kauf nehmen, denn sie durfte nach den polizeilichen Vorschriften nur von Fußgängern, einzelnen Reitern und Fuhrwerken mit bis zu 25 Zentner Gewicht benutzt werden. Fußgänger hatten rechts zu gehen, Stehenbleiben war ebenso verboten wie das Verlassen der Brückendecke. Reiter hatten abzusitzen und das Pferd über die Brücke zu führen, Fuhrwerke auf jeden Fall die Brückenmitte einzuhalten. Sobald sich ein Wagen auf der Brücke befand, durfte kein zweiter Wagen auf die Brücke fahren. Von abends 7 Uhr bis morgens 5 Uhr sowie an Sonn- und Feiertagen war die Brücke für den Fuhrverkehr gesperrt. [396]

In der Zwischenzeit arbeitete das Kgl. Eisenbahn-Bataillon an der Notbrücke oberhalb der alten Bogenhausener Brücke: Bei einer Länge von 117 m mit acht je 15 m voneinander abstehenden Pfeilern mit verstrebten Sattelhölzern und einer Fahrbahnbreite von fünfeinhalb Metern sowie Gehsteigen von fast 2 m war diese Notbrücke für einen längeren Zeitraum ausgelegt. Die Fahrbahn wurde außerdem mit Granitsteinen gepflastert, die Trottoire mit Klinkersteinen belegt. Auch für die zerstörte Luitpoldbrücke diente schließlich ein Notsteg als Ersatz. Er war 68,2 m lang, 3 m breit und bestand aus fünf Holzpfeilern aus je vier eingerammten Pfählen, die Längsträger ruhten auf Sattelhölzern mit Streben. [397]

Auch wenn gegen Ende des Jahres 1899 die beiden Erhardtbrücken an der Museumsinsel für den allgemeinen Verkehr geöffnet wurden und damit eine leichte Entspannung der Verkehrslage eintrat, mussten doch längerfristige Lösungen für eine bessere Verkehrsverbindung zwischen rechtem und linkem Isarufer gefunden werden. [398] Fast sofort nach dem Einsturz der Luitpoldbrücke hatte sich Prinzregent Luitpold bereit erklärt, auch den Neubau zu finanzieren. Aus den ihm vorgelegten Entwürfen entschied sich der Prinzregent für einen Vorschlag der Firma Sager & Wörner bzw.

des Architekten und Leiters des Münchner Stadterweiterungsbüros Theodor Fischer, der entsprechend der Vorgaben auch die Einbindung der Brücke in die bereits vorhandenen Luitpoldterrassen mit dem Friedensengel zur Zufriedenheit des Auftraggebers löste. Die ingenieurtechnischen Arbeiten stammen aus dem Büro der mit dem Bau beauftragten Firma, d. h. von Bernhard Wörner und Hans Grüb, die Bauleitung lag bei der Obersten Baubehörde. [399]

Für den Brückenneubau war vor allem sicherzustellen, dass nicht eines der kommenden Hochwasser die Brückenwiderlager erneut unterspülte und die Brücke zum Einsturz brachte. Um den Abflussquerschnitt im Fluss zu erhöhen, wurde das Flussprofil an der neuen Brücke beträchtlich erweitert, wobei die Abflussmengen des Hochwassers von 1899 zugrunde gelegt wurden. Durch Bohrungen ermittelte man außerdem die Tragfähigkeit des Untergrundes, beim Bau der Widerlager achtete man darauf, den Druck durch die Verbreiterung der Fundamente parallel zur Stromrichtung auf eine größere Fläche zu verteilen. Wie schon bei der Eisenbrücke sollte erneut ein einziger Bogen mit einer Stützweite von 63 m die Isar überspannen, nun jedoch aus massivem Muschelkalk in Verbindung mit drei Gelenkeinlagen aus Stahl. Die Nutzbreite der Brücke war auf 17 m berechnet, Überlegungen, sie breiter auszulegen, scheiterten an finanziellen Einschränkungen. [400]
In einer sehr kurzen Bauzeit von 13 Monaten konnte die neue Brücke fertig gestellt werden und am 29. September 1901 übergab sie Prinzregent Luitpold der Stadt München. Die 1903 vollendete Ausschmückung der Brücke mit allegorischen Repräsentanten der Stämme Bayerns machte das Bauwerk schließlich zum Symbol der im Königreich vereinten vier Stämme Bayern, Schwaben, Pfalz und Franken. [401]

Dank der Großzügigkeit des Prinzregenten war die Finanzierung der Luitpoldbrücke gesichert und damit auch der Entschluss zum Wiederaufbau der Brücke schnell gefasst. Weniger rasch fielen dagegen die Entscheidungen für die übrigen, dringend nötigen Projekte, die bereits mehrere Jahre diskutiert worden waren. Es musste nicht nur ein Beschluss über den Neubau der Bogenhausener Brücke, der Max-Joseph-Brücke gefällt werden, sondern auch über die Erneuerung oder den Neubau der übrigen, von den betroffenen Bürgern dringend geforderten Brückenverbindungen über die Isar. Für die zukünftige Bebauung der Museumsinsel, die frühere Kohleninsel, Standort einer weiteren geplanten Brückenverbindung in die Au, war inzwischen ein Wettbewerb ausgeschrieben, dessen Ergebnisse erst abgewartet werden mussten, bevor Entscheidungen über den Brückenbau getroffen werden konnten. In Bogenhausen würde die Notbrücke noch einige Jahre ihre Dienste tun und bei der baufälligen Reichenbachbrücke – die das Hochwasser 1899 zum Erstaunen von allen überstanden hatte – war der Überbau erneuert und einige Pfeiler verstärkt worden, es konnte wieder abgewartet werden. [402]

Im Dezember 1900 meldete sich daher die Freie Vereinigung des 16./17. Stadtbezirks und des 2. Stadtbezirks zu Wort und rügte die für München im Vergleich mit anderen Städten so ärmlichen Brückenverbindungen. Unter Berufung auf den großen Förderer Münchens und Befürworter eines Brückenübergangs an dieser Stelle, Ludwig I., plädierte die Vereinigung der Stadtbezirke für die neue Corneliusbrücke als eine notwendige Reaktion auf die Ausdehnung der Stadt auch nach Osten, unter anderem in Gestalt des neuen Ostbahnhofs. Unter Verweis auf die schon länger zurückliegenden Planungen des Stadtbauamts zu einem neuen „Brückenschlag" in die Au und verbunden mit einer deutlichen Rüge das immer noch ausstehende Projekt einer Isarregulierung betreffend, zählte man noch einmal alle Fußgänger und Fuhrwerke, die täglich die Brücken passierten. Wie zu erwarten waren die Zahlen noch einmal dramatisch gestiegen, auch deshalb, weil die südlich der Ohlmüllerstraße gelegene Au „im Ausbau begriffen" war und die „Regulierung der Nockherstraße wiederum neue Zufahrtsstraßen aufschließen wird". [403]

Wie die Vereinigung selbst zugeben musste, verhielten sich Magistrat und Stadtbauamt keineswegs so ablehnend gegenüber dem „Aschenbrödel" Au, wie dies gerne dargestellt wurde. Immerhin war der Entwicklung der Hochau zu einem weiteren Stadtteil mit Schulen und regem Wohnungsbau Rechnung getragen mit dem geplanten Ausbau der Nockherstraße (durchgeführt 1904/05) und der Anlage einer neuen West-Ostverbindung, der Gebsattelstraße, die gerade ausgeschachtet wurde.

Zur Weiterführung der alten Süd-Nordverbindung, der Hochstraße über den neuen Straßenzug diente die 1901 gebaute Gebsattelhochbrücke. Dieser Straßenzug begründe eine „neue Ära in der Entwicklung der Au"– so die überschwängliche Meinung. Sollte sich diese „nicht am Damenwirtshaus totlaufen, müsste in der Fortsetzung der Schwaigerstraße und mittels der Corneliusbrücke das linksseitige Ufer erreicht werden". Unterstützt wurde der Antrag für den Bau der schon lange geplanten Brücke durch eine Anlage mit 405 Unterschriften. [404]

Abgesehen von der Tatsache, dass die Auer mit ihren Forderungen bei der Stadt grundsätzlich auf Verständnis stießen – auch der Leiter des Stadterweiterungsbüros Theodor Fischer sah eine Brücke als Verlängerung der Corneliusstraße in die Au vor –, [405] hatte das Stadtbauamt bzw. die Abteilung Brückenbau bereits weitere Brückenverbindungen in Erwägung gezogen. So legte Ferdinand Norkauer im Dezember 1900 den Kostenvoranschlag für eine neue Brückenverbindung zwischen Thalkirchen und dem Giesinger Unterfeld, die jetzige Thalkirchner Brücke, vor, denn eine neue Isarbrücke war Bestandteil des Eingemeindungsvertrages mit der Gemeinde Thalkirchen. [406] Obwohl Norkauer für die Brücke eine kostengünstige Fichtenholzvariante vorsah, waren für die Anbindung der Brücke an eine Straße noch weitere Betonbrücken über den Maria-Einsiedelbach und zur Unterführung der von Süden nach Norden verlaufenden Ländstraße nötig. Die Kosten für diesen Brückenbau betrugen nach Norkauers Berechnungen bereits 254.760 Mark – ein gewisses Zögern bei der Finanzierung neuer Isarbrücken scheint daher verständlich. [407] Auch für die neue Corneliusbrücke als Holzbrücke entstanden Pläne im Stadtbauamt. Als Vorbereitung für die bevorstehenden Baumaßnahmen an der Reichenbachbrücke erstellte das Stadtbauamt außerdem Pläne zur Herstellung einer Notbrücke an der Fraunhoferstraße, die nicht nur Fußgänger und Lieferverkehr zu bewältigen hatte, sondern auch Straßenbahnschienen aufnehmen musste. [408]

Das Kollegium der Gemeindebevollmächtigten plädierte mittlerweile für einen Neubau sowohl der Reichenbachbrücke als auch der Corneliusbrücke mit Massivgewölben, eine Konzeption, der sich das Magistratskollegium im März 1901 anschloss. An mehrere Baufirmen erging daraufhin die Aufforderung, ihre Angebote für den Bau dieser zwei Brücken abzugeben. Nach Prüfung der eingegangenen Angebote entschied sich der Magistrat für die Vorschläge der Firma Sager & Wörner, die bereits mit dem Bau der Luitpoldbrücke beauftragt war und sowohl kostengünstige als auch stabile Modelle vorgeschlagen hatte. [409] Kurz nachdem die Firma den Zuschlag erhielt, unterbreitete sie der Stadt das Angebot zu einem kompletten „Brückenbauprogramm" bzw. zum Neubau von insgesamt fünf Brücken.

Für den Bau der neuen Luitpoldbrücke hatte die Firma sämtliche für den Bau benötigten Maschinen und Gerüste nach München gebracht. Könnte man nun sowohl Geräte als auch Lehrgerüste mehrmals nutzen, dazu auch die angelernte Arbeiterschaft weiterverwenden, würde das allein schon für den Auftraggeber eine bedeutende Kostenersparnis bedeuten. Wie aus dem Angebot ersichtlich wurde, hatte sich die in Aschaffenburg beheimatete Firma mit den lokalen Verhältnissen und stadtplanerischen Überlegungen vertraut gemacht. Mit enthalten im Angebot waren daher Unterlagen zu den Projekten Bogenhausener-, Wittelsbacher- und Thalkirchner Brücke. Besonders preisgünstig wurde das „Gesamtpaket" durch die Verwendung eines einzigen Brückenmodells für alle Bauten und eines mehrfachen Einsatzes der für den Stadtverkehr unverzichtbaren Notbrücken. Verlockend war dazu auch der enge Zeitplan, den Sager & Wörner aufstellte.

Die Münchner Isarbrücken 1903
Gemälde von Hans von Bartels für die Firma Sager & Wörner

Foto Münchner Stadtmuseum

Man wollte sich dabei isaraufwärts vorarbeiten: Noch in diesem Herbst 1901, falls sich der Magistrat rasch entschied, würde man mit der Max-Joseph-Brücke in Bogenhausen beginnen und bis zum kommenden Sommer die Brücke fertig stellen. Die dabei entbehrlich gewordene Notbrücke würde während des Baus der neuen Reichenbachbrücke eingesetzt werden, falls die alte Brücke nicht auf Pfahljochen verschoben werden könnte. Im Herbst 1902 bis Sommer 1903 würden dann die Reichenbach- und Corneliusbrücke erbaut werden, die alte Bogenhausener Brücke in den Jahren 1903 und 1904 als Notbrücke für Um- oder Neubau der Wittelsbacherbrücke dienen, wobei ein Umbau jedoch wenig zweckmäßig erscheine. Vielmehr würde dann diese Eisenbrücke nach Thalkirchen versetzt werden, um dort einen neuen, zwar schmalen, aber für die dortigen Anforderungen durchaus ausreichenden Isarübergang zu schaffen. Auch die Maximiliansbrücke, fast schon unmittelbar nach ihrem Bau ein Verkehrshindernis und inzwischen durch Unterspülung der Pfahlroste in sehr schlechtem Zustand, vergaß man nicht und bot eine Verbreiterung und alternativ einen Neubau an. Als Gesamtkosten wurden zwischen viereinhalb und fünf Millionen Mark veranschlagt, wobei drei Modelle zur Auswahl standen: a) die Brücke aus Muschelkalkstein, die Fahrbahn mit Granitsteinen oder b) der Brückenbogen aus Stampfbeton mit Muschelkalkverkleidung, der Rest wie oben und schließlich c) die Brücke ganz aus Beton, die Fahrbahn makadamisiert. [410]

Diesmal traf der Magistrat eine rasche Entscheidung, denn mit diesem zwar umfangreichen, aber auch kostengünstigen Programm konnten seit langem diskutierte Probleme behoben werden. Der preiswerte Bau von Eisenbrücken wurde abgelehnt, da Eisenbrücken nach Sachverständigen-Gutachten nur geringe Haltbarkeit zeigten, dafür aber einen erhöhten Unterhalt erforderten. Außerdem „beeinflussen (sie) das landschaftliche Bild der Umgebung der Isar negativ". In der Sitzung beider Gemeindekollegien am 18. Juli 1901 erhielt die Firma Sager & Wörner den Zuschlag für den Bau der Brücken, und zwar Bogenhausener Brücke und Maximiliansbrücke in Massivbauweise, die Corneliusbrücke in Massivbauweise bzw. die kleineren Bögen über die Äußere Isar aus Stampfbeton, Reichenbach- und Wittelsbacherbrücke ganz aus Beton. Die alte Wittelsbacherbrücke war trotz aller Vorbehalte gegen Eisenbrücken für eine Versetzung nach Thalkirchen in die Nähe des Südbahnhofs vorgesehen, um dort einen neuen Isarübergang zu schaffen. Die für diese Brücke nötigen Nebenarbeiten vergab der Magistrat ebenfalls an Sager & Wörner. [411] Allen neuen Brückenprojekten gemeinsam war das zuerst in Deutschland von Koch (1887) bzw. Leibrand (1890) angewandte System des Dreigelenkbogens.

Die Tatsache, dass hier sechs Brücken in der neuen Bauweise entstanden, war ebenso sensationell wie die Entscheidung des Magistrats zur Finanzierung dieses gewaltigen Brückenbauprogramms überhaupt. Gleichzeitig mit dem Brückenbau beschloss der Magistrat den unumgänglichen Neubau des Muffatwehres sowie der Uferschutzbauten, deren Vergabe vorerst noch nicht festgelegt war, schließlich zum größten Teil jedoch auch von Sager & Wörner durchgeführt wurden. [412]

Während sich die Vorstände bürgerlicher Interessensgruppen noch freudig bedankten, dass nun diesbezüglichen Wünschen der Bevölkerung Rechnung getragen war, trafen von anderer Seite die ersten Beschwerden ein. [413] Bei der gerade im Baugewerbe herrschenden angespannten Auftragslage [414] hatten viele Firmen gehofft, an dem großen Brückenbauprojekt der Stadt auf dem Weg der Submissionsvergabe an einzelnen Bauabschnitten beteiligt zu werden, eine Hoffnung, die offensichtlich von den Auftraggebern geschürt worden war. Um nicht in den Ruf der Benachteiligung Münchner Wirtschaftsbetriebe zu kommen, rettete sich der Magistrat mit dem Hinweis, Ufer- und Wehrbauten in Submission vergeben zu wollen. Dies nun brachte wieder Sager & Wörner auf, die der Meinung gewesen waren, mit allen Bauprojekten beauftragt zu sein und dazu bereits hydrogeologische Gutachten hatten anfertigen lassen, „um unter allen Umständen sichere und widerstandsfähige Anlagen herstellen zu können". [415]

Für die Münchner Arbeiterschaft, die zu einem großen Teil in dem für München so wichtigen Baugewerbe tätig war, stellten die Brückenbauprojekte eine Chance zur längerfristigen Beschäftigung dar: Immerhin waren bei den Arbeiten an einer Brücke zeitweise 600 Menschen beschäftigt. [416] Bereits mit dem Vertragsabschluss hatte der Münchner Magistrat dafür gesorgt, dass bei den Baumaßnahmen vor allem Münchner Arbeiter beschäftigt wurden, denn diese Bedingung war Teil des Vertrages mit Sager & Wörner ebenso wie die Verlegung des Firmensitzes nach München. Nichtansässige Arbeiter sollten nur für Arbeiten akzeptiert werden, für die ortsansässige nicht geschult waren. Ausländische Arbeiter waren abzulehnen, womit besonders die böhmischen und italienischen Arbeiter gemeint waren. Ein Jahr später entstand allerdings das Gerücht, ortsansässige Arbeitsuchende würden von der Firma grundsätzlich abgelehnt. Ihren Maschinenpark hatte die Firma zwar ebenfalls nach München transferiert, sollten aber Neuanschaffungen nötig werden, waren diese Maschinen sowie das Material von in München ansässigen Firmen zu beziehen. Auch die Transferierung der Eisenteile der Wittelsbacherbrücke war an ein hiesiges Geschäft zu vergeben. [417] Welchen Stellenwert das Bauprojekt in München einnahm lässt sich auch an einer Eingabe der Fuhrwerks-Innung ersehen, die darum bat, ihre Mitglieder an den Arbeiten zu beteiligen. [418]

Für die inzwischen im Stadtbauamt als eigene Sparte B etablierte „Abteilung für Wasser- und Brückenbau" mit ihrem Leiter Hermann Frauenholz begannen mit dem städtischen Brückenbauprogramm Jahre intensivster Tätigkeit, denn neben den Isarbrücken sollten die dazugehörigen Uferschutzbauten entstehen und der Neubau des Muffatwehrs in die Wege geleitet werden. [419]
Bei allen diesen Großbauprojekten lag die Bauleitung in den Händen dieser Abteilung, die sich darüber hinaus neben den alltäglichen Aufgaben an Isar und Stadtbächen auch noch mit dem Neubau der Wasserversorgungsanlage und mit der noch nicht in Angriff genommenen Isarregulierung im Süden Münchens befasste. [420] Wie das Brückenbauprogramm war die Herstellung der Isarufermauern eine Folge des Hochwassers von 1899, denn die alten Ufermauern oder Dämme waren an vielen Stellen unterspült und eingestürzt, an anderen Stellen waren noch keine Ufermauern ausgeführt. In den Jahren 1900 bis 1904 entstanden daher die linksseitigen Ufermauern von der Liebigstraße bis zum alten Burgfrieden der Stadt oberhalb der Bogenhausener Brücke, rechts der Isar die Ufermauern vom Wehr unterhalb der Maximiliansbrücke bis nördlich der Luitpoldbrücke sowie die Ufermauern zwischen Corneliusbrücke und Ludwigsbrücke an beiden Armen der Isar. [421]
Damit war die Kaianlage im Stadtgebiet vollendet.

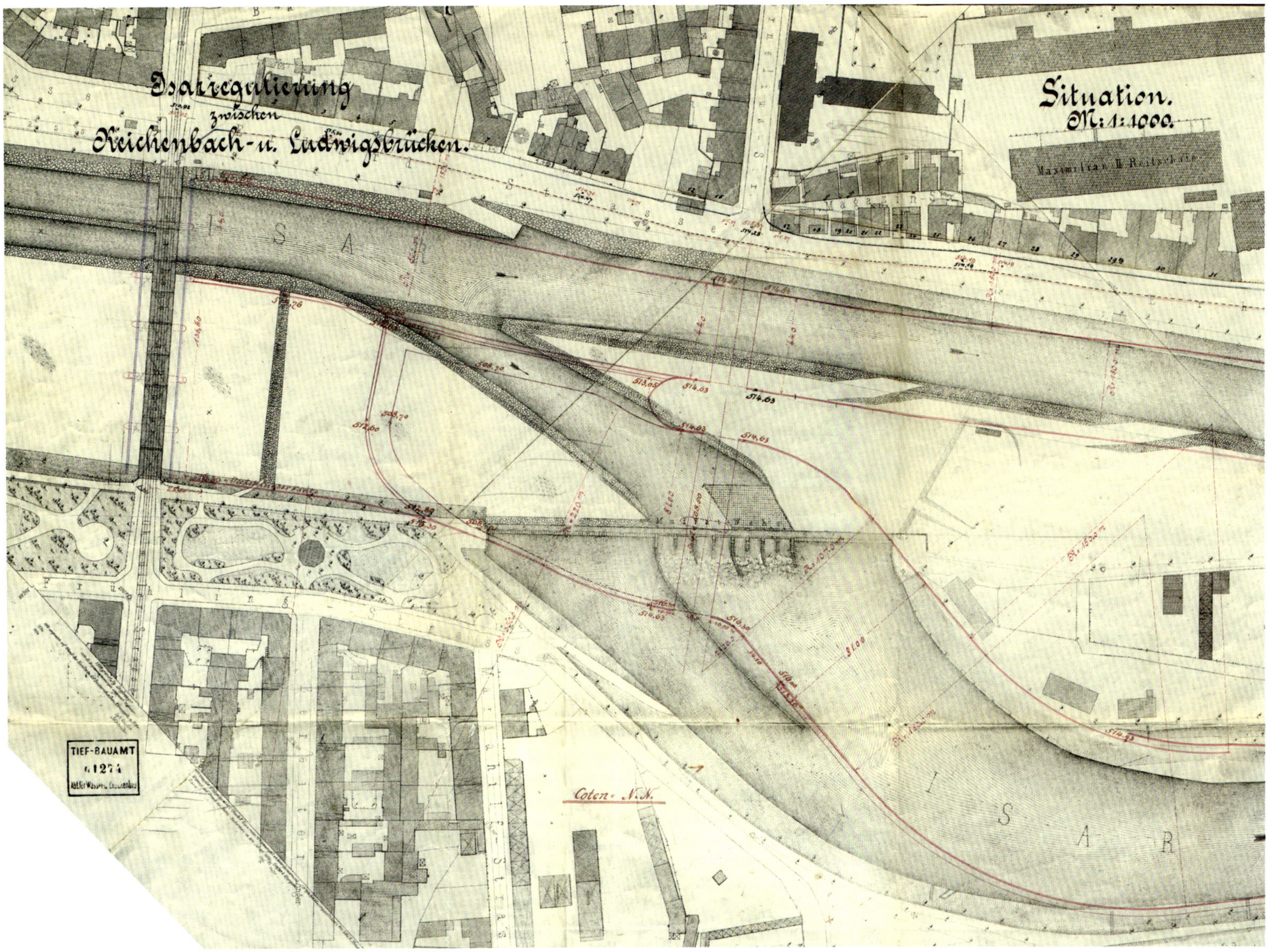

Isarregulierung zwischen Reichenbach- und Ludwigsbrücke für den Bau der Corneliusbrücke

Plan von 1901
Baureferat

Das Muffatwehr oberhalb der Kohleninsel erfüllte auch noch nach dem Hochwasser von 1899 seinen Zweck, stand jedoch in der Flucht der neuen Corneliusbrücke und musste deshalb abgerissen werden. Der Neubau des Wehres sollte im Flusslauf keine Veränderungen bringen, um das Stadtbild an der Kohleninsel zu erhalten. Auch hatte sich während des Hochwassers gezeigt, dass der rechte Isararm für den Ablauf des Wassers dringend benötigt wurde. Überlegungen in den 90er Jahren, den rechten Isaram ganz aufzugeben und die gesamte Wassermenge der Isar in den linken Arm zu leiten, waren glücklicherweise nach dem Einspruch von Prinz Ludwig, dem späteren König Ludwig III., nicht weiterverfolgt worden und für die Zukunft sollte die Kleine Isar den Münchnern erhalten bleiben. Das neue Wehr, das Corneliuswehr, entstand etwa zeitgleich mit dem Bau der Corneliusbrücke in den Jahren 1901 und 1902 als Streich- und Überfallwehr zwischen dem westlichen Hauptpfeiler der neuen Reichenbachbrücke und dem Hauptpfeiler der Corneliusbrücke.[422]

Die neue Max-Joseph-Brücke, fertig gestellt 1902.

Architekturmuseum der TU München

Fußgängerunterführung im Widerlager der Brücke.

Architekturmuseum der TU München

Gebaut für die Spaziergänger in den Isaranlagen: Wege und Unterführungen an der neuen Max-Joseph-Brücke um 1905.

Stadtarchiv München, Historisches Bildarchiv

Wie geplant begannen die Arbeiten an einem der größten Bauunternehmen in der Geschichte Münchens bei Bogenhausen und wie vorgesehen im November 1901. Als Standort für die neue Max-Joseph-Brücke wurde die alte Brückenachse beibehalten und nur die Flügel an die Profile bzw. Böschungen der Isar angepasst. Der für diese Brücke zuständige Architekt war Theodor Fischer, während die statischen Berechnungen für alle Brücken wohl Hans Grüb von Sager & Wörner durchführte. [423] Die Bauarbeiten verliefen ohne Zwischenfälle und nach einer Bauzeit von nur 200 Tagen konnte die Brücke, ein aus Muschelkalkstein gefertigter Dreigelenkbogen mit Stahlgelenken in der beachtlichen Weite von 64 m, einer Fahrbahnbreite von 12 m und Gehsteigen mit jeweils 3 m am 1. September 1902 dem Verkehr übergeben werden. Im Gegensatz zu den anderen Brücken stand die Max-Joseph-Brücke frei in der ungefassten Uferböschung in einer damals noch ländlichen und unbebauten Umgebung. Dementsprechend schlicht hielt Theodor Fischer die Gestaltung dieser vorrangig für den Lieferverkehr gebauten Brücke: Er verzichtete auf eine geschlossene Steinverkleidung der seitlichen Wangen, wodurch die Betonpfeiler der Fahrbahn sichtbar blieben. Verzierungen waren auf allegorische Darstellungen der vier Elemente auf den Widerlagern und zwei Münchner Kindl auf den Mittelgelenken beschränkt. [424] Als eine Neuheit zumindest bei Brückenbauten kann übrigens der Einbau einer öffentlichen WC-Anlage im linken Widerlager gelten, ganz im Sinne der Stadt, die für diese nützlichen Einrichtungen sogar eine größere Summe im jährlichen Haushaltsplan vorsah. [425]
Der Einbau einer Fußgängerunterführung sowohl im westlichen als auch im östlichen Widerlager der Brücke dagegen diente den Spaziergängern in den vorerst nur rechts der Isar gestalteten Isaranlagen als Weiterführung der von Maximilian II. initiierten Gasteig- und Maximiliansanlagen. [426]

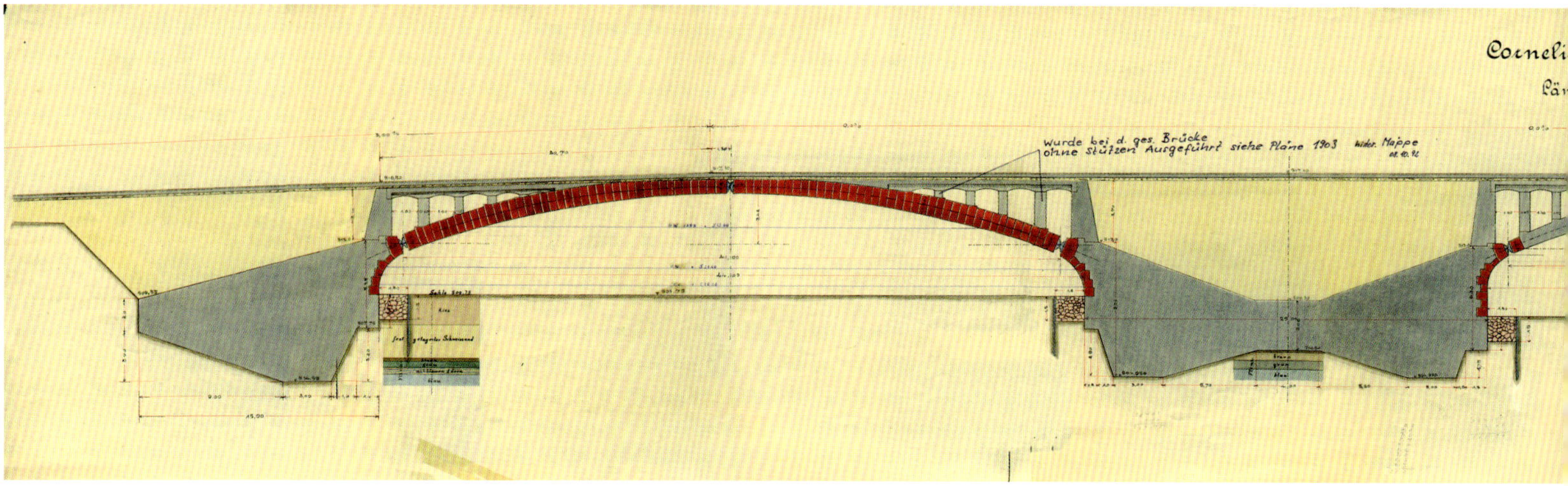

Längsschnitt der Corneliusbrücke
mit den für das Brückenbauprogramm
typischen Dreigelenkbögen.

Baureferat

Straßenbauarbeiten für die neue
Corneliusstraße als Zufahrt zur zweiten
Brücke in die Au.

Stadtarchiv München, Historisches Bildarchiv

Die Bauarbeiten an der Corneliusbrücke und an der Reichenbachbrücke begannen im Sommer 1902 und damit früher als ursprünglich vorgesehen.
Um den rechtsseitigen Brückenbogen der Corneliusbrücke möglichst rasch fertig zu stellen, wurden Ende August fast alle Arbeiter von der Reichenbachbrücke abgezogen und in Tag- und Nachtschichten für das Betonieren dieses Brückenbogens eingesetzt. Am 26. August um 14 Uhr, kurz vor der Fertigstellung des Bogens und noch während auf dem Bogen etwa 20 Arbeiter beschäftigt waren, gab der Brückenbogen nach und stürzte mit lautem Krachen in sich zusammen, wobei alle Arbeiter mit in die Tiefe gerissen wurden. Natürlich war der Brückeneinsturz, der zwei Todesopfer und 40 Verletzte gefordert hatte, das spektakulärste Ereignis des Sommers und die vielen noch unbekannte Konstruktion moderner Betonbrücken wurde als zwangsläufige Ursache des Unglücks gesehen. Die Staatsanwaltschaft ließ Gutachten zu den Einsturzursachen des Lehrgerüsts und damit des Bogens erstellen, aber auch nachdem festgestellt worden war, dass die Ursache am Einsturz des Lehrgerüsts wohl ein Abgleiten schlecht fundierter Gerüstpfeiler gewesen war, blieb das Misstrauen der Münchner erhalten. Als im darauffolgenden Sommer der östliche Bogen noch einmal betoniert wurde und

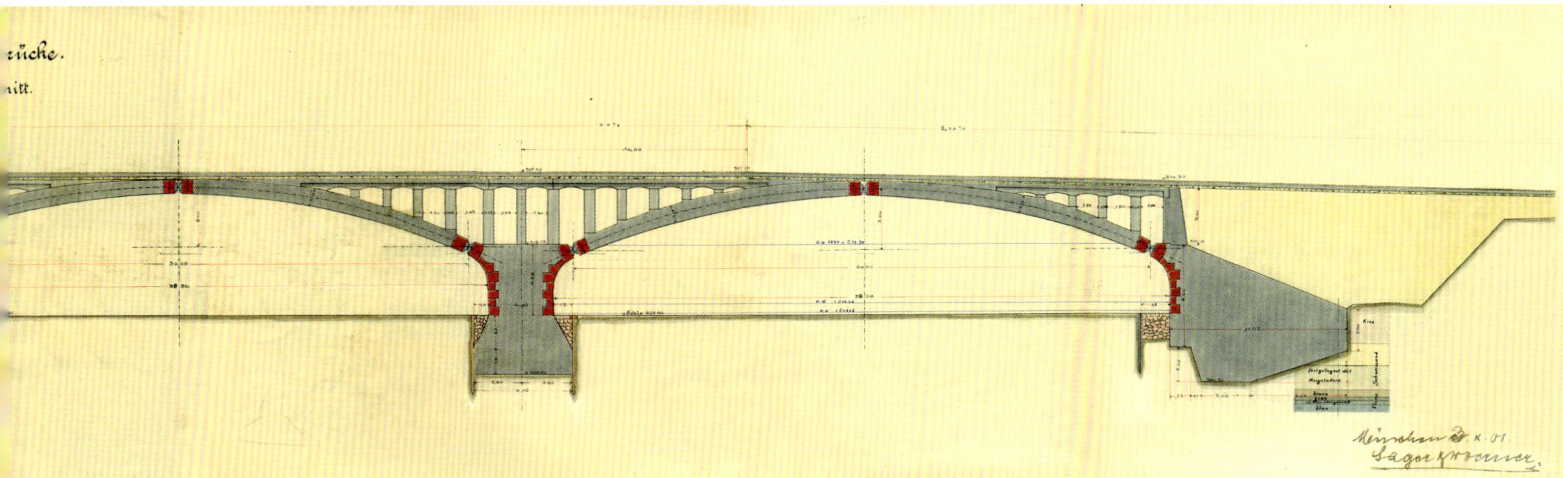

Der eingestürzte östliche Bogen der Corneliusbrücke am 26. August 1902

Stadtarchiv München, Historisches Bildarchiv

nach der Entfernung des Lehrgerüsts erneut ein verdächtiges Krachen die Arbeiter von der Baustelle trieb, glaubten viele Münchner, der Bogen sei wieder eingestürzt und die Brücke würde niemals errichtet werden. [427] Als die Corneliusbrücke schließlich doch fertig gestellt war, erfolgte die Freigabe für den Verkehr am 6. Oktober 1903 ohne Feierlichkeiten, [428] zu sehr war die Brücke mit dem Ruf einer Unglücksbaustelle behaftet.

Friedrich von Thiersch, Architekt der Corneliusbrücke, konzipierte die Brücke mit zwei je 38,5 m weiten Bögen aus Beton über die Kleine Isar und einem einzigen Bogen von 44 m Weite aus Muschelkalkquadern über die Große Isar. Vor allem durch die einheitliche Gestaltung von Gewölbe, Stirnmauern und Verkleidung aus Muschelkalk werden beide Brückenteile zu einer geschlossenen Einheit, in die auch der Inselsporn am Südende der Kohleninsel mit einbezogen ist. Als Brückenschmuck entstanden an den äußeren Stirnseiten der Hauptpfeiler Porträts Münchner Persönlichkeiten und ein über den Bogen liegendes Wellenband. Das von Ferdinand von Miller gefertigte Standbild Ludwigs II. im Krönungsornat in der von Hans Grässl entworfenen Nische wurde erst am 19. Juni 1910 enthüllt und gehört damit nicht zum ursprünglichen Entwurf von Thiersch. [429]

Corneliusbrücke Detail der Brüstung

Foto Schiermeier

Verschiebung der alten Reichenbachbrücke nach Süden am 3. Juni 1902

beide Fotos Stadtarchiv München, Historisches Bildarchiv

Bild oben

Die Reichenbachbrücke von Süden um 1930.

Bild rechts

Brückendetail an der Reichenbachbrücke: „Der Fischer" von Fridolin Gedon.

beide Fotos Stadtarchiv München, Historisches Bildarchiv

Im Gegensatz zur Corneliusbrücke konnte der Bau der Reichenbachbrücke ohne negative Schlagzeilen vollendet werden. Bemerkenswert war bei diesem Bau allerdings die Verschiebung der alten Holzbrücke auf Gleitschienen nach Süden, da sie bis zur Fertigstellung der neuen Massivbrücke als Notbehelf dienen sollte. Dabei rollte die alte Brücke leider nicht wie erwartet problemlos, sondern ließ sich zuerst nicht von der Stelle bewegen weil die Kugeln, die man am Vortag unter den Schienen angebracht hatte, durch den bis kurz vor dem Beginn der Arbeiten weiter über die Brücke laufenden Verkehr eingesunken waren. Erst nach einem Anheben der Brücke konnte dann am 3. Juni anstatt wie geplant schon am 2. Juni mit dem Verschieben begonnen werden. [430]

Im Übrigen wies die Reichenbachbrücke, für deren Brückenpfeiler Friedrich von Thiersch angeblich die Engelsbrücke in Rom als Vorbild gewählt hatte, die gleichen Maße auf wie ihre Nachbarin, die Wittelsbacherbrücke. Die Brücke überspannt die Isar mit vier Dreigelenkbogen aus Beton, verkleidet mit Muschelkalk, der größere Bogen den Isarfluss mit einer Weite von 44 m und Gelenken aus Stahl, die drei kleineren Bogen das Hochwasserbett mit Gelenken aus Blei und einer Weite von 26, 27 und 28 m. Wie bei allen Brücken wurde die Fahrbahn mit 12 m Breite ausgelegt, die Gehwege allerdings nicht mit den sonst üblichen 3 m sondern mit zusätzlichen 42 cm. Wie schon bei der Ludwigsbrücke 1892 und bei allen folgenden Brückenbauten waren auch hier Sprengkammern eingebaut. [431]

Früher als geplant, am 17. Juli 1903, konnte die Brücke dem Verkehr übergeben und anschließend die Wappen der Stadt München und des Landes Bayern sowie die für die Pfeiler gefertigten Reliefs mit Wasserfiguren angebracht werden. Die für die Brücke ebenfalls vorgesehenen Steinfiguren, Allegorien der Wasserkraft, der Industrie und der Landwirtschaft entstanden erst 1925. [432]

Die Innere Maximiliansbrücke mit Floßgasse 1910. Rechts im Bild die Statue des hl. Nepomuk.

Stadtarchiv München, Historisches Bildarchiv

Nachdem bei einer Untersuchung der beiden Maximiliansbrücken festgestellt worden war, dass sich die Brücke über den linken Isararm wider Erwarten in gutem Zustand befand, entschloss sich der Münchner Magistrat zum Neubau der rechtsseitigen Brücke, den guten Zustand der linksseitigen Brücke dagegen zu nutzen und sie nur verbreitern zu lassen. [433] Nach dem Bau der Notbrücken im Juli 1903 wurden die Abbrucharbeiten an der schadhaften äußeren Brücke durchgeführt, aufgrund einiger Schwierigkeiten konnten die eigentlichen Bauarbeiten jedoch erst im Sommer des folgenden Jahres beginnen. Auch bei der Maximiliansbrücke kam es zu einem in der Presse diskutierten Zwischenfall: Beim Bau der Fahrbahn über dem östlichen Bogen senkten sich plötzlich die Stahlgelenke des Brückenbogens und der Bogen rutschte ab, stürzte jedoch nicht ein. Nach den Vorgaben von Friedrich Probst, Ingenieur bei Sager & Wörner, wurde dieser Bogen in einem komplizierten Verfahren wieder gehoben und in seine ursprüngliche Position gebracht. Da die Verbreiterung der inneren Brücke in der Zwischenzeit ohne weitere Vorkommnisse durchgeführt worden war, konnten beide Brückenteile am 8. Juni 1905 dem Verkehr übergeben werden. [434]

Sowohl der Neubau als auch die Brückenverbreiterung geschah nach den gestalterischen Anweisungen von Friedrich von Thiersch und den statischen Berechnungen von Heinrich Grüb. Die Bauleitung lag wie bei allen anderen Brücken in den Händen der Abteilung Wasser- und Brückenbau bzw. Hermann Frauenholz. Statt der ehemals fünf Öffnungen der alten Brücke führten nun, um die Abflussverhältnisse zu verbessern und das weitere Eintiefen der Isar zu mindern, zwei Dreigelenkbogen aus Muschelkalkstein mit je 45,80 m Spannweite über die Kleine Isar. Die Brücke über den linken Isararm aus

Äußere Maximiliansbrücke
mit Pallas Athene

Stadtarchiv München,
Historisches Bildarchiv

Detail der Brückenbrüstung
Foto Schiermeier

gemauerten Ziegelsteinen und zwei Öffnungen von je 13 m und einer Öffnung von 7,30 m wurde mit Beton auf etwa 22 m verbreitert und beide Brücken mit einer einheitlichen Brüstung aus Muschelkalk versehen. Da man für die Maximiliansbrücken ein hohes Verkehrsaufkommen erwartete, entstand die Fahrbahn mit 12,5 m und die Gehsteige mit je 4,85 m etwas breiter als bei den übrigen Brücken. Besonders durch die einheitliche Brüstungsgestaltung, durch Pfeiler gegliedert und mit verzweigtem Rankenwerk in den Füllungen, erscheinen heute die beiden Brückenteile trotz ihres um etwa 50 Jahre differierenden Alters als eine Einheit. Hervorgehoben wird allerdings die äußere Brücke durch die von Franz Drexler gestaltete Pallas Athene am nördlichen Pfeilerkopf – die Athene als Steinfigur und nicht wie von den Gemeindebevollmächtigten im Dezember 1903 gefordert in getriebenem Kupfer! [435]

Bau der neuen Wittelsbacherbrücke 1903. Die alte Eisenbrücke dient noch als Notbrücke.

Stadtarchiv München, Historisches Bildarchiv

Für das schöne Isartal

Über die Zukunft der eisernen Wittelsbacherbrücke waren bis 1903 noch keine Entscheidungen getroffen. Überlegungen, die Brücke als eine weitere Verbindung zwischen Thalkirchen und Giesing einzusetzen, kreuzten sich mit Bemühungen, auch zwischen Brudermühlstraße und Candidplatz eine dauerhafte Verbindung herzustellen. [436] Sowohl Sendling als auch Thalkirchen waren aufstrebende Stadtteile mit einem höheren Anteil industrieller Betriebe, die eine Anbindung an das östliche Isarufer wünschten. Bereits im November 1902 hatte Bürgermeister Brunner bekannt gegeben, die Erdarbeiten für die zukünftige Isarbrücke in Thalkirchen könnten im Zuge von Notstandsarbeiten für arbeitslose Münchner begonnen werden, [437] aber auch hierfür war natürlich zuerst die Entscheidung über das Aussehen der Brücke zu treffen. Gerade dieser Punkt aber führte in Thalkirchen zu Auseinandersetzungen, denn der 1902 gegründete Isartalverein dachte seinen Einfluss zugunsten eines naturbelassenen Isartals und einer dafür passenden Holzbrücke einzusetzen, während die Thalkirchner und Giesinger Bürger eine gute Verkehrsanbindung über eine repräsentative Betonbrücke wünschten. [438]

Eine Eingabe des „Vereins zur Förderung der Interessen Thalkirchens und Untergiesings“ vom 18. März 1903 stellt sehr gut die konträren Standpunkte dar: Wie noch einmal betont wurde, war der Bau einer Brücke als Teil der Eingemeindungsverhandlungen beschlossene Sache. Nun führte aber die Straße zur Brücke über die Bahnlinie zum Thalkirchner Bahnhof und wie sehr richtig bemerkt wurde wäre eine Brücke ohne Bahnüber- oder unterführung nur ein Provisorium. Sowohl eine Trassenänderung der Bahn als auch der Bau einer Hochbahn waren aus Kostengründen unrealistisch. Eine Unterführung der Bahn war zwar landschaftlich gesehen schöner, aber auch schwieriger, da dort das Grundwasser sehr hoch steht und daher ausgedehnte Betonierungen nötig gewesen wären. Man kam daher zu dem Schluss „die Rücksicht auf die Erhaltung des landschaftlichen Bildes muss sich eben der Rücksicht auf die Entwicklung des Stadtteils und auf die Erfordernisse des Verkehrs unterordnen, da sich beide leider nicht vereinen lassen. Seines landschaftlichen Charakters wird Thalkirchen ohnehin bald entkleidet sein.“ Vielleicht ließe sich ja die Höherlegung der Überführung durch eine Tieferlegung der Gleise mindern. Der „Bürgerverein Giesing“ und der „Verein zur Erwerbung des Heimat- und Bürgerrechtes“ beschwerten sich im März 1903

Die Thalkirchner Brücke vor dem Bau des Isarkanals.

Aufnahme von 1904
Stadtarchiv München,
Historisches Bildarchiv

bitterlich über die „dauernden Terminverschiebungen zur Erbauung der Wittelsbacherbrücke und der Brücke bei Thalkirchen", in der die „Bürger Giesings eine bedeutende Schädigung der ferneren Entwicklung dieses Bezirks" sahen. [439]

Am 2. Oktober 1903 wurde endlich der Beschluss gefasst, die Wittelsbacherbrücke nicht, wie vorgesehen, nach Thalkirchen zu transferieren, einmal aus Gründen des Landschaftsschutzes, zum andern aber weil man sich hier die Entscheidung über zukünftige Wasserbauten und Verkehrsverhältnisse offen lassen wollte und die Brücke möglicherweise später verlängert werden würde. Die Brücke in Thalkirchen sollte deshalb zum großen Bedauern der „Neumünchner" nicht aus Stein, sondern als Holzbrücke auf mit Beton ummantelten eisernen Jochpfählen errichtet werden. Enzbäume, Überlage- und Geländerhölzer würden aus Fichtenholz gefertigt werden, die Sattelhölzer aus Eiche. Den Wünschen des Isartalvereins war also Genüge getan. Die alte Eisenbrücke aber konnte stattdessen als dauerhafter Isarübergang zwischen Sendling und Giesing genutzt werden, auch wenn eine Brücke an dieser Stelle noch nicht unbedingt „zwingend" war, so jedenfalls die Meinung des Stadtmagistrats. [440]

Noch 1903 begann die mit den Betonarbeiten betraute Firma Sager & Woerner in Thalkirchen mit den Fundierungsarbeiten, nach etwa einem Jahr war die neue Brücke fertig gestellt. Sie bestand aus 14 Jochen und wies eine Gesamtlänge von 193,45 m und eine Breite von 12 m auf, davon 7 für die Fahrbahn und je 2,50 m für die Gehsteige. Zugelassen waren Fuhrwerke bis zu 100 Zentner Gewicht.
Im September 1904 konnte sich daher der Verein zur Förderung der Interessen Thalkirchens und Untergiesings für die Herstellung „dieser so lang ersehnten Verbindung zwischen den beiden Ufern" bedanken, „die zur gedeihlichen Entwicklung der in Frage stehenden Stadtteile beitragen werde".
Etwa zur gleichen Zeit war auch die alte Wittelsbacherbrücke flussaufwärts gebracht und damit eine wenn auch schmale Verbindung zwischen Brudermühlstraße und Candidplatz hergestellt. Wie so häufig zog ein Brückenbau über die Isar weitere Brückenbauten für die Zubringerstraßen nach sich. In diesem Fall handelte es sich um den Großen Stadtbach, der mit einer einfachen Holzbrücke versehen wurde. [441]

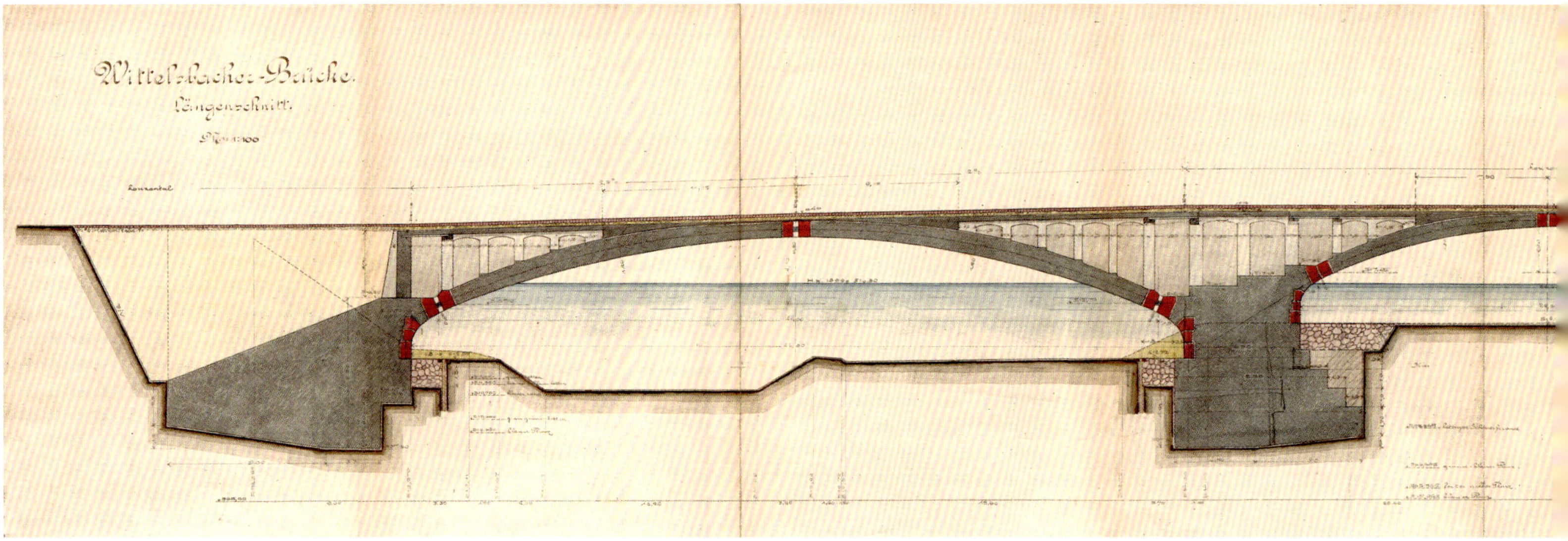

Reiterstandbild Otto von Wittelsbach von Georg Wrba.

Architekturmuseum der TU München

Damit stand nun auch dem Bau der letzten großen Isarbrücke nichts mehr im Wege, der Wittelsbacherbrücke. Für die 1904 begonnene und am 8. Juni 1905 eröffnete Wittelsbacherbrücke übernahm Theodor Fischer die architektonische Ausgestaltung. Trotz der bei allen anderen Brücken eingesetzten Technik des Dreigelenkbogens, trotz gleicher Abmessungen und gleichen Baumaterials wie bei der Reichenbachbrücke gab Fischer der Wittelsbacherbrücke mit durchbrochenen Erkerbauten und nicht zuletzt mit dem hoch aufragenden Pfeiler für das von Georg Wrba gefertigte Standbild von Otto von Wittelsbach ein neues Gesicht. [442]

Mit ein Grund für die Verzögerung des Brückenbaus zwischen Sendling bzw. Thalkirchen und Giesing waren die grundlegenden Veränderungen, die erst in den kommenden Jahren hier durchgeführt werden würden, aber bei den Bauarbeiten bereits berücksichtigt werden mussten: Der Bau des Werkkanals für das Südwerk I. Seit dem Beginn des 20. Jahrhunderts war die Verbesserung der Münchner Stromversorgung ein wesentliches Anliegen des Stadtbauamts. Für die wachsende Stadt reichte die im

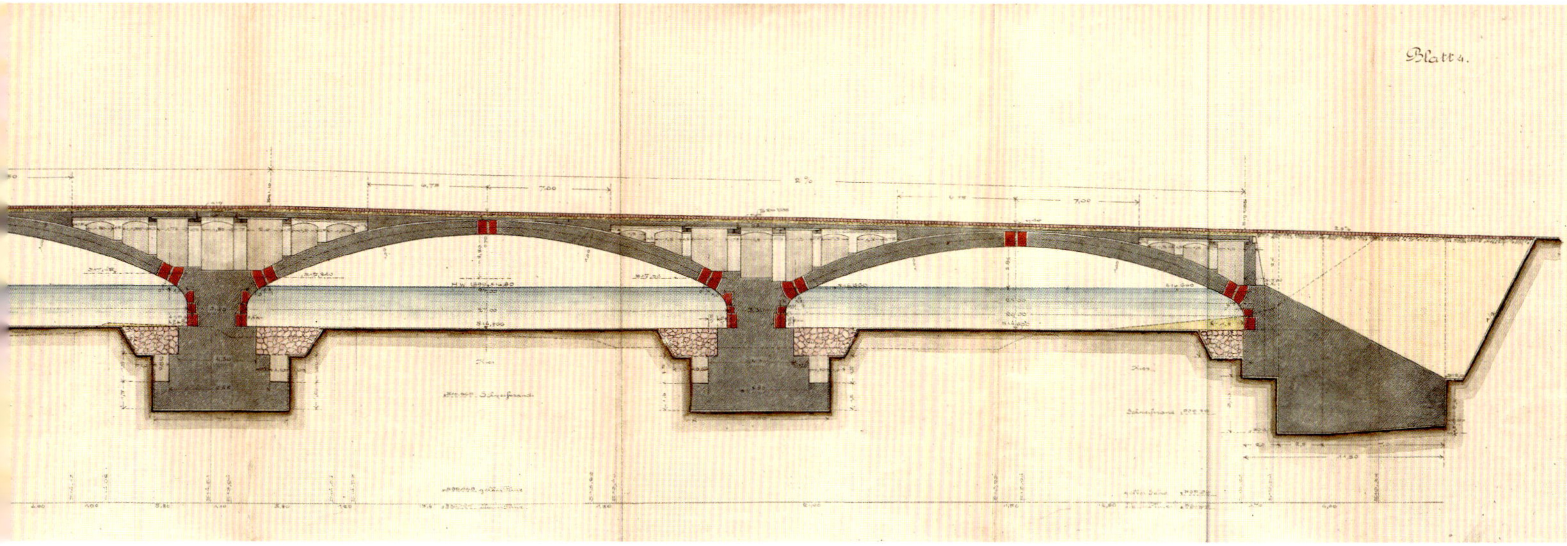

Längsschnitt der Wittelsbacherbrücke mit Angabe der höchsten zu erwartenden Wasserstände.

Baureferat

Erkerbauten über den Brückenpfeilern

Foto Schiermeier

Muffatwerk und Maximilianswerk erzielte Strommenge nicht aus, neben dem Kauf des Uppenbornwerks bei Moosburg wurde daher ein seit 1884 aufgelegtes Projekt wieder weiterverfolgt, der „Ausbau der Wasserkräfte im Süden der Stadt". Dieses vom Magistrat 1904 genehmigte Projekt beinhaltete den Ausbau eines links der Isar gebauten Kanals, der an den 1902 fast bis zur Stadtgrenze vorangetriebenen Kanal der Isarwerke oberhalb der Großhesseloher Brücke anschloss und von dort das Wasser weiterführte bis zu einem bei Hinterbrühl zu errichtenden Kraftwerk, das 1907 fertig gestellte Südwerk I sowie weiter zu einem zweiten Kraftwerk bei der Thalkirchner Isarbrücke, dem Südwerk II, das allerdings erst 1921 realisiert werden konnte.[443] Die neue Brücke bei Thalkirchen musste also über den noch zu bauenden Werkkanal führen, dazu aber auch den dort vorgesehenen Hochwasserdamm berücksichtigen.

Die Thalkirchner Überfälle mit dem Flauchersteg 1885.

Kolorierte Bleistiftzeichnung von F. Leinecker
Münchner Stadtmuseum
Inv. Nr. II h/610

Die Isarregulierung im Süden der Stadt war ein seit langem von den Anwohnern gefordertes und vom Magistrat aufgeschobenes Projekt. Mit dem Bau des Werkkanals wurde auch das Errichten eines Hochwasserdammes zwischen Isar und Werkkanal zu einem dringenden Anliegen, auch deshalb, weil außerhalb der Stadtgrenzen bereits Regulierungsmaßnahmen durchgeführt worden waren und die Isar bis Großhesselohe in einem geraden Bett verlief. Damit aber drohten in dem verbleibenden unkorrigierten Teil weiter im Norden besonders schwere Schäden bei Hochwasser. Auch für den Stadtbereich erhielt die Isar daher in den Jahren ab 1904 eine Korrektionslinie und wie schon flussabwärts auch ein Mittelwasserbett und Hochwasserdämme, die nach dem Hochwasserstand von 1899 ausgelegt waren. [444] Gerade diese Maßnahmen versuchte der „Verein zur Erhaltung der landschaftlichen Schönheiten in der Umgebung Münchens besonders des Isartales", heute bekannt als Isartalverein, zu verhindern. Er erreichte immerhin, dass der Werkkanal nicht wie ursprünglich geplant, in einer „ingenieurmäßigen Form", also in gerader Linie, sondern in einem dem natürlichen Flusslauf nachempfundenen Bogen verlief. Statt der rechtsseitigen Hochwasserdämme zwischen Marienklause und Großhesseloher Brücke wurden vorerst Traversen errichtet, die man 1911 durch Dämme ersetzte. [445]

Im Zuge der Arbeiten am Werkkanal und dem damit verbunden Bau des Auer-Mühlbach-Dükers entstanden mehrere Stege und Brücken über die neuen Kanäle und Auslässe in die Isar. Um für das neue Südwerk und die Zentrallände Zufahrten schaffen zu können, mussten ebenfalls Brücken und Durchlässe eingebaut werden, darunter allein vier Durchlässe im Jahr 1909 für den Maria-Einsiedelbach. [446]
Bei den Thalkirchner Überfällen hatten Arbeiter bereits 1890 einen Fußgängersteg mit einer Breite von 2 m errichtet, der 1914 auf 4 m verbreitert wurde; 1928 wurde der Steg etwas erhöht. Dieser Flauchersteg wie auch der Werksteg bei der Marienklause hatte jedoch sicher Vorläufer, die bis in die Zeit der ersten Anlagen zurückgingen und ebenso wie die Stege an den Überfällen bei der Kohleninsel gehandhabt wurden. [447]

Der Bau von Stegen und Brücken in den Isarauen wie der Flauchersteg geschah auch noch aus einem anderen Grund. Die bereits in der ersten Hälfte des 19. Jahrhunderts beim Flaucher angelegten städtischen Anlagen waren nur wenig später durch die Anlagen rechts der Isar um das Schyrenbad ergänzt und in den folgenden Jahrzehnten weiter flussabwärts ausgedehnt worden. Spaziergänger besuchten diese Isaranlagen gerne und sie entwickelten sich zu einem beliebten Ausflugsziel, das jedoch vorerst allein Fußgängern vorbehalten war. Um auch Reitern und Kutschen Zugang gewähren zu können, wurden schließlich eigene Fahrwege angelegt und dazu stabile Brücken über die kleinen Wasserläufe.
Mit zunehmender Beliebtheit des Radsports entstand 1903 ein erster Radweg zum Flaucher. [448]

Im Norden von München, in Oberföhring, war seit dem Abbruch der Freisinger Brücke keine dauerhafte Brückenverbindung mehr zustande gekommen, die Föhringer mussten sich mit einer Fähre begnügen und für größere Lastentransporte die Bogenhausener Brücke benutzen, für die jedoch bis zur Eingemeindung Bogenhausens nach München Zoll zu bezahlen war. Bemühungen der Gemeinden Oberföhring und Unterföhrung eine eigene Brücke zu errichten, scheiterten an der geringen Finanzkraft der Gemeinden und konnten erst 1900 zum Erfolg führen, als sich die Gemeinden Ober-, Unterföhring und Freimann zusammenschlossen um den so lange angestrebten Bau endlich zu realisieren und dafür einen staatlichen Zuschuss beantragten.
Nach Vorschlägen der Maschinenfabrik Augsburg entschied sich die kgl. Straßenbauverwaltung für eine Eisenkonstruktion, die in den Jahren 1902 und 1903 auch verwirklicht wurde. Allerdings lag sie, da sie beiden Föhringer Gemeinden nutzen sollte, nicht an der alten Stelle bei Oberföhring, sondern nun zwischen den beiden Ortschaften. 1907 entstand knapp daneben die Föhringer Eisenbahnbrücke für die Eisenbahnstrecke Olching – Trudering. [449]

Der Ausbau der Verkehrsverbindungen

Mit der Wahl eines Brückentypus für insgesamt sechs neue Isarbrücken war nicht nur der finanziellen Zurückhaltung Genüge getan. Durch die zwar unterschiedlich gestalteten, in ihren Grundformen jedoch gleich angelegten Brückenbogen waren Verkehrsverbindungen zwischen dem rechten und dem linken Isarufer geschaffen, die sich immer noch fremd gegenüberstehende Stadtteile verbanden. Die Isar verlief nun in der Mitte der Stadt und trennte sie nicht mehr so offensichtlich in zwei Teile – München wurde einer „Stadt der Brücken".

Als Voraussetzung der verbesserten Verbindungen zwischen den Stadtteilen rechts und links der Isar und als ihre Folge mussten auch innerhalb der einzelnen Stadtteile die Straßenzüge verbessert oder zur Erschließung neuer Wohnviertel Straßen angelegt werden. In der zweiten Hälfte des 19. Jahrhunderts wuchsen die Einwohnerzahlen, wie schon erwähnt, um ein Vielfaches (von 100.000 im Jahr 1850 auf 413.255 im Jahr 1895), die private Bautätigkeit expandierte dementsprechend. Städtische Baumaßnahmen wie zuerst der Schlachthof und später die Großmarkthalle (eröffnet 1912), Einrichtungen zur Energieversorgung wie das Gaswerk oder das Muffatwerk, Bäder, Krankenhäuser – es entstand eine Fülle gemeindlicher Bauten, die den Ausbau oder den Neubau zahlreicher Zufahrtswege erforderten. Diese Bauaufgaben wurden mit Theodor Fischer, Münchens Stadtplaner seit 1893, nicht einfacher. Im Gegensatz zu Zenettis rein geometrischen Straßenmustern, die weder Grundstücksgrenzen noch landschaftliche Gegebenheiten wie z.B. Bachläufe berücksichtigten, verfolgte Fischer zwar eine „elastische" Straßenplanung, die sich an natürlichen Vorgaben wie Geländeerhebungen oder Baumgruppen orientierte. [450] In den nahe der Isar gelegenen Stadtteilen konnten die zahlreichen Wasserläufe jedoch nicht immer als Vorgaben für den Verlauf neuer Straßen berücksichtigt werden. Straßenbau bedeutete daher im Glockenbachviertel, in der St.-Anna-Vorstadt oder im Lehel die Querung und damit Überwölbung meist mehrerer Bäche und Kanäle – eine Erfahrung, wie man sie bereits beim Bau der Maximilianstraße gemacht hatte.

Überwölbung des Pfisterbachs für den Bau der Sparkassenstraße 1908.

Stadtarchiv München, Historisches Bildarchiv

Häufig musste der jeweilige Bach auch gleichzeitig verlegt werden, da er wie z. B der Hofhammerschmiedbach im Bereich Widenmayerstraße in einem ungünstigen Winkel zur neuen Straßenbrücke lag. [451]

Dem ansteigenden Stadtverkehr entsprechend wurden Straßen außerdem breiter angelegt, was zur Folge hatte, dass Brücken über einige Stadtbäche ebenfalls außerordentlich breit ausgelegt waren oder Bäche auf längeren Strecken mit Betondecken überbaut wurden und damit allmählich ganz im Untergrund verschwanden. Auf diese Weise war der westliche Stadtgrabenbach, einer der wenigen heute noch bestehenden Wasserläufe, ab 1902 nicht nur am Karlsplatz, sondern auch in der Hofgartenstraße überwölbt oder abgedeckt. Dass bei Überwölbungen nicht nur verkehrstechnische Erwägungen eine Rolle spielten, sondern auch ästhetische zeigt sich am Pfisterbach, der nach dem im Jahr 1899 fertig gestellten Neubau der Städtischen Sparkasse und des Stadtbauamtsgebäudes 1908 in den Untergrund verschwinden musste. In den Pfisterbach ergossen sich zahlreiche Hausabwasser, eine Tatsache, die ein Fußgänger, der den dort verlaufenden Steg benutzte, ebenso leicht begutachten konnte wie die zahlreichen Abfälle, die hier vorüberschwammen. [452] Wie man in den Verwaltungsberichten der Stadt München lesen konnte, wurde über die Überwölbung des Baches seit 1902 nachgedacht – aus „ästhetischen, praktischen und finanziellen Gründen". [453]

Bis zur Realisierung dieses Vorhabens vergingen noch einige Jahre und erst im September 1908 erstellte man im Stadtbauamt einen Plan sowie die statischen Berechnungen zur Überwölbung des Baches zwischen Tal und Ledererstraße für eine Belastung durch Wagen mit 24 Tonnen und „Menschengedränge"; im August 1909 wies die Endabrechnung über 110.000 Mark an Baukosten für diese Überwölbung aus. Am 8. Januar 1914 fasste der Magistrat den Entschluss, die Überwölbung bis zur Münzstraße fortsetzen zu lassen, und im Oktober 1915 war die Baumaßnahme fertig gestellt, München hatte eine neue Straße, wo vorher ein Bach zu sehen war, die Sparkassenstraße. [454]

Die Abteilung Wasser- und Brückenbau mit ihrem Leiter Hermann Frauenholz bzw. Dr. Johann Baptist Bosch als dessen Nachfolger ab 1907 überwachte mit ihren Mitarbeitern neben den großen Brückenbauten an der Isar und aufwändigen Bachüberwölbungen eine Vielzahl an Projekten zur Verbesserung der großstädtischen Infrastruktur. Diese Arbeiten blieben nicht auf die Stadtteile links der Isar beschänkt. Für die bessere Verkehrserschließung der Au entstanden nun auch die so lange vernachlässigten West-Ost-Verbindungen, die Auer und Giesinger Bürger schon länger gefordert hatten. Durch ihre Lage oberhalb und unterhalb des steilen Isarufers waren Ost-West-Verbindungen rechts der Isar schwierig anzulegen, die Überwindung des Steilufers mit hohen Kosten und technischen Schwierigkeiten verbunden. Lange Zeit einzige Verkehrsader von sogar überregionaler Bedeutung war daher eine Süd-Nord-Verbindung, die Hochstraße.

Die Gebsattelhochbrücke mit Treppenaufgang und Bedürfnisanstalt 1901.

Architekturmuseum der TU München

Stadtplaner Theodor Fischer hatte in seinem Plan zu einer besseren Anbindung der Au an das Stadtzentrum eine Verlängerung der Corneliusstraße über die Isar und weiter hinauf in die Hochau vorgeschlagen, die spätere Gebsattelstraße. Bei einer in Serpentinen angelegten Führung der Straße zur Überwindung des Isarhochufers wäre jedoch die Hochstraße in zwei Teile zerschnitten und damit diese alte Verkehrstrasse zerstört worden. Nach dem Vorschlag von Theodor Fischer wurde die Gebsattelstraße daher in einen tiefen Einschnitt den Berg hinaufgeführt und in den Jahren 1901 und 1902 die Weiterführung der Hochstraße über die Gebsattelstraße hinweg über die von ihm entworfene Hochbrücke realisiert. Widerlager, Flügel und Stirnmauern sind aus Stampfbeton, der Bogen aus Eisenbeton nach dem System Monier. Nach der Ausführung des Baus durch die Firma Wayss & Freytag führte man übrigens auch hier die bei Neubauten übliche Belastungsprobe mit einer Lokomotive durch.

Mit der neuen Straße war die Brücke durch eine Treppe verbunden. Die Stützmauer auf der rechten Seite nutzte man für eine öffentliche Bedürfnisanstalt, das Postament inmitten des Treppenaufgangs erhielt die Plastik eines Bären von Viktor Schneiber. Im Jahr 1908 fügte man an der Westseite noch einen Terrassenvorbau an. [455]

Für den Ausbau und die Entschärfung der Nockherstraße, mit ihrer Steigung von 14 % eine gefürchtete Auffahrt zur Hochau, verschwand auch der Auer Mühlbach am Neudeck in den Untergrund. 1903 genehmigte der Magistrat die Arbeiten zur Überwölbung des Baches in der Ohlmüllerstraße und in seinem weiteren Verlauf am Neudeck.
Die Straße „Am Neudeck" überdeckte den Bach ab spätestens 1907 und führte zur 1905 vergrößerten Strafanstalt. Auch für die am Mariahilfplatz 1904 erbaute Impfanstalt stellte diese Straße einen weiteren Zufahrtsweg dar. [456]

Die Jahre des Mangels 1914 – 1945

Bild links

Bau des Kongresssaalbaus und des Bibiliotheksgebäudes für das Deutsche Museum (um 1930). Die Uferbefestigung der Insel wurde dabei ebenfalls erneuert.

Architekturmuseum der TU München

Sparbrücken und Balkenbrücken

Der Beginn des 1. Weltkrieges bedeutete auch für den Wasser- und Brückenbau das Einstellen aller Planungen und man beschränkte sich auf die Fertigstellung bereits begonnener Projekte. Mit dem Fortschreiten des Krieges zwangen Materialknappheit und Arbeitskräftemangel sogar zu einer Reduzierung der gewöhnlichen Unterhaltsmaßnahmen, die eine gefahrlose Nutzung aller Brücken sicherstellen sollten. Da sich nach dem Ende des Krieges 1918 die Rohstoffknappheit noch verstärkte, herrschte bei den für den Brückenbau benötigten Materialien weiterhin ein extremer Mangel, Holzbrücken wie die beiden Erhardtbrücken blieben daher auch noch in den ersten Nachkriegsjahren in einem vernachlässigten Zustand. [457] An der viel befahrenen äußeren Ludwigsbrücke waren Renovierungsarbeiten allerdings unumgänglich. Hier hatten die alten Tuffsteingewölbe besonders während der letzten Kriegsjahre unter den mit Eisen bereiften Lastwagen gelitten und trotz beschränkter Mittel mussten 1919 größere Ausbesserungsarbeiten in der Scheitelgegend durchgeführt werden. [458] Wie die Ludwigsbrücke waren jedoch fast alle während des vergangenen 19. Jahrhunderts über die Stadtbäche gebauten Brücken und Bachüberwölbungen für wesentlich leichtere Fuhrwerke ausgelegt. Die Überbeanspruchung durch den zunehmenden Schwerlastverkehr machte sich hier ebenfalls bemerkbar und die schweren Schäden, die nun immer häufiger an diesen Bauwerken festzustellen waren, mussten durch umfangreiche Reparaturen oder Neubauten behoben werden. [459]

Überwölbung des Auer Mühlbachs zwischen Kupferhammerstraße und Giesinger Berg im August 1919.

Beide Fotos Baureferat

In den Jahren nach 1924, als sich die Finanzlage der Stadt wieder deutlich gebessert hatte, mussten größere Neubaumaßnahmen im Bereich des Wasser- und Brückenbaus zurückgestellt werden. Bauvorhaben der Stadt, darunter vor allem die großen Wohnungsbauprojekte zur Bekämpfung der Wohnungsnot, entstanden in Stadtteilen ohne Wasserläufe und erforderten daher keine neuen Brückenbauten. Wünschenswerte Neubauprojekte zur Verbesserung der Verkehrsanbindung, die größere Brückenbaumaßnahmen erfordert hätten, kamen über den Projektstatus nie hinaus und scheiterten schließlich an den ab 1930 wieder stark eingeschränkten Finanzkräften der Stadt. Verfügbare Geldmittel wurden vorzugsweise in Bauvorhaben investiert, die den Energieverbrauch sicherten, also in den Bau der Kraftwerke Südwerk II und Südwerk III oder um dringend nötige, tägliche Bedürfnisse der Bürger zu erfüllen wie der Ausbau der Wasserversorgung oder der Kanalisation, Hauptaufgaben von Dr. Johann Baptist Bosch, seit 1908 Leiter der Abteilung Wasser- und Brückenbau und ab 1919 Leiter des neu geschaffenen Tiefbauamts. [460]

Bauen mit einfachsten Mitteln: Für die Pfeiler des Marienklausenstegs werden im Sommer 1919 Straßenbahnschienen mit Beton ummantelt; das Brückengeländer ist aus Holz gefertigt.

Baureferat

Bosch galt als Spezialist für den Bau von Eisenbetonbrücken, vielleicht einer der Gründe für seine Anstellung beim städtischen Wasser- und Brückenbau 1907. Die neuen Brücken, die in den 20er Jahren entstanden, waren so genannte Balkenbrücken aus Eisenbeton mit Armierungseisen in der unteren Zugzone und reinem Stampfbeton in der oberen Druckzone. Beim Bau des Marienklausenstegs 1919/20, dem ersten der in den 20er Jahren durchgeführten Brückenneubauten, konnte von einem Einsatz dieser neuen Technik allerdings noch nicht gesprochen werden.

Bereits vor dem 1. Weltkrieg war zwischen dem Südende des Tierparks, der Marienklause und der Zentrallände bei Hinterbrühl ein Steg aus Eisenbeton vorgesehen, der Fußgängern aus den Villenvierteln Harlaching, Ludwigshöhe und Großhesselohe sowie allen anderen Spaziergängern in den inzwischen äußerst beliebten Isarauen die Überquerung des Flusses ermöglichen sollte. Für alle Münchner links der Isar war der Steg als weiterer Zugang zum neuen Tierparkgelände gedacht. Noch 1916 plante man, statt einer teuren Brücke aus Eisenbeton wenigstens eine einfache Holzbrücke zu bauen, doch auch diese Brücke konnte nicht realisiert werden. Nach dem Ende des Krieges hatten die Isarauen südlich von München nichts von ihrer Attraktivität eingebüßt – der Bau eines Holzsteges an dieser Stelle kam also nicht nur den unmittelbaren Anwohnern zugute, sondern allen wanderlustigen Münchnern. Daher war auch nur ein Steg für Fußgänger vorgesehen und ein Antrag, ihn auch für Fuhrwerke zuzulassen, wurde aus Gründen des Landschaftschutzes abgelehnt. Die Errichtung des Bauwerks war bei der Reichsanstalt für Arbeitsvermittlung und Arbeitslosenversicherung als Notstandsmaßnahme angemeldet, sie erfüllte also noch einen weiteren guten Zweck: arbeitslosen Münchnern Beschäftigung zu beschaffen und der Stadt durch Reichszuschüsse einen Teil der Baukosten abzunehmen. Die Planungen führte die Abteilung Wasser- und Brückenbau durch, die Bauleitung vor Ort übernahm Ingenieur Oelbaum. [461]

Der Fußgängersteg bei der Marienklause mit seiner Aussichtskanzel 1919.

Baureferat

Die Brückenweite zwischen den beiden Widerlagern war auf 119,50 m berechnet, der Brückenüberbau aus Fichtenholz mit einer Breite von 4 m sollte auf acht Betonpfeilern ruhen. Obwohl mit Flößen in diesem Teil der Isar fast nie zu rechnen war, wurde die äußerste rechte Öffnung der Brücke in einer Weite von 15, 30 m als Floßgasse eingeplant.
Auf einem Pfeiler in der Hauptstromrichtung war flussauf- und -abwärts jeweils eine halbkreisförmige Kanzel vorgesehen, ein Aussichtspunkt für die Spaziergänger, die diesen neuen Übergang vor allem nutzen würden. Wie schon erwähnt, war die Beschaffung von Baumaterial, besonders aber von Metallen, unmittelbar nach dem Krieg äußerst schwierig. Die Konstruktion war daher „den zur Zeit erhaltenen Baustoffen angepasst", das heißt, man behalf sich mit Ersatzmaterial für die Eiseneinlage der Pfeiler. Für einen Pfeiler rammte man jeweils sechs Straßenbahn- oder Eisenbahnschienen von 12 m Länge in die Flusssohle und umgab sie mit einer Betonummantelung von 40 cm. [462]

Im Durchschnitt konnten während der Bauarbeiten zwölf Zimmerleute beschäftigt werden, die jedoch ihre Arbeit wegen Hochwasser oder längerer Wartezeiten bei der Holzlieferung häufig unterbrechen mussten. Der 1919 begonnene Steg war also erst 1920 fertig gestellt, auch wenn als tatsächliche Bauzeit neun Monate errechnet wurden. Schon 1927 waren allerdings einige Felder und das Haupttragwerk der Brücke aus Fichtenholz-Enzbäumen durch Eisenträger zu ersetzen. Auch die endgültigen Baukosten entsprachen nicht ganz den Erwartungen. Nach dem Kostenvoranschlag hatte man mit einem Preis von 60.000 Mark gerechnet, eine Summe, die dann allerdings infolge der Geldentwertung auf 208.197 Mark anstieg. An Zuschüssen der Reichsanstalt für Arbeitsvermittlung und vom Staat gingen insgesamt 75.000 Mark ein, den Rest trug die Stadt. Trotzdem leistete man sich für die Brücke auch sechs Kandelaber aus Eichenholz für eine elektrische Brückenbeleuchtung. [463]

Bau der Inneren und Äußeren Boschbrücke 1924/25

Bild oben
Rammen der Spundwand am rechten Widerlager der inneren Brücke

Bild unten
Die äußere Brücke
Beide Fotos Baureferat

Für die Spaziergänger in den Flaucheranlagen entstanden dort drei Jahre später zwei kleine Betonstege über den Aubach – zumindest das gesunde Spazierengehen sollte also den Münchnern trotz schwieriger finanzieller Lage möglich sein und wurde daher von der Stadt gefördert. [464] Als sich mit der Einführung der Rentenmark die wirtschaftliche Lage besserte und die Finanzlage der Stadt zufriedenstellend entwickelte, konnte man in der Abteilung Wasser- und Brückenbau endlich daran gehen, schon lange aufgeschobene Neubauten durchführen zu lassen und dabei einige der während der Nachkriegsjahre vernachlässigten Holzbrücken durch solidere Bauwerke zu ersetzen. Dazu gehörten vor allem die Brücken zu den Isarinseln, die beiden Erhardtbrücken und die Mariannenbrücke.

Die Isarinseln im Stadtgebiet, die Museumsinsel und die Praterinsel mit der Schwindinsel, die nördliche Zunge der Praterinsel, waren im Zusammenhang mit den Brückenbauten und den Kaibauten im Stadtbereich ebenfalls mit höheren Ufermauern versehen worden. [465] Damit war auf der Museumsinsel eine größere und vor allem hochwassersichere Freifläche entstanden und die Stadt hatte für eine zukünftige Bebauung dieser Isarinsel schon 1899 einen öffentlichen Wettbewerb ausgeschrieben, zu dem verschiedene interessante Vorschläge eingegangen waren, darunter auch ein Projekt zur Errichtung eines Münchner Hauptbahnhofes. [466] Schließlich entschied man sich für den Bau des von Oskar von Miller initiierten Technik-Museums auf der Insel und in den Jahren 1906 bis 1925 entstand dort der Bau des Deutschen Museums. [467]

Die beiden anlässlich der „II. Kraft- und Arbeitsmaschinen-Ausstellung" errichteten Erhardtbrücken waren inzwischen in einem so schlechten Zustand, dass sie dem zu erwartenden Andrang von Museumsbesuchern nicht mehr lange standhalten würden. Daneben nutzten auch viele Bewohner der Au diese kurze Verbindung in die Innenstadt. 1924 beschloss daher der Stadtrat, dem Vorschlag der Abteilung Wasser- und Brückenbau zu folgen und die beiden Holzbrücken durch Brücken aus Eisenbeton zu ersetzen. Die Pfeiler der äußeren alten Brücke waren bereits aus Stampfbeton hergestellt worden, sie konnten also noch genutzt werden.

Die Äußere Boschbrücke, jetzt Zenneckbrücke, als eine der frühen Münchner Plattenbalkenbrücken.

Foto Witzig, Baureferat

Über die Brücken musste außerdem eine größere Zahl an Versorgungsleitungen geführt werden – Starkstromleitungen, eine Gasleitung, eine Telefonleitung sowie die Fernheizungsleitung des Muffatwerks zum Deutschen Museum – schon allein aus diesem Grund wählte man als Ersatz für die Holzkonstruktionen den Bau zweier Plattenbalkenbrücken. Diese seit dem Beginn des 20. Jahrhunderts immer häufiger verwendete Brückenform hatte auch noch den Vorteil, dass sie der Bauweise des Deutschen Museums angepasst war. [468]

Nach den Vorgaben von Johann B. Bosch und wahrscheinlich August Blössner aus der Abteilung Stadterweiterung im Hochbauamt begannen am 22. Oktober 1924 die Arbeiten an den beiden Brücken. Schon am 18. Mai 1925 konnten sie dem Verkehr übergeben werden, die innere Brücke mit einer Länge von etwa 48 m und einer Breite von 9 m, die äußere mit einer Länge von rund 70 m und gleicher Breite wie ihr Pendant über die Große Isar. Beiden gemeinsam war das Geländer aus Gusseisenplatten und das zu dieser Zeit noch an einigen Stellen verwendete Holzpflaster. 1930 erhielten die Brücken den Namen Innere und Äußere Boschbrücke zu Ehren von Dr. Johann Baptist Bosch, Leiter des Tiefbauamts von 1919 bis 1932. [469]

Blick auf die 1929 fertig gestellte Mariannenbrücke mit der Lukaskirche

Baureferat

Die Mariannenbrücke, wie die beiden Boschbrücken aus Holz erbaut, bildete seit 1888 den Zugang zur Praterinsel und dem Restaurant Isarlust. Auch bei dieser Brücke zeigten sich in den Jahren nach 1918 Schäden, die vorerst nicht behoben werden konnten. 1928 war die Brücke in einem so schlechten Zustand, dass sie einsturzgefährdet war und durch einen Neubau ersetzt werden musste. Auch hier wurde nach den Plänen von Aquilin Altmann sowie August Blössner zusammen mit Ingenieur Oelbaum aus der Abteilung Wasser- und Brückenbau eine Plattenbalkenbrücke aus Eisenbeton errichtet, die im Juni 1929 fertig gestellt war. [470]

Schon ab 1924 hatte man auch Brücken am Stadtrand untersucht und dabei festgestellt, dass einige von ihnen dringend erneuert oder völlig neu gebaut werden mussten, darunter die Brücken über den Schwabinger Bach, die 1908 errichtete hölzerne Martiusbrücke sowie die Weiße Brücke.

Beide Brücken wurden durch Betonbrücken ersetzt. Die Brücken über den auch heute noch bestehenden Nymphenburg-Biederstein-Kanal im Zuge der Belgradstraße und der Dachauer Straße wurden erweitert, um dem steigenden Verkehrsaufkommen auf den nach Norden führenden Straßen gewachsen zu sein. 1927 ersetzte man schließlich auch den Brudermühlsteg über den Großen Stadtbach durch eine Brücke aus Eisenbeton, die mit ihrer Länge von 23 m und einer Fahrbahnbreite von 12 m sogar dem Schwerverkehr der Jahre nach 1945 standhielt. [471]

Gegen Ende der 20er Jahre war die kurze Phase des wirtschaftlichen Aufschwungs vorüber, die Stadt musste sich auf die nötigsten Arbeiten beschränken, größere Neubauten scheiterten an der angespannten Finanzlage der Stadt, die sich 1932 zur Finanzkrise steigerte. Zu den aufgeschobenen Projekten zählte auch die schon seit 1910 von Norkauer geplante Brücke im Zuge der Leonhardt-Eck-Straße, realisiert erst 1961/62 und benannt nach dem amerikanischen Präsidenten John-F. Kennedy. Der Bau einer Brücke über die Isar war der Terraingesellschaft Herzogpark 1902 von der Stadt vertraglich zugesichert worden, um das Baugelände durch eine bessere Verkehrsanbindung an das linke Isarufer aufzuwerten. Voraussetzung für die Zusage der Stadt war außerdem der Bau einer Wehranlage im Norden der Stadt, mit der die Fundamente des Mittelpfeilers und zweier Auflager an den Ufern verbunden hätten werden sollen.

Schon 1916 stand fest, dass das Wehr nicht an dem dafür vorgesehenen Ort entstehen würde, in den neuen Trassierungsplänen für den Herzogpark und seiner Umgebung waren daher Brücke und Verbindungsstraße vom Wehr getrennt. Im März 1918 holte man im Tiefbauamt Angebote verschiedener Firmen für einen Brückenbau ein, 1926 schien eine Realisierung des Projekts bereits in greifbarer Nähe. Laut Beschluss des Stadtrats vom 21. Januar 1926 war das Tiefbauamt beauftragt, ein „baureifes Projekt für die Überbrückung der Leonhardt-Eck-Straße/Perfallstraße" herzustellen, Kostenvoranschläge für die Herstellung einer Straßenbrücke in der Ismaninger Straße über die Leonhardt-Eck-Straße/Perfallstraße oder alternativ eine Untertunnelung waren bereits vorhanden. Noch bis 1936 arbeitete man im Tiefbauamt an Plänen zu einer Straßenverbindung durch den Englischen Garten bis nach Schwabing, wobei nicht nur die Isar, sondern auch die Bäche im Park mit Brücken überspannt werden sollten. Für die Nationalsozialisten hatten in dieser Zeit jedoch andere Projekte Vorrang, die Straßenverbindung samt Brückenbau musste auf später verschoben werden. Als einzige Brückenverbindung über die Isar im Norden Münchens entstand mit dem Bau des Mittleren Isarkanals während der Jahre 1920 bis 1924 das Oberföhringer Stauwehr mit einer Fußgängerbrücke. Als Zugänge zu der durch den Kanalbau bei Oberföhring gebildeten Isarinsel entstanden in dieser Zeit vier Brücken, die Untere und die Obere Korsobrücke, der Haimonsteg und eine Bogenbrücke bei St. Emmeram.[472]

Die neue Donnersbergerbrücke

Zählte die geplante Isarbrücke zwischen Herzogpark und Englischem Garten zu den wünschenswerten wenn auch offensichtlich nicht vordringlichen Projekten des Wasser- und Brückenbaus, war das Scheitern von Plänen zur Brückenverbreiterung für die weitere Entwicklung einiger Stadtteile eine Katastrophe. Dazu gehörten Brücken wie die Ganghoferbrücke über die Bahnstrecke zum Südbahnhof oder auch die Donnersbergerbrücke, deren Erweiterung 1926 von den Bewohnern im Westend gefordert wurde. Die Ganghoferbrücke, die als Verlängerung der Straße gleichen Namens 1871 entstanden war, wurde nach den Aussagen der Antragsteller „für ein Feldsträßchen angelegt mit einer Breite von sechs Metern für die Fahrbahn und Fußgängerstegen von je einem Meter".
Die Ganghoferstraße wies nun jedoch, im Jahr 1926, eine Breite von 16 m auf und die schmale Brücke konnte dem Verkehr, der sich täglich über sie quälte, nicht mehr gerecht werden. Ähnlich stand es um die Donnersbergerbrücke, die mit einer Fahrbahnbreite von 5,40 m einer Straße von 17 m gegenüberstand. Daher war es „geradezu gefährlich", diese Brücke von immerhin 200 m Länge zu benutzen, denn über diese Brücke führten auch die Straßenbahnschienen und wer immer die Donnersbergerbrücke mit einem Fahrzeug befuhr, musste auf den Schienen fahren. Ein Überholen war wegen der geringen Fahrbahnbreite natürlich außerordentlich gefährlich, wurde deshalb aber nicht weniger häufig riskiert, ein weiterer Grund, warum die Polizeidirektion München die Brücke als Gefahrenschwerpunkt einstufte.[473]

Ein optimistisches Schreiben des Tiefbauamts von Ende Dezember 1926 kündigte eine mögliche Erweiterung der Ganghofer- und Donnersbergerbrücke sowie weiterer Brücken im Rahmen von Notstandsarbeiten an. Die Abteilung Straßenbau arbeitete für die Donnersbergerbrücke Projekte aus, die zusammen mit einer Brückenverbreiterung mit eigener Straßenbahntrasse auch eine Verbreiterung der Trappentreustraße vorsahen. In Verhandlungen mit der Reichsbahn nannte man eine projektierte Gesamtbreite der Brücke von 27 m, für die Straßenbahntrasse waren 5,50 m vorgesehen, dazu ein Radfahrweg von 1,50 m, eine Fahrbahn von 6 m

Blick auf die Kreuzung Trappentreustraße/Landsberger Straße und die Donnersbergerbrücke am 12. März 1934.
Das Haus rechts wurde später für die Verbreiterung der Brücke abgerissen.

Stadtarchiv München, Historisches Bildarchiv

und eine „Gehbahn" von 3,25 m. Die Fahrbahn sollte mit Holz gepflastert werden, die Gehbahnen eine Gussasphaltdecke erhalten. Die Reichsbahn, eigentliche Besitzerin des Bauwerks, warnte vor einer Verbreiterung in dem genannten Ausmaß, da die Tragwerke der Brücke nicht dafür ausgerichtet waren – immerhin handelte es sich um ein Bauwerk aus dem Jahre 1864 – trotzdem blieb die Verbreiterung der Brücke ein Wunschkind der Stadt. Einziger Hinderungsgrund für eine Realisierung der Pläne schien lange Zeit das Eckhaus in der Landsberger Straße Nr. 120 zu sein, das für die Straßenverbreiterung hätte abgerissen werden müssen. [474]

In der Münchner Gemeindezeitung, die über den Fortgang der unterschiedlichen Anträge im Stadtrat unterrichtete, war inzwischen von haarsträubenden Verhältnissen auf der Brücke zu lesen. Die Straßenbahn war manchmal zu einem Aufenthalt von drei bis vier Stunden auf der Brücke gezwungen, weil ein defekter Wagen die Brücke blockierte, der erst von der Stelle zu bewegen war, wenn man das gebrochene Rad oder einen anderen Schaden repariert hatte! Nur wenig schneller war die Straßenbahn unterwegs, wenn der Faher gezwungen war, die Brücke hinter einem Kohlenkarren zu befahren, der gerade ebenfalls die Brücke nutzte. Als Entlastung der schmalen Donnersbergerbrücke wurde ein Ausbau der Straßenzüge zur Friedenheimer Brücke vorgeschlagen, da diese Brücke den neuzeitlichen Anforderungen eher gewachsen schien, im Übrigen nicht genutzt wurde und „tot da lag". [475]

Im Juni 1930 legte die Reichsbahn dem Münchner Tiefbauamt einen Entwurf vor, der eine Verbreiterung der Brücke nach Osten vorsah und für den Neubau nur noch die südlichen Widerlager der Brücke als verwendungswürdig betrachtete.
Alle anderen Teile sollten neu gebaut werden, wobei aber während des Umbaus die Brücke für den Straßenverkehr nicht gesperrt bleiben würde und auch der Bahnbetrieb unter der Brücke nicht durch Lehrgerüste oder dergleichen behindert werden dürfte. Eisenbeton- und Massivbrücken mussten daher ausscheiden und es kam nur eine Blechträgerbrücke mit einer Fahrbahnplatte aus Eisenbeton in Frage. Unter den Fußwegen würde Platz sein für Kabelkanäle, die Gasleitung könnte zwischen den beiden äußeren Hauptträgern verlegt werden. Für die Entwässerung waren Straßensinkkästen an jedem Pfeiler geplant mit einer Ableitung in das Kanalsystem. [476] Da man sich noch nicht auf die Breite der zukünftigen Brücke einigen konnte, folgten weitere Besprechungen zwischen Stadt und Reichsbahn, zu einem endgültigen Beschluss kam es noch nicht.

Die Reichsbahn hatte inzwischen vor einer zu starken Verkehrsbelastung der alten Brücke gewarnt und bei der Polizeidirektion um eine Anordnung zur Verkehrsbeschränkung nachgesucht, die Polizeidirektion erließ daher 1931 die gewünschte Anordnung. Die Donnersbergerbrücke durfte nur mehr von Lastkraftwagen bis zu sechs Tonnen einschließlich Anhänger befahren werden und von jeweils einem Straßenbahntriebwagen samt Anhänger. Als Umleitung mussten die Hackerbrücke oder die Friedenheimer Brücke benutzt werden, für die aber ebenfalls Beschränkungen galten. Für die Hackerbrücke war ein Gesamtgewicht bis zu 25 Tonnen einschließlich Anhänger zugelassen, für die Friedenheimer Brücke bis zu 26 Tonnen Gesamtgewicht. War ein Fahrzeug mit Ladung schwerer als die oben aufgeführten Gesamtgewichte, musste der Fahrer einen Umweg bis zur Laimer Unterführung in Kauf nehmen, vorausgesetzt, die Höhe des Fahrzeugs ließ die Benutzung dieser Unterführung zu. [477]

Bauarbeiten an der Donnersbergerbrücke
1933 bis 1935

Foto oben Nortz
Beide Fotos: Stadtarchiv München,
Historisches Bildarchiv

Trotz dieser Schwierigkeiten war eine rasche Lösung der Verkehrsprobleme nicht möglich, denn städtische Brückenbaumaßnahmen waren inzwischen undenkbar, auch wenn sich, wie in diesem Fall, die Reichsbahn beteiligt hätte. 1932 wies der städtische Haushalt einen ungedeckten Fehlbetrag von inzwischen 16, 3 Millionen Reichsmark auf, die Staatsaufsichtsbehörde veranlasste schließlich eine Zwangsabgleichung.[478] Mit dem Jahr 1932 war aber auch der Tiefpunkt der wirtschaftlichen Depression überwunden, nur konnte der Münchner Stadtrat unter Bürgermeister Scharnagl den seit Anfang des Jahres 1933 spürbaren wirtschaftlichen Aufwind nicht mehr für sich verbuchen. Die Früchte der umfangreichen Vorarbeiten zur Verbesserung der Münchner Verkehrsverbindungen erntete schließlich ein nationalsozialistischer Stadtrat. Fast sofort nach der Machtergreifung am 9. März 1933 begann man mit großen Straßenbaumaßnahmen, die dabei auch dem Wunsch der Nationalsozialisten nach repräsentativen Projekten entsprachen, verbunden

Die fertig gestellte Donnersbergerbrücke am 11. Januar 1936.

Foto Schödl
Stadtarchiv München, Historisches Bildarchiv

mit höchst werbewirksamen Arbeitsbeschaffungsmaßnahmen. Wie bei so vielen während der Weimarer Republik begonnenen Bauvorhaben wurde jetzt auch der Bau der Donnersbergerbrücke über das Arbeitsbeschaffungsprogramm der Nationalsozialisten abgewickelt, das mit dem im Juni 1933 ins Leben gerufenen Reinhard-Sofortprogramm ein zusätzliches finanzielles Polster erhielt. [479]

Der direkte Anstoß zum Neubau der Donnersbergerbrücke kam von der Münchner Polizeidirektion: Abgesehen davon, dass große Umwege „in Zeiten wirtschaftlicher Not eine große Belastung für weiteste Kreise darstellen, wird durch die Umleitung gerade der größten und schwersten Fahrzeuge bis in die innerste Stadt (Bahnhofplatz) der übrige Verkehr auf das empfindlichste gestört. Dass außerdem die Beschränkung des Straßenbahnbetriebes die breiteste Öffentlichkeit stark beunruhigen werden, ist anzunehmen. Ich ersuche deshalb kein Mittel unversucht zu lassen, die Erweiterung der Brücke im Rahmen des Reichs-Sofort-Programmes oder des Landes-Sonder-Programmes zu erreichen". [480]

Der Münchner Stadtrat folgte diesem Aufruf und stellte einen Antrag zur Bewilligung eines Darlehens von 2.500.000 Reichsmark für den Umbau und die Verbreiterung der Donnersbergerbrücke aus den bekannten Gründen. Der Umbau sei vordringlich und im Hinblick auf den öffentlichen Verkehr „wirtschaftlich wertvoll". Entsprechend der vorliegenden Pläne würde die vorhandene Fachwerkkonstruktion beseitigt und an deren Stelle eine Blechträgerbrücke mit aufgesetzter Eisenbetonplatte hergestellt werden. Die Länge der neuen Brücke wird 230 m betragen, ihre Breite 24,5 m. Um den Verkehr des Umbaus aufrechterhalten zu können, wird die bestehende Brücke so lange belassen, bis die Verbreiterung fertig gestellt und der Verkehr über diese geleitet werden kann. „Hernach wird die alte Fachwerkbrücke beseitigt und an deren Stelle die neue Blechträgerkonstruktion verlegt. Die Zahl der zu beschäftigenden Arbeitslosen beträgt 325, die Arbeiten werden, nach der Reichsverdingungsordnung ausgeschrieben und vergeben." [481]

Nach einigen rechnerischen Umwegen – es musste gemäß der aktuellen Gemeindegesetzgebung zusätzlich zu dem Darlehen aus dem Arbeitsbeschaffungsprogramm ein weiteres Darlehen beantragt werden, das schließlich aus den Mitteln des Baufonds der Hausunratabfuhranstalt genommen wurde – konnte Ende November 1934 mit der Reichsbahn ein Vertrag zur Verbreiterung und Verlängerung der Donnersberger Straßenüberführung in München-Hauptbahnhof geschlossen werden. Gleichzeitig nahm man auch den Bau der Heimeranunterführung in Angriff. Offensichtlich begannen die Bauarbeiten noch 1934, Ende 1935 war die Heimeranunterführung fertig gestellt, 1936 konnte die neue Donnersbergerbrücke vom Verkehr genutzt werden. Sie war damit eines der frühen nationalsozialistischen Straßenbauprojekte in München. [482]

Das Projekt Reichsautobahn

Die Verbesserung der Verkehrsverbindungen blieb auch weiterhin einer der Schwerpunkte nationalsozialistischer Kommunalpolitik und gerade in München wurde der Ausbau der Hauptverkehrsstraßen noch vor den Planungen zum Aufbau der Hauptstadt der Bewegung mit äußerster Rücksichtslosigkeit gegenüber alter Bausubstanz vorangetrieben. Jedes dieser Projekte schlachteten die Nationalsozialisten nach seiner Vollendung propagandistisch aus, einen besonderen Stellenwert aber nahmen die Verbreiterung der Strecke Zweibrückenstraße – Rosenheimer Straße und der Neubau der Ludwigsbrücke ein, da der „Marsch zur Feldherrnhalle" am 9. November 1923 vom Bürgerbräukeller aus über die Ludwigsbrücken geführt hatte. [483]

Unmittelbarer Anlass für den Neubau der beiden Brücken war ein weiteres Propagandaprojekt Hitlers, der Bau der Reichsautobahn von München nach Salzburg. Eine Zubringerstraße von Ramersdorf zur Autobahn war bereits 1933 fertig gestellt sowie die Verbreiterung der Rosenheimer Straße zwischen Rosenheimer Platz und Orleansstraße in Vorbereitung. Für das hohe Verkehrsaufkommen des Autobahnzubringers waren die Ludwigsbrücken sowie der Rosenheimer Berg bis zum Haus Nr. 17 an der Rosenheimer Straße auf 21 m zu verbreitern – für die Bewohner von zehn Miethäusern und den Besitzer einer Maschinenfabrik bedeutete dies den Abbruch ihrer Gebäude. Mit einbezogen in die Baumaßnahmen wurde außerdem die Zweibrückenstraße ab der Kreuzung Rumfordstraße/Thierschstraße. Besondere Dringlichkeit erhielt der Ausbau des Straßenzuges durch die als Uferstraße geplante Nord-Süd-Verbindung entlang der Isar, die der Kreuzung an der Ludwigsbrücke noch einmal ein erhöhtes Verkehrsaufkommen bescheren würde. Da für das Muffatwerk neue Zufahrtstraßen entstehen sollten, hatte dieser Straßenbau auch den Abbruch der alten Schwanenbrücke über den Auer Mühlbach zur Folge und den Bau von zwei neuen Brücken über diesen Bach, einmal für die Zufahrt zur Rosenheimer Straße und andererseits für die Zufahrt zum Muffatwerk. Zusammen mit den Brückenbauten war auch eine Verlegung des Auer Mühlbachs nach rechts zum Hochufer hin geplant; auf diese Weise entstand zwischen Volksbad und Ufer ein freier Platz, der als Parkplatz genutzt werden konnte. [484]

Nachdem das Stadtbauamt als Reaktion auf einen Antrag von Christian Weber vom 25. Januar 1934 vom Stadtrat offiziell mit dem Neubau der Ludwigsbrücken beauftragt war, begannen die Planungen. Die Oberleitung des gesamten Baus lag bei Stadtbaurat Fritz Beblo, seit 1934 Leiter des Stadtbauamts, bestehend aus den beiden wieder vereinigten Teilen Hochbauamt und Tiefbauamt. [485] Der ingenieurtechnische Teil war der Abteilung Wasser- und Brückenbau übertragen, Detailbearbeitungen sollten im Benehmen mit den beauftragten Baufirmen Leonhard Moll und Karl Stöhr besprochen werden. Die Bauleitung für die beiden Brücken lag bei Oberbaurat Oelbaum, architektonischer Entwurf und städtebauliche Eingliederung der Brücken in die Umgebung stammten von Dr. Knorr im Baubüro der Geschäftsleitung des Stadtbauamts-Hochbau. [486] Über die Beteiligung German Bestelmeyers, nach dessen Entwürfen sowohl der Bibliotheksbau des Deutschen Museums als auch der Kongresssaal gestaltet wurde, gibt es keine genauen Aussagen. Fest steht, dass er dem Stadtbauamt erste Planungsunterlagen vorlegte, die dann offensichtlich im Stadtbauamt bearbeitet wurden. Auf Bestelmeyer geht außerdem der Vorschlag zurück, die äußere Isar mit zwei Bögen, die innere Isar mit einem einzigen Bogen zu überbrücken. [487]

Damit wich man von dem ursprünglichen Vorhaben ab, nur die alte äußere Brücke von 1828 zu ersetzen, deren Tuffsteingewölbe für eine zunehmende Verkehrsbelastung nicht mehr geeignet war und deren Brückenpfeiler aus Sandstein die Belastung eines neuen Gewölbes nicht mehr ausgehalten hätten. Sowohl bei der äußeren als auch bei der inneren Brücke war das Flussbett inzwischen so ausgespült, dass die Pfahlroste fast frei lagen.
Da die Durchflussverhältnisse bei der inneren Brücke inzwischen äußerst schlecht waren, folgte man einem Vorschlag Oelbaums und entschloss sich zu einem Neubau beider Brücken. Die Entwürfe wurden anschließend Hans Zöberlein und Hans Flüggen vom 1934 neu gebildeten Kulturamt zugeleitet, die sie „im wesentlichen guthießen". [488]

Für die Brücke über die innere Isar hatte Bestelmeyer einen äußerst flachen Bogen von 43 m lichter Weite auf mächtigen Widerlagern vorgeschlagen, die nun etwa 16 m nach beiden Seiten in das Land hereinreichen. Infolge des weit gespannten Flachbogens wurde an den beiden Widerlagern und im Scheitel jeweils ein Gelenk angeordnet. Die Gesamtbreite der Brücke betrug nun 29,20 m mit einer Fahrbahnbreite von 18 m. Um den Bau eines Lehrgerüsts zu vermeiden, erhielt das Brückengewölbe eine Eisenkonstruktion aus Melanbögen, die das Eigengewicht der Brücke ohne Unterstützung übernehmen.

Die Echelsbacher Brücke über das Ammertal, hergestellt 1928/29 und bekanntestes Beispiel für die Verwendung eines Melanbogens im Brückenbau.

Foto Deutsches Museum München

Erfunden von dem Tschechen Josef Melan 1892 und optimiert von Spangenberg, bilden bei diesem Verfahren im Freivorbau errichtete steife Fachwerkbögen aus Stahl zuerst das Lehrgerüst eines Stahlbetonbogens. Auf der Bogenunterseite werden anschließend Schalungsträger angebracht und der Bogen betoniert; der Fachwerkbogen wird mit einbetoniert und dient als Bewehrung des Stahlbetonbogens mit einer besonders hohen Steifigkeit. In Deutschland zählten Brücken mit Melanbögen zu dieser Zeit noch zu den Ausnahmen, bekanntestes Beispiel wurde die Echelsbacher Brücke über die Ammer von 1928/29 mit einer Spannweite von 130 m. [489] Um unter der inneren Ludwigsbrücke die Durchflussverhältnisse zu verbessern, wurde dort außerdem die Flusssohle um 50 cm vertieft und vor der Brücke eine Grundschwelle mit 50 cm Absturzhöhe eingebaut.

Für die neue Brücke über die äußere Isar waren zwei Bögen aus Stahlbeton von je 32,8 m Lichtweite vorgesehen. Die Gewölbe wurden als Dreigelenkbögen ausgeführt, der Flusspfeiler erhielt eine Stärke von 3,50 m. Beide Pfeiler sollten bis zur Brüstung hochgeführt werden, wodurch beiderseits Kanzeln geschaffen wurden. Die Fundierung führte man hier wie auch an der inneren Isar in einer Tiefe durch, die Unterspülungen selbst bei katastrophalen Hochwassern ausschloss. Als Gesamtkosten einschließlich der Verbreiterung der Zweibrückenstraße, der Rosenheimer Straße und des Rosenheimer Bergs wurden 4.093.500 Reichsmark veranschlagt. [490]

Zur Vorbereitung der Bautätigkeit war die beim östlichen Widerlager der äußeren Brücke verlegte Fernheizungsleitung vom Muffatwerk zum Deutschen Museum provisorisch zu verlegen. Die Anlage eines Notsteges für die wichtigste Brücke Münchens war dagegen nicht vorgesehen. Durch den Bau des Deutschen Museums und des Müller'schen Volksbades waren die Platzverhältnisse sehr beengt, ein Notsteg war daher nur schwer unterzubringen. Die Fußgänger sollten auf den Kabelsteg ausweichen, [491] andere Verkehrsteilnehmer mussten sich selbst helfen und wählten wohl in den meisten Fällen die beiden Boschbrücken. Mit der Umleitung des bisher über diese zentrale Brücke laufenden Verkehrs entstand dem Stadtbauamt eine andere Aufgabe: Da zu erwarten war, dass die Totalsperrung

Abbruch der Inneren Ludwigsbrücke im November und Dezember 1934.

Beide Fotos Baureferat

der Brücke für die Geschäftsleute vor allem auf der rechten Isarseite eine beträchtliche geschäftliche Einbuße bedeuten würde, waren damit die Ankündigungen der Nationalsozialisten zur Behebung der wirtschaftlichen Not und Arbeitslosigkeit infrage gestellt. Trotzdem erklärte sich die Stadtratsfraktion der NSDAP nicht dazu bereit, an die Leidtragenden Entschädigungen auszuzahlen. Das Stadtbauamt sollte nun untersuchen, wie stark die Brückensperre die Geschäftsleute tatsächlich beeinträchtigte, besonders Geschädigte würden dann mit Aufträgen von der Stadt bzw. vom Stadtbauamt/Tiefbau beruhigt werden. Dabei war auch zu überprüfen, ob die Geschädigten die deutsche Staatsbürgerschaft hatten und welcher Religion sie angehörten. [492]

Am 12. November 1934 begannen die Abbrucharbeiten. Trotz der von Oelbaum geäußerten Bedenken, durch die Sprengung der alten Brücke könnten nicht nur umliegende Gebäude, darunter auch das Deutsche Museum, schwerwiegende Schäden davontragen, sondern auch Brückenteile in die Isar fallen und nur unter hohem Kostenaufwand entfernt werden, wurde der Abbruch der alten Brücke mit Sprengungen durchgeführt. [493] Bereits am 7. November 1934 hatte man mit einer weiteren

Erster eingebauter Doppelbogen der Melankonstruktion

Aufnahme vom 27. Mai 1935
Baureferat

Beginn der Schalungsarbeiten für den Kragarm am linken Widerlager

Aufnahme vom 4. Mai 1935
Baureferat

Baumaßnahme in Verbindung mit dem Bau der Ludwigsbrücken begonnen: mit dem Bau des Reichenbach-Dükers. Seit der Isarregulierung und dem Bau des Corneliuswehres enthielt das Bett der Kleinen Isar sehr wenig Wasser. Um diesem rechten Isararm ein ansprechenderes Äußeres zu geben, eine Maßnahme, die vor allem der von vielen Touristen besuchten Museumsinsel mit dem Deutschen Museum zugute kommen sollte, beschloss der Stadtrat, einem Vorschlag des Stadtbauamts zu folgen und diesen Teil des Flusses wieder regelmäßig mit Wasser zu beschicken. An der Reichenbachbrücke wurde ein neuer, mit einer Schleuse versehener Einfluss zu einem unterirdischen Kanal gebaut. Der Kanal leitet das Wasser zu der hohen Gefällstufe unterhalb der Brücke und dort fließt es in das Bett der Kleinen Isar.[494]

Aufbau eines Betoniergerüsts auf dem eingeschalten und armierten Brückenbogen

Aufnahme vom 16. August 1935
Baureferat

Eingestürzter Derrick-Kran

Aufnahme vom 27. Juli 1935
Baureferat

Im Gegensatz zu den Bemühungen von Carl Probst zu Beginn des 19. Jahrhunderts, die Straße zum Gasteig dem Brückenniveau anzugleichen und damit die Auffahrt zu erleichtern, musste die nationalsozialistische Stadtspitze keine Rücksichten auf Anwohner und Grundbesitzer nehmen. Das Brückenniveau der inneren Brücke wurde zusammen mit dem Straßenniveau der Erhardt- und Steinsdorfstraße angehoben und damit bereits die Zufahrt zur Brücke von der Stadtseite erleichtert. Auf der rechten Isarseite wurde mit der Hebung des Straßenniveaus um bis zu 60 cm an der Einmündung der Lilienstraße auch diese Situation für die Zufahrt in die Au entschärft und gleichzeitig ein höheres Niveau für die Auffahrt zum Gasteig gelegt. Fußgängertunnel in den äußeren Widerlagern auf beiden Seiten der Isar ermöglichten nun ein kreuzungsfreies und gefahrloses Queren der stark befahrenen Trasse zur Rosenheimer Straße.

Sowohl durch ihre architektonische Gestaltung als auch ihre Verkleidung mit Muschelkalk erscheinen beide Brückenteile als eine Einheit. Verstärkt wurde dieser Eindruck durch das Wiederanbringen der von Hocheder gestalteten Pylone auf beiden Seiten der Brücken.[495] Die heute nicht mehr vorhandenen Hoheitszeichen der Partei bzw. die Diskussion um ihre künstlerische Ausgestaltung führte zu einem Eklat mit weitreichender Wirkung: Hitler, dem die Gestaltung der Hoheitszeichen der Partei nicht gefiel, entließ den damit beauftragten Künstler Karl Knappe (Schöpfer des Grabmals des Unbekannten Soldaten vor der Staatskanzlei), da er nach Hitlers Auffassung unfähig zur „künstlerischen Gestaltung im Sinne nationalsozialistischer Kunstauffassung" war.[496] Beide Brückenteile konnten in Tag- und Nachtschichten in der kurzen Bauzeit von etwa einem Jahr bis November 1935 fertig gestellt werden.[497] Angesichts der ideologischen Bedeutung der Brücke wurde erwogen, ihre feierliche Eröffnung auf den 9. November 1935 zu legen. Adolf Hitler sprach sich jedoch gegen diesen Termin aus und es wurde der 3. November 1935 gewählt, die Bedeutung der Brücke anlässlich der Eröffnungsfeier natürlich hervorgehoben.[498]

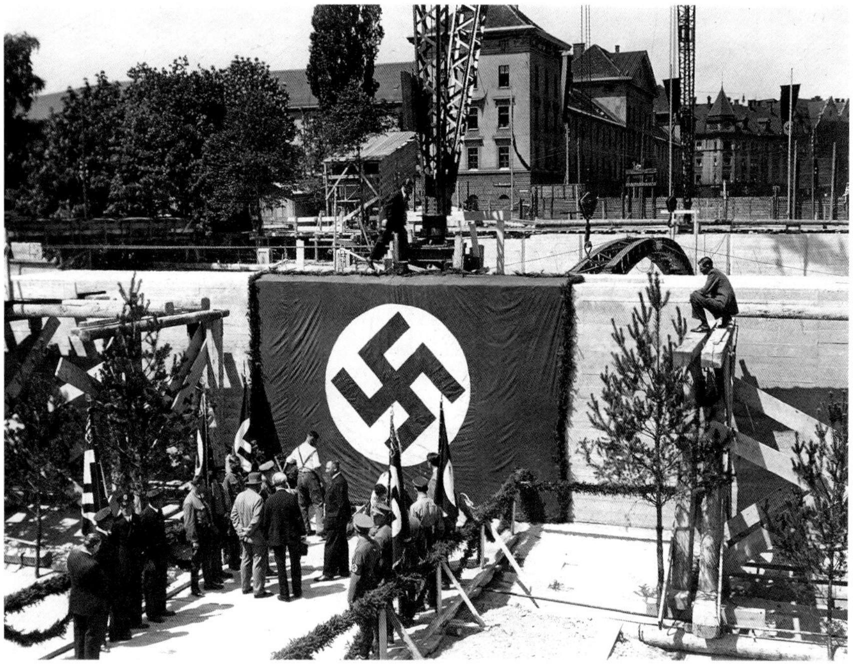

Einmauerung der Urkunde während der Grundsteinlegung am 27. Mai 1935.

Baureferat

Anlässlich der Verkehrsübergabe der neuen Ludwigsbrücke am 3. November 1935 wird die Bedeutung der Brücke als Wegabschnitt des „Marsches auf die Feldherrnhalle" vom November 1923 propagandistisch herausgestellt.

Baureferat

Die beiden neuen Ludwigsbrücken 1935

Baureferat

Wasser- und Brückenbau bis 1945

Das seit 1910 diskutierte Projekt einer Brückenverbindung über die Isar zur Anbindung des Herzogsparks wurde zwar wieder aufgenommen, jedoch auch jetzt nicht realisiert, auch wenn 1937 eine Straßenbrücke über den Oberstjägermeisterbach im Zug des späteren Isarrings entstand. In den folgenden Jahren konzentrierten sich die mit dem Straßenbau verbundenen Brückenbauten auf die neuen Außenbezirke Münchens, auf die noch vor der Machtergreifung eingemeindeten Orte Daglfing und Trudering einerseits und die in den 40er Jahren neu dazu gekommenen Orte im Westen, auf Lochhausen oder auch Langwied. Vor allem am Hüllgraben in Daglfing führte man noch bis 1941 Arbeiten an zahlreichen Überwölbungen und Straßenbrücken durch. Fußgängerbrücken aus Beton über das Freibadbächl in den Flaucheranlagen entstanden noch im vierten Kriegsjahr 1942, also bereits in einer Zeit, in der die Beschaffung von Baumaterial wieder schwieriger geworden war.[499]

Die schon erwähnte Umstrukturierung im Tiefbauamt hatte keine größeren Auswirkungen auf die Abteilung Wasser- und Brückenbau. Dies dürfte auch damit zusammenhängen, dass nach den großen Brückenbauten keine weiteren Großprojekte in diesem Bereich durchzuführen waren und der Schwerpunkt der zukünftigen Planungen für die Hauptstadt der Bewegung im Bereich des Hochbaus und des Straßenbaus lagen. Die Abteilung Wasser- und Brückenbau war nach einem Bericht von 1936 neben der Verwaltung in drei Aufgabengebiete gegliedert: In den inneren technischen Dienst, der vor allem die Projektierung und Vergabe sowie die Bauleitung für alle wasser- und brückenbautechnischen Objekte durchführte, in das so genannte Wasserpolizeibüro, das im Sinne des Wassergesetzes als amtlicher technischer Sachverständiger für die Stadt als Bezirksverwaltungsbehörde wirkte, und schließlich in den äußeren technischen Dienst, den „eigentlichen" Betrieb,

Das schwere Hochwasser vom Mai 1940.

Bild oben
Zusammenfluss von Kleiner und Großer Isar

Bild unten
Überschwemmter Fußweg vor dem Müller'schen Volksbad.

Beide Fotos Baureferat

der 1936 aus 17 Beamten, drei Angestellten und 74 ständigen Arbeitern bestand. Bei Bedarf wurde die Zahl der Arbeiter erhöht, z. B. für die Bachauskehr und wohl auch bei Hochwasseralarm. Dann konnte die Abteilung je nach Arbeitsaufwand aus 130–150 Männern und mehr bestehen. [500]

Auf „Angriffe der oft heimtückischen Isar" war man inzwischen vorbereitet, Katastrophen wie 1899 konnten nach Ansicht der Mitarbeiter nicht mehr vorkommen, da alle Brücken inzwischen massiv gebaut waren, sicher fundiert und genügend hoch über dem Wasser gelegen. Ausnahmen stellten möglicherweise noch der Flauchersteg dar und der Wehrsteg oberhalb der Isarlust, die aber beide rechtzeitig zu sperren waren. Fast alle Hochwasserschleusen waren mit elektrischem Antrieb versehen, im Bedarfsfall also rasch zu bedienen. Die Nachricht über kritische Wasserstände erhielt München von der Sondermeldestelle des Hochwassernachrichtendienstes in Mittenwald, und damit hatte man genügend Zeit für Vorbereitungen. Dieser Vorhersage aus Mittenwald auf den vermutlich höchsten Wasserstand wurde beim staatlichen Straßen- und Flussbauamt der Isarpegel bei der Max-Joseph-Brücke zugrunde gelegt, im Stadtbauamt allerdings der Pegel an der Wittelsbacherbrücke, da dessen Anzeige „fernelektrisch" in die Außendienststelle an der Hefner-Alteneck-Straße Nr. 2 übertragen wurde. Nach den hier empfangenen Meldungen orientierten sich die weiteren Maßnahmen: Bei einem Pegel von etwa 1,80 m bei weiter steigendem Wasser „herrschte noch Ruhe", denn dies bedeutete, dass das Wasser problemlos über das Corneliuswehr oberhalb der Corneliusbrücke in die Kleine Isar abfloss. Stieg das Wasser weiter und waren Streichwehr und Hochwasserbett oberhalb der Reichenbachbrücke von reißendem Wasser überflutet, war die Lage kritisch und ab einem Pegelstand von 2,20 m mussten Überfälle, Schleusen und Brücken von Bäumen und Gesträuch geräumt werden. [501]

Während der Kriegsjahre war das Personal sicher reduziert, da ein großer Teil der Männer zum Heeresdienst eingezogen wurde. Für die in der Abteilung Verbliebenen bedeutete wohl das Hochwasser vom Mai 1940, bei dem Wasserstände über der Markierung von 1899 gemessen wurden,

Bild oben

Außendienststelle der Abteilung Wasser- und Brückenbau in der Hefner-Alteneck-Straße mit der Meldestelle für den „Wittelsbacher Pegel".

Bild unten

Die Corneliusbrücke während des Hochwassers 1940.

Beide Fotos Baureferat

eine schwierige Situation und ein hohes Maß an Arbeitseinsatz. Im Übrigen beschränkte sich die Arbeit während des Krieges im Wesentlichen auf die Behebung der Bombenschäden nach den schweren Luftangriffen. Wie aus einer Berichterstattung über die Kriegsschäden an Münchner Brücken hervorgeht, entgingen die Isarbrücken der völligen Zerstörung. Von den insgesamt 14 Brücken und Stegen über die Isar war nur ein kleiner Teil durch Bombenschäden unbenutzbar. Bei der alten Eisenbrücke an der Brudermühlstraße stürzte ein Feld mit 40 m Spannweite ein, in ein Feld der Thalkirchner Brücke war während eines Luftangriffs Anfang September 1943 eine Bombe eingeschlagen und hatte ein Loch von etwa einem halben Meter Durchmesser in die Brücke gerissen sowie das flussaufwärts gelegene Holzgeländer zum Teil zerstört. Der Flauchersteg und die innere Bosch-Brücke waren ebenfalls beschädigt. Bei sechs Isarbrücken und an anderen Brücken in der Stadt wurden die Natursteinbrüstungen durch Bombeneinschläge teilweise zerstört, Teile der Brüstungsmauern fielen in die Isar. Es entstanden außerdem Schäden an Widerlagern, Flügelmauern, Pfeilervorköpfen und Steinplastiken an verschiedenen Isarbrücken. In München waren trotzdem fast alle Verkehrsverbindungen über die Isar intakt, ein Vorzug, der München von anderen Städten unterschied.

Brücken über Bahnanlagen waren dagegen weit stärker zerstört, da Bahnanlagen zu den bevorzugten Angriffszielen der Alliierten zählten. Bei der Hackerbrücke stürzte ein Feld mit 29 m Spannweite ein, an der Donnersbergerbrücke waren besonders die nördlichen Felder stark betroffen und mussten behelfsmäßig durch Zwischenjoche unterbolzt werden. Die Überführung in der Landsberger Straße, deren Überbau und Pendelpfeiler zu 50 % vernichtet wurden, war nicht mehr benutzbar. Während des Luftangriffs im September 1943 brannte fast der gesamte Lagerplatz der Abteilung Wasser- und Brückenbau mit nahezu allen Materialien, Gerätschaften und Einrichtungen ab, ein schwerer Verlust, da Baumaterial vor allem in den ersten Nachkriegsjahren fast nicht zu beschaffen war. Das Südwerk III und die Straßenbrücke über deren Unterwasserkanal erhielten ebenfalls schwere Treffer. Dazu waren verschiedene Brücken an der Würm, am Nymphenburg-Biederstein-Kanal und im Englischen Garten schwer beschädigt. Im Bereich der Altstadt waren während der Luftangriffe schwerwiegende Schäden an den Bachüberwölbungen und Bachbrücken entstanden. Die Kosten, die diese Schäden nach sich zogen, wurden vorerst mit etwa 3,5 Millionen Reichsmark beziffert. [502]

Der Lebensraum Stadt 1945 – 2008

Wiederaufbau nach dem Kriegsende

Gemessen an den Zerstörungen, die unmittelbar nach dem Krieg in München sichtbar waren, sind die Schäden an den Münchner Brücken fast schon geringfügig zu nennen: In ganz München waren 45 % der Bausubstanz zerstört, wobei die Innenstadt mit 60% und hier wieder der Bereich nördlich des Hauptbahnhofs mit 74 % besonders stark betroffen waren. Große Teile der Innenstadt glichen einem Trümmerfeld, Straßen waren nicht mehr als solche erkennbar. Vordringliche Aufgabe war damit die Schutträumung an den Hauptverkehrsstraßen. Von den Isarbrücken wiesen, wie schon erwähnt, vor allem die Brudermühlbrücke und der Flauchersteg starke Schäden auf, alle anderen Isarbrücken waren zwar beschädigt, aber weiterhin benutzbar. Eine Sprengung der Isarbrücken vor dem Einmarsch der Amerikaner war angeblich von Bürgermeister Fiehler verhindert worden. [503]

Weniger günstig war dagegen die Situation in Föhring. Der westliche Überbau der Leinthalerbrücke war noch am 30. April 1945 gesprengt worden und die Föhringer benutzten bis zur Wiederherstellung der Brücke im Jahr 1950 trotz des Zugverkehrs die Eisenbahnbrücke! [504] Die Bombenschäden an den Brücken über die vom Hauptbahnhof ausgehenden Schienenstränge waren ebenfalls gravierend, auch die Braunauer Eisenbahnbrücke war sowohl durch Luftangriffe als auch Teilsprengung 1945 beschädigt, konnte jedoch schnell wieder repariert werden. Durch die schweren Schäden an den Straßenbrücken über die Stadtbäche waren jedoch ganze Straßenzüge unpassierbar. [505]

Unter schwierigsten Bedingungen begann man in der Abteilung Wasser- und Brückenbau Ende Mai 1945 mit den ersten Wiederaufbauarbeiten. In den folgenden Monaten konnten die Arbeiten nur langsam vorangebracht werden, denn auch hier

Bild links

Die kriegszerstörte Hackerbrücke 1946.

Stadtarchiv München, Historisches Bildarchiv

Die Sparkassenstraße nach dem Luftangriff vom 18. März 1944.

Stadtarchiv München, Historisches Bildarchiv

Die zerstörte Leinthalerbrücke bei Föhring zwischen 1945 und 1947.

Stadtarchiv München, Historisches Bildarchiv

hatte man mit den überall spürbaren Hemmnissen der Materialknappheit zu kämpfen. Besonders schmerzhaft machte sich jetzt der Brand im Materiallager bemerkbar, denn Baumaterial war während der letzten Kriegsjahre Mangelware geworden und nach dem Ende des Krieges verschärfte sich die Situation noch weiter. Materialtransporte aber waren erschwert durch das Fehlen an Treibstoff, konnten schließlich Baumaterial und Treibstoff beschafft werden, fehlte es an Arbeitskräften. Ein großer Teil der Männer war noch nicht aus der Kriegsgefangenschaft zurückgekehrt, 1946 waren in der Abteilung Wasser- und Brückenbau aber immerhin 43 Arbeiter beschäftigt, im Gegensatz zu 74 Männern vor dem Krieg. [506]

Nach den Räumungsarbeiten an den großen Hauptverkehrsstraßen war die Wiederherstellung zerstörter Mauerwerke an Bachläufen und das Freiräumen verschütteter Bäche vordringlich, da die Bäche inzwischen fast ausnahmslos unterirdisch verliefen und der Einsturz der Bachüberwölbungen erhebliche Verkehrsbehinderungen nach sich zog. Links und rechts der Isar hatten die Mitarbeiter an insgesamt 39 Stellen Schäden an Bachüberwölbungen festgestellt, darunter an der Roßschwemm am Viktualienmarkt, am Westlichen Stadtgrabenbach auf seiner Strecke vom Sendlinger Tor über die Herzog-Wilhelm-Straße, den Lenbach- und Maximiliansplatz bis zum Odeonsplatz und schließlich am Pfisterbach in der Sparkassenstraße. Ganze Straßenzüge waren durch diese Schäden nicht mehr passierbar, sie mussten also möglichst rasch beseitigt werden. In den meisten Fällen war dabei allerdings nicht nur die Bachüberwölbung, sondern auch das gesamte Bachprofil zu erneuern. Neben diesen Arbeiten fanden Ausbesserungsarbeiten an den während der Luftangriffe beschädigten Brücken statt: Bis Ende 1945 waren die Brücke in der Oettingenstraße über den Eisbach, die Brücke in der Tivolistraße über den Oberstjägermeisterbach, die Innere Dr. Bosch-Brücke beim Deutschen Museum und der Steg über die Thalkirchner Überfälle, der jetzige Flauchersteg, wieder instand gesetzt. Die zerstörten Brüstungen der Isarbrücken und anderer Brücken hatte man provisorisch durch Luftschutzsteine ersetzt. [507]

Alle Bauvorhaben waren ab März 1946 von der Militärregierung zu genehmigen und ohne Zustimmung von OMGUS (Office of Military Government of the United States for Germany) durfte kein Neubau von Straßen und Brücken begonnen oder fertig gestellt werden. Um diese Genehmigung zu erhalten, war das Projekt zuerst dem Bayerischen Staatsministerium des Innern, Bauabteilung, Gruppe Straßen- und Brückenbau, vorzulegen. Der Antrag hatte alle Einzelheiten des Bauvorhabens zu enthalten wie technische Normen, Abmessungen, dazu die Bezugsquellen für Baustoffe, Kosten, Begründung für die Notwendigkeit des Baus, Genehmigung oder die Stellungnahme der Militärregierung des Landes, in diesem Falle Bayern. [508] Die dafür benötigten Formulare waren zuerst auszufüllen und anschließend von mehreren Stellen zu prüfen und zu genehmigen, bevor sie von der Bauabteilung Gruppe Straßen- und Brückenbau im Innenministerium an OMGUS weitergeleitet wurden. Über alle durchgeführten Baumaßnahmen mussten an die Militärregierung monatliche, vierteljährliche und halbjährliche Tätigkeitsberichte abgegeben werden. [509]

Die neue Straßenbrücke über die Würm bei der Untermenzinger Inselmühle, Februar 1951

Baureferat

Dank dieser Berichte, die als Jahresberichte auch beim Wasser- und Brückenbau hinterlegt wurden, lassen sich die Wiederinstandsetzungsarbeiten sehr gut nachvollziehen: Während des Jahres 1946 konnten die stark beschädigten Isarufermauern neu befestigt und die zerstörte Straßenbrücke über den Unterwasserkanal beim Südwerk III durch eine neue Betonträgerbrücke ersetzt werden. Daneben wurden der Auermühlbachdüker repariert sowie drei Straßenbrücken über die Würm: in der Katharinen-, Marien- und Pippinger Straße in Pasing. Mit dem Wiederaufbau des Betriebsgebäudes an der Hefner-Alteneck-Straße war ebenfalls begonnen worden und bis Ende 1946 der Rohbau fertig gestellt. Diese Bauarbeiten muten verschwindend gering an angesichts der großen Zahl an Bauwerken, die noch instand gesetzt werden mussten. Jedoch sind diese Arbeiten vor dem Hintergrund der immer noch schwierigen Materialbeschaffung und des noch bestehenden Treibstoffmangels zu sehen. [510] Erst nach der Währungsreform im Juni 1948 begann sich hier die Lage zu bessern.

Im Jahr 1947 meldete man den Neubau einer massiven Brücke in der Riesenfeldstraße über den Nymphenburg-Biederstein-Kanal, den Umbau und die Verbreiterung der Martiusbrücke über den Schwabinger Bach im Englischen Garten von fünf auf 7 m für die neu eingerichtete Buslinie durch den Englischen Garten sowie die Ausbesserung der Würmbrücke in der Katharinenstraße in Pasing. Fast alle Münchner dürften jedoch die Nachricht vom Bau eines dreieinhalb Meter breiten Fußgängernotsteges als Eisenfachwerk über das zerstörte Feld der Hackerbrücke begrüßt haben, gerade rechtzeitig zum zweiten „Münchner Herbstfest“, das anstelle des Oktoberfestes auf der Theresienwiese stattfand. Für viele Münchner war damit der kürzeste Weg zur Wiesn wieder hergestellt. Als eine weitere Baumaßnahme waren auf Befehl der Militärregierung sämtliche Minenschächte der Isarbrücken zuzubetonieren und in Zukunft durften Sprengkammern in neuen Brücken auch nicht mehr eingebaut werden. Nach einer Anleitung des Staatsministeriums des Innern war dabei jedoch zu beachten, dass die Kammern nicht zu verfüllen waren, „sofern es sich bei den Kammern um Ableitungen von Oberflächen- und Sickerwasser handelt“. [511] Die alte Eisenbrücke über die Isar, die Brudermühlbrücke, war ab dem 19. Dezember 1948 wieder über einen 40 m langen und 4 m breiten Fußgängersteg begehbar. Daneben meldete die Abteilung den Neubau der Kegelhofbrücke über den Auer Mühlbach, die Erneuerung von Geländer und Belägen des Fußgängersteges bei der Marienklause und die Instandsetzung der Würmbrücke in der Pasinger Marienstraße. Ein Jahr später 1949, konnten endlich auch die an den Isarbrücken provisorisch angebrachten Brüstungsabschlüsse aus Luftschutzsteinen durch Ziegelmauerbrüstungen mit Zementputz ersetzt werden. [512]

Neubau der Würmbrücke im Zuge der Landsberger Straße in Pasing.

Bild oben
Ansicht der alten Brücke am 7. Juli 1949

Bild rechts
Die neue Plattenbalkenbrücke am 24. Oktober 1949.

Beide Fotos Baureferat

Neue Radiale und Tangentiale

Als mit der Währungsreform am 20. Juni 1948 wieder eine solide städtische Finanzplanung möglich wurde, konnten auch die Bemühungen um einen Wiederaufbau in der zerstörten Stadt intensiviert werden. Die Planungsgrundlagen dafür waren bereits kurz nach Kriegsende geschaffen worden, wobei sich die Stadtplaner in der öffentlichen Diskussion um die geeignete Form des Wiederaufbaus in zwei gegensätzliche Lager gespalten hatten: in die Verfechter eines Aufbaus der zerstörten Stadt in ihrer alten rekonstruierten Gestalt oder aber in einer völlig neuen und offeneren modernen Form. Bereits im August 1945 war die Entscheidung des Stadtrats gefallen und Planungsgrundlage wurde der von Stadtbaurat Meitinger entwickelte Plan, nach seinem Verfasser „Meitinger Plan" genannt. Nach Meitingers Vorgaben sollte der tradtionsreiche Stadtkern in seiner alten Form wieder erstehen, denn nur mit einer „behaglichen" Altstadt könnte München seinen Charakter bewahren und damit für den Tourismus interessant bleiben. Neue, moderne Architektur dagegen würde außerhalb der Altstadt zugelassen werden. Dem zu erwartenden deutlich steigenden Verkehrsaufkommen aber müsste mit einem etwa 50–70 m breiten „Park- und Verkehrsring" um die Altstadt entsprochen werden. [513]

Den bereits in den 40er Jahren unter dem Eindruck der Reichsautobahnen entwickelten Vorschlag Meitingers, mit einem weiter ausgreifenden System von Ringstraßen dem Verkehr Freiräume zu schaffen und damit die Altstadt zu entlasten, akzeptierte der Münchner Stadtrat erst nach einer längeren Phase des Abwartens. Vorerst wurden kleinere Straßen- und Brückenbauten bewilligt, um einige bekannte Engstellen im Stadtverkehr zu beseitigen. Als erste dieser neuen Bauten entstanden noch 1948 die beiden Brücken im Zug der neuen Theodor-Storm-Straße über den Pasing-Nymphenburger-Kanal und über die Würm mit einer Breite von je 12 m.
Auch im folgenden Jahr 1949 konzentrierte man sich auf Straßenbauten im Münchner Westen und hier wieder auf München-Pasing. Die Stadt Pasing war zwar 1938 trotz Pasinger Gegenwehr zwangseingemeindet, in den folgenden Jahren mit Straßenbaumaßnahmen jedoch reichlich stiefmütterlich behandelt worden. Hier wurden also schon länger

bestehende Bedürfnisse befriedigt. Es entstanden weitere Brücken über den Pasing-Nymphenburger-Kanal bzw. über die Würm für die Kaflerstraße und eine massive Brücke mit zwei Öffnungen zu je 7,50 m und einer Gesamtbreite von 20 m als Ersatz für die alte schmale Landsberger Straßenbrücke, heute Bodenseestraße. [514]

Im folgenden Jahr 1950 folgte der Neubau der beiden Würmbrücken bei der Inselmühle in Untermenzing mit einer Breite von 17 m und beim Kriegerdenkmal in Allach mit einer Breite von 10 m. Die Überführung der Landsberger Straße über die Bahnanlagen München Laim – München Ost mit einer Brückenbreite von 34 m wurde ebenfalls 1950 begonnen, bis Jahresende waren die beiden Widerlager mit Flügeln und ein Teil des Mittelpfeilers fertig gestellt, im folgenden Jahr konnte die Brücke dem Verkehr übergeben werden. Die 25 m breite Brücke über den Schwabinger Bach im Zuge der Dietlindenstraße, die so genannte Weiße Brücke, stellte zwar bereits ein erstes Teilstück der schon seit 1910 geplanten Straßenverbindung zum Herzogpark und damit des späteren Isarrings dar, die Fortsetzung über die Isar folgte allerdings erst ab 1958. [515]

Im Süden der Stadt ging man dagegen schon einen Schritt weiter. Hatte man unmittelbar nach Kriegsende dem Autoverkehr in Münchens Straßen keine zukünftige Bedeutung beigemessen, sollte man in den 50er Jahren eines Besseren belehrt werden. München erlebte eine Motorisierungswelle ohne Beispiel: Im Dezember 1950 waren in München noch 55.550 Autos zugelassen, im November 1963 schon 258.500. Die bayerische Stadt hatte damit den höchsten Pro-Kopf-Durchschnitt an Kraftwagen der Bundesrepublik: 1949 kamen auf 50 Einwohner nur zweieinhalb Autos, 1955 waren es bereits sieben und Ende 1963 elf. [516] Bei der steigenden Zahl angemeldeter Pkws und Lkws quälte sich nicht nur der Ortsverkehr durch Münchens Straßen, sondern dazu auch sämtliche von Norden, Westen, Osten und Süden ankommenden Fahrzeuge. Bereits 1954 wurden Staus in der Innenstadt die Regel und man vermisste schmerzlich eine Umgehungsstraße. [517]

Der Bau einer Umgehungstangente, heute bekannt unter dem Namen „Mittlerer Ring", wurde Thema eines von Bund, dem Land Bayern und der Stadt München im Jahr 1952 gebildeten Koordinierungsausschusses. Gegründet unter dem Eindruck eines unaufhaltsamen Wachstums der Landeshauptstadt, hatte der Ausschuss den Auftrag, die Planungen der Stadt mit den Verkehrsbedürfnissen der Region und den weiträumigen Verkehrsbeziehungen der vor München endenden Bundesautobahnen in Einklang zu bringen. Dabei zeigte sich, dass sowohl der Straßenring um die Altstadt, der spätere Altstadtring, als auch der Mittlere Ring für die weitere Entwicklung der Stadt unabdingbar waren. Ziel musste es nun sein, die Realisierung und damit die Finanzierung der riesigen Bauvorhaben zu ermöglichen. Vorerst wollte man mit dem Ausbau einzelner Straßenabschnitte den Bereich der Innenstadt entlasten, daneben aber mit Abschnitten des Ringsystems beginnen, mit einer Westtangente, d.h. der Fürstenrieder Straße – Wotanstraße, einem Teilstück des Altstadtrings zwischen Ludwigstraße und Maximiliansplatz, vor allem aber mit der südlichen Tangente an der Brudermühlstraße. [518]

Besonders im südlichen Stadtgebiet war seit der Zerstörung der Brudermühlbrücke das Fehlen einer Tangential-Entlastungsstraße spürbar geworden. Die alte Brudermühlbrücke war trotz der 1948 durchgeführten Reparaturen nur noch für Fußgänger und Radfahrer benutzbar, die alte Holzbrücke über die Isar bei Thalkirchen für Fahrzeuge mit einem Gewicht von mehr als drei Tonnen gesperrt.
Um Verkehrsverbindungen, die auch von Lastkraftwagen benutzt werden konnten, war es also hier schlecht bestellt, und der Schwerverkehr wich auf die Wittelsbacher- und auf die Ludwigsbrücke aus. Ein Neubau der Brudermühlbrücke war damit „ein dringendes Bedürfnis" – nicht nur, weil diese Brücke den kürzesten Verbindungsweg zwischen Sendling und Giesing bildete. Sie konnte auch als Teilstück einer neuen Südtangente und Verbindung zwischen den Autobahnen München – Salzburg und München – Stuttgart dazu beitragen, sowohl Ludwigsbrücke als auch Innenstadt vom Verkehr zu entlasten. Zur vorerst lokalen Verkehrsentlastung würde als erster Teilabschnitt der zukünftigen Tangentiale ein Ausbau der Brudermühlstraße von der Thalkirchnerstraße über die neue Isarbrücke

bis zum Candidplatz beitragen. Eine wesentliche Steigerung, so hoffte man 1952, würde dann die für nächsten Sommer geplante Fertigstellung der Trasse zwischen Tegernseer Landstraße und Plinganserstraße darstellen. [519]

Den Entwurf für eine neue Brudermühlbrücke erarbeiteten Mitarbeiter des Stadtbauamts, Karl Delisle und Max Panitz, zuständig für die architektonische Gestaltung, sowie der Chefkonstrukteur der beauftragten Firma Dyckerhoff & Widmann KG, Ulrich Finsterwalder, zusammen mit dem städtischen Baurat Anton Lohr, beide verantwortlich für das statische System des Tragwerks. Nach deren Vorgaben entstand die neue Straßenbrücke über die Isar als Plattenbalkenkonstruktion mit durchlaufenden Parallelträgern und frei ausschwingenden Kragplatten. Wie anlässlich einer genaueren Untersuchung festgestellt wurde, konnten die Pfeiler und Widerlager aus dem Jahr 1902 wiederverwendet werden, was natürlich eine beträchtliche Kostenersparnis bedeutete. Mit Rücksicht auf zukünftige Hochwasser wurde die Brückentafel um einen Meter höher gelegt als ihre Vorgängerin. (Bemessungsgrundlage für diese Maßnahme war nicht mehr der Hochwasserstand von 1899, sondern das Katastrophenhochwasser von 1940). Ihre hohe Tragfähigkeit (60 Tonnen) konnte die neue Brücke trotz geringen Baustoffaufwands erreichen, weil hier zum ersten Mal in München Spannbeton eingesetzt wurde, die Bauweise für Brückenbauten der nächsten Jahrzehnte.

Die unter dem Eindruck einer äußerst angespannten städtischen Finanzlage gebaute Brudermühlbrücke sollte sich angesichts ihrer Bedeutung als Teilstück eines zukünftigen Tangential-Entlastungsringes mit ihren 16,5 m bald als zu schmal erweisen. Darüber hinaus war auch in der Brudermühlstraße als Brückenzufahrt ein weiterer Engpass in Form der 1927 über den Großen Stadtbach errichteten Eisenbetonbrücke vorhanden, die von Kriegszerstörungen bewahrt geblieben war und den Anforderungen des Schwerlastverkehrs – noch – genügte. Nur wenige Jahre später musste die mittlerweile dringend notwendige Verbreiterung dieser Brücke durchgeführt werden. [520]

Bild oben

Die fast fertig gestellte Brudermühlbrücke am 5. November 1953

Baureferat

Bild links

Die Brudermühlbrücke, hier im Anschluss an die Baustelle des Brudermühltunnels (fertig gestellt 1988), ist eingebettet in die Landschaft der oberen Isarauen.

Baureferat

Für eine schlanke Plattenbalkenkonstruktion an der Brudermühlstraße hatte man sich auch deshalb entschieden, weil diese sich im Gegensatz zur alten Eisenfachwerkbrücke wesentlich besser in ihre Umgebung einfügte. Ästhetischen Ansprüchen sollte jedoch nicht nur die Brücke selbst genügen, sondern auch ihre Umgebung zur Aufgabe eines „Landschaftsgestalters" werden. Die Einbindung eines Landschaftsarchitekten geschah nicht ohne Grund: Man war sich bewusst, dass eine in Zukunft stark befahrene Straße das Erholungsgebiet der oberen Isarauen am Flaucher mit seinen Fuß- und Radfahrwegen durchschneiden würde.

Der weiterführende Straßenzug sollte also „so weit als möglich" von einer Bebauung frei gehalten werden. Nach den Vorstellungen des Landschaftsarchitekten Prof. Alwin Seifert könnte nun der Blick des Straßenbenutzers „auf den Isarauen ruhen" und, so hoffte man, dem Fremden „einen Eindruck von der Schönheit der Münchner Landschaft vermitteln, aber auch der werktätigen Bevölkerung Münchens auf dem Weg zwischen Wohnungs- und Arbeitsstätte ein ansprechendes Bild bieten." Der Baumbestand wurde daher bei den Baumaßnahmen so weit als möglich erhalten oder durch Neupflanzungen ergänzt. Am rechten Isarufer ist ein Fußweg unter der Brücke im Hochwasserbett durchgeführt, am linken Ufer wird der Durchgang durch eine Unterführung ermöglicht. [521]

Wie schon vor der Eröffnung der Brücke Ende November 1953 zu lesen war, bedeutete von nun an jeder Brückenbau, jeder Teilausbau eines Straßenstücks einen weiteren Beitrag zur Behebung der Verkehrsnot. Alle Baumaßnahmen sollten auf lange Sicht die Herstellung einer Tangentialverbindung ermöglichen, die vom Autobahn-Verteilerkreis in Obermenzing über Pasing, Laim und Sendling, die Brudermühlstraße, nach Giesing und die „Umfahrt" Bogenhausen (heute Richard-Strauss-Straße und Leuchtenbergring) zum Effnerplatz führen würde. Als Kostenaufwand waren dabei überschlägig 22 Millionen DM eingeplant. Mit dem Ausbau der notwendigen Verbindungsstrecken der im Raum München endenden Autobahnen könnte dagegen „in absehbarer Zeit voraussichtlich noch nicht gerechnet werden", da hierfür ein zehnfacher Betrag zu leisten wäre. [522]

Eröffnung der wiederhergestellten Hackerbrücke mit Münchens Oberbürgermeister Thomas Wimmer am 20. Juni 1953.

Stadtarchiv München, Historisches Bildarchiv

Der Münchner Stadtrat diskutierte die Ringlösungen ab 1954, bis zu einer endgültigen Entscheidung vergingen noch vier weitere Jahre und erst 1958 entschloss sich der Stadtrat zum Ausbau des Mittleren Rings und des Altstadtrings. [523] In der Zwischenzeit arbeitete man am Ausbau der als zukünftige Tangentialen festgelegten Straßenzüge und an dringend nötigen Wiederaufbaureparaturen wie an der Erneuerung der Hackerbrücke.
Die Hackerbrücke war zwar in den Nachkriegsjahren für Fußgänger wieder begehbar gemacht worden, für Kraftfahrzeuge war diese wichtige Schienenüberquerung acht Jahre lang nicht zu benutzen. 1953 baute man schließlich den zerstörten Überbau der Brücke mit geringfügigen Vereinfachungen wieder auf, aber auch nach der Wiedereröffnung konnte die Brücke nicht mehr uneingeschränkt für den Verkehr freigegeben werden, denn Rauchgas und Schwefeldampf hatten an den unzerstörten Brückenfeldern Korrosionsschäden verursacht. Sie wurde daher nur noch für eine Belastung von maximal zwölf Tonnen freigegeben. [524] Für die Wiederinstandsetzung der kriegszerstörten Donnersbergerbrücke hatte die Stadt bereits in den Jahren 1951 und 1952 Zahlungen an die Deutsche Bundesbahn für eine neue Stahlbetonplatte, zwei neue Pfeiler und für Reparaturen an vier weiteren Pfeilern geleistet. [525]

Belastungsprobleme bestanden nicht nur an den Brücken über Bahngleise oder die Isar. Die mit der Ausdehnung der Stadt überwölbten Bachläufe waren in den meisten Fällen mit Ziegelgewölben und einer Apshaltdecke bzw. Pflastersteinen überdeckt, auch dies schon in vielen Fällen als Ersatz für eine alte Holzdecke. Einer Dauerbelastung durch den Stadtverkehr waren aber auch die Ziegelgewölbe nicht mehr gewachsen und für einige Straßenabschnitte galten nun Belastungsbeschränkungen, die erst nach dem Einbau neuer Stahlbetonplatten wieder aufgehoben werden konnten.
Um diese Straßenabschnitte auch für schwere Lastwagen zu öffnen, wurden daher mit Beginn

Eine der aufwändigsten Baumaßnahmen für den Ausbau des Mittleren Rings: die Auffahrt Candidstraße mit der Überbrückung des Auer Mühlbachs 1954 bis 1956.

Bild rechts
Blick auf die Brücke über den Auer Mühlbach und die Bäcker-Kunstmühle im Dezember 1954.

Baureferat

Die Straßenbrücke über den Auer Mühlbach, oberstromige Ansicht vom 29. April 1955.

Baureferat

der 50er Jahre Schritt für Schritt die alten Bachüberwölbungen durch neue Stahlbetonplatten ersetzt, eine Arbeit, die nur während der Bachauskehr durchgeführt werden konnte. Im Oktober 1951 erhielten der Lazarettbach in der Corneliusstraße eine neue Überdeckung, der Pesenbach in der Straßenkreuzung Geyer-/Arndtstraße sowie der Mahlmühlbach in der Holzstraße. [526] Wesentlich umfangreichere Arbeiten waren 1957 in der Sparkassenstraße durchzuführen, denn hier verlief der Bach auf einer längeren Strecke unter der Straße. [527]

In den Jahren 1955 bis 1957, also noch vor der Verabschiedung eines endgültigen Verkehrskonzeptes, investierte die Stadt in den Ausbau einiger wichtiger Teilstrecken des späteren Mittleren Rings, darunter die Richard-Strauss-Straße, die Chiemgaustraße und vor allem die Candidstraße mit der Auffahrt zur Grünwalder Straße, eines der umfangreichsten Bauprojekte im Rahmen des städtischen Verkehrsausbaus. [528] Im Jahr 1955 fiel auch die Entscheidung für einen Brückenbau, der seit Beginn des 20. Jahrhunderts als Wunschprojekt in den Schubladen

Blick vom Lehrgerüst des Fußgängerstegs in der Harlachinger Straße auf die Candidstraße im August 1956.
Baureferat

gelegen hatte, über eine erste Planungsphase jedoch nie hinausgelangt war: die Leonhardt-Eck-Brücke. [529] Als Verlängerung der Leonhardt-Eck-Straße über die Isar war die Brücke als weiteres wichtiges Teilstück des Mittleren Rings vorgesehen und der Bauausschuss beschloss daher am 11. Mai 1955, einen Wettbewerb unter bayerischen Brückenbaufirmen auszuschreiben. Als Ergebnis des Wettbewerbs einigte man sich auf eine pfeilerlose Überspannung der Isar, um das Landschaftsbild nicht zu beeinträchtigen und eine größtmögliche Öffnung für den Hochwasserabfluss zu erhalten. Am 16. Juni 1957 genehmigte der Münchner Stadtrat den Brückenbau – und wieder musste die Realisierung des Projekts aufgeschoben werden. [530]

1957 war die Zahl der Einwohner Münchens auf eine Million angestiegen, der hier gemeldeten Kraftfahrzeuge auf 150.000. Die Planungen für eine endgültige Trasse des Mittleren Rings waren zwar weit fortgeschritten, konnten aber erst nach der Festlegung des Generalverkehrsplanes am 2. Juni 1958 weitergeführt und damit auch die endgültige Trasse des Isarrings mit der Brückensituation festgelegt werden. Die Tatsache, dass dieser Abschnitt des Mittleren Rings in die Nähe bebauter Grundstücke am Herzogpark und durch den Englischen Garten führen würde, brachte dem Projekt nicht nur Freunde, die Trasse des Isarrings zwischen Effnerplatz und Dietlindenstraße gehörte daher für lange Zeit zu den am heftigsten diskutierten Abschnitten des Mittleren Rings. Erst als auf einen ebenerdigen Verlauf verzichtet wurde und stattdessen ein wesentlich teureres Projekt beschlossen war, konnte eine Einigung erzielt werden: Bereits vor der Isarbrücke sollte nun die Straße zur Überwindung der Isarniederungen auf Ständer gesetzt werden und dann nach der Brücke mit einer leichten Steigung hinauf zum Effnerplatz führen. Die völlig neue Planung beinhaltete schließlich auch den kreuzungsfreien Anschluss einer neuen Isarparallele, der Ifflandstraße, sowie ein kompliziertes System von Zu- und Abfahrten für Anliegerstraßen und zahlreiche Fußgängerüber- und -unterführungen. [531]

Durch die veränderte Trassenplanung multiplizierten sich die Kosten, denn anstatt einer gerade geführten Brücke über die Isar hatten die Verantwortlichen der Abteilung Wasser- und Brückenbau nun acht Brückenprojekte für Zu- und Abfahrten zu leiten. Einige dieser zusätzlichen Brücken wurden in einem gekrümmten Spannbetontragwerk hergestellt, eine Konstruktion, die besonders hohe Anforderungen an Planung und Ausführung stellt und daher wesentlich teurer ist als herkömmliche Spannbetontragwerke.[532] Der Isarring konnte also nach seiner Fertigstellung zu Recht als ein Bauwerk der Superlative bezeichnet werden, als modernstes, teuerstes, schönstes und zu dieser Zeit umstrittenstes Teilstück des Mittleren Rings.[533]

Ausbau des Mittleren Rings am Isarring (Bilder oben) und am Leuchtenbergring mit der Leuchtenbergunterführung (Bild unten).

Aufnahmen von 1959
Fotos Baureferat

Die John-F.-Kennedy-Brücke, Teilstück des Isarrings, nach der Fertigstellung 1962.

Foto Erwin Keller
Stadtarchiv München, Historisches Bildarchiv

Mit der neuen Trassenführung wurden auch die Pläne für die neue Isarbrücke hinfällig; sie stellten nun die Grundlage für einen neuen Entwurf dar, der im Tiefbauamt in Zusammenarbeit mit einem Ingenieurbüro entstand. Im Gegensatz zum Isarring sehr kostengünstig, entstand die eigentliche Isarbrücke in den Jahren 1961 und 1962 als ein Spannbeton-Hohlkasten über drei Felder je Fahrtrichtung. Von außen wirkt die Brücke durchaus schlank, trotz der Tatsache, dass ein Mensch in dem Hohlkasten aufrecht gehen kann. Gemäß ihrer Funktion als Teilstück einer Hauptverkehrsstraße weisen die Fahrbahnen je 7 m auf sowie Rad- und Fußwege 2 bzw. 2,5 m. In der Mitte verläuft ein Trennstreifen von 1,5 m. [534] Für Verwirrung sorgte der Name der Brücke, denn „Leonhardt-Eck-Brücke" erschien wenig passend für diese wichtige Verkehrsverbindung. Im Juni 1958 billigte der Stadtrat den Namen Herzog-Heinrich-Brücke, da jedoch kurz vor der Fertigstellung des Isarrings im Dezember 1963 der amerikanische Präsident ermordet worden war, erhielt die Brücke den Namen John-F.-Kennedy-Brücke. [535]

Der Isarring I als Teilstück des Mittleren Rings kann als Beispiel für den Ausbau weiterer wichtiger Verkehrsverbindungen gelten. Nicht in jedem Fall entstanden Bauwerke dieser Größenordnung, fast immer aber war der Straßenbau verbunden mit Über- oder Unterführungen für Autofahrer, Fußgänger und Radfahrer oder aber für den Schienenverkehr. Ein „kreuzungsfreier " Ausbau, also ein Verkehrsverlauf auf zwei (oder mehr) Ebenen, wurde angestrebt, um den Verkehrsfluss in der Stadt nicht zu behindern, Fußgängerüberführungen, um durch breite Verkehrsstraßen voneinander getrennte Stadtviertel zu verbinden. So entstanden in der Heckenstallerstraße 1960 bis 1962 auf einer Länge von 500 m drei Überführungen für die Eisenbahnlinie München – Holzkirchen, für die Passauerstraße und die Leipartstraße, dazu zwei Fußgängerunterführungen. [536]

Die Leuchtenbergunterführung (fertig gestellt 1960) stellte zusammen mit dem Leuchtenbergring eine weitere Steigerung dar, denn dieses Teilstück des Mittleren Rings führt unter zwei Verkehrsknoten und der Bundesbahnanlage Berg am Laim hindurch. [537] Eine der bekanntesten Brückenkonstruktionen aus dieser Zeit ist die umgangssprachlich „Tatzelwurm" bezeichnete Autobahn-Einfahrt München-Nord, fertig gestellt zum Eucharistischen Weltkongress 1960 für insgesamt 30 Millionen DM. Allerdings war Bauherr dieses beeindruckenden Bauwerks nicht die Stadt München, sondern Bund und Land; nur die Anschlussbauten an städtische Straßen übernahm die Stadt. [538] Zur Zeit wird der „Tatzelwurm" abgebrochen und vollständig neu gebaut.

Brücken für Straßen und Eisenbahngleise: Blick auf die Südrampe der Leuchtenbergunterführung 1958 und 1959.

Beide Fotos Keller, Baureferat

Verkehrsfluss in der Olympiastadt

Unter Dr. Jochen Vogel, dem Nachfolger von Thomas Wimmer im Amt des Oberbürgermeisters, begann für München eine Zeit umfassender Stadtplanung. Aufbauend auf den Vorarbeiten der 50er Jahre, bildete der 1960 in Auftrag gegebene Stadtentwicklungsplan, später nach seinem Hauptverfasser, dem Kieler Stadtbaurat Professor Herbert Jensen, auch „Jensen-Plan" genannt, zusammen mit dem Generalverkehrsplan von 1958 die zukünftigen Planungsgrundlagen. Am 10. Juli 1963 erklärte der Münchner Stadtrat den von Jensen und seiner Arbeitsgruppe erstellten Stadtentwicklungs- und Gesamtverkehrsplan als Grundlage für die weitere Entwicklung Münchens. Schwerpunkte des Stadtentwicklungsplans und richtungweisend für den Straßen- und Brückenbau war die Entstehung

Bestes Beispiel hierfür ist Neuperlach; das dort neu geschaffene Einkaufszentrum ist von Zufahrtsstraßen wie der Ständlerstraße und der Quiddestraße umgeben, das neue Wohnviertel aber von den Hauptverkehrsstraßen in mehrere Segmente unterteilt. Um Bewohnern und Besuchern den Zugang zum Einkaufszentrum und den angrenzenden Wohnvierteln zu erleichtern, führen mehrere Fußgängerbrücken sowohl über die Ständlerstraße als auch die Quiddestraße. Das in Neuperlach besonders ausgeprägte System der Fußgängerbrücken fand auch am Mittleren Ring seine Fortsetzung, wenn auch nicht in so großer Zahl.

Da bei dem nun vehement vorangetriebenen Verkehrsausbau die Planungen sowohl für den Straßen- als auch den Brückenbau kaum zu trennen waren, wurden ab 1962 diese Arbeiten von einer Gruppe „Verkehrsausbau" in der Abteilung Tiefbau des Münchner Baureferats gebündelt. In dieser Gruppe waren sowohl Brückenbauingenieure als auch Ingenieure mit dem Fachgebiet Straßenbau vertreten; die Abteilung Wasser- und Brückenbau blieb daneben auch weiterhin mit den Brückenprüfungen und normalen Bau- und Unterhaltsaufgaben an Brücken und Gewässern befasst. [540]
Der Arbeitsschwerpunkt der Gruppe Verkehrsausbau lag in den folgenden Jahren auf dem weiteren Ausbau des Mittleren Rings: Es entstanden als Fortsetzung des Leuchtenbergrings der Innsbrucker Ring sowie der Isarring II als Fortsetzung des Isarrings I und der Schenkendorfstraße. Wie schon sein Vorgänger verläuft auch der Isarring II zum großen Teil in einer Parklandschaft, im Biedersteiner Park. Eine Fußgängerbrücke, eine Fuß- und Radwegunterführung und eine Bachbrücke waren hier zu errichten. Nach dem gleichnamigen Tunnel kreuzt der Ring mehrere Straßen und einen weiteren Bach, die Schwarze Lacke. Zu erwähnen ist schließlich auch der Kreuzhof im Südwesten der Stadt als Straßenknotenpunkt von zwei wichtigen Tangentialen, der Fürstenrieder Straße bzw. Boschetsrieder Straße und der Olympiastraße, erstes Teilstück der späteren Autobahn München – Garmisch. In einem komplizierten System von Auf- und Abfahrten wurde der Knotenpunkt kreuzungsfrei ausgebaut; hier entstanden insgesamt zehn Brücken. [541]

Auch der Bau und Unterhalt von Fußgängerunterführungen zählen zu den Aufgaben der „Brückenbauer".

Bild oben
Westlicher Treppenaufgang der neuen Fußgängerunterführung am Hauptbahnhof. 1955

Baureferat

Bild links oben
Der Sendlinger-Tor-Platz im Jahr 1955 mit der neuen Fußgängerunterführung.

Bild links unten
In der Baugrube für die Fußgängerunterführung kommt die alte Kanalisation zum Vorschein

Beide Fotos Baureferat

neuer Wohnquartiere am Stadtrand, ein Liniennetz schienengebundener Massenverkehrsmittel und ein Hauptstraßennetz zur Bewältigung des Individualverkehrs – Letzteres auf den Grundlagen des Gesamtverkehrsplans. Den Fußgängern sollten in diesem Verkehrsnetz neue Räume zugestanden werden, wie sie z. B. in der Fußgängerzone der Münchner Innenstadt realisiert wurden. [539]

Der Stadtentwicklungsplan brachte für das Baureferat der Landeshauptstadt und hier wieder vor allem für die Abteilung Tiefbau weit reichende Aufgaben mit sich. Für die neuen Wohngebiete am Stadtrand mussten Zufahrtsstraßen geschaffen und dabei alle Interessen berücksichtigt werden, auch und vor allem die der Fußgänger. Für sie waren Übergänge zu errichten, um das gefahrlose Überqueren der großen Verkehrsstraßen zu ermöglichen.

Die Reichenbachbrücke in ihrer ursprünglichen Form im Mai 1936.

Baureferat

Im Zuge des innerstädtischen Verkehrsausbaus bezog man schließlich auch die Isarbrücken in die Planungen mit ein. Für die bereits erwähnte Isarparallele als Durchgangsstraße entlang der Isar war eine erste höhenfreie Kreuzung bereits an der Tivoli-/Ifflandstraße ausgeführt. In ihrer Fortsetzung sollte die neue Isarparallele die Zweibrückenstraße niveaufrei kreuzen. Zur Entlastung dieser Straße und der Ludwigsbrücke war ein kreuzungsfreier Anschluss der Isarparallele an die Maximilians- und die Reichenbachbrücke vorgesehen. Damit aber wurde eine Verbreiterung und Verstärkung dieser Isarbrücken unumgänglich, denn für beide Brücken hatten die regelmäßigen Kontrollen ergeben, dass ihnen die hohe Verkehrsbelastung zugesetzt und Risse in den Gewölben hervorgerufen hatte. Auch die Isolierung der Brückendecken war inzwischen undicht geworden, die Witterung hatte Schäden an den Brückenplatten und den Pfeilern der Aufständerung verursacht. Bei einer Brückenverbreiterung konnten also gleichzeitig die nötigen Sanierungsmaßnahmen durchgeführt werden, wobei mit den Baumaßnahmen an der Reichenbachbrücke begonnen werden sollte. [542]

Während der im Jahr 1964 durchgeführten Maßnahmen wurde zur Entlastung der alten Gewölbe eine vorgespannte Stahlbetonplatte über die alte Brückenplatte gelegt. Damit war nicht nur die Tragfähigkeit von 24 Tonnen auf 60 Tonnen erhöht, sondern auch eine funktionsfähige Abdichtung erreicht. Durch das beidseitige Auskragen der Spannbetonplatte verbreiterte man die Fahrbahn von ehemals zwölf auf 18 m. Um Gewicht zu sparen, wurde dabei leider auch die ursprüngliche Steinbrüstung der Brücke durch ein Stahlgeländer aus rechteckigen Hohlprofilen ersetzt. Auch die sechs großen, im Jahr 1925 aufgestellten Steinfiguren fielen der Brückenverbreiterung zum Opfer. Vier der Figuren befinden sich nun an den Brückenköpfen neben den ebenfalls neu eingebauten Fußgängerunterführungen, zwei wurden in die Grünanlagen versetzt. [543]

Die verbreiterte Reichenbachbrücke auf einem Foto von 2007.

Beide Fotos Schiermeier

Die radikale „Verschlankung" der Reichenbachbrücke, eine der sechs Brücken aus dem großen Brückenbauprogramm der Stadt nach 1899, fand nicht nur Zustimmung. Immerhin blieb die Maximiliansbrücke von einem ähnlichen Schicksal verschont, was jedoch auch daran lag, dass die Planungen zum Bau der Isarparallele nicht fortgesetzt wurden. Bis zur Verabschiedung des Denkmalschutzgesetzes vom 25. Juni 1973 blieben die Isarbrücken glücklicherweise von weiteren Veränderungen verschont; heute stehen sie unter Denkmalschutz und damit ist die Erhaltung ihres ursprünglichen Aussehens auch weiterhin gesichert. [544]

Für die Verbreiterung der Brudermühlbrücke 1969 zum Ausbau der Candidstraße galten andere Kriterien. Zur Erhöhung der Verkehrskapazität wurde hier ein fast baugleicher Nordteil angebaut und das Aussehen der Brücke damit nicht wesentlich verändert. Bereits 1965/66 war die alte Betonbrücke über den Großen Stadtbach durch einen breiteren Neubau ersetzt worden und damit erhielt auch die westliche Zufahrt zur Brücke eine dem Verkehrsaufkommen entsprechende Breite. [545]

Die Baustelle „Altstadtring-tunnel" vor dem Prinz-Carl-Palais auf einer Zeichnung von Arthur Vögel, München-Blatt 252, 1971.

Akademie der Schönen Künste

Die Entscheidung des Olympischen Komitees 1966 München als Austragungsort der Olympischen Spiele 1972 auszuwählen, gab der Stadtentwicklung eine zusätzliche Dynamik. Als Zeitpunkt der Fertigstellung bereits geplanter Baumaßnahmen war jetzt das Jahr 1972 angegeben, wobei sich die Baumaßnahmen weiterhin auf den Ausbau des Mittleren Rings und des Altstadtrings konzentrierten. München sollte sich verkehrstechnisch von seiner besten Seite zeigen und eben nicht das einzige noch vorhandene „Nadelöhr innerhalb eines durchgehenden Autobahnsystems von Lübeck bis Sizilien" sein. [546]

Im Mittelpunkt des Interesses stand natürlich der Bereich des Olympiageländes am Mittleren Ring mit seinen drei Straßenknoten. Vorhergegangene Planungen zur Schließung des Mittleren Rings im Norden der Stadt mussten nun neu überdacht werden, da nicht nur Hauptverkehrsachsen sinnvoll zu verbinden waren, sondern der Mittlere Ring jetzt auch die Sportstätten erschließen sollte.
In einer äußerst kurzen Bauzeit – zwischen März 1969 und September 1971 – entstand an drei Kreuzungspunkten (die Knoten I, II und III) ein kompliziertes Geflecht von Auf- und Abfahrten auf verschiedenen Ebenen, wobei Baukosten von insgesamt 42 Millionen DM anfielen. Den Höhepunkt dieser Anlagen dürfte der Straßenknoten II darstellen, denn hier treffen drei Hauptverkehrsstraßen mit

Das Olympiagelände mit dem verschlungenen Straßensystem von Abzweigungen, Auffahrts- und Abfahrtsrampen.

Beide Fotos Schiermeier

hohem Verkehrsaufkommen zusammen: der Mittlere Ring mit seiner Anbindung an die Autobahnanschlüsse München – Stuttgart, München – Lindau und München – Garmisch, die Verbindung Mittlerer Ring – Frankfurter Ring und ein Zubringer zum Olympiagelände. Angelegt in großzügigen Kurven, entstand hier ein sich in drei Ebenen überschneidendes mehrspuriges Straßensystem von Über- und Unterführungen. Besonders hohe Anforderungen an die Tragwerksplaner stellte die geschwungene Linksabbiegerbrücke mit einer Länge von 400 m. Sie wurde als Spannbetonhohlkasten mit neun Feldern erstellt, die Stützweiten liegen zwischen 43 und 53 m. Beachtung erfuhr auch die neuartige Hochmast-Beleuchtungsanlage des Knoten II. [547]

Die neue Bundesstraße 12, heute besser bekannt als erstes Teilstück der Autobahn München – Lindau, sollte ebenfalls noch bis zum Beginn der Olympischen Spiele die alte Bundesstraße nach Landsberg am Lech, die Landsberger Straße, ersetzen. Der vom Baureferat der Landeshauptstadt ab Juli 1970 bis August 1972 gebaute Abschnitt enthält insgesamt 18 Kreuzungsbauwerke, davon fünf Unterführungen, fünf Fuß- und Radwegbrücken (zwei davon aus Stahl) mit Rampen sowie drei Fuß- und Radwegunterführungen unter den Querstraßen mit Rampen. [548]

Bekanntestes Teilstück des Mittleren Rings ist mittlerweile die Donnersbergerbrücke. Als Kernstück der Westtangente sollte die in den Nachkriegsjahren sanierte Stahlbrücke zusammen mit der Fahrbahn der Garmischer Straße verbreitert und erneuert werden, wobei die Brücke nach Beendigung der Baumaßnahmen eine Breite von 47 m einnehmen würde anstatt der bisherigen 24,5 m.

Umbau der Donnersbergerbrücke 1969 bis 1972

Bild rechts
Blick von Süden auf die Donnersbergerbrücke am 20. Juli 1971

Baureferat

Bild links oben
Verlagerung der Nordrampe in die Landshuter Allee 1970

Bild links unten
Stahlträger der Donnersbergerbrücke

Foto Konstantin Kern
Beide Fotos Stadtarchiv München, Historisches Bildarchiv

Das nördliche Brückenende aber, bisher in die Donnersbergerstraße übergehend, sollte nun über die Arnulfstraße geführt werden, in die Landshuter Allee einmünden und damit erst den Anschluss an den Mittleren Ring herstellen. Verbunden mit diesen Maßnahmen war der Bau parallel angeordneter Auf- und Abfahrtsrampen in die Arnulf- und Landsberger Straße, ein Umbau des Heimeranplatzes und ein Abbruch der Gebäude an der Westseite der Trappentreustraße, um hier ebenfalls eine Verbreiterung von 18 m auf 38,5 m durchführen zu können.

Geplant war außerdem eine spätere Fortführung der Brücke bzw. der Straße auf einer Hochbrücke in der Trappentreustraße bis zur Garmischer Straße. Die südliche Rampe der Brücke wurde daher verschiebbar konzipiert. Sie sollte für den Endausbau der Länge nach halbiert, auseinander geschoben und an den jeweiligen Enden angesetzt werden.

Das neue Brückenbauteil würde dann zwischen diesen Rampenhälften eingefügt werden. Wie schon während des Neubaus der Brücke 1935 bis 1936 musste auch während der Bauzeit vom Oktober 1969 bis Mai 1972 der Schienenverkehr auf den zehn Bahngleisen ungestört verlaufen, die 44 vorgefertigten Spannbetonträger (je 30 m lang und 65 Tonnen schwer) konnten nur während kurzer Nachtstunden auf die Betonpfeiler aufgelegt werden, weil es nur in dieser Zeit möglich war, die Oberleitung zeitweise abzuschalten.[549]

Im Jahr 1972 war der größte Teil der für die Olympischen Spiele vorgezogenen Bauprojekte am Altstadtring und am Mittleren Ring bis auf eine Ausnahme abgeschlossen. Mit dem Tunnelbau an der Landshuter Allee, fertig gestellt 1978, war nicht nur ein vorläufiger Schlussstrich unter den Ausbau des Mittleren Rings gezogen sondern auch eine Abkehr von der bisherigen Verkehrspolitik der Stadt dokumentiert. Ziel war nun nicht mehr allein die

Auffahrt von der Arnulfstraße auf
die Donnersbergerbrücke
im Dezember 1971.

Baureferat

verkehrsgerechte Stadt, sondern unter dem Eindruck wachsender umweltpolitischer Einflüsse die lebenswerte Stadt, war doch der Tunnelbau an der Landshuter Allee nicht allein für eine bessere Kanalisierung des Stadtverkehrs gedacht, sondern auch zur Entlastung der Anwohner. Und diese beiden Aspekte beeinflussten auch die Entscheidungen des Stadtrats zur Fortführung der Planungen an der Donnersbergerbrücke und zum Ausbau der Trappentreustraße im Jahr 1977. [550]

Am Ende der 70er Jahre zählte man an der Donnersbergerbrücke 80.000 Kraftfahrzeuge pro Tag.
Es kam zu häufigen Stauungen und der Streckenabschnitt war ein Unfallschwerpunkt ersten Ranges. Tag und Nacht rollte aber auch der Verkehr dicht vor den Fenstern der Wohnungen in der Trappentreustraße vorbei, das breite Verkehrsband des Mittleren Rings mit seinen sieben Spuren zerschnitt das Westend in zwei Teile. Die ursprünglich geplante Verlängerung der Donnersbergerbrücke hätte nicht nur den Abbruch mehrerer Häuser an der Trappentreustraße nach sich gezogen, sondern auch die Zweiteilung des Westends zementiert. Als sich die Anwohner gegen den geplanten Abbruch ihrer Häuser zugunsten einer erhöhten Verkehrsflut wehrten, führte dies trotz erheblich höherer Kosten zu einer Neuplanung und im Interesse der Anwohner – und des Stadtbilds – zum Bau eines Tunnels anstelle der ursprünglich vorgesehenen Hochstraße. [551]

Die Baumaßnahmen an der Donnersbergerbrücke während der Jahre 1980 bis 1982 stellten an die Beteiligten große Herausforderungen. Neben dem 520 m langen Straßentunnel, dem späteren Trappentreutunnel, war sowohl die 200 m lange Südrampe der Donnersbergerbrücke als rasch abtauchende Tunnelrampe neu zu bauen als auch eine Überführung in die Landsberger Straße in beiden Richtungen. Das 1934 über die Bahnanlagen errichtete Mittelstück der Brücke musste ebenfalls erneuert werden. Die Abbrucharbeiten im Kreuzungsbereich waren schwierig, da unter der Brücke die Landsberger Straße mit sechs Fahrspuren, zwei Straßenbahngleisen sowie Rad- und Gehwegen verläuft.

Umbau der Donnersbergerbrücke und Bau des Trappentreutunnels

Blick von der Trappentreustraße nach Norden am 21. Oktober 1982.

Baureferat

Bild unten
Blick vom Südportal des Trappentreutunnels in die Garmischer Straße am 14. Januar 1983.

Baureferat

Eine Sperrung der Straße war nicht einmal kurzfristig möglich. Man wählte daher für die Abbrucharbeiten die Methode „Taktziehen", bei der ein Brückenteil Stück für Stück über die Pfeiler gezogen wird. Im Nordteil des Tunnels dagegen stehen die Wohnhäuser so dicht an der Straße, dass der Verkehr auf Behelfsfahrbahnen über der offenen Baustelle geführt werden musste. Fußgänger konnten den Mittleren Ring auf eigens errichteten Notbrücken queren. [552]

Mit dem Ende der für die Olympischen Spiele forcierten Großbauprojekte wurde die Abteilung Verkehrsausbau im Baureferat-Tiefbau im Jahr 1976 wieder aufgelöst, die Mitarbeiter kehrten zu den Abteilungen Straßenbau bzw. Wasser- und Brückenbau zurück. [553] Die Zahl der Brückenbauten war in der Stadt inzwischen beträchtlich angewachsen, nicht zuletzt durch die Baumaßnahmen der vergangenen Jahre. Nach einer Aufstellung von 1972 zählte man 618 Brückenbauwerke, darunter auch Unter- und Überführungen, Isarbrücken und -stege und allein 407 Bach- oder Kanalbrücken. Letztere wurden trotz der Auflassung eines großen Teils der Stadtbäche in den 60er Jahren auch weiterhin benötigt, da die trocken liegenden Bachbette nicht an allen Stellen verfüllt wurden. [554]

Ersatz für die im Mittelalter aufgegebene Brücke: die Sankt-Emmeram-Brücke bei Oberföhring nach der Teilerneuerung im Jahr 2004.

Baureferat

Abbruch der Brücke nach dem Brand 2002

Baureferat

Die Münchner Grünzüge

Umweltpolitische Erwägungen, aber auch die angespannte Finanzlage wie bei fast allen Kommunen in Deutschland, brachte die großen Baumaßnahmen am Münchner Straßennetz zu einem vorläufigen Abschluss. Die Arbeiten an den bereits geplanten großen Tunnelbauten Trappentreutunnel (1984) und Brudermühltunnel (1988) wurden zwar noch durchgeführt, sollten jedoch auch einen endgültigen Abschluss der Ausbaumaßnahmen am Mittleren Ring darstellen. Dem Wunsch Münchner Bürger nach weiteren Tunnelbauten, der sich im Bürgerentscheid vom 23. Juni 1996 manifestierte, wird jetzt zwar Genüge getan, ändert jedoch nichts an einer grundsätzlichen Abkehr städtischer Verkehrspolitik von der nur autogerechten Stadt und einer Hinwendung zum Ausbau öffentlicher Nahverkehrsmittel.[555] Mit dem unter Oberbürgermeister Georg Kronawitter verabschiedeten Stadtentwicklungsplan von 1975 wurde diese Wende schon sehr früh eingeleitet: Mit der „Stadt im Gleichgewicht" und dem Ziel, ein Höchstmaß an Chancengleichheit und Lebens-

Die Grüne Brücke über die Garmischer Straße als Verbindung für die beiden Teile des Westparks

Baureferat

qualität für alle Bürger zu erreichen, war auch der Versuch verbunden, das bisherige Übergewicht der Innenstadt abzubauen und die Wohnqualität in vernachlässigten Vierteln zu heben. Einen Beitrag hierzu konnte die neue Grünflächenplanung leisten, die mit in den neuen Stadtentwicklungsplan aufgenommen wurde. Dies bedeutete die Planung und Realisierung neuer Parks, daneben aber auch die Schaffung einzelner Grünzüge an aufgegebenen Straßentrassen. [556]

Ein Ersatz für die ehemalige „Freisinger" Brücke war den Bürgern in Oberföhring lange Zeit verwehrt geblieben. Die Leinthalerbrücke war zur besseren Verkehrsanbindung beider Ortsteile zwischen Ober- und Unterföhring platziert. Bis dahin bot nur das Isarwehr die Möglicheit einer Flussüberquerung, das jedoch nicht als eigentliche Brücke angesehen werden kann. Als jedoch die Stadt München ein Inselgrundstück aus dem Besitz der Bayernwerk AG zwischen Isar und Mittlerem Isarkanal bei Oberföhring erwarb, konnte endlich auch dieser „Makel" behoben werden. Das Grundstück, eine verwilderte und unerschlossene Insel, wurde nach Plänen des Landschaftsarchitekten Gottfried Hansjakob mit Fußwegen und Radwegen erschlossen, das Gehölz im Auwald ausgelichtet und Spiel- und Liegewiesen angelegt, Sitzbänke gebaut und ein von Quellen gespeister Teich gefasst. Die Anbindung des neu gestalteten Areals an den Englischen Garten geschah mit einer neuen Holzbrücke, der Zugang von Oberföhring war mit Brücken über den Mittleren Isarkanal schon seit längerer Zeit möglich. [557] Nach einem Entwurf des Baureferats-Hochbau sowie den Berechnungen von Julius Natterer entstand während der Monate Juli bis November 1978 eine überdachte Holzbrücke mit einer Gesamtbreite von etwas über 4,5 m. Ihrer Situation bei Oberföhring-St.Emmeram entsprechend, glich die in Holzleimbauweise gebaute Brücke mittelalterlichen Fachwerkbrücken. Da die neue Brücke auch Bestandteil des Isarradweges wurde, nutzen sie nicht nur die Spaziergänger des Englischen Gartens, sondern auch zahlreiche Radfahrer. Leider fiel die Brücke in der Nacht vom 3. September 2002 Brandstiftern zum Opfer und musste schließlich abgebrochen werden. [558]

Fuß- und Radwegbrücke über die Ganghofer-/Pfeuferstraße 2005.
Links die unter der Rampe eingebauten Atelierräume.

Foto Schiermeier

Im Gegensatz zu ihrer mittelalterlichen Vorgängerin war dieses Mal sofort ein Ersatz vorgesehen. Noch im Januar 2003 beschloss der Stadtrat eine Teilerneuerung der Brücke, d. h. einen Neubau auf den noch erhaltenen Betonpfeilern. Nach dem Entwurf von Richard J. Dietrich und der statischen Berechnung von Suess-Staller-Schmitt entstand bis zum Dezember 2004 die neue Sankt-Emmeram-Brücke. Sowohl der historische Bezug als auch die Kostenplanung der Stadt legten eine Fachwerkkonstruktion aus Holz und Stahl nahe. Wie schon ihre Vorgängerin ist die Brücke überdacht, um die Witterungsbeständigkeit zu optimieren, zusätzlich ist sie durch ihre Konstruktion auch besser gegen Brand geschützt. [559]

In keinem Fall wird die Verknüpfung einzelner Grünzüge zu einem Ganzen so offensichtlich wie im Westpark. Auf der Suche nach einem Standort für die Internationale Gartenschau (IGA) 1983 fiel die Wahl auf bisher unbebaute Flächen westlich und östlich der Garmischer Straße. 1976 beschloss der Stadtrat, einen Wettbewerb für dieses Gelände auszuschreiben, das durch seine Lage an einer der verkehrsreichsten Straßen Münchens und durch seine lang gezogene Form nicht leicht zu gestalten war. Mit dem Vorschlag des 1. Preisträgers dieses Wettbewerbs, Peter Kluska, bewarb sich die Stadt für die IGA 83 und erhielt den Zuschlag. Kluskas „Voralpenlandschaft" mit ihren sanften Hügeln und Tälern wird durch den Mittleren Ring in zwei Teile zerschnitten. Verbindend zwischen Westteil und Ostteil des Parks wirken die rhythmisch schwingenden Haupt- und Nebenwege und vor allem die „Grüne Brücke" über die sechs Fahrspuren des Mittleren Rings. Die 14 bis 17 m breite Brücke überspannt den Ring mit 86 m, nur an zwei Stellen wird der durch beidseitige Bepflanzung geschaffene Sichtschutz unterbrochen und dem Spaziergänger die Lage der Brücke optisch bewusst. Eine zweite Möglichkeit zum Wechsel zwischen Ost- und Westteil bietet die Unterführung des Mittleren Rings nahe der Autobahnausfahrt München-Sendling.
Die Kleingartenanlage „Land in Sonne" kann ebenfalls durch eine Unterführung des Mittleren Rings erreicht werden. [560]

Durch den Bau weiterer, geschickt angelegter Fuß- und Radwegbrücken ist inzwischen auch ein Spaziergang vom Westpark bis zur Theresienhöhe und einem der ersten Münchner Parks möglich, zum Bavariapark, der 1826 bis 1831 auf der Theresienhöhe nach Anleitung von Hofgärtner Seitz als kleiner Landschaftspark entstand. [561] Nach dem Bau der Messehallen 1907/08 und der damit verbundenen Umgestaltung des Parks war dieser den Münchnern nun besser unter dem Namen „Ausstellungspark" bekannt. Nach dem Umzug der Messe nach Riem ergab sich die Möglichkeit zur Neugestaltung des ehemaligen Messegeländes. In die denkmalgeschützten Messehallen zog eine Abteilung des Deutschen Museums, auf dem ehemaligen Messegelände entstand ein neues Wohnquartier. Im Rahmen der Verkehrserschließung des neuen Quartiers entstand auch eine Verkehrsanbindung für Fußgänger und Radfahrer an den Westpark.
Um das Wohngebiet Messegelände und den Bavariapark mit dem Westpark zu verbinden, mussten die Hansastraße, die Pfeuferstraße und sechs Bahngleise überbrückt werden. [562] Eines dieser Bauwerke ist die Fuß- und Radwegbrücke über die Ganghofer-/Pfeuferstraße von Schmitt-Stumpf-Frühauf und Partner. Sie entstand in den Monaten März bis September 2005 als dreifeldrige Stahlbetonbrücke, die an die bestehende Bastion anschließt und sich bis zu einer aufgeständerten Rampe spannt, über die barrierefrei der Max-Hirschberg-Weg erreicht werden kann. Durch den Einsatz außen liegender Pendelstützen aus Stahl war sogar der Einbau von Atelierräumen unter der Rampe möglich, die nun vermietet werden. [563]

Bild oben
Brücke über den Auer Mühlbach

Bild mitte
Fußgängerbrücke in den 2004 eröffneten Petuelpark

Fotos Schiermeier

Ein Spazierweg ganz anderer Art entstand in der Au entlang des Auer Mühlbachs. Der Auer Mühlbach fließt als einer der ganz wenigen Stadtbäche zum großen Teil in einem offenen Gerinne, abschnittsweise begleitet den Bach ein Spazierweg. Am Neudeck war der Bach jedoch zu Beginn des 20. Jahrhunderts überbaut worden, um eine Zufahrt zur neuen Impfanstalt zu schaffen. 1992 musste die Straße für den Kraftfahrzeugverkehr gesperrt werden, da die Stahlträger der Bachüberwölbung Korrosionsschäden aufwiesen und bei starker Belastung ein Einsturz der Bachabdeckung zu befürchten war. An der Straßenbrücke Ohlmüllerstraße/Am Nockherberg über den Auer Mühlbach waren ebenfalls Schäden festgestellt worden. Die Brücke war daher vorerst auf eine Gewichtsbelastung von maximal drei Tonnen beschränkt und mit einer hölzernen Unterstützung provisorisch gesichert. Auf lange Sicht aber stand sowohl für die Straßenbrücke als auch für die Bachüberbauung am Neudeck eine umfassende Erneuerung an. [564]

Für die weiteren Planungen entscheidend wurden stadtökologische Aspekte bzw. die Erkenntnis, dass sich nicht nur Grünflächen positiv auf das Stadtklima auswirken, sondern auch Fließgewässer einen wichtigen Beitrag zu den hier herrschenden klimatischen Bedingungen leisten. Das Ziel, Grünzüge in den Stadtraum zu integrieren und die seit 1981 unternommenen Bemühungen zu einer Wiederbelebung der Münchner Stadtbäche ließen sich hier am Neudeck besonders gut vereinbaren. Auf der Basis eines 1983 erarbeiteten Projektvorschlags zur Wiederöffnung des Bachlaufs zwischen Ohlmüllerstraße und Neudeck beschloss der Stadtrat 1988 die Errichtung eines Fußweges entlang des Auer Mühlbachs am Neudeck, wobei auch die Fortsetzung des Weges bis zur Taubenstraße über das Gelände der Paulaner Brauerei als eine weitere Möglichkeit in Betracht gezogen wurde. Enthalten war darin nicht nur die Wiederöffnung des Bachlaufes, sondern auch ein Neubau mehrerer Brücken: der Straßenbrücke Ohlmüllerstraße/Am Nockherberg, verbunden mit einer Treppenanlage und einem Stahlsteg als Zugang zu dem neu geschaffenen Fußweg entlang des Bachs, sowie der Bau einer weiteren Stahlbrücke zur Überquerung des Bachs zwischen ehemaliger Strafvollzugsanstalt und Polizeigebäude. Die Realisierung des umfangreichen Projekts erfolgte in den Jahren 2000 und 2001, wobei das Bachbett geöffnet, aber auch verlegt wurde, um Platz zu schaffen für Wege und eine Zufahrt sowohl rechts als auch links des Bachs. Die Gartenbauarbeiten waren 2003 beendet und damit ein weiteres Teilstück eines Spazierweges am Auer Mühlbach eröffnet. [565]

Die Luitpoldbrücke während des Umbaus 1962.

Stadtarchiv München, Historisches Bildarchiv

Brückensanierung und Denkmalschutz

Fast alle der sechs Münchner Isarbrücken des Brückenbauprogramms von 1899 stellen heute Teilstücke wichtiger Verkehrsachsen dar und unterliegen daher hohen Verkehrsbelastungen. Die meisten von ihnen waren bis 1970 zumindest teilweise saniert, Reichenbachbrücke und Prinzregentenbrücke mit einer neuen Brückenplatte versehen und damit auch für größere Verkehrslasten gerüstet. Durch die ständig steigenden Verkehrszahlen und die Erhöhung der Belastung durch Schwerfahrzeuge, aber auch durch die Zunahme schädigender Umwelteinflüsse, wie z. B. Tausalz, litt die Bausubstanz aller Münchner Isarbrücken. Zu ihrer Erhaltung und zur Gewährleistung der Verkehrssicherheit war deshalb bei den meisten Brücken nach rund 80 Jahren eine grundlegende Instandsetzung unumgänglich. Der Stadtrat entschloss sich daher im Jahr 1969, den jährlichen Haushaltsanteil von 900.000 DM für die Sanierung großer Brücken aufzustocken und mehr Geld für umfangreiche Sanierungsmaßnahmen bereit zu stellen. [566]

Die Instandsetzungsarbeiten begannen im Mai 1970 an der Corneliusbrücke, die während der Bauzeit in jede Richtung nur einspurig zu befahren war. Vor der Brüstung erhielt sie einen eigenen Fußgängersteg von etwa 2 m Breite. [567] Wie schon an der Reichenbach- und der Prinzregentenbrücke lagen die Schäden vor allem im Bereich der Fahrbahnplatte und im Gewölbe, verursacht durch Witterungseinflüsse und die hohe Verkehrsbelastung. Wie ein Gutachten ergab, waren dagegen Pfeiler und Widerlager vollständig intakt und die Brückengründung an keiner Stelle ausgewaschen, da 1902 die Gründung der Pfeiler ausreichend tief vorgenommen wurde. Die Brückenfundamente wurden außerdem als ausreichend für eine eventuelle Lastenerhöhung auf der Brücke eingeschätzt – einer Brückenverbreiterung

Bild oben
Blick auf die Corneliusbrücke und die Reichenbachbrücke 2007
Foto Thomas Riehle, Baureferat

Bild unten
Bronzekopf Ludwigs II. an der Corneliusbrücke
Foto Schiermeier

und -verstärkung für größere Lasten stand also nichts mehr im Wege. [568] Bis zum September 1970 erhielt die Corneliusbrücke eine neue Spannbetonplatte mit einer wirksamen Isolierung; durch eine Verengung der Gehsteige wurde die Fahrbahn von 12 auf 14 m verbreitert und erhielt fünf Fahrspuren. Die Tragfähigkeit wurde von 24 auf 60 Tonnen erhöht. Damit war auch wieder die volle Verkehrslast möglich. [569]

Mit der Verbreiterung der Brücke musste allerdings die Denkmalnische mit dem Bildnis König Ludwigs II. auf der Südspitze der Museumsinsel abgebrochen und durch eine schlichte Bastion ersetzt werden. Dieses Vorgehen veranlasste einige Bürger dazu, während einer Protestversammlung die verantwortlichen Stadträte als „Denkmalsmörder" zu bezeichnen. Die damit angestoßene öffentliche Diskussion zum Erhalt des königlichen Denkmals, das allerdings nie Bestandteil der ursprünglichen Konzeption Friedrich von Thierschs gewesen, während des Krieges stark beschädigt worden war und nur noch in Teilen vorhanden, ging bis zur Obersten Baubehörde. Der Versuch des Stadtrats, den Abbruch zu rechtfertigen mit dem Wunsch zur Wiederherstellung des ursprünglichen Zustands der Brücke, musste an der Verehrung der Münchner für den König scheitern: Der noch erhaltene Bronzekopf steht nun auf einer schlichten Stele inmitten einer Blumenrabatte – auf der Bastion und nicht wie eigentlich vorgesehen in den Isaranlagen. [570]

Sanierungsarbeiten an der Wittelsbacherbrücke 1983/84. Der Verkehr wurde zum Teil über eine Notbrücke geleitet.

Baureferat

Wie schon 1969 festgelegt, setzte die Abteilung Wasser- und Brückenbau die Sanierungsarbeiten an weiteren Isarbrücken fort. 1983 unterzog man die Wittelsbacherbrücke einer Generalüberholung. Um auch während der Baumaßnahmen einen uneingeschränkten vierspurigen Flussübergang zu ermöglichen, errichtete die für die Sanierung zuständige Firma stromabwärts eine stählerne Behelfsbrücke. [571] Nach der teilweisen Sanierung der Ludwigsbrücken 1985/86 folgten in einem Zeitraum von drei Jahren die Thalkirchner Brücke, die Maximiliansbrücken, die Luitpoldbrücke und die Restsanierungsarbeiten an der Ludwigsbrücke. [572]
Die Sanierungsarbeiten an den Brücken erfüllten auch noch einen anderen Zweck: Sowohl in den Widerlagern der Max-Joseph-Brücke als auch der Ludwigsbrücke waren Fuß- und Radwegunterführungen zum Unterqueren der Brücken sowohl auf der West- als auch der Ostseite der Isar eingebaut. Zur Weiterführung eines Radwegs an beiden Isarufern stattete man auch die übrigen Brücken mit Unterführungen aus und stellte auf diese Weise bis 1986 die Radstrecke am westlichen Isarufer fertig. Bis 1990 folgte das östliche Isarufer. [573]

Einen Fuß- und Radweg als Verbindung zwischen westlichem und östlichem Isarufer findet man inzwischen auch auf der Eisenbahnbrücke von Großhesselohe. Die in der Mitte des 19. Jahrhunderts errichtete Brücke konnte den wachsenden Anforderungen der modernen Eisenbahnen trotz der 1908 durchgeführten Umbauten nicht mehr standhalten. 1983 entschied sich die Bundesbahn daher zu einer Totalerneuerung des Bauwerks.
In dreijähriger Bauzeit entstand ein Zweckbau in Verbundkonstruktion mit massiver Fahrbahnplatte auf geschweißten Fachwerkträgern, deren Obergurte vollständig einbetoniert sind. [574] Der erwähnte Fahrrad- und Fußgängerweg befindet sich an der Unterseite der Bahnbrücke und ist mit Gittern abgesichert – die „Selbstmörderbrücke" gibt es damit nicht mehr. Die Braunauer Eisenbahnbrücke, 1958 von der Bundesbahn mit einem modernen Nordteil versehen, ist zumindest in ihrer südlichen Hälfte noch in der alten Form erhalten. Dieser Teil wird jedoch nicht mehr als Bahnbrücke benützt.

Instandsetzung der Hackerbrücke
1983

Anheben der Hauptkonstruktion
und Austausch der Fahrbahndecke

Fotos Hiemayer, Baureferat

Die Hackerbrücke war nach ihrer Wiederherstellung 1953 für eine maximale Belastung von 12 Tonnen für den Verkehr freigegeben worden. Bereits bestehende Korrosionsschäden waren dabei nicht behoben worden und der Einsatz von Streusalz trug zur Vermehrung dieser Schäden vor allem an der Fahrbahnplatte bei. 1978 war die Brücke so stark angegriffen, dass sie für den Lastwagenverkehr gesperrt und ihre Tragfähigkeit auf 6 Tonnen begrenzt werden musste. Andererseits hatte sich an der Bedeutung der Brücke als Verkehrsverbindung nichts geändert – im Gegenteil, durch den Bau der S-Bahnhaltestelle Hackerbrücke war sie als Verbindungsweg sogar noch wichtiger geworden und besonders während des Oktoberfestes als einer der Zugänge zur Theresienwiese ein viel begangenes Bauwerk. Bereits 1977 stellte man daher erste Überlegungen an, die Hackerbrücke wieder vollständig instand zu setzen. [575]

Die Hackerbrücke mit dem für die Instandsetzung angebrachten Behelfsübergang für Fußgänger im November 1982.
Baureferat

Die mit den technischen Untersuchungen beauftragte Ingenieurgemeinschaft Dr. O. Höllerer/Manfred Schäfer hatte bei ihren Überlegungen auch noch einen weiteren Umstand zu berücksichten: Seit 1973 stand die Brücke unter Denkmalschutz, sollte sie sich auch weiterhin als brauchbar erweisen, war sie unbedingt zu erhalten. Als ein von der Technischen Universität München unterstütztes Gutachten über die Sanierbarkeit der Brücke positiv ausfiel, erarbeitete das Ingenieurbüro ein Sanierungskonzept und 1983 begannen die Arbeiten an der Brücke. Um den Fußgängerverkehr auch weiterhin zu ermöglichen, musste ein eigener überdachter Behelfsübergang östlich der Hackerbrücke errichtet werden mit einer Nutzbreite von immerhin 6 m, gedacht für die bis zu 100.000 Fußgänger, die während der Wiesn über die Brücke strömen. Allein dieser Fußgängersteg aus einer Stahlfachwerkkonstruktion kostete übrigens 2,4 Millionen DM bei Gesamtkosten von 13 Millionen DM.

Zentrale Aufgabe der Sanierung war der Ersatz der alten Fahrbahnplatte durch eine neue Konstruktion. Da während der Sanierungsarbeiten die Aufrechterhaltung des Bahnverkehrs sichergestellt sein musste, wandte man für den Austausch der Fahrbahnplatten ein geniales Verfahren an: Nach dem Anheben der Überbauten wurde die jeweilige Fahrbahnplatte mit einem Verschubwagen herausgezogen, außerhalb der Brücke abgebrochen und gegen ein neues Teil aus Stahlbeton ausgetauscht. An den Durchdringungspunkten zwischen Brückenplatte und Hängestangen wurde auf eine sorgfältige Abdichtung geachtet, um zukünftige Schadensquellen von vornherein auszuschließen. Die eisernen Bögen dagegen hatten von ihrer ursprünglichen Tragfähigkeit kaum etwas eingebüßt; sie wurden deshalb nur gründlich entrostet und mit einem neuen Anstrich versehen. Auch das alte Brückengeländer blieb erhalten.

Die ebenfalls im 19. Jahrhundert errichtete Friedenheimer Brücke musste ab 1977 für den Schwerlastverkehr gesperrt werden, da sich auch hier die Überbeanspruchung durch die hohe Verkehrsbelastung bemerkbar machte. Ein Ausweichen auf die benachbarte Laimer Unterführung war nur bedingt möglich, da hier eine Höhenbeschränkung galt. Wollte man nicht Verkehrsverhältnisse des 19. Jahrhunderts wieder erstehen lassen, musste zur Aufrechterhaltung der wichtigen Nord-Süd-Verbindung die alte Friedenheimer Brücke durch einen Neubau neben der bestehenden ersetzt werden. Bei dieser Gelegenheit konnte auch die Unterführung des Birketwegs in das Projekt miteinbezogen und die Elsenheimer Straße als Brückenzufahrt ausgebaut werden. Während der Bauzeit von 1981 bis 1983 war die alte Brücke weiterhin zu benutzen. Sie wurde jedoch nach Fertigstellung des neuen Bauwerks abgebrochen. [576]

Neubau der Friedenheimer Brücke 1981 bis 1983.
Die alte Brücke wurde bis zur Fertigstellung des Neubaus weiter benutzt.

Beide Fotos Baureferat

Die Thalkirchner Brücke auf einer Aufnahme aus dem Jahr 2007. Die Arbeiten für die Renaturierung der Isar sind in diesem Teilabschnitt bereits fertig gestellt.

Foto Schiermeier

Naherholung in den Isarauen

Die Brücken in den als Landschaftsschutzgebiet eingestuften südlichen Isarauen stellen nicht nur kurze Verbindungswege zwischen rechtsseitigem und linksseitigem Isarufer dar. Durch ihre Lage in einem Naherholungsgebiet haben sie als Übergänge für Fußgänger und Radfahrer darüber hinaus ganz besondere Anforderungen an Ästhetik und Dauerhaftigkeit zu erfüllen – Fußgängerbrücken wie der Flauchersteg wurden von feierfreudigen Münchnern auf den Isarkiesbänken sogar als Holzlieferanten für unerlaubte Grillfeuer missbraucht.

Eine Sonderrolle unter den Brücken der südlichen Isarauen nimmt die Thalkirchner Brücke ein. Als Verkehrsverbindung zwischen Thalkirchen und Harlaching, als Zugang zu den Badeplätzen an der Isar und als letzte Wegstrecke bis zum Haupttor des Tierparks Hellabrunn ist diese Brücke in Thalkirchen jedem Münchner ein Begriff. Gerade wegen ihrer vielseitigen Funktionen aber ist die zierliche Gestalt der Thalkirchner Brücke deutlich von den mächtigen Brücken weiter flussabwärts zu unterscheiden und vor allem weitaus weniger nach den Bedürfnissen des motorisierten Stadtverkehrs ausgerichtet. Gebaut 1904 für eine nachrangige Verkehrsverbindung und gestaltet nach den Vorstellungen des Isartalvereins, litt die Brücke in den folgenden Jahren unter Maßnahmen zur Kosteneinsparung: Bereits 1921 war die Brücke sanierungsbedürfig und daher für einen Lastverkehr von mehr als 2,5 Tonnen gesperrt. Nach dem Umbau mit einfachsten Materialien 1923 und einer Fahrbahnreduzierung von 7 auf 5 m war die Brücke für eine Verkehrslast von 5 Tonnen freigegeben. 1950 kam infolge einer deutlichen Verschlechterung der Bausubstanz eine Geschwindigkeitsbeschränkung auf 10 km/h hinzu, bei immerhin 6 Tonnen zulässiger Belastung. 1951 wurde die zulässige Belastung auf 3 Tonnen reduziert, da man Erschütterungen festgestellt hatte. 1955 wurde die zugelassene Belastung noch einmal auf 2 Tonnen reduziert, dabei aber die zulässige Geschwindigkeit auf 20 km/h heraufgesetzt.

1956 schätzte Baudirektor Sperber ein Reparieren der Brücke als vollkommen unwirtschaftlich ein. Der Neubau scheiterte Jahr für Jahr an den nicht vorhandenen Haushaltsmitteln. Als 1968/69 die Sperrung der Brücke für sämtliche Kraftfahrzeuge drohte, wurden schließlich noch einmal umfangreiche Sanierungsarbeiten durchgeführt. [577]
Trotzdem war bereits im Jahr 1988 die Situation nicht wesentlich besser: Eine Untersuchung der Brücke ergab erhebliche Schäden durch Wurmbefall an der Holzkonstruktion und Verrostung der stählernen Längsträger und Verbindungsteile. Die zulässige Geschwindigkeit auf der Brücke betrug nun 30 km/h bei einer zulässigen Belastung von maximal 3 Tonnen. Die Anforderungen an die Brücke waren aber immer noch unverändert. Durch die Eröffnung des U-Bahnhofs Thalkirchen entstand sogar weiterer Bedarf für eine leistungsfähige Verkehrsverbindung. [578]

Da eine weitere Brückensanierung des 80 jährigen Bauwerks erneut als unwirtschaftlich eingeschätzt wurde, galten für einen Neubau die Richtlinien einer umweltbewussten Kommunalpolitik. Die Brücke musste daher nicht nur für Autofahrer, sondern auch und vor allem für Fußgänger und Radfahrer ausgelegt werden. Schwerlastverkehr sollte dagegen keinesfalls zugelassen werden, Tonnage- und Geschwindigkeitsbeschränkungen deshalb auch weiterhin bestehen. Die Gestaltung der zukünftigen Brücke war wie bisher ihrer Lage in der Auenlandschaft des Isartals anzupassen, eine Annäherung an den alten Zustand der Brücke war jedoch nicht zwingend. [579]

Der Entwurf Richard J. Dietrichs folgte daher nur bedingt einem Vorschlag des Baureferats, wieder eine reine Holzkonstruktion zu erstellen. Es entstand vielmehr auf den sanierten Pfeilern und Widerlagern ein äußerst filigranes Bauwerk mit 197 m Länge als räumliches Stabfachwerk aus Fichtenholz, das bogenartig von Pfeiler zu Pfeiler läuft. Die in diesem Holz-Raumfachwerk eingesetzten Knotenverbindungen aus Stahl erforderten besondere Aufmerksamkeit, da sie für die dynamische Beanspruchung der zukünftigen Verkehrslast geeignet sein mussten. Sie wurden nach den Berechnungen des Ingenieurbüros Suess-Staller-Schmitt in Zusammenarbeit mit der Abteilung Wasser- und Brückenbau entwickelt. Über dieses Haupttragwerk legte man eine gegliederte Stahlplatte als Schutzdach für das Holzfachwerk gegen Nässe sowie als Träger für die Fahrbahn mit dem Geh- und Radweg. Die Gehwege sind seitlich über das Haupttragwerk auskragend angeordnet, womit der Eindruck der Leichtigkeit noch verstärkt wird. [580] Die Thalkirchner Brücke wurde 1991 für den Verkehr freigegeben und mit dem Deutschen Holzbaupreis 1992 wegen ihrer „hohen ästhetischen Qualität" und ihrem „guten Witterungsschutz" ausgezeichnet.
Schon 1993 war allerdings das Bauwerk besonders erschwerten Bedingungen ausgesetzt: Nach einem durch Brandstiftung verursachten Feuer mussten zwei zerstörte Brückenfelder erneuert werden. [581]

Das filigrane Tragwerk der Thalkirchner Brücke

Beide Fotos Thomas Riehle, Baureferat

Verbindungsweg für Fußgänger und Radfahrer über das breite Isarbett bei Thalkirchen: der gewundene Flauchersteg 2007.

Foto oben Schiermeier
Foto unten Thomas Riehle, Baureferat

Bilder rechts
Neubau des Marienklausenstegs 1997
Der fertig gestellte Marienklausensteg mit seiner spektakulären Aussichtskanzel.

Foto unten Thomas Riehle,
Beide Fotos Baureferat

Der flussabwärts gelegene Flauchersteg bestand aus einer 1914 errichteten einfachen Eisenkonstruktion mit Holzbelag und Holzgeländer auf Betonpfeilern. Im Jahr 2000 wurde dieser bei den Münchnern äußerst beliebte Isarübergang teilweise erneuert, aber 2005 während eines starken Hochwassers durch Unterspülung beschädigt. Nach umfassenden Instandsetzungsarbeiten ist er seit 2006 wieder für Fußgänger geöffnet.[582] Wie auch der Marienklausensteg wird der Flauchersteg bei Hochwasser gesperrt, weil sich an den zahlreichen Brückenpfeilern besonders leicht Treibholz ansammelt und dadurch das Wasser weiter aufstaut. Ein Benutzen des Steges ist dann lebensgefährlich.

Der Marienklausensteg als südlichster Flussübergang innerhalb der Stadtgrenze war 1991 aufgrund fortgeschrittener Schäden – einer weit gehenden Korrosion an den Eisenträgern des Überbaus und der bereits geschilderten mangelhaften Ausführungsqualität der Pfeiler – dringend zu erneuern. Eine Sanierung des Steges erschien daher weder aus sicherheitstechnischen noch aus wirtschaftlichen Gründen vertretbar und die Stadt schrieb einen Wettbewerb aus, um Vorschläge für eine zeitgemäße Brückenkonstruktion zu erhalten, die den

Anforderungen des Steges als Verknüpfungspunkt der Spazier- und Radwege in der Isarlandschaft gerecht werden würde. Nach den Planungen der Gewinner des Wettbewerbs – Architekt Felix Schürmann und Ingenieur Lothar Fritsche – entstand bis 1997 ein feingliedriger Hauptsteg aus Stahl mit Schrägstreben auf schlanken Betonpfeilern mit offen verlegten Eichenbohlen. Auf die alte Trennmauer der ehemaligen Floßgasse stützt sich ein langer Stichsteg, der in eine Aussichtskanzel über den Fluss mündet und dem Spaziergänger Ausblicke auf die Flusslandschaft ermöglicht.[583]

Kompromissvorschlag für den letzten Teilabschnitt des IsarPlans an der Museumsinsel.

Baureferat

Ein Plan für die Isar

Auch in der Stadtmitte ist der Flussraum ein Naherholungsraum, den Bürger beider Flussufer nutzen. Möglich wurde diese moderne Nutzung eines noch bis in das 19. Jahrhundert gefürchteten und von vielen gemiedenen Flussraumes durch gezielte Hochwasserschutzmaßnahmen. Gerade diese umfangreichen Schutzbauten, Regulierungsmaßnahmen sowie der Kanalbau zur Nutzung der Wasserkraft waren es aber auch, die den Fluss seines typischen Wildflusscharakters mit Kiesinseln und zahlreichen Seitenarmen beraubten und ihm das Aussehen eines zweiten Kanals verliehen.

Schutz vor Überflutung war durch das festgelegte Bett der Isar mit seinen Hochwasserwiesen und Deichen vor allem auch durch den Bau des Sylvensteinspeichers in den 60 er Jahren vorerst erreicht. Die damit verbundenen Veränderungen in den Gewässerstrukturen, Fließgeschwindigkeiten, Strömungsmustern und im Temperaturhaushalt des Flusses wirkten sich jedoch nachteilig auf Pflanzen und Tierwelt aus. [584]

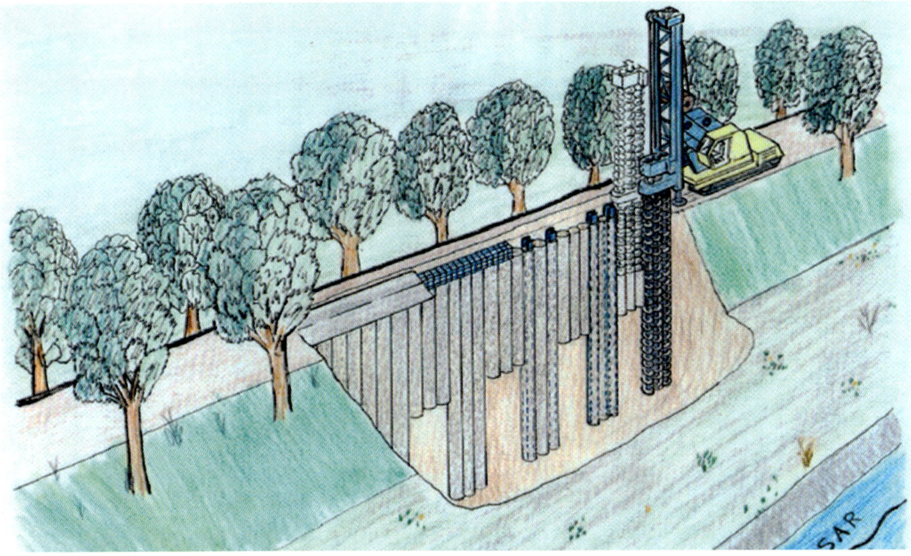

Durch das Einbringen einer Erdbetonwand zur Stabilisierung des Deiches kann der wertvolle Baumbestand erhalten werden.

Baureferat

Anträge zur Aufwertung dieses Flussraumes zur Natur- und Erholungslandschaft durch mehr „Naturnähe" wurden seit den 80er Jahren im Stadtrat eingebracht. Ab 1984 erarbeitete daher das Referat für Stadtplanung und Bauordnung einen vorläufigen „IsarPlan", Fachleute verschiedener Disziplinen klärten und definierten Vorgehensweise und Ziele einer naturnahen Umgestaltung der Isar im südlichen Stadtgebiet. 1988 billigte der Münchner Stadtrat den „IsarPlan" mit dem Ziel der ökologischen Aufwertung des Flussraums, der weiteren Verbesserung des Hochwasserschutzes und natürlich auch des Freizeitwertes dieser Flusslandschaft. Freistaat Bayern und Stadt München trafen eine Vereinbarung zu Planung, Finanzierung und Durchführung der Renaturierungs- und Hochwasserschutzmaßnahmen. Ab 1995 arbeitete daher die Gruppe „IsarPlan" unter der Leitung des staatlichen Wasserwirtschaftsamtes München mit städtischen Fachleuten aus dem Baureferat, dem Referat für Stadtplanung und Bauordnung und dem Referat für Gesundheit und Umwelt an der Realisierung des Konzepts.[585]

Auf den Deichen ausgesäter Magerrasen ein Jahr nach Abschluss der Arbeiten.

Baureferat

Im Herbst 2000 wurde mit der Umsetzung des „IsarPlan" begonnen. Federführend für die Stadt München ist bei diesen Arbeiten das Baureferat bzw. die Abteilung Wasser- und Brückenbau, 2004 umbenannt in „Ingenieurbauwerke und Gewässer". Mit abgeflachten Ufern und vorgelagerten Kiesbänken, Rampen aus Steinblöcken und dazwischen gelagerten Becken erhielt die Isar wieder ein naturnahes Erscheinungsbild. Mit der Aufweitung des Flussbettes konnte dieser Eindruck noch verstärkt, zugleich durch eine geringe Erhöhung und Festigung der Deiche der Hochwasserschutz verbessert werden: Bei den heute häufiger auftretenden Starkregenereignissen hätte der Hochwasserschutz einem „Jahrhunderthochwasser" mit einem berechneten Durchfluss von 1.100 m^3/sec nicht mehr entsprochen. Auch die Lebensbedingungen für Pflanzen und Tiere haben sich durch die Umbauten verbessert. Mittlerweile siedeln sich hier wieder mehr Kleinlebewesen an, die eine wichtige Nahrungsquelle für Fische darstellen, auf den Kiesbänken haben sich Pionierpflanzen angesiedelt, deren Samen aus den Gebirgstälern angeschwemmt wurden.[586]

Der Modellversuch IsarPlan in der Versuchsanstalt für Wasserbau und Wasserwirtschaft der TU München in Obernach soll Aufschluss über die zu erwartenden flussmorphologischen und hydrologischen Veränderungen geben.
Baureferat

Da der innerstädtische Flussbereich zwischen Braunauer Eisenbahnbrücke und Museumsinsel vielfältigste Interessen berührt, ließ der Stadtrat zur Gestaltung dieses sensiblen Fluss- und Stadtraumes im Jahr 2003 einen Wettbewerb durchführen. Gerade dieser Flussbereich ist durch Wehre reguliert und im Gegensatz zu seinem ehemaligen weit gefächerten und von Kiesbänken und Seitenarmen durchzogenen Flussbett zwischen Corneliusbrücke und Maximiliansbrücke zu einer von Menschen geschaffenen Kunstlandschaft geworden. Unmittelbar nach der Corneliusbrücke schließt das Corneliuswehr als Nachfolgerin des alten Muffatwehres an und führt bis zur Südspitze der Museumsinsel. Schon ab 1914 waren mehrmals Veränderungen am Wehreinschnitt durchgeführt worden, um dort die Abflussbedingungen zu verbessern. 1959 beseitigte man die Kriegsschäden aus dem 2. Weltkrieg. [587] Im Anschluss an die Museumsinsel bildet das Streichwehr (Wehr VI) mit dem Wehrsteg die Verbindung zur Praterinsel und zum Praterwehr, das wieder zum linken Isarufer führt. Das Streichwehr erlitt während des Hochwassers 1965 schwere Schäden und wurde daher völlig neu aus Beton errichtet. Es erhielt zehn Öffnungen anstatt der bisher fünf Grundschleusen und acht seitlich befestigte Streichwehre, den Übergang von der Praterinsel zur Museumsinsel ermöglicht wieder ein Fußgängersteg. Zusammen mit einer Renovierung der Ufermauern an der Praterinsel wurde schließlich auch im Jahr 1966 das Praterwehr aus Beton neu errichtet, 1973/74 wurde das Wehr VI mit einer vollautomatischen Steuerung versehen. [588]

Der IsarPlan hat die Wittelsbacherbrücke erreicht.
Hier wird ein zweites Gerinne angelegt.

Foto Schiermeier

Der 2004 ausgelobte Wettbewerb sollte Lösungsmöglichkeiten anbieten, wie sowohl Stadt- und Landschaftsbild, Ökologie und Denkmalschutz, Erholungsnutzung und Gewässerschutz in diesem am deutlichsten durch den Menschen beeinflussten Flussabschnitt zu vereinbaren seien. Gegen die Preisträger des 1. Preises erhob sich allerdings Widerstand von den Bürgern der angrenzenden Stadtteile, da sie in dem geradlinig geplanten Flussbett und dem Ausbau des alten Corneliuswehres zu einer langen Mole einen Widerspruch zur gewollten Isarrenaturierung sahen. Da aber das Corneliuswehr zusammen mit der Corneliusbrücke und ihrer Bastion sowie den angrenzenden Kaimauern unter Denkmalschutz, genauer unter Ensembleschutz steht und das Wehr seine Funktion als Ableitung in die Kleine Isar immer noch erfüllt, erschien ein Abbruch des Bauwerks nicht nur aus Kostengründen problematisch.

Die konträren Diskussionen um das Corneliuswehr konnten schließlich durch einen Vorschlag des Bauherrn für den umstrittenen Abschnitt vor der Museumsinsel beendet werden. Der hier erarbeitete Kompromiss sieht sowohl den Erhalt des Wehres vor als auch die im 2. Preis enthaltene naturnähere Flussführung, die von den Bürgern favorisiert wurde. Dieser Kompromiss zeigt noch etwas anderes: Über Jahrhunderte bemühten sich Münchner Wasser- und Brückenbauer die Isar zu zähmen, das von ihr häufig veränderte Bett zu fixieren und ihr Wasser in die gewünschten Bahnen zu lenken. Mithilfe der Technik konnte ein befriedigender Schutz vor Hochwasser erreicht werden – mithilfe der Technik ist heute in der Stadt sowohl ein naturnaher Flusslauf als auch ein optimaler Hochwasserschutz möglich.

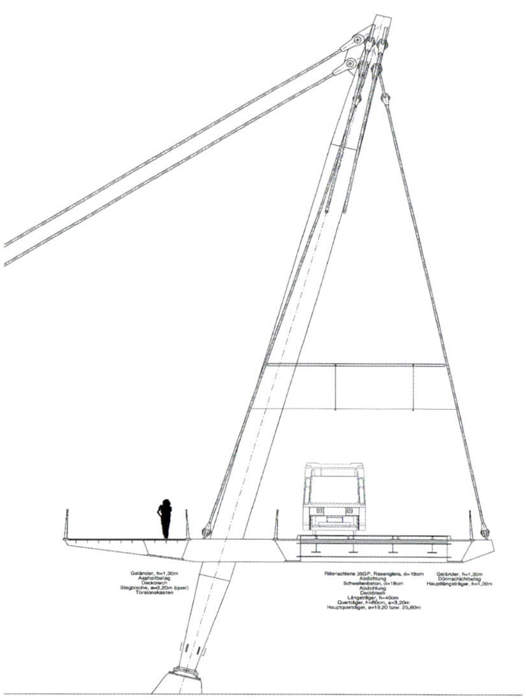

Kombinierte Straßenbahn-, Geh- und Radwegbrücke über die Schenkendorfstraße.

Architekten:
Auer+Weber+Assoziierte

Beratende Ingenieure:
Mayr+Ludescher+Partner

Bild oben
Fotomontage des Projekts

Rakete GmbH, Baureferat

Bild rechts
Schnitt durch die Fahrbahn

Baureferat

Perspektiven für München

Die erwähnten umweltpolitischen Erwägungen, die seit dem Ende der 70er Jahre in zunehmendem Maß die Münchner Kommunalpolitik beeinflussten, nehmen hier bekanntlich eine immer gewichtigere Stellung ein, basierend auf der Erkenntnis, dass soziale und ökonomische Lebensbedingungen nur im Einklang mit einer langfristigen Sicherung der natürlichen Lebensgrundlagen möglich sind. Ausgehend von der Abschlusserklärung der Konferenz der Vereinten Nationen für Umwelt und Entwicklung in Rio de Janeiro 1992 – die nachhaltige Entwicklung als zentrale Aufgabe der Gesellschaften des 21. Jahrhunderts zu begreifen – wurde diese Erklärung zur Grundlage für die Zielsetzungen verschiedenster Bereiche städtischen Lebens. Unter der Ägide von Münchens Oberbürgermeister Christian Ude (seit 1993) erarbeiten die städtischen Referate Leitlinien für die zukünftige Stadtentwicklung unter dem

Fuß- und Radwegbrücke über die Schenkendorfstraße 1985
Entwurf: Richard J. Dietrich
Foto Schiermeier

Fuß- und Radwegbrücke über die Ackermannstraße 2003
Planung: Architekturbüro Karl und Probst in Gemeinschaft mit ISP Scholz Beratende Ingenieure AG
Foto Florian Holzherr Baureferat

Motto „Perspektive München". Dazu gehören der schonende Umgang mit den natürlichen Ressourcen Boden, Wasser und Luft und als weitere Folge davon Verkehrsminderung und Verkehrsverlagerung auf umweltgerechte Verkehrsmittel.[589] Zur Gewinnung alternativer Energien, d. h. Energie, die ohne Belastung der Umwelt gewonnen werden kann, sollen in der Stadt neue Möglichkeiten geschaffen werden. Dazu dienen auch die an Lärmschutzwänden anzubringenden Sonnenkollektoren – neuerdings zu besichtigen an der Auffahrt zum Candidplatz.

Dem Ausbau des öffentlichen Nahverkehrs und der Wege für Radfahrer und Fußgänger wird in München seit Jahren bevorzugte Förderung zuteil. Vereint finden sich die beiden Möglichkeiten in einer Brücke über die Schenkendorfstraße. Die Planungen zu einer Rad- und Fußwegbrücke begannen bereits 1980 mit den Planungen zum Bau

Fuß- und Radwegbrücke über die Autobahn im Norden Münchens (A9), fertig gestellt im Oktober 2003.

Planung: Ackermann und Partner, Architekten BDA

Tragwerksplanung: Ingenieurbüro Ch. Ackermann

Foto Peter Schinzler Baureferat

des Petueltunnels. Damit vor allem das östliche Tunnelende an der Schenkendorfstraße mit seinen Zu- und Abfahrten zur Autobahn A 8 nicht das Stadtviertel Schwabing in zwei völlig getrennte Hälften teilt, war hier von Anfang an eine Fuß- und Radwegbrücke geplant. Architekt Frei Otto schlug hierfür eine leichte Konstruktion mit Baumstützen vor. In der Weiterentwicklung des Projekts Petueltunnel entwarfen die Ingenieure Mayr, Ludescher und Partner sowie das Architektenbüro Auer und Weber und Assoziierte die gläserne Einhausung im Anschluss des Tunnels zusammen mit einer Schrägseilbrücke zur barrierefreien Überquerung des Rings. Der schräg stehende Pylon – nachempfunden Frei Ottos Zeltdachkonstruktion am Olympiagelände – sollte dabei sowohl die Brücke als auch die gläserne Einhausung tragen. Mit dem Entschluss, zur Anbindung des neuen Wohnquartiers Parkstadt Schwabing an das alte Schwabing die neue Straßenbahnlinie 23 von der Münchner Freiheit bis zum Frankfurter Ring einzurichten, war das Projekt neu zu planen.

Um auch die neue Parkstadt-Tram tragen zu können, mussten Glaseinhausung und Brücke voneinander entkoppelt werden, beim Bau des Tunnels wurden bereits die Fundamente für den 33 m hohen Pylon mitgegossen. Die 84 m lange Brücke wird allein von den am Mast aufgehängten, 10 cm dicken Stahlseilen getragen werden. Die Brückenplatte ist zweigeteilt, mit mittiger Tragkonstruktion. Die östlich gelegene, 7,80 m breite Platte für die zweigleisige Straßenbahntrasse verläuft geradlinig, über die westlich gelegene, geschwungene Brückenplatte mit 4,80 m Breite führt der Rad- und Fußweg; Treppenanlagen und Rampen stellen einen Zugang zur Schenkendorfstraße her. Da die Straßenbahnzüge auf Brücken starke Schwingungen auslösen können, ist der Typ Schrägseilbrücken für eine Trambahnbrücke eine Neuheit, den statischen Berechnungen waren daher besondere Aufmerksamkeit zu widmen: In mehreren Simulationen wurde die Reaktion des Tragwerks genauer untersucht. Eine besondere Dämmung wird dafür sorgen, dass die Straßenbahn auf der Brücke nicht zu laut wird. Baubeginn war im Herbst 2007, ihre Fertigstellung ist für 2009 geplant. [590]

An der zukünftigen Brücke über den Mittleren Ring wird die ganze Bandbreite der Anforderungen, die heute an die städtischen Brückenbauer gestellt werden, besonders deutlich: Anstelle einfacher Bauwerke aus Holz zur Überwindung von Bächen oder Flüssen werden heute für den modernen Stadtverkehr hoch komplexe und multifunktionale Konstruktionen eingesetzt. Sie dienen den verschiedensten Zwecken, können für Schwerlastverkehr oder auch für Fußgänger genutzt werden, überspannen Flüsse, Eisenbahngleise oder Straßenzüge als elegant geschwungene Konstruktionen. Diese technischen Meisterwerke müssen nicht nur den höchsten Ansprüchen an Dauerhaftigkeit und Funktionalität genügen, sondern auch eine Ästhetik ausstrahlen, die als ein wesentlicher Beitrag zum Stadtbild gesehen werden kann. Um dieser Vielzahl unterschiedlicher Anforderungen gerecht zu werden, ist der städtische Brückenbau nur noch in Arbeitsteilung möglich. Architekten und Ingenieure liefern Entwurf und Konstruktionsberechnungen, die Ingenieure des Baureferats beantragen, begleiten und überwachen die Realisierung des Projekts, eine Arbeitsweise, die sich ganz wesentlich von der Tätigkeit städtischer Brückenbaumeister noch des 18. Jahrhunderts unterscheidet.

Verzeichnis ausgewählter Münchner Brücken

Das Brückenverzeichnis kann angesichts der ca. 1.000 in der Stadt vorhandener Brückenbauten nicht vollständig sein.
Es handelt sich vielmehr um eine Auswahl aus den städtischen Brückenverzeichnissen, die sich an den Kriterien eines hohen Alters oder wesentlicher Bedeutung orientiert. Ergänzt wird die Zusammenstellung durch Listen von Max Megele und Johann B. Bosch. Die jeweiligen Seitenzahlen verweisen auf die Passagen im Text des vorliegenden Buches.

Von wenigen Ausnahmen abgesehen, finden sich in dem Verzeichnis Brücken, die auch heute noch bestehen und besichtigt werden können. Zugbrücken und gewölbte Zugänge als Bestandteile Münchner Stadttore fehlen damit; sie trugen den Namen des Tores, unter dem sie zu finden waren. Auch viele der Stege und Brücken über Münchner Stadtbäche, die in den meisten Fällen ohne Namen in den Verzeichnissen erschienen, wurden nicht mit aufgenommen, da die Bäche fast alle im letzten Viertel des 19. Jahrhunderts großzügig überwölbt wurden und einzelne Brücken selbst an den heute noch existierenden Bächen nicht mehr als solche erscheinen.

Mitarbeit bei der Zusammenstellung:
Peter Schaller, Baureferat LHM
Franz Schiermeier

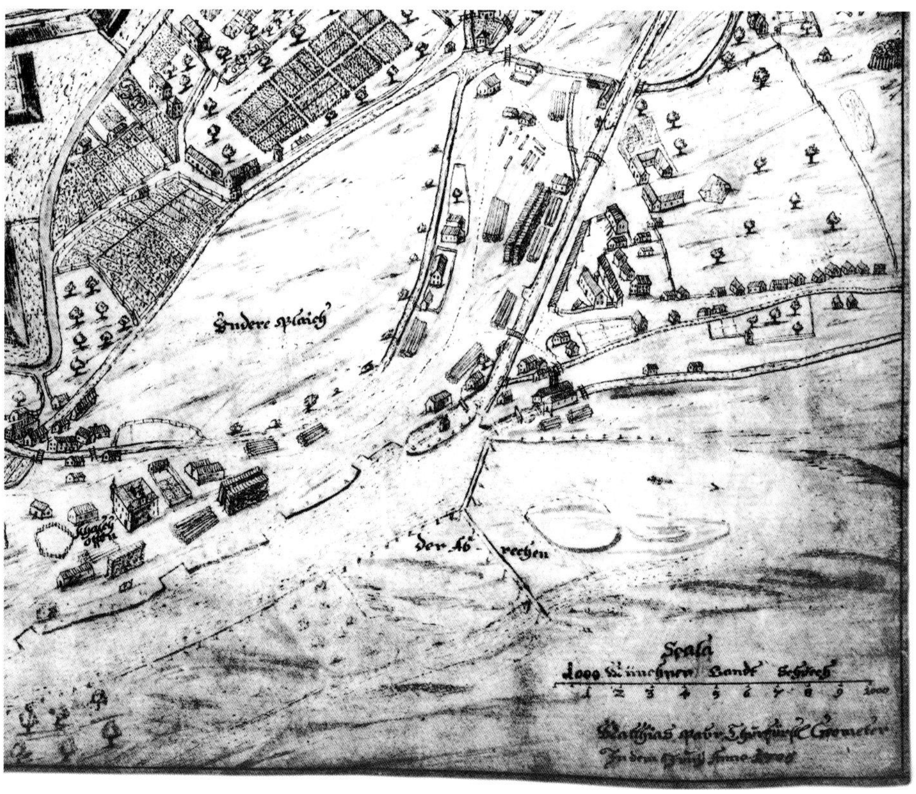

Abrechen

Auffanggitter und Isarbrücke vom linken Isarufer zur Praterinsel.

Zusammen mit der Röhrenbrücke ist der Abrechen bis zum Bau der > Max-Joseph-Brücke die zweite, allerdings inoffizielle Möglichkeit die Isar zu überqueren. 1582 – 87 gebaut als Auffanggitter für Triftholz, erfolgen 1814/15 Abbruch und Neubau für das Kgl. Triftamt nach den Plänen Karl von Wiebekings. Nun wird der Abrechen von der Stauvorrichtung des Praterwehrs getrennt und einige Meter oberhalb am Triftkanal neu errichtet. Mit dem Einstellen der Trift 1870 wird auch der Abrechen abgebrochen.

Seite 37 f., 49, 73, 124

Der Abrechen auf dem Stadtplan von Mathias Paur 1705
Stadtarchiv München

Bavariabrücke

Lipowsky-Brücke

Straßenbrücke im Zuge der Radlkoferstraße
Namengebend war wohl die Bavaria auf der Theresienhöhe
Ludwigsvorstadt-Isarvorstadt

Auftraggeber	Stadt München
Unterhalt	LH München, Baureferat

Errichtet 1868–1871 mit einer Breite von etwa 6 m. Mit der Verbreiterung des Bahnkörpers 1895 wird die Brücke von der Kgl. Staatseisenbahnverwaltung mit einer Breite von 9 m neu gebaut. 1964 erfolgt ein weiterer Neubau.

Seite	129
Daten der Brücke	
Baujahr	1964
Umbau	1987
Sanierung	2005
Überführt	DB München–Rosenheim
Anschlussstraßen	Radlkoferstraße, Theresienhöhe
Tragfähigkeit	60 t
Konstruktionsart	Einfeldträger
Baumaterialien	Spannbeton
Gesamtlänge	33,00 m
Brückenbreite	20,0 m
Verkehrswege	Gemeindestraße

Bogenhausener Brücke > Max-Joseph-Brücke

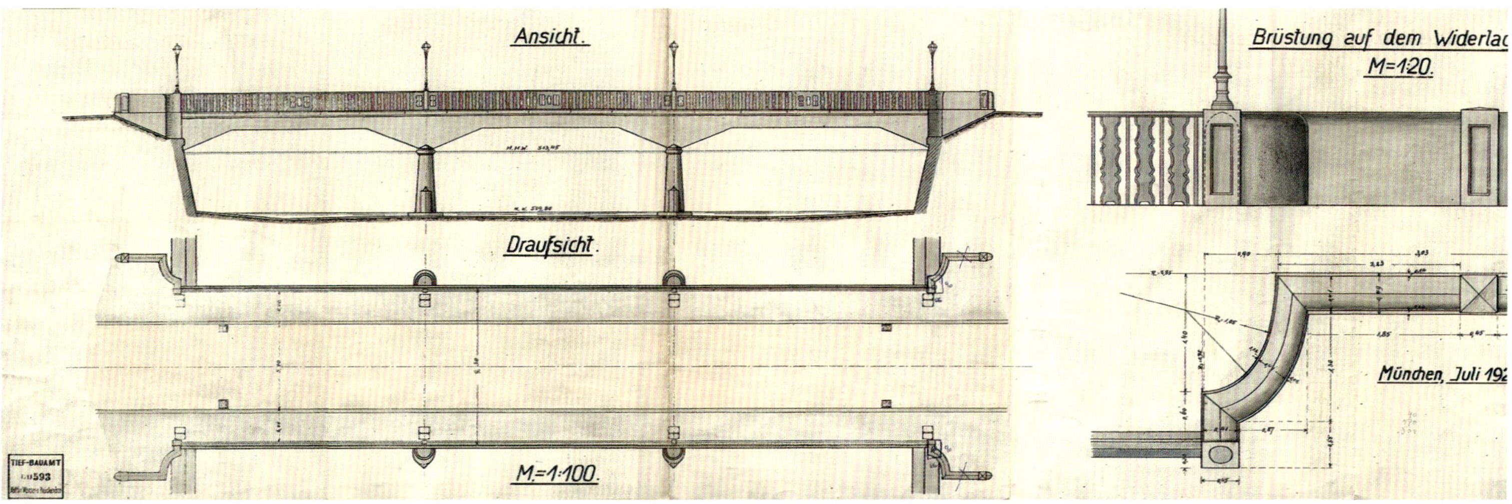

Boschbrücke

Innere Erhardtbrücke

Isarbrücke und Zugang zur Museumsinsel
Ludwigsvorstadt-Isarvorstadt

Auftraggeber	Stadt München
Unterhalt	LH München, Baureferat

Die Brücke steht unter Denkmalschutz

1897 als Holzbrücke nach den Plänen von Hermann Frauenholz für den Aufbau der II. Kraft- und Arbeitsmaschinenausstellung erbaut und Innere Erhardtbrücke benannt nach Münchens 1. Bürgermeister Alois Erhardt (1870–1887). 1899 wird die Brücke für den allgemeinen Verkehr geöffnet. 1924/25 beschließt die Stadt den Ersatz der Holzkonstruktion durch eine dreifeldrige Plattenbalkenbrücke, die 1930 zu Ehren von Johann Baptist Bosch, Leiter des Städtischen Tiefbauamts 1919–32 den Namen Boschbrücke erhält.

Seite	169 f., 176, 183, 187
Daten der Brücke	
Baujahr	1925
Sanierung	1998
Tragfähigkeit	30 t
Konstruktionsart	Mehrfeldträger, durchlaufend
Baumaterialien	Fertigteilträger mit Ortbetonplatte
Gesamtlänge	46,84 m
Stützweiten	14,99 m, 16,20 m
Brückenbreite	8,97 m
Verkehrswege	Gemeindestraße

Braunauer Eisenbahnbrücke

Seite 102, 110 ff., 114, 185, 215, 226

Eisenbahnbrücke der Deutschen Bahn AG
über die Isar
Schäftlarn-/Isartalstraße
Ludwigsvorstadt-Isarvorstadt

Auftraggeber	Königl. Eisenbahndirektion
Konstr. Entwurf	Heinrich Gerber
Ausführende Firmen	
Unterhalt	Deutsche Bahn AG

Erbaut für die Eisenbahnlinie München–Braunau 1869–1871 als Gitterträgerbrücke aus Eisen nach Plänen Heinrich Gerbers. Durch einen Luftangriff während des 2. Weltkriegs und die Teilsprengung 1945 beschädigt. 1958 erfolgt die Verbreiterung durch den Anbau eines modernen Nordteils unter Erhalt des südlichen Brückenteils.

Daten der Brücke

Baujahr	1869 –71
Umbau	1958
Überführt	Isar
Tragfähigkeit	60 t
Konstruktionsart	3 Einfeldträger Vollwand-Durchlaufträger
Baumaterialien	Eisen Stahl
Gesamtlänge	150,44 m
Spannweiten	48,40 m
Brückenbreite	16,00 m
Verkehrswege	DB München–Rosenheim

Die Braunauer Eisenbahnbrücke unmittelbar vor der Fertigstellung Foto von 1870

Verkehrsmuseum Nürnberg

Mit dem Projekt ISART zur Förderung junger Künstler werden in Zusammenarbeit mit der „Färberei" die Pfeiler der Brudermühlbrücke ein- bis zweimal im Jahr von Graffitikünstlern neu bemalt.

Brudermühlbrücke

Der Name der Brücke stammt von der gleichnamigen Mühle.
Sendling/Untergiesing-Harlaching

Auftraggeber	Stadt München
Unterhalt	LH München, Baureferat

1904 durch Transferierung der alten Wittelsbacher Brücke erste Brückenverbindung zwischen Thalkirchen und Untergiesing. Im September 1943 während eines Luftangriffs beschädigt, im Dezember 1948 durch den Bau eines Fußgängersteges wieder begehbar gemacht. 1953 Bau einer neuen Brücke in Spannbeton, 1988 Verbreiterung durch den Anbau des südlichen Teils.

Seite 156 f., 183, 185, 187, 189, 191, 201

Daten der Brücke

Baujahr	1953, 1988 (Südlicher Teil) 1953, 1969 (Nördlicher Teil)
Instandsetzung	1992, 2005
Anschlussstraßen	Brudermühlstraße, Candidstraße
Tragfähigkeit	60 t
Konstruktionsart	Mehrfeldträger
Baumaterialien	Spannbeton, Stahlbeton Natursteinverkleidung
Gesamtlänge	138,00 m
Stützweiten	45,97 m, 45,97 m, 46,30 m
Brückenbreite	16,00 m
Verkehrswege	Bundesstraße, Mittlerer Ring

Brudermühlsteg

Straßenbrücke über den großen Stadtbach (Werkkanal)

Erbaut als Holzbrücke wird der Brudermühlsteg 1927 aus Eisenbeton nach einem Entwurf des Stadtbauamts errichtet, während eines Luftangriffs im 2. Weltkrieg teilweise zerstört und nach dem Krieg wiederhergestellt. 1989 erfolgt ein Neubau.

Seite 171

Corneliusbrücke

Ludwigsvorstadt-Isarvorstadt

Auftraggeber	Stadt München
Konstr. Entwurf	Sager & Wörner
Künstler. Entwurf	Friedrich von Thiersch
Ausführende Firmen	Sager & Wörner
Unterhalt	LH München, Baureferat

Die Brücke steht unter Denkmalschutz

Wie die Corneliusstraße wahrscheinlich benannt nach dem Maler und Direktor der Akademie der Bildenden Künste Peter von Cornelius oder aber nach dessen Neffen gleichen Namens, Dichter und Komponist.

Seite 143 ff., 150 ff., 182, 213

Daten der Brücke

Baujahr	1903
Umbau	1970
Sanierung	1999, 2004
Anschlussstraßen	Corneliusstraße, Schweigerstraße
Tragfähigkeit	30 t
Konstruktionsart	Dreigelenkbogen, 3 Felder
Baumaterialien	Beton, Muschelkalkstein
Gesamtlänge	150,00 m
Spannweiten	38,50 m, 38,50 m, 44,00 m
Brückenbreite	18,00 m
Verkehrswege	Gemeindestraße

Corneliusbrücke mit dem Denkmal für König Ludwig II. von Westen
1903

Stadtarchiv München, Historisches Bildarchiv

Donnersbergerbrücke

Benannt nach dem Münchner Geschlecht der Donnersberger (16./17. Jahrhundert).
Schwanthalerhöhe/Neuhausen-Nymphenburg

Auftraggeber	Stadt München
Unterhalt	LH München, Baureferat

1875 wird ein eiserner Steg für Fußgänger über die Eisenbahngleise errichtet, den man 1892 durch den Aufbau der ehemaligen Herbststraßenbrücke in Verlängerung der Donnersbergerstraße ersetzt. 1934–1936 erfolgen Neubau und Verbreiterung von 5,40 m und 200 m Länge auf eine Breite von 24,5 m und 230 m Länge. Durch Luftangriffe des 2. Weltkriegs weist die Brücke starke Beschädigungen auf, 1951/52 finden daher Wiederinstandsetzungsarbeiten statt. Von Oktober 1969 bis Mai 1972 kommt es mit dem Bau des Mittleren Rings zur Erneuerung und Verbreiterung der Brücke auf 47 m nach Planungen des Ing. Büros Obermeyer. Dabei wird die nördliche Brückenauffahrt von der Donnersbergerstraße in die Landshuter Allee verlegt. 1980 bis 1982 bildet der Bau der Brückenrampe zum Trappentreutunnel den Abschluss der Arbeiten.

Seite 128 f., 171 ff., 183, 192, 204 ff.

Daten der Brücke

Baujahr	1972
Instandsetzung	1996
Überführt	DB München–Augsburg
Anschlussstraßen	Trappentreustraße, Landshuter Allee
Tragfähigkeit	60 t
Baumaterialien	Stahlbeton
Gesamtlänge	864,44 m
Brückenbreite	47 m
Verkehrswege	Bundesstraße

Einfahrt in den Trappentreutunnel am südlichen Ende der Donnersbergerbrücke

Einlassbrücke

Seite 57, 89 f., 141

Torbrücke über den Östlichen Stadtgrabenbach „am Einlass". Der Bach wurde 1966 aufgelassen.
Altstadt-Lehel

Auftraggeber	Stadt München
Unterhalt	LH München, Baureferat

Die Brücke am Einlass, ein Tordurchbruch für Reisende, die erst nach dem Schließen der Stadttore noch um Einlass begehren, dürfte zusammen mit dem Bau des gleichnamigen Tores 1582 entstanden sein. 1842 wird die alte Brücke abgebrochen und der Bach an dieser Stelle überwölbt, um eine bessere Zufahrt zu schaffen.

Eisbachbrücke

Seite 133

Straßenbrücke über den Eisbach
Altstadt-Lehel

Auftraggeber	Stadt München
Unterhalt	LH München, Baureferat

Die Brücke steht unter Denkmalschutz

Ursprünglich wurden im Bereich der Brücke drei Stadtbäche zusammengeführt, Stadtmühlbach, Stadtsägmühlbach und Papiererbach. Nach Auflassung des Papiererbachs 1962 verfüllte man das westliche Gewölbe.

Daten der Brücke

Baujahr	1890
Sanierung	1965
Anschlussstraßen	Prinzregentenstraße
Tragfähigkeit	30 t
Überführt	Stadtmühlbach Stadtsägmühlbach
Konstruktionsart	Einfeldträger
Baumaterialien	Ziegelgewölbe mit Betonschale
Spannweite	3 Felder mit 4,90 m
Verkehrswege	Gemeindestraße

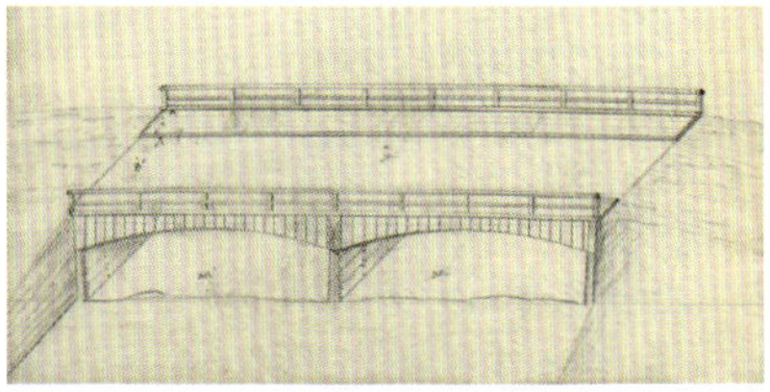

Entwurf zu einer Brücke über den Entenbach von Joseph Höchl und Franz Reifenstuel 1831

Stadtarchiv München

Entenbachbrücke

Seite 86, 119

Straßenbrücke über den Entenbach

Zusammen mit dem Bau der > Reichenbachbrücke entsteht für den Bau der Ohlmüllerstraße 1833 eine Holzbrücke mit einem Mitteljoch über den Entenbach. 1845 stürzt die Brücke nach einem Hochwasser ein und wird sofort wieder neu aufgebaut. Mit dem Auflassen des Entenbachs 1901 entfällt auch die Brücke.

Fischerbrücke

Fußgängerbrücke über den Auer Mühlbach in der Quellenstraße
Au-Haidhausen

Auftraggeber	Stadt München
Unterhalt	LH München, Baureferat

1881 wird die Fischerbrücke in dem Verzeichnis städtischer Brücken erwähnt, 1955 erfolgt ein Neubau der Brücke.

Daten der Brücke

Baujahr	1955
Sanierung	1990
Anschlussstraßen	Quellenstraße
Überführt	Auer Mühlbach
Konstruktionsart	Einfeldträger
Baumaterialien	Stahlbeton
Gesamtlänge	10,50 m
Brückenbreite	3,50 m
Verkehrswege	Fußgängerweg

Ludwigsbrücken

Isarbrücke im Zuge der Zweibrücken-/Rosenheimer Straße
Altstadt-Lehel/Ludwigsvorstadt-Isarvorstadt/ Au-Haidhausen

Münchens erste Isarbrücke entsteht zwischen 1158 und 1180 als einfache Holzbrücke. Ab 1705 ist sie zweigeteilt in eine Brücke über die Große Isar, den linken Isararm und eine Brücke über die Kleine Isar, den rechten Arm. 1723 –1725 entstehen nach Vorgaben von Johann Mayr fünf Pfeiler in Stein-Ziegel-Mischbauweise an der Kleinen Isar, der Rest der Brücke in Holzbauweise.
1759 –1761 wird nach den Plänen von Ignaz Anton Gunezrainer unter Verwendung der alten steinernen Brückenpfeiler die steinerne Brücke über den Auer Mühlbach zwischen Kalkinsel und Gasteig erbaut. Dieser Brückenteil erscheint in den folgenden Jahrzehnten auch als >Schwanenbrücke und später als Schleifferbrücke (nach der Schleifferwerkstatt flussabwärts mit eigenem Zugang zur Kalkinsel).
In den Jahren 1761–1764 werden auch die steinernen Brücken über die Kleine Isar bis zur Museumsinsel und 1767–1772 über die Große Isar nach den Plänen von Ignaz Anton Gunezrainer fertiggestellt.

Am 13. September 1813 kommt es während eines schweren Hochwassers zum Einsturz der Brücke über die Kleine Isar. Von November 1813 bis 1816 unternimmt Karl von Wiebeking den Versuch eines Neubaus wenige Meter flussabwärts. 1823 bis 1828 entsteht dann ein Neubau nach den Plänen von Carl Probst mit Ergänzungen von Leo von Klenze. Dieser Brückenteil wird nun Ludwigsbrücke nach König Ludwig I. genannt. 1877 wird die alte Brücke über die Große Isar mit Granitplatten auf schmiedeeisernen Konsolen verbreitert, 1891/92 kommt es zu einem Neubau der inneren Brücke, nun genannt „Innere Ludwigsbrücke" und zur Verbreiterung der Ludwigsbrücke, der „Äußeren Ludwigsbrücke". 1934–1935 werden beide Brückenteile durch einen Neubau ersetzt.

Auftraggeber	Stadt München
Künstler. Entwurf	German Bestelmeyer
Unterhalt	LH München, Baureferat

Die Brücken stehen unter Denkmalschutz

Innere Ludwigsbrücke

Baujahr	1935
Sanierung	1988
Überführt	Große Isar
Anschlussstraßen	Zweibrückenstraße, Museumsinsel
Tragfähigkeit	60 t
Konstruktionsart	Dreigelenkbogen
Baumaterialien	Stahlbeton, Natursteinverkleidung
Gesamtlänge	43,00 m
Spannweite	64,00 m
Brückenbreite	29,00 m
Verkehrswege	Gemeindestraße, Straßenbahn

Äußere Ludwigsbrücke

Baujahr	1935
Sanierung	1988
Überführt	Kleine Isar
Anschlussstraßen	Museumsinsel, Am Gasteig
Tragfähigkeit	60 t
Konstruktionsart	Dreigelenkbogen, 2 Felder
Baumaterialien	Stahlbeton, Natursteinverkleidung
Gesamtlänge	71,00 m
Spannweiten	32,83 m, 32,83 m
Brückenbreite	29,00 m
Verkehrswege	Gemeindestraße, Straßenbahn
Seite	38,74 f., 83 f., 86, 101 f., 118 f., 120, 125, 135 ff., 146 f., 153, 165, 175 ff., 178 ff., 181, 189, 200, 215

Herzog Heinrich als Graffiti in der Fußgängerunterführung

Ausgeführt von den Künstlern
Os Gemeos, Nina, Shime, Loomit

Luitpoldbrücke

Prinzregentenbrücke

Isarbrücke im Zuge der Prinzregentenstraße benannt nach dem Sponsor des Brückenbaus, Prinzregent Luitpold.
Bogenhausen

Auftraggeber	Stadt München
Konstr. Entwurf	Sager & Wörner
Künstler. Entwurf	Theodor Fischer
Ausführende Firmen	Sager & Wörner
Unterhalt	LH München, Baureferat

Die Brücke steht unter Denkmalschutz

1890-91 wird eine Eisenbrücke nach den Plänen Max von Sieberts und den Berechnungen Heinrich Gerbers errichtet. Am 13. September 1899 kommt es bei starkem Hochwasser zum Einsturz und dem Bau einer Notbrücke. Nach den Plänen von Hans Grüb (Sager & Woerner) und Theodor Fischer entsteht 1900/1901 der Neubau.

Seite 130 ff., 140, 142 ff., 215

Daten der Brücke

Baujahr	1902
Instandsetzung	1962
Sanierung	1997
Überführt	Isar
Anschlussstraßen	Prinzregentenstraße
Tragfähigkeit	60 t
Konstruktionsart	Dreigelenkbogen aus Muschelkalkstein
Baumaterialien	Verkleidung der Aufständerung mit Muschelkalkstein
Gesamtlänge	63,00 m
Brückenbreite	17,20 m
Verkehrswege	Gemeindestraße

Scheitelgelenk aus Gusseisen während der Instandsetzungsarbeiten 1997

Baureferat

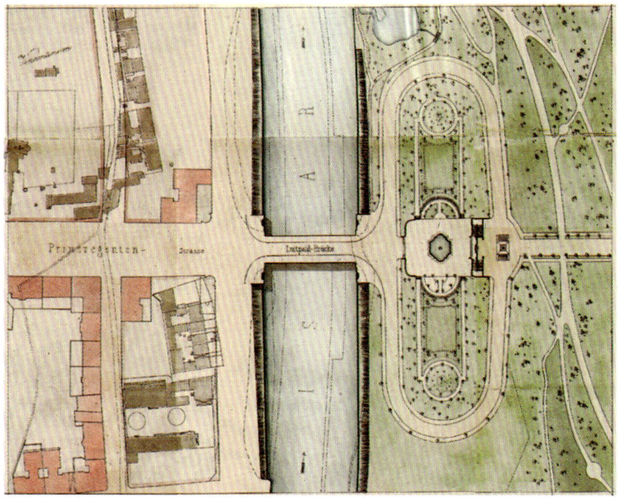

Lageplan mit der Auffahrt zum Friedensengel

Baureferat

Die erste Mariannenbrücke erbaut 1888

Stadtarchiv München, Historisches Bildarchiv

Mariannenbrücke

Isarbrücke
Zugang zur Praterinsel vom Mariannenplatz
Benannt nach Herzogin Maria Anna in Bayern (1722–1790)
Altstadt-Lehel

Auftraggeber	Stadt München
Unterhalt	LH München, Baureferat

Anlass für den Bau der Brücke ist die Große Deutsch-Nationale Kunstgewerbeausstellung 1888 am Isarkai. Um Zugang zum neu errichteten Café Isarlust auf der Praterinsel zu schaffen, entsteht eine schlichte Holzbrücke, die 1928/29 durch eine Plattenbalkenbrücke aus Eisenbeton nach Plänen Aquilin Altmanns und August Blössners ersetzt wird.

Seite	37, 120, 168, 170

Daten der Brücke

Baujahr	1929
Überführt	Große Isar
Anschlussstraßen	Steinsdorfstraße, Praterinsel
Konstruktionsart	Mehrfeldträger, durchlaufend, 3 Felder
Baumaterialien	Stahlbeton
Gesamtlänge	38,30 m
Spannweiten	11,60 m, 11,60 m, 15,00 m
Brückenbreite	6,00 m
Verkehrswege	Gemeindestraße

Marienklausensteg

Fußgänger-und Radfahrerbrücke über die Isar am Südende des Tierparks Hellabrunn
Benannt nach der Marienklause, eine von Flößern errichtete Kapelle.
Thalkirchen-Obersendling-Forstenried-Fürstenried-Solln

Auftraggeber	Stadt München
Konstr. Entwurf	Lothar Fritsche
Künstler. Entwurf	Felix Schürmann
Unterhalt	LH München, Baureferat

Bereits für den Auer Senkbaum zur Ausleitung des Mühlbachs wird ein einfacher Werksteg existiert haben. In den Jahren 1919/20 entsteht hier ein Fußgängersteg aus Holz auf Jochen aus Straßenbahnschienen mit einer Betonummantelung.
Für Flöße ist eine Floßgasse vorgesehen.
1991 stellt man am Steg starke Schäden fest und bis 1997 erfolgt ein Neubau nach Entwürfen des Planungsteams Felix Schürmann (Architekt) und Lothar Fritsche (Ingenieur). Eine Besonderheit dieser Brücke ist der Stichsteg zu einer Aussichtskanzel auf der Abtrennungsmauer der alten Floßgasse.

Seite	166, 222
Daten der Brücke	
Baujahr	1997
Überführt	Isar
Konstruktionsart	Mehrfeldträger, 10 Felder
Baumaterialien	Stahlbeton, Stahl, Holzbohlen
Gesamtlänge	129,00 m
Spannweiten	17,80 m , 17,80 m, 13,52 m 12,71 m, 5,80 m, 21,67 m
Brückenbreite	4,15 m
Verkehrswege	Geh- und Radweg

Martiusbrücke

Straßenbrücke über den Schwabinger Bach in der Thiemestraße als Verlängerung der Martiusstraße.
Benannt nach dem Naturforscher und Ethnografen Karl Friedrich Philipp Martius.
Altstadt-Lehel/Schwabing-Freimann

Auftraggeber	Stadt München
Unterhalt	LH München, Baureferat

Die Brücke wird 1908 nach einem Entwurf August Blössners aus Holz errichtet. 1924 ersetzt man sie durch eine Plattenbalkenbrücke aus Eisenbeton, 1947 muss die Brücke anlässlich der Einführung einer Buslinie durch den Englischen Garten verbreitert werden. 1979 wird sie durch einen Neubau ersetzt.

Seite	170, 187
Daten der Brücke	
Baujahr	1979
Überführt	Isar
Anschlussstraßen	Thiemestraße
Tragfähigkeit	30 t
Konstruktionsart	Einfeldträger
Baumaterialien	Stahlbeton
Gesamtlänge	12,60 m
Brückenbreite	10,84 m
Verkehrswege	Gemeindestraße

Maximiliansbrücke

Isarbrücke im Zuge der Maximilianstraße im nördlichen Teil der Praterinsel.
Benannt nach König Maximilian II.
Altstadt-Lehel/Au-Haidhausen

Auftraggeber	Stadt München
Konstr. Entwurf	Sager & Wörner
Künstle. Entwurf	Friedrich von Thiersch
Ausführende Firmen	Sager & Wörner
Unterhalt	LH München, Baureferat

Die Brücken stehen unter Denkmalschutz

Die Brücke entsteht in den Jahren 1857 bis 1863 nach Plänen Arnold Zenettis im Zusammenhang mit dem Bau der Maximilianstraße. Aus Gründen der Kostenersparnis erhalten die beiden Brückenteile über die Große und Kleine Isar eine Breite von 13 m im Gegensatz zu einer Fahrbahnbreite von 23 m auch auf der Praterinsel. Sehr bald macht sich der Nachteil dieser Sparmaßnahme bemerkbar und Teilprojekt des großen Brückenbauprogramms nach dem Hochwasser von 1899 wird daher in den Jahren 1903 bis 1905 ein Neubau der äußeren und die Verbreiterung der inneren Brücke nach den Plänen von Friedrich von Thiersch und Heinrich Grüb (Sager & Wörner).

Seite 95 f., 98 ff., 103, 105, 120, 128 131 f., 138, 145 f., 149, 200 f., 215, 226

Innere Maximiliansbrücke

Baujahr	1904
Instandsetzung	1989
Überführt	Isar
Anschlussstraßen	Maximilianstraße
Tragfähigkeit	60 t
Konstruktionsart	Ziegel- bzw. Natursteingewölbe
Baumaterialien	Beton, Ziegel, Verkleidung aus Muschelkalkstein
Gesamtlänge	42,14 m
Spannweiten	13,88 m, 7,97 m, 13,89 m
Brückenbreite	22,00 m
Verkehrswege	Gemeindestraße, Straßenbahn

Äußere Maximiliansbrücke

Baujahr	1904
Instandsetzung	1989
Überführt	Isar
Anschlussstraßen	Maximilianstraße
Tragfähigkeit	60 t
Konstruktionsart	Dreigelenkbogen aus Muschelkalkstein
Baumaterialien	Verkleidung der Aufständerung mit Muschelkalkstein
Gesamtlänge	96,20 m
Spannweiten	45,87 m, 45,87 m
Brückenbreite	22,00 m
Verkehrswege	Gemeindestraße, Straßenbahn

Metzgerbrücke

Steg in die Au

Bereits in einem Brückenverzeichnis von 1562 wird die Brücke genannt als Zugang zur Au über das Aubachl, einem kleinen Nebenbach des Auer Mühlbachs, der auch den Namen Feuerbachl führte.
Ab 1712 und noch 1813 wird dieser Steg als zum ersten Metzger in der Au führend erwähnt.
Mit dem Bau der neuen steinernen Ludwigsbrücke 1823 bis 1828 wird das Aubachl überwölbt, die Brücke entfällt damit.

Seite 83

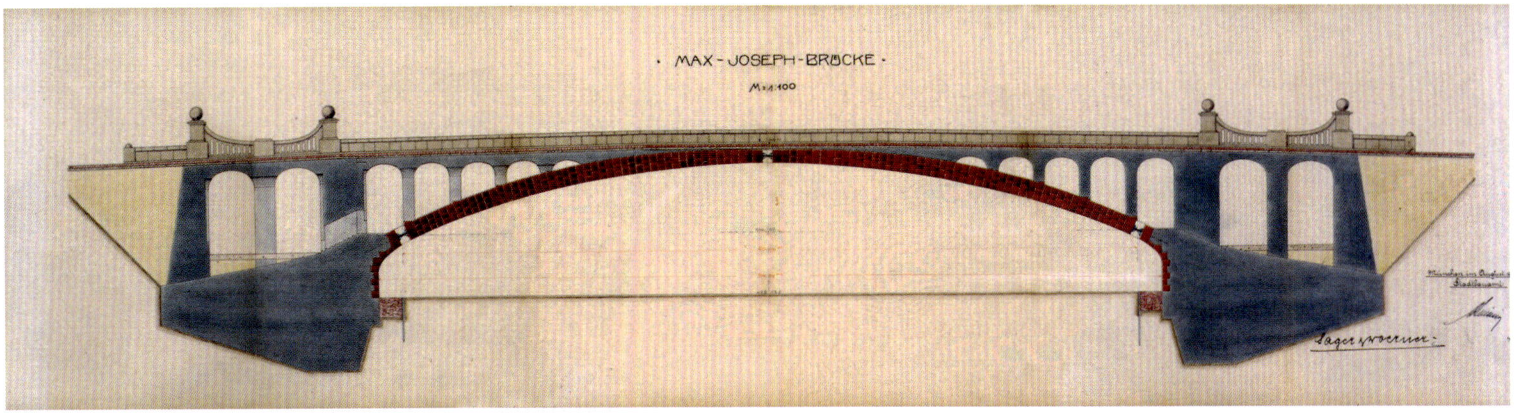

Längsschnitt der Max-Joseph-Brücke mit den drei Bogengelenken

Stadtarchiv München

Max-Joseph-Brücke

Bogenhausener Brücke

Isarbrücke zwischen Tivoli- und Montgelasstraße
Getauft durch König Ludwig II. am Namenstag seines Vaters Maximilian II. auf den Namen Max-Joseph-Brücke.
Bogenhausen

Auftraggeber	Stadt München
Konstr. Entwurf	Sager & Wörner, Hans Grüb
Künstler. Entwurf	Theodor Fischer
Ausführende Firmen	Sager & Wörner
Unterhalt	LH München, Baureferat

Die Brücke steht unter Denkmalschutz

Bereits 1804 entsteht Münchens zweite Isarbrücke als einfacher Holzbau nach den Plänen Adrian von Riedls, zu dieser Zeit allerdings noch außerhalb Münchens gelegen. 1811 ersetzt man diesen Bau durch eine Holzbrücke auf zwei gemauerten Pfeilern nach Plänen Karl von Wiebekings. 1873 wird Wiebekings Brücke vom Hochwasser zerstört, als Ersatz dient während der folgenden Jahre ein Notsteg. 1876 entsteht eine Eisenfachwerkbrücke, gebaut von der Süddeutschen Brückenbaugesellschaft unter Heinrich Gerber auf den noch vorhandenen Pfeilern des Vorgängerbaus. Während des Hochwassers vom September 1899 stürzt die Brücke ein und wieder baut man eine Notbrücke. Der Bau einer neuen Brücke wird Teil des großen Brückenbauprogramms. In sehr kurzer Bauzeit von November 1901 bis September 1902 entsteht die neue Brücke nach den Plänen von Theodor Fischer und Hans Grüb (Sager & Wörner).

Daten der Brücke

Baujahr	1901/1902
Sanierung	1974, 2001
Überführt	Isar
Anschlussstraßen	Montgelasstraße, Tivolistraße
Tragfähigkeit	60 t
Konstruktionsart	Dreigelenkbogen aus Muschelkalkstein
Baumaterialien	Aufständerung und Widerlager aus Beton Verkleidung Muschelkalkstein Fahrbahn aus Stahlbeton
Gesamtlänge	64,00 m
Brückenbreite	18,10 m
Verkehrswege	Gemeindestraße, Straßenbahn
Seite	143, 145, 148 f., 182, 215

Oberföhringer Stauwehr

Fußgängerbrücke am Isarwehr bei Oberföhring
Bogenhausen

Auftraggeber	Mittlere Isar AG
Ausführende Firma	Dyckerhoff & Widmann
Entwurf des Aufbaus	Architekt Brühl
Unterhalt	Firma EON

Zusammen mit dem Bau des Isarwehres in den Jahren 1920 –1924 entsteht auch die Fußgängerbrücke.

Seite	171
Daten der Brücke	
Baujahr	1924
Überführt	Isar
Baumaterialien	Stahlbeton
Gesamtlänge	78,50 m
Spannweiten	4 Felder mit 17,00 m
Verkehrswege	Geh- und Radweg

Platzlbrücke am
Auer Mühlbach 1929

Foto und Plan Baureferat

Platzlbrücke

Fußgängerbücke über den Auer Mühlbach in der Quellenstraße im Bereich Paulanerplatz.

1881 ist die Brücke in einem städtischen Brückenverzeichnis genannt, 1929 wird sie angehoben und mit einem Betonpfeiler unterstützt und 1953 abgebrochen.

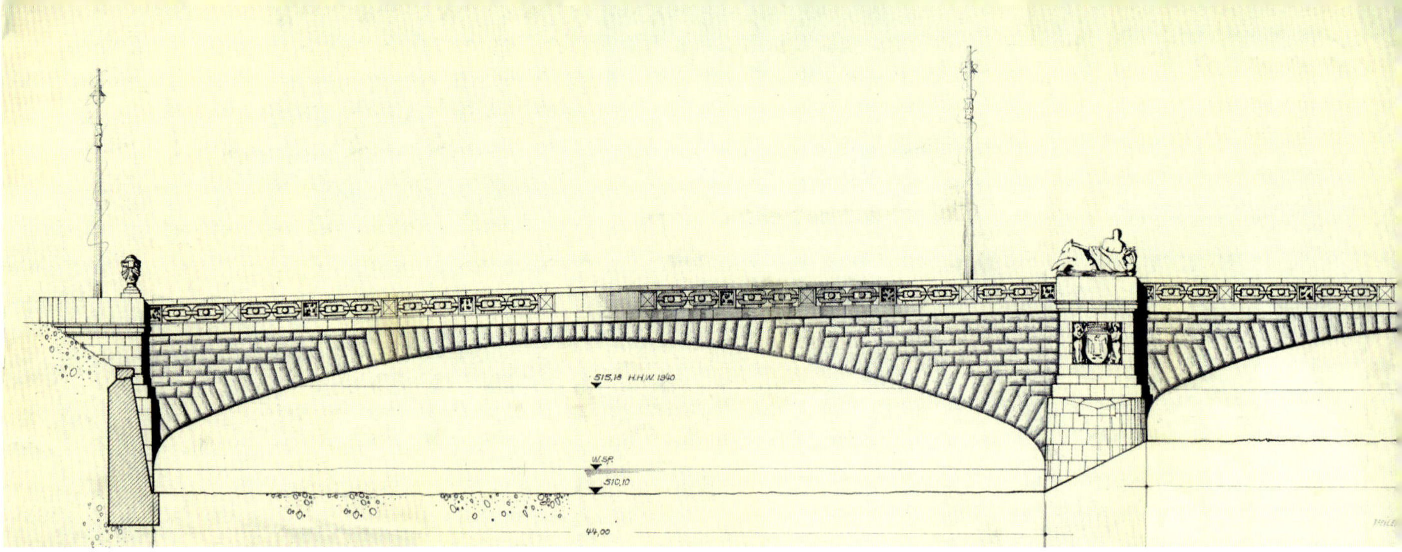

Steigendes Hochwasser am Praterwehr am 25. Februar 1957

Baureferat

Praterwehrbrücke

Isarwehr und -brücke
Verbindung zur Praterinsel, daher auch der Name.
Altstadt-Lehel

Auftraggeber	Stadt München
Unterhalt	LH München, Baureferat

Auf eine Initiative Karl von Wiebekings und nach dessen Plänen wird 1814/15 für das Kgl. Triftamt als Ersatz für den > Abrechen das Praterwehr gebaut. Auffanggitter und Stauvorrichtung werden dabei getrennt und das Praterwehr als massiv ausgeführtes Schleusenwehr mit vier Grundablässen und einer Floßschleuse errichtet. 1903 geht das Praterwehr in den Besitz der Stadt über. 1966 muss es nach einem schweren Hochwasser (Juli 1965) grundlegend erneuert werden und erhält dabei neue Stahlbetonriegel, während man die alte Floßgasse entfernt.

Seite	72 f., 75, 100, 104, 124, 226, 229
Daten der Brücke	
Baujahr	1966
Instandsetzung	
Überführt	Große Isar
Anschlussstraßen	Praterinsel
Tragfähigkeit	30 t
Konstruktionsart	Mehrfeldträger, durchlaufend, 5 Felder
Baumaterialien	Stahlbeton
Gesamtlänge	40,20 m
Spannweiten	8,35 m, 7,85 m, 7,40 m, 8,20 m, 8,30 m
Brückenbreite	7,18 m
Verkehrswege	Geh- und Radweg

Prinzregentenbrücke > Luitpoldbrücke

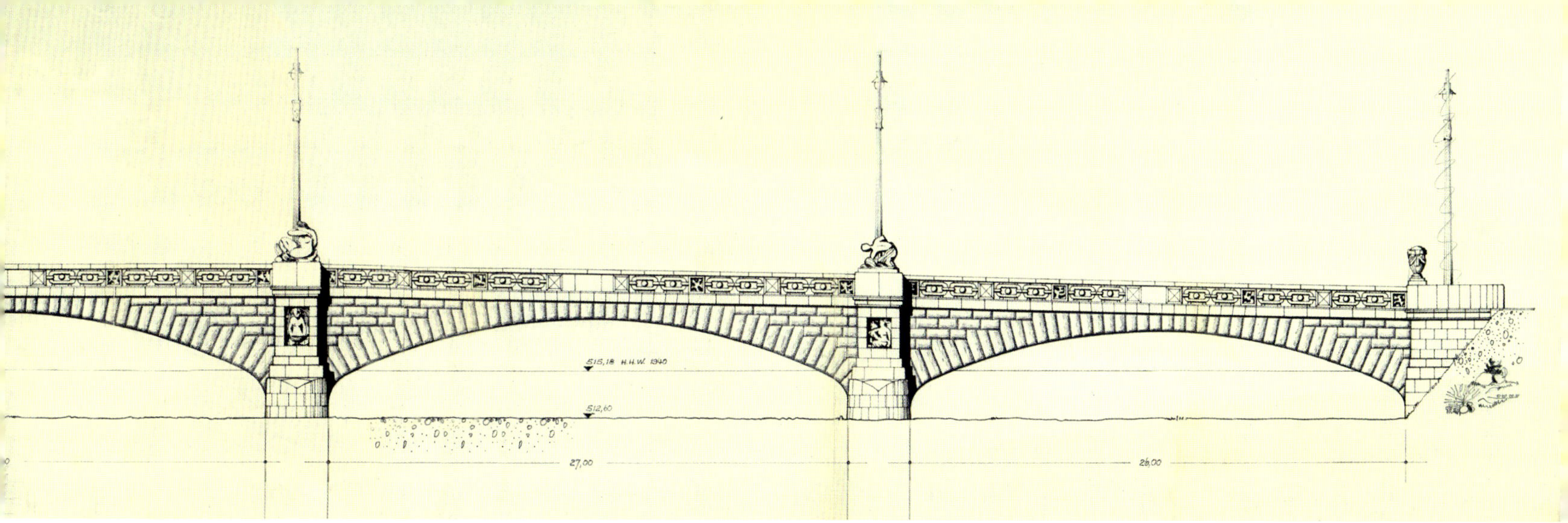

Ansicht der Reichenbachbrücke vor den Umbaumaßnahmen 1964

Baureferat

Reichenbachbrücke

Benannt nach dem Mechaniker und Ingenieur Georg von Reichenbach
Ludwigsvorstadt-Isarvorstadt

Auftraggeber	Stadt München
Konstr. Entwurf	Sager & Wörner
Künstler. Entwurf	Friedrich von Thiersch
Ausführende Firmen	Sager & Wörner
Unterhalt	LH München, Baureferat

Die Brücke steht unter Denkmalschutz

Nach langen Verhandlungen mit Bürgern der Stadt Au entsteht 1832 eine zusätzliche Isarbrücke aus Holz mit 15 Jochen nach Plänen von Baurat Carl Muffat, zum größten Teil finanziert von Spenden der Auer Bürger. 1840 kommt es zum Einsturz eines Brückenjochs, 1842 – 43 ersetzt man die baufällige Brücke durch eine weitere Holzbrücke nach Plänen von Carl Muffat und Friedrich von Gärtner.
Diese Brücke hält zum Erstaunen aller dem Jahrhunderthochwasser von 1899 stand und kann 1902 beim Neubau der Brücke um 25 m nach Norden versetzt werden und dient bis zur Fertigstellung des Neubaus als Notbrücke.
Die in den Jahren 1902 und 1903 nach den Plänen von Friedrich von Thiersch und Heinrich Grüb gebaute neue Reichenbachbrücke wird 1964 einer Verbreiterung und grundlegenden Sanierung unterzogen und erfährt dabei eine starke Vereinfachung ihrer ursprünglichen Form.

Seite	85 f., 87, 93, 101 f., 105, 118 f., 124, 135 f., 138, 143 ff., 147, 150, 152 ff., 158, 178, 182, 200 f., 212
Daten der Brücke	
Baujahr	1902
Umbau	1964
Sanierung	2000
Überführt	Isar
Anschlussstraßen	Fraunhoferstraße, Ohlmüllerstraße
Tragfähigkeit	60 t
Konstruktionsart	Dreigelenkbogen aus Stampfbeton, 4 Felder
Baumaterialien	Stampfbeton, Verkleidung mit Muschelkalkstein
Gesamtlänge	134,60 m
Spannweiten	26,00 m, 27,00 m, 28,00 m, 44,00 m
Brückenbreite	24,00 m
Verkehrswege	Gemeindestraße, Straßenbahn

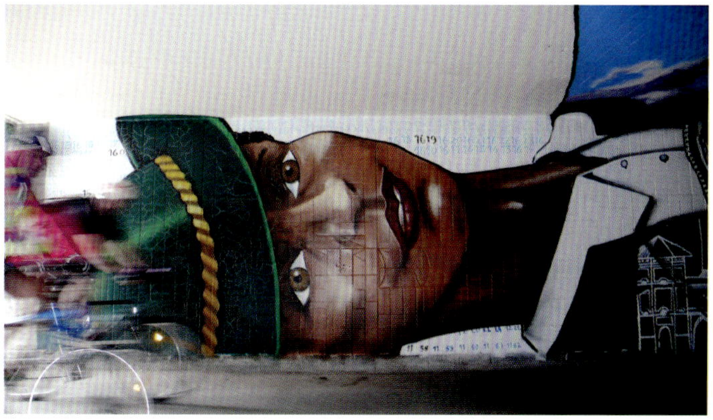

Graffiti in der Fußgängerunterführung

Ausgeführt von den Künstlern Bert, Katha, Loomit, Philip, Cirus, Sebastian, Rame

C.A. Lebschée: Der Quellwassersteg 1869

Historischer Verein von Oberbayern

Röhrenbrücke

Seite	37 f., 58, 73 f., 78, 100 f., 104, 122

Quellwassersteg, Teichelbrücke
Wasserleitungssteg über die Isar vom rechten Isarufer zur Praterinsel

Im Anschluss an den Kauf des Brunnhauses im Brunntal bei Haidhausen durch die bayerischen Herzöge Wilhelm V. und Maximilian I. entsteht zwischen Isarufer und der Praterinsel zwischen 1599 und 1632 ein hölzerner Steg für die Führung der Wasserleitung zum herzoglichen Hof.
Die Fortsetzung der Röhrenbrücke bildet der > Abrechen. Der Steg ist im Besitz des Hofs, der Zugang ist versperrt. Erst zu Beginn des 19. Jahrhunderts ist die Röhrenbrücke als öffentliche Fußgängerbrücke nutzbar. Etwa 1873 wird der Steg abgebrochen.

Sankt-Emmeram-Brücke

Isarbrücke als Zugang zur Isarinsel bei Oberföhring
Benannt nach dem heiligen Emmeram, dessen Leiche nach der Legende bei Oberföhring auf ein Schiff verladen und von dort nach Regensburg gebracht wurde.
Bogenhausen

Auftraggeber	Stadt München
Entwurf	Richard J. Dietrich
Tragwerksplanung	Suess-Staller-Schmitt
Unterhalt	LH München, Baureferat

Von Juli bis November 1978 entsteht der Bau einer überdachten Holzbrücke in Fachwerkbauweise auf Betonpfeilern für Fußgänger und Radfahrer.
Im September 2002 wird die Brücke durch Brandstiftung zerstört. 2003/04 erfolgt der Neubau in einer Fachwerkkonstruktion aus Holz und Stahl auf den erhaltenen Betonpfeilern.

Seite	209 f.
Daten der Brücke	
Baujahr	2004
Überführt	Isar
Konstruktionsart	Fachwerkträger,
Baumaterialien	Holzkonstruktion mit Stahlgussknoten
Gesamtlänge	96 m
Spannweiten	10,52 m, 34,00 m, 10,52 m
Brückenbreite	3,50 m
Verkehrswege	Geh- und Radweg

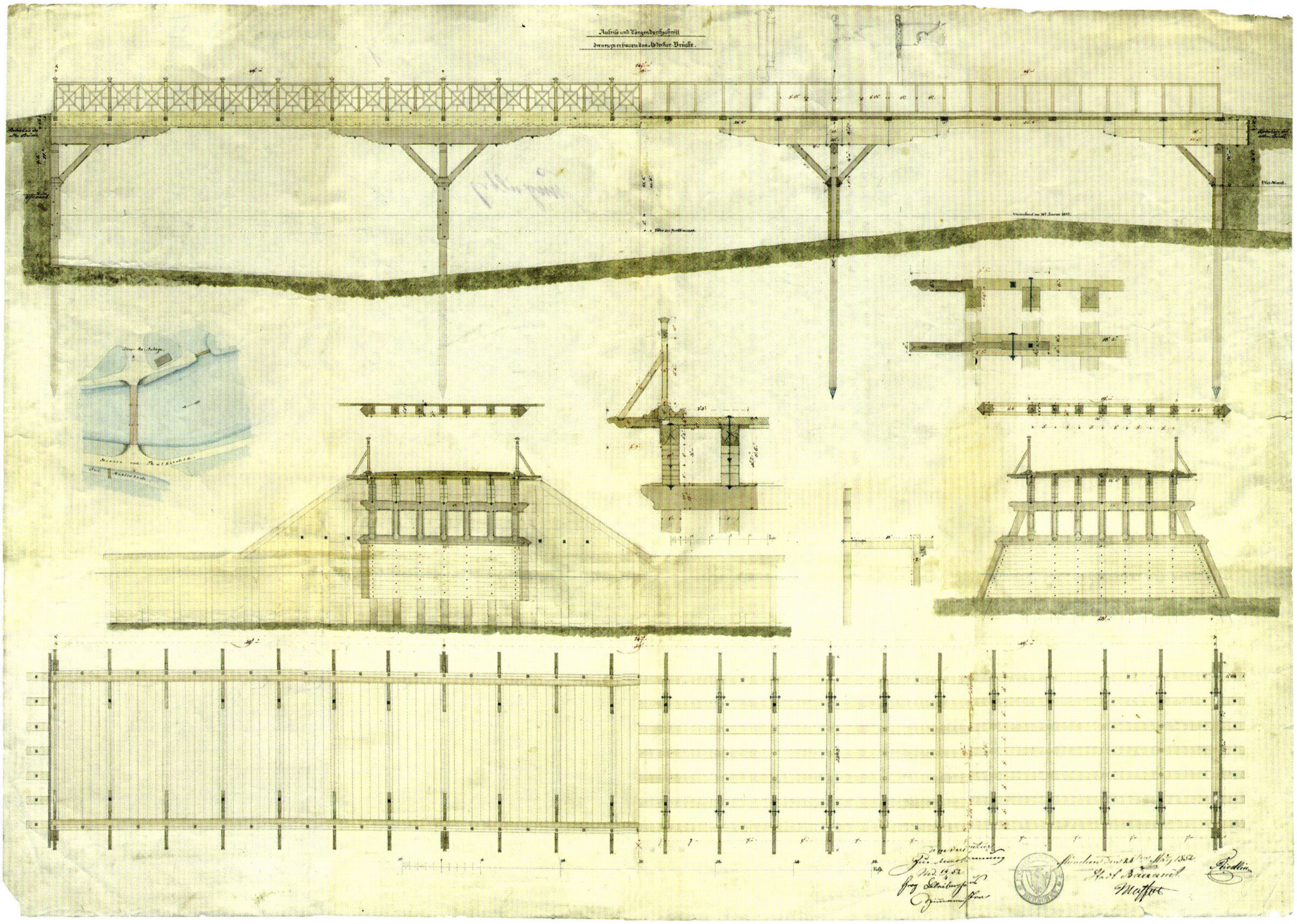

Plan von Zimmermeister Georg Scheibensohn für die Schinderbrücke 1852

Baureferat

Schinderbrücke

Abdeckerbrücke

Straßenbrücke über den Großen Stadtbach (Werkkanal) zu den Isaranlagen beim Flaucher. Sendling

Auftraggeber	Stadt München
Unterhalt	LH München, Baureferat

Der Abdecker oder Schinder war für die Entsorgung von Tierkadavern zuständig und hatte seinen Arbeitsbereich, die Wasenstatt, traditionell weit außerhalb der Stadt. Spätestens ab der zweiten Hälfte des 17. Jahrhunderts ist die Wasenstatt in den heutigen Isaranlagen am Flaucher zu finden, zumindest bei höherem Wasserstand umflossen von „reinigendem Wasser", gemäß den damals geltenden Richtlinien zur Gesundheitsvorsorge. Die Brücke über den Stadtbach als Zugang zur Wasenstatt ist im Verzeichnis von 1665 erwähnt und behielt bis heute ihren Namen. Sie wird immer wieder erneuert, vor allem 1907 nach dem Bau des Werkkanals, zuletzt im Jahr 1978.

Daten der Brücke

Baujahr	1978
Überführt	Großer Stadtbach (Werkkanal)
Anschlussstraßen	Hans-Preißinger-Straße, Flaucheranlagen
Tragfähigkeit	30 t
Konstruktionsart	Mehrfeldträger mit Gelenkausbildung, 3 Felder
Baumaterialien	Stahlbeton, Stahlträger mit Ortbetonplatte
Gesamtlänge	36,00 m
Spannweiten	12,00 m, 12,00 m, 12,00 m
Brückenbreite	6,00 m
Verkehrswege	Gemeindestraße

Schleifferbrücke

Schwanenbrücke

Brückenteil der > Ludwigsbrücke über den Auer Mühlbach vom Gasteig zur Kalkinsel.

Benannt nach der Schleifferwerkstatt am rechten Ufer des Auer Mühlbachs stromabwärts und kurz nach der Brücke. (Nicht zu verwechseln mit der Schleifferbrücke am Oberen Anger, die zu Beginn des 19. Jahrhunderts dort zu finden ist.)
Der Name Schwanenbrücke geht auf einen Besitz des Münchner Bäckerhandwerks gleich zu Beginn des Gasteigbergs neben der Brücke zurück.
Das Haus trug den Namen „auf der Schwan", seit 1798 auch Brodhäusl, und war ab 1698 mit einer Bierschankgerechtigkeit verbunden.

Die Brücke ensteht in den Jahren 1759 bis 1761 nach den Plänen von Ignaz Anton Gunezrainer als erste der drei steinernen Isarbrücken. Carl Probst vereint bei seinem Neubau 1823–1828 die beiden Brückenteile durch die Anlage einer durchgängigen Fahrbahn, jedoch bleibt dieser Brückenteil auch weiterhin als eigenständige Brücke erhalten.
1860 wird sie mit eisernen Fußgängertrottoiren verbreitert, 1875 diese ersetzt durch Gewölbe auf gusseisernen Trägern. Beim Neubau der äußeren Ludwigsbrücke 1890 bis 1892 verbindet man Schwanenbrücke und Außere Ludwigsbrücke endgültig zu einer Einheit.

Seite 118, 175

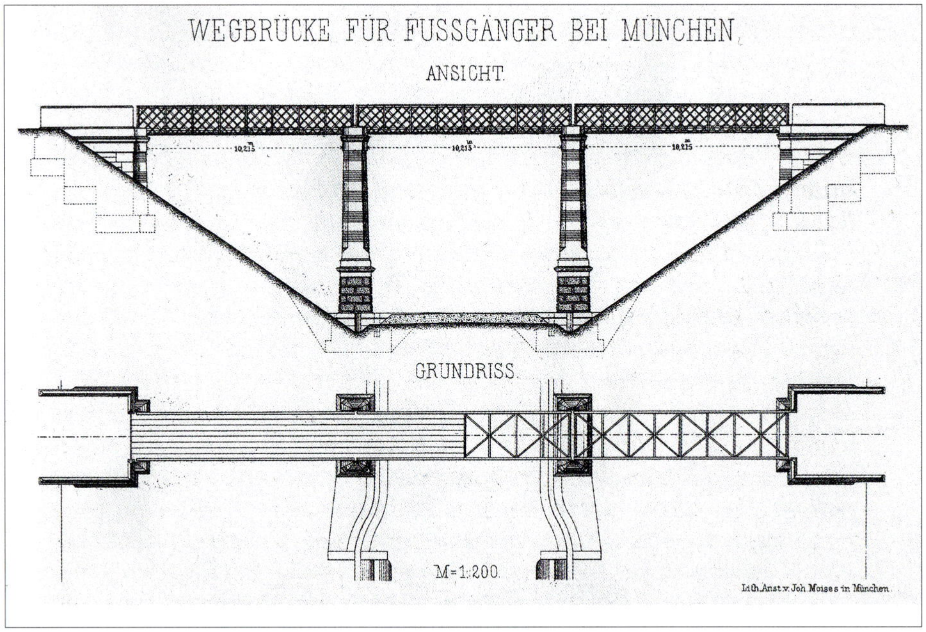

Bild oben
Lithographie
von J. Moises 1871

Bild rechts
Foto von 1991
Baureferat

Schmederersteg

Benannt nach der Brauerfamilie Schmederer, den Besitzern der Paulaner-Salvatorbrauerei.
Max Schmederer (1854–1917) war der Begründer der Krippensammlung des Bayerischen National-museums.
Mit dem Steg wird der tiefe Einschnitt überbrückt, der für die Bahnstrecke München-Rosenheim in den Giesinger Berg notwendig war.
Au-Haidhausen

Auftraggeber	Kgl. Eisenbahndirektion
Unterhalt	LH München, Baureferat
Ausführende Firma	Klett & Co., Nürnberg

Daten der Brücke	
Baujahr	1869
Sanierung	1995
Überführt	DB München–Rosenheim
Anschlussstraßen	Am Bergsteig, Schmedererweg, Kronepark
Konstruktionsart	3 Einfeldträger, Genieteter Eisenfachwerkträger
Baumaterialien	Eisen
Gesamtlänge	30,63 m
Spannweiten	10,21 m, 10,21 m, 10,21 m
Brückenbreite	2,36 m
Verkehrswege	Gehweg

Streicherbrücke

Bereits 1712 verzeichnet ein städtisches Brückenverzeichnis in der Nähe der Unteren Pulvermühle bei einem Auslass in die Isar eine „Prucken mit Dach". 1815 erscheint dann die aus Stein gemauerte Streicherbrücke an diesem Abfluss des Pesenbachs in die Isar, die zu dieser Zeit noch fast bis an den Bach heranreicht. Die Brücke sollte dort offensichtlich die Fortsetzung des Uferwegs an der Isar ermöglichen. 1833 und noch 1881 ist die Streicherbrücke in der mittlerweile durchgeführten Baumstraße als Überbrückung des Pesenbachs zu finden. Um 1900 ist sie schließlich durch die weiteren Bachüberwölbungen in der Isarvorstadt nicht mehr als Brücke zu erkennen.

Die Streicherbrücke
C.H. Wenng, 1827

Münchner Stadtmuseum
Inv. Nr. 34/357.

Hochbrücke in Freimann (Tatzelwurm)

Bild rechts
Neubau einer Teilstrecke 2008

Tatzelwurm

Hochbrücke Freimann
Schwabing-Freimann

Im Volksmund gebräuchlicher Name für die staatliche Autobahnbrücke an der Kreuzung Ungerer-Schenkendorfstraße, erbaut 1960.

Auftraggeber	Bayerische Straßenbauverwaltung im Auftrag der Bundesrepublik Deutschland
Unterhalt	Freistaat Bayern Autobahndirektion Bayern-Süd

Seite	197
Daten der Brücke	
Baujahr	1958 –1960
Neubau	ab 2007
Überführt	Frankfurter Ring
Anschlussstraßen	Autobahn München-Nürnberg

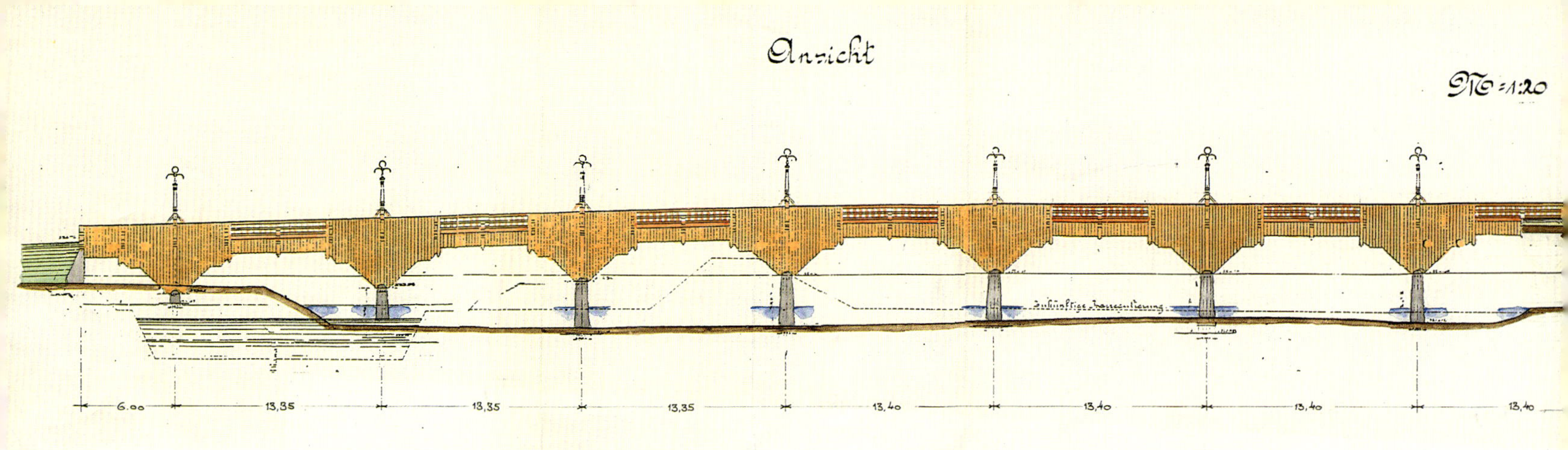

Thalkirchner Brücke

Isarbrücke zwischen Thalkirchner Platz und Tierparkstraße
Thalkirchen-Obersendling-Forstenried-Fürstenried-Solln

Auftraggeber	Stadt München
Entwurf und Konstruktion	Richard J. Dietrich
Tragwerksplanung	Ing.-Büro Suess-Staller-Schmidt
Unterhalt	LH München, Baureferat

Nach dem Bau einer ersten Holzbrücke 1903/1904 für eine Verbindung zwischen Thalkirchen und Harlaching kommt es bereits 1923 zum Umbau und zur Sanierung der Brücke, wobei man die Fahrbahnbreite von sieben auf 5 m reduziert. 1968/69 wird die Brücke saniert. 1990 entschließt sich die Stadt zu einem Neubau.

Seite 145, 159, 183, 215, 220 f.

Daten der Brücke

Baujahr	1991
Sanierung	1993 nach Brandschaden
Überführt	Isar
Anschlussstraßen	Thalkirchner Platz Tierparkstraße
Tragfähigkeit	3 t
Konstruktionsart	Mehrfeldträger, durchlaufend, 13 Felder
Baumaterialien	Stahlbeton, Holz
Gesamtlänge	183,12 m
Spannweiten	13 x 13,40 m
Brückenbreite	12,50 m
Verkehrswege	Gemeindestraße Geh- und Radweg

Thomasteg

Fußgängerbrücke über den Werkkanal beim Heizkraftwerk Süd
Benannt nach dem ursprünglichen Besitzer der Thoma-Insel, dem kurfürstlichen Finanzdirektor Thoma.
Sendling

Auftraggeber	Stadt München
Unterhalt	LH München, Baureferat

Die Brücke steht unter Denkmalschutz

Der Steg dürfte bei Regulierungsarbeiten am Großen Stadtbach entstanden sein und bildet einen der Zugänge zu den Isaranlagen. 1881 wird der Steg zum ersten Mal erwähnt. 1900 erhält der Steg eine Betonsohle und dient nun zusätzlich auch als Kabelträger.

Seite 93

Daten der Brücke

Baujahr	1900
Teilw. Neubau	1976
Überführt	Großer Stadtbach, Werkkanal
Konstruktionsart	Einfeldträger
Baumaterialien	Stahl-Fachwerk
Gesamtlänge	16,80 m
Brückenbreite	1,87 m
Verkehrswege	Geh- und Radweg

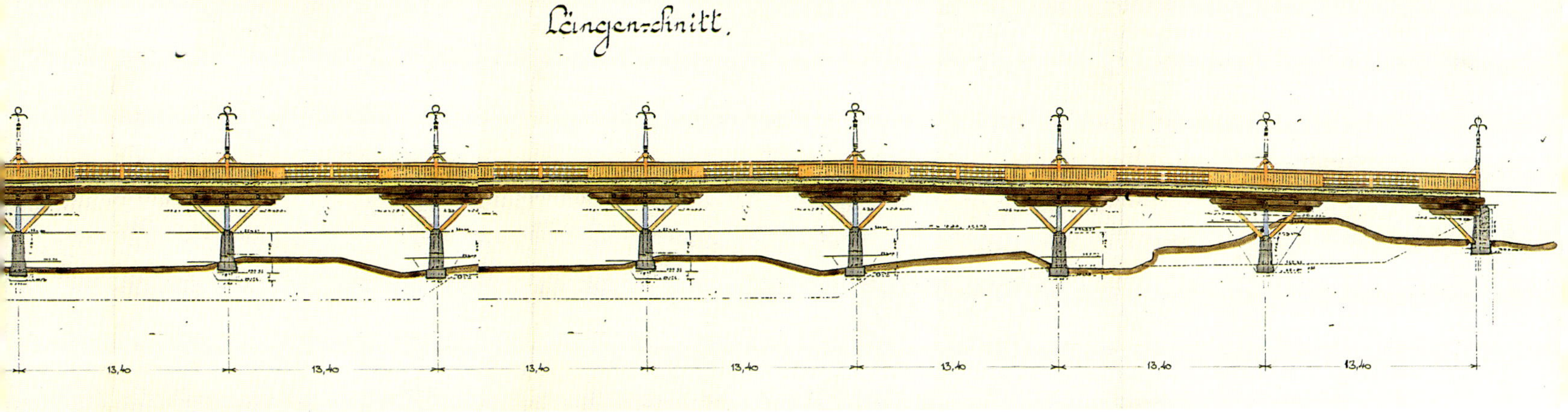

Tivolibrücke

Straßenbrücke über den Eisbach im Zuge der Tivolistraße.
Benannt nach der Ausflugsgaststätte „Zum Tivoli".
Altstadt-Lehel/Schwabing-Freimann

Auftraggeber	Stadt München
Unterhalt	LH München, Baureferat

Mit dem Bau der ersten > Max-Joseph-Brücke und der Straße durch den Englischen Garten entsteht 1804 auch eine erste Holzbrücke über den Eisbach nach den Plänen Adrian von Riedls. 1906 ersetzt man die alte Brücke durch eine Massivbrücke, 1978 erfolgt ein Neubau.

Daten der Brücke	
Baujahr	1978
Überführt	Eisbach
Anschlussstraßen	Tivolistraße
Tragfähigkeit	60 t
Konstruktionsart	Mehrfeldträger, 2 Felder
Baumaterialien	Stahlbeton
Gesamtlänge	17,00 m
Spannweiten	8,50 m, 8,50 m
Brückenbreite	27,30 m
Verkehrswege	Gemeindestraße

Totensteg

Brücke über den Westermühlbach in der Holzstraße
Ludwigsvorstadt-Isarvorstadt

Auftraggeber	Stadt München
Unterhalt	LH München, Baureferat

Der Name dürfte mit der Funktion des Steges als Verbindung zum 1563 eröffneten Südlichen Friedhof zusammenhängen. Zum ersten Mal erwähnt wird dieser Steg 1665, zuletzt 1881. Mit der Überwölbung der Holzstraße bald nach diesem Zeitpunkt verschwindet der Steg.

Seite 33

Daten der Brücke	
Baujahr	1972
Teilw. Neubau	2002
Überführt	Westermühlbach
Anschlussstraßen	Holzstraße, Pestalozzistraße
Konstruktionsart	Einfeldträger
Baumaterialien	Holzträger mit Holzbohlen
Gesamtlänge	6,50 m
Brückenbreite	2,60 m
Verkehrswege	Geh- und Radweg

Der Wehrsteg 1905

Stadtarchiv München, Historisches Bildarchiv

Wehrsteg

Isarsteg
Verbindung zwischen Museums- und Praterinsel
Altstadt-Lehel

Auftraggeber	Stadt München
Unterhalt	LH München, Baureferat

Möglicherweise existiert schon zu Beginn des 17. Jahrhunderts ein einfacher Werksteg als Verbindung zwischen zwei Kiesinseln in der Isar. Ende 17. Jahrhundert veranlasst die Stadt den Bau von Überfällen zwischen den beiden Kiesinsel in der Isar zur Ableitung von Hochwasser. Auch diese Überfälle dürften mit einem einfachen Werksteg versehen worden sein. Das in den Jahren 1883–1888 nach den Plänen von Arnold Zenetti und Hermann Frauenholz errichtete Wehr VI trägt dann einen soliden Fußgängersteg. Das Hochwasser 1965 fügt dem Wehr schwere Schäden zu und es wird daher durch ein massives Bauwerk aus Beton ersetzt. Auch der Fußgängersteg als Verbindung zwischen Museumsinsel und Praterinsel wird nicht vergessen.

Daten der Brücke	
Baujahr	1966
Instandsetzung	1995
Überführt	Isar
Tragfähigkeit	60 t
Konstruktionsart	Einfeldträger, 10 Wehröffnungen
Baumaterialien	Stahlbeton, Stahlbetonfertigteile
Gesamtlänge	153,20 m
Stegbreite	5,30 m
Verkehrswege	Gehweg
Seite	121, 182, 226

Weiße Brücke

Auen- oder Biedersteiner Brücke

Schwabing-Freimann

Auftraggeber	Stadt München
Unterhalt	LH München, Baureferat

1806 bereits eine Brücke, 1893 Neubau einer Holzbrücke. 1924 Ersatz durch eine Plattenbalkenbrücke aus Eisenbeton (nach Megele 1927). 1950/51 im Zuge der neuen Lastenstraße Bau einer neuen Brücke.

Seite	170, 188

Daten der Brücke

Baujahr	1965
Überführt	Schwabinger Bach
Anschlussstraßen	Isarring, Dietlindenstraße
Tragfähigkeit	60 t
Konstruktionsart	Mehrfeldträger, 2 Felder
Baumaterialien	Stahlbeton
Gesamtlänge	15,65 m
Spannweiten	7,75 m, 7,90 m
Brückenbreite	51,10 m
Verkehrswege	Bundesstraße

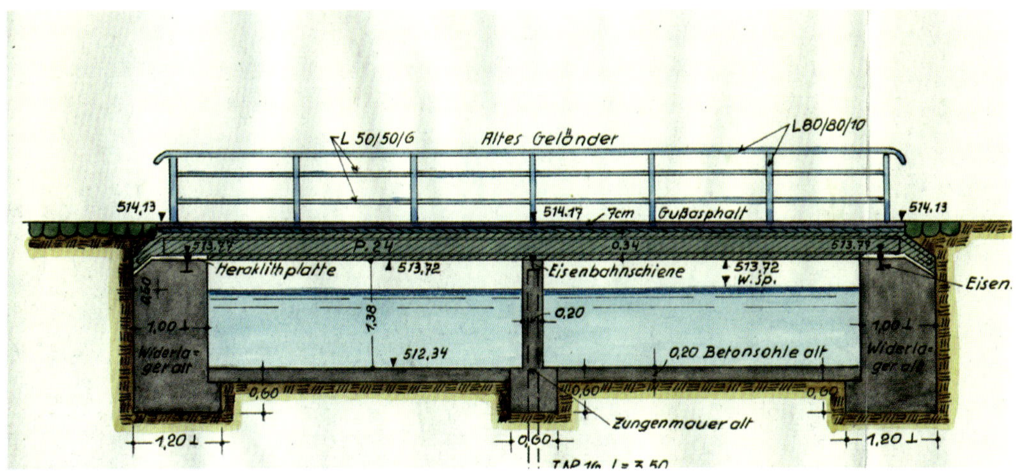

Erweiterung der Winkelbrücke
1929

Foto und Plan Baureferat

Winkelbrücke

Straßenbrücke von der Quellenstraße über den Auer Mühlbach
Au-Haidhausen

Auftraggeber	Stadt München
Unterhalt	LH München, Baureferat

1881 erscheint die Brücke im städtischen Brückenverzeichnis, sie dürfte aber wie alle anderen Brücken über den Auer Mühlbach wesentlich älter sein. 1952 wird sie neu gebaut.

Wittelsbacherbrücke

Isarbrücke zwischen Balde- und Schyrenplatz
Benannt nach dem Geschlecht der Wittelsbacher
Ludwigsvorstadt-Isarvorstadt

Auftraggeber	Stadt München
Konstr. Entwurf	Sager & Wörner
Künstler. Entwurf	Theodor Fischer
Ausführende Firmen	Sager & Wörner
Unterhalt	LH München, Baureferat

Die Brücke steht unter Denkmalschutz

Ab 1872 folgt die Stadt Forderungen der Bürger und läßt als ersten Übergang zwischen der Isarvorstadt und Untergiesing einen ursprünglich für den Bau der Braunauer Eisenbahnbrücke gebauten Werksteg errichten. 1874–1876 kommt es schließlich zum Bau einer Eisenbrücke nach den Plänen von August von Voit und Hermann Frauenholz bzw. Berechnungen von Heinrich Gerber.

1904/05 entsteht ein Neubau im Rahmen des großen Münchner Brückenbauprogramms nach den Plänen von Theodor Fischer und Heinrich Grüb. Die alte Eisenbrücke wird 1904 weiter nach Süden verlegt als Verbindung zwischen Sendling und Giesing bzw. zwischen Humboldt- und Brudermühlstraße (>Brudermühlbrücke).

Seite	112 ff., 118, 138, 145 f., 153, 156 ff., 182 f., 189, 215
Daten der Brücke	
Baujahr	1905
Verstärkung Überbau	1984
Überführt	Isar
Anschlussstraßen	Baldeplatz, Schyrenplatz
Tragfähigkeit	60 t
Konstruktionsart	Dreigelenkbogen aus Stampfbeton, 4 Felder
Baumaterialien	Beton, Verkleidung mit Muschelkalkstein
Gesamtlänge	138,10 m
Spannweiten	26,00 m, 27,00 m, 28,00 m, 44,00 m
Brückenbreite	20,00 m
Verkehrswege	Gemeindestraße

Bild oben
Hochwasser an der Wittelsbacherbrücke im September 1899
Baureferat

Bild rechts
Wittelsbacherbrücke und Hochwasserbett 1921
Stadtarchiv München, Historisches Bildarchiv

Zenneckbrücke

Äußere Erhardtbrücke

Isarbrücke und Zugang zur Museumsinsel über die Kleine Isar.
Benannt nach dem Physiker und Rektor der Technischen Hochschule München Jonathan Zenneck (1871–1959)
Ludwigsvorstadt-Isarvorstadt

Auftraggeber	Stadt München
Unterhalt	LH München, Baureferat

Die Brücke steht unter Denkmalschutz

Für die Aufbauarbeiten zur II. Kraft- und Arbeitsmaschinen-Ausstellung auf der Museumsinsel entstehen 1897 zwei Holzbrücken nach den Plänen von Hermann Frauenholz über die Äußere und die Innere Isar. Dementsprechend führt die Brücke den Namen Äußere Erhardt-Brücke nach Münchens 1. Bürgermeister Alois Erhardt (1870 –1887). 1899 wird Brücke für den allgemeinen Verkehr freigegeben. 1924/25 entsteht als Esatz der Holzkonstruktion eine fünffeldrige Plattenbalkenbrücke aus Stahlbeton, die 1930 zu Ehren von Johann Baptist Bosch, Leiter des Tiefbauamts 1919 –32 den Namen Äußere Boschbrücke erhält.
Ab 1959 trägt sie den Namen Zenneckbrücke.

Seite 169

Daten der Brücke	
Baujahr	1925
Erneuerung Überbau	1998
Instandsetzung	
Überführt	Kleine Isar
Anschlussstraßen	Museumsinsel, Zeppelinstraße
Tragfähigkeit	30 t
Konstruktionsart	Mehrfeldträger, durchlaufend, 5 Felder
Baumaterialien	Fertigteilträger mit Ortbetonplatte
Gesamtlänge	66,84 m
Spannweiten	14,50 m, 8,90 m
Brückenbreite	8,97 m
Verkehrswege	Gemeindestraße

Anmerkungen

1
Dazu u.a. Schneidmüller, S. 215 f.
Dirlmeier, S. 296, S. 300
Zu Roncaglia, W. Georgi, Roncaglia, Reichstag von, Lex. d. MA Bd. VII, München (dtv) 2003, Sp. 1021 f.

2
Stahleder, Von Allach bis Zamilapark
Weski, Vor- und frühgeschichtliche Besiedlung des Westens von München, S. CXLI, S. CXLIV
Czysz, S. 434

3
Vgl. Richard Bauer, Monachium

4
Die Dörfer entlang der Würmstraße zeigen eine deutliche Nord-Süd-Ausrichtung, sie entwickelten sich also erst nach dieser Straße.
S. Stahleder, Stadtplanung, S. 238 f.
Behrer, S. 23

5
Diese Fernstraße trägt in der Forschung den Namen „Finsinger Weg".
Vgl. Schefzik/Volpert, S. 18

6
Dannheimer, S. 80
Vgl. Schefzik/Volpert, S. 18
Stahleder, S. 238

7
Schwarz, S. 18

8
Zu Schäftlarn Dannheimer, S. 75
Zum Flussübergang bei Pullach, Weißthanner 1, S. 45 f., Nr. 34 v. 1040
Dazu Störmer, präurbane Siedlungen, S. 123
Zuletzt Wamser, S. 274

9
Vgl. Steidl, Der Fundplatz Eching, S. 52
Ders., Ein Schnitt durch die römische „Isartalstraße"
Zur Trasse Oberföhring auch Hans Bauer, S. 96

10
Schwarz, S. 18, S. 38, S. 46–49
Die Brücke bei Oberföhring 1158, Dirr, Nr. 1, S. 4

11
Sandberger, S.18, der mit dem System den Fluren folgender und Fluren durchschneidender Straßen arbeitet.
Stahleder, Stadtplanung, S. 239–241

12
So bei Sandberger, S. 18 und Schwarz
Kritisch dazu Richard Bauer, München als Villikation, S. 4

13
Ortsdaten nach Stahleder, Von Allach bis Zamilapark, S.66, S.52
Richard Bauer, Monachium, S. 32 f.
S.a. Stahleder, Stadtplanung, S. 239

14
Schwarz, S. 51 f. zu dem von ihm als FW 3 bezeichneten Weg

15
Schwarz, S. 141, 154, S. 174

16
Schwarz, S. 178–182 zu Fw 63.
Dazu bereits Richard Bauer, München als Villikation, S. 4, Anm. 13

17
Diese Möglichgkeit zieht bereits Behrer, S. 26 in Betracht
ebenso Richard Bauer, München als Villikation, S. 4

18
Diese Feststellung machte noch im 19. Jahrhundert Gruber, S. 15 f., auch für den Münchner Raum

19
Flusslandschaft Isar, S. 18–25

20
Flusslandschaft Isar, S. 26 f.

21
Dazu Rädlinger, Stadtbäche, S. 14–16

22
Die Thalkirchner Auen auf BayHStA, Plansammlung, Nr. 709 von 1802

23
Zur Detailgenauigkeit bei Wolgemut, Horst, S. 59–61

24
StadtAM, Städtischer Grundbesitz, Nr. 181 von 1715
A. Schmeller, Bayerisches Wörterbuch Bd. II, Suttgart/Tübingen 1827, Sp. 988

25
Gespräch mit Clemens Holle, Landesamt für Umweltschutz v. 14.11.2007

26
Vgl. Bernst, S. 19

27
Bitterauf, Nr. 1159
Weißthanner 1, Nr. 99

28
Dirr, S. 236, Art. 260: Säumer, die durch die Furt treiben, müssen ebenfalls Zoll zahlen.
StadtAM, Zollamt, Nr. 1259, fol. 10v
J.M. Forster, S. 982 f.

29
K. Brunnacker, Die Geschichte der Böden im jüngeren Pleistozän in Bayern Geologica Bavarica 34, 1957, S. 7 ff.
Weski, Vor- und Frühgeschichtliche Besiedlung

30
A. Schmeller, Bayerisches Wörterbuch Bd. I, München 1872, Sp.1006
dazu Heerde, S. 260

31
Schwarz, S. 52 zu FW 3. Als Endpunkt der späteren Marktstraße nimmt Schwarz, S. 182, die Kellerstraße an.
Heerde, S. 230

32
Erwähnt wird der Burgstall 1336, StadtAM, Hist.Verein v. Oberbayern, Urkunden 5538
dazu Richard Bauer, Monachium, S. 124 f., der den Burgstall als ursprünglichen Besitz des Klosters Weihenstephan erschließt, der 1147 an die Bogenhausener Ministerialen überging.

33
Es handelt sich um die äußere, mittlere und hintere Schefmühle.
Die Bezeichnung „Schef" 1387, 1393 und 1447, s. Hilble, S. 89, S. 94, S. 104.
Das „Schef" bei Grünwald in Weißthanner, S. 45, Vorbemerkung zu Nr. 34
Zu Schef, Scheff bzw. Schiff s.a. Schmeller II, Sp. 384
Vgl. Bauer, Dotation des Alpold, S. 40, Anm. 102

34
Dirr, Nr. 1, S. 4
Zur Drittelung Adam, S. 223
Lorenz Maier, S. 24 f.
Richard Bauer, Monachium, S. 43 f.

35
Lorenz Maier, S. 85

36
Adam, S. 143, S. 225
Th. Szabó, Straße, Lex. d. MA Bd. VIII, Sp. 221–223, Sp. 222
Zu einem München ohne Brücke bereits Behrer, S. 26.
Richard Bauer, München als Villikation der Huosi, S. 2, Anm. 6

37
E. Maschke, Die Brücke im europäischen Mittelalter, Lex. d. MA, Bd. II, Sp. 725–730, Sp. 726

38
Solleder, S. 146

39
Daten nach Glaser, S. 61 f.
Glasers Sammlung beruht auf historischen Quellen, deren Wert noch näher untersucht werden müsste.

40
Dirr, Nr. 2, S. 6.

41
Vgl. Richard Bauer, Monachium, S. 47

42
Der Vergleich von 1209 ist verloren, die Bestätigung bei B.U. Hucker, Kaiser Otto IV, MGH Schriften, Bd. 34, Hannover 1990, S. 657
Dazu Schwertl, S. 131–134

43
Dirr, S. 232
Richard Bauer, Monachium, S. 53

44
Dirr, Nr. 4, S. 10; Nr. 19, S. 35–37

45
Dirr, S. 236, Art. 260

46
Dirr, Nr. 87, S. 139–142 v. 1332 November 6
Solleder, S. 151 f.

47
Adam, S. 151

48
Dirr, S. 235, Art. 253, s.a. S. 237, Art. 266

49
Solleder, S. 124

50
Zuerst Schaffer, S. 182
Lorenz Maier, S. 236 f.
Richard Bauer, Monachium, S. 15

51
StadtAM, KR 1318/24 fol. 101 v
dazu Solleder, S. 124, der allerdings fälschlich in der Brücke über den Kaltenbach die Laimbrücke vermutet.

52
Dirr, S. 237, Art. 266
Burgfriedensplan von Mathias Paur von 1724/28 in Schiermeier

53
StadtAM, KR 1336, fol. 91 f.

54
Dirrr, S. 353, Art. 148
v. Bary, S. 55
StadtAM, KR 1402/03 f. 113 b (= 1425), dazu v. Bary, S. 55

55
StadtAM, KR 1336, fol. 102 r. unter dem Oberbegriff „pons" Arbeiten an der Brücke mit Ausgaben für Holz und Handwerkern

56
V. Bary, S. 340

57
StadtAM, KR 1394, fol. 38 v
StadtAM, KR 1398, fol. 1,„der zollner lon"
StadtAM, KR 1402, fol. 1v
Dazu. v. Bary, S. 340

58
StadtAM, KR 1397, fol. 59

59
StadtAM, KR 1450, fol. 92 r

60
StadtAM, KR 1379, fol. 38 r

Stahleder, Chronik 1, S. 163

61
StadtAM, KR 1367, fol. 40 r
Zahlungen für 129 Knechte

StadtAM, KR 1371, fol. 51 f. Sägmüller, Strobel an der Pechstain

62
StadtAM, KR 1367, fol. 26 r

Einnahmen aus Urfahr, fol. 43 Bezahlung für die Fischer

Stahleder, Chronik 1, S. 147

63
Stahleder, Chronik 1, S. 284

64
StadtAM, Urkunden, A VIII C-24, v. 1509 Januar 12

v. Bary, S. 341

Zur Dienstwohnung StadtAM, Urkunden, A VIII C-32 v. 1569 März 13

65
Koller, S. 106, zu ER 1465

Maurer und Zimmerleute sollen alles zum Nutzen der Stadt tun, ..."auch wür und prugken versorgen".

v. Bary, S. 341

66
Stahleder, Chronik 1, S. 511, S. 515

67
Vgl. die Freisinger Brücke und die Isarbrücke in Mamming,

Die Isar, S. 331, S. 356

68
Dirr, S. 353, Art. 148

69
KR 1325/46,fol. 101 r

Stahleder, Haus- und Straßennamen, S. 583

70
Stahleder, Haus- und Straßennamen, S. 625 f.

71
Dirr, S. 260
S.a. S. 285, wer von der Wühr nimmt

StadtAM, KR1318 fol. 14
zu Arbeiten an den Wühren

Dazu Vangerow, S. 7

Ein Beleg für die Wühr bei Harlaching v. 1331 konnte nicht gefunden werden, Solleders, S. 150 Quelle, Hefner in OA XI, S. 224, gibt ganz allgemein KR an.

72
Dirr, Nr. 83, S. 134 f.
Urkunde v. 1330 März 12

Nach Schmeller Bd. 1, Sp. 761 ist „notgefert" eine nur im Notfall zu gebrauchende Wasserrinne.

73
Vangerow, S. 8

74
Dirr, S. 477, Art. 600

75
Behrer, S. 1112

76
Stahleder, Haus- und Straßennamen, S. 613, S. 593 u. 680; 596, S. 660 f.

Dazu Behrer, S. 125–127, S. 140

77
Die Laimbrücke erwähnt 1371, Stahleder, Haus- und Straßennamen, S. 686

Zur Kaltenbachbrücke S. 680 ff.

78
Stahleder, Haus- und Straßennamen, S. 584

Behrer, S. 147

79
Stahleder, Haus- und Straßennamen, S. 675

80
StadtAM, Zimelie 45/II, fol. 115 v.

Dazu v. Bary, S. 340, Anm. 3

Stahleder, S. 567 zur Lokalisierung des Färbertors

81
Zur Datierung des Isartores als letztes in der Reihe der neuen Tore Stahleder, Haus- und Straßennamen, S. 584

82
Das Brückenverzeichnis von 1494 nennt nur eine gewölbte, also steinerne Brücke, s. StadtAM, Tiefbauamt, Nr. 73.

Zu den Schlagbrücken KR 1398, fol. 51a

Stahleder, Haus- und Straßennamen, S. 687 f.

v. Bary, S. 340, Anm. 6

83
StadtAM, Tiefbauamt, Nr. 73

84
Stahleder, Haus- und Straßenanmen, S. 675–688

Eine „Brücke beim Engelram" ist nicht zu lokalisieren, ebd., S. 679

85
StadtAm, Tiefbauamt, Nr. 73, Verzeichnis von 1494

86
StadtAM, Tiefbauamt, Nr. 73, v. 1494 fol. 4 v

87
StadtAM, Tiefbauamt, Nr. 73 v. 1494, Nr. 167/I Anzeig und Bericht Anton Peÿssers

Stahleder, Haus- und Straßennamen, S. 681

88
StadtAM, KR ab 1536

Dazu v. Bary, S. 342

89
Henle, S. 3

Schattenhofer, Öffentliche Brunnen, S. 12

90
Sein Eid im Eidbuch v. 1488 mit weiteren Einträgen, StadtAM, Zimelie 52 fol. 49 v

v. Bary, S. 342

91
StadtAM, Urkunden A VIII C-30

Anton Peysser in ebd., Tiefbauamt, Nr. 167/1, von 1562

Fischer, S. 454

92
Nach Stahleder, Chronik 2:
1508, 1509, 1515, 1519, 1520, 1524, 1532, 1535; dann 1562, 1589, 1598, 1608, 1616, 1624, 1640

93
Stahleder, Chronik 2, S. 233

94
Stahleder, Chronik 2, S. 313. Stahleder nimmt an, dass mit dem äußeren Isartor die äußere Isarbrücke gemeint ist. Die Brücke war zu dieser Zeit noch aus einem Stück, eine äußere Isarbrücke gab es erst im 18. Jahrhundert.

95
Stahleder, Chronik 2, S. 151, S. 158: an der Baustelle arbeiteten als Wassermeister Sebastian Schitzinger von Kössen, der auch andere Werkmeister mitbrachte, dazu die beiden Brücken-meister von Wasserburg und der Lechmeister von Friedberg.

96
StadtAM, Urkunden A VIII C-32, die Urkunde wurde nicht ausgefertigt

Vgl. Stahleder, Chronik 2, S. 162

97
Stahleder, Chronik 2, S. 201, S. 209

98
Anton Fischer, S. 452

99
StadtAM, Personalamt, Nr. 551, Bestallungsbuch von 1625, fol. 52

100
Heimers, Strukturen, S. 231 f.

Zu den Pflichten des Oberbaumeisters StadtAM, Hochbauamt, Nr. 129

101
StadtAM, Personalamt, Nr. 551, Bestallungsbuch von 1625, fol. 46

102
StadtAM, Tiefbauamt, Nr. 73

103
Der Totensteg in StadtAM, Tiefbauamt, Nr. 73, v. 1665

104
S. die Brückenverzeichnisse in StadtAM, Tiefbauamt, Nr. 73

Für den Angerbach werden immer nur vier Brücken genannt; sie sind auch gut zu erkennen auf dem Stadtplan von 1613.

105
StadtAM, Tiefbauamt, Nr. 167/1, von 1562

106
StadtAM, Tiefbauamt, Nr. 167/1, von 1562, fol. 7

Die Genehmigung zum Bau einer Privatbrücke s. StadtAM,

Urkunden B II I-18 von 1652 Oktober 12

107
Stahleder, Chronik 2, S. 266, S. 300, S. 313, S. 322

Heimers, Krieg, S. 11

108
StadtAM, Urkunden B II I-18

109
StadtAM, Tiefbauamt, Nr. 80
Bach auf dem Radlsteg

110
StadtAM, Tiefbauamt, Nr. 78

111
MB 35/2, Nr. 293, S. 430–433

Dazu Vangerow, S. 60–62.

Lucks, S. 76 f. verlegt den Bau des Abrechens aufgrund dieser Urkunde in das Ende des 15. Jh. Die von den Münchnern gebauten Abrechen befanden sich aber wohl in den von ihnen genutzten Waldgebieten.

112
BayHStA, GL Fasz. 2758, Nr. 986, Notiz von 1585

HR II, Fasz. 12, Jg. 1594, 39. Woche

Stahleder, Chronik 2, S. 202

Rädlinger, Stadtbäche, S. 48–51

113
BayHStA, GL Fasz. 2635, Nr. 130

114
Ebd.

115
G. Leidl, Situation des Abrechens in München, in: Altbayerische Flußlandschaften, S. 186

116
Ch. Haeutle, Die Reindl'sche Chronik von München von 1403 bzw. 1580 bis 1756, 3. Abtlg. von 1743–1746, Jb. f. Münchner Gesch. Bd. 5, 1894, S. 273–275

117
StadtAM, Zollamt, Nr. 1113, v. 10. 7. 1696

118
Vgl. den Plan von 1802,
Altbayerische Flußlandschaften, S. 182

119
BayHStA, Plansammlung, Nr. 668/ V von 1716, St. Emmeram, Furtbachl Nr. 662 a–b von 1716
StadtAM, Karte Ismaning 669

120
Dazu Lutz, Isarübergänge, S. 128

121
Lutz, Isarübergänge, S. 128 f.

122
Lutz, Isarübergänge, S. 129 f.

123
StadtAM, Zollamt Nr. 1041
S.a. Stahleder, Chronik 3, S. 273

124
Lutz, Isarübergänge, S. 131–136

125
Stahleder, Chronik 2, S. 711–713

126
StadtAM, Tiefbau, Nr. 93

127
Stahleder, Chronik 2, S. 715; 718 f.

128
Forster, S. 982 f.
Stahleder, Chronik 2, S. 725

129
Freudenberger, Alte Au, S. 174–177

130
Stahleder, Chronik 3, S. 651, 653 und zu den folgenden Jahren

131
Lucks, S. 75 f.

132
StadtAM, Städtischer Grundbesitz, Nr. 181 von 1715

133
Stahleder, Chronik 2, S. 673
Chronik 3, S. 30 zur Uferbefestigung für den Kasernenbau

134
StadtAM, Tiefbau, Nr. 99, Explication v. 12. Juli 1761, P.14 zu Regensburg
Tiefbau, Nr. 94/1, v. 22. Jan. 1724
Lucks, S. 83, erschloss aufgrund der Baurechnungen eine Aufmauerung in Natursteinen.

135
StadtAM, Tiefbau, Nr. 94/1 v. 9.7.1725

136
StadtAM, Tiefbau, Nr. 94/1, v. 8. 7. 1723

137
StadtAM, Tiefbau, Nr. 94/1, v. 9.7.1725; v. 31. 8.1725

138
StadtAM, Tiefbau, Nr. 94/2, Anzeige v. 15.Juni 1725

139
StadtAM, Plansammlung C 464
Dazu Lucks, S. 84 f.

140
StadtAM, Nr. 94/2, Anzeige v. 15. Juni 1725
Stahleder, Chronik 3, S. 96

141
Zum Kult des hl. Nepomuk s. P. Wolf,
in: R. Rieperdinger/E. Brockhoff/ L. Eibert/ St. Lippold/P. Wolf,
Bayern – Böhmen, Haus d. Bayerischen Geschichte 2007, S. 241
Stahleder, Chronik 3, S. 78, S. 270, S. 339–341

142
Reindl, in Hilble, Jb 4, S. 273
Stahleder, Chronik 3, S. 194

143
Reindl, in Hilble, Jb. 5, S. 272 f.
Tiefbau, Nr. 98 v. 2.12.1749, Nr. 96
S. a. Lucks, S. 87

144
BayHStA, GL Fasz. 2635, Nr. 120 v. 28. 7. 1789.
Stahleder, Chronik 3, S. 209

145
StadtAM, Tiefbauamt, Nr. 97

146
StadtAM, Hochbauamt, Nr. 129, v. 30.3.1700, v. 17.5.1726

147
Stahleder, Chronik 3, S. 225
Hilble, Reindl'sche Chronik, S. 432

148
Neue Deutsche Biographie, hg. v. d. Hist. Komm. d. Bayer. Akad. Wiss., Bd. 7, Berlin 1966, S. 321 f.,
Stw. Ignaz Anton und Johann Bapt. Gunezrhainer

149
StadtAM, Tiefbau Nr. 98, v. 2.12.1749
Stahleder, Chronik 3, S. 225

150
StadtAM, Tiefbau Nr. 98, v. 19.11.1749

151
StadtAM, Tiefbau Nr. 98, v. 2.12.174

152
Zu Dresden und den dortigen Brückenmaßen BayHStA, GL Fasz. 2840, Nr. 1517 ad Intimum o.Dat.

153
BayHStA, GL Fasz. 2840, Nr. 1517 ad Intimum o. Dat.

154
StadtAM, Tiefbau Nr. 98, v. 5. 1.1750; 9.7.1750
Zu Wolfgang Liebl StadtAM, Tiefbauamt, Nr. 73, Aufriss einer steinernen Einlassbrücke

155
StadtAM, Tiefbau Nr. 98,
v. 12.1.1750, v. 9.7.1750, v. 16.7.1750, Expertisen von 1750

156
StadtAM, Tiefbau Nr. 98

157
Stahleder, Chronik 3, S. 245

158
StadtAM, Tiefbau Nr. 99, Kostenvoranschlag Gunezrhainers v. 6.5.1759, v. 11.6.1759
Dazu Lucks, S. 93

159
Dies geht aus dem Plan des Statistisch-topographischen Büros von 1812 hervor, vgl. Schiermeier
Lucks, S. 92, S. 94 nimmt eine fast gerade Linie an

160
Lucks, S. 93, schließt aus dieser Tatsache in Unkenntnis der Verwaltungsorganisation auf die aktive Beteiligung von Bügermeister Anton von Schönburg und seinem Nachfolger Anton von Zech.

161
StadtAM, Tiefbauamt, Nr. 99, v. 6.5.1759, v. 12.7.1761, P. 8
Zum Schmuck der Pfeiler, Tiefbauamt Nr. 93, 30.3.1764
Lucks, S. 94
Zu den Pfeileraufsätzen StadtAM, Tiefbau, Nr. 102

162
StadtAM, Tiefbauamt, Nr. 99, v. 12.7.1761, P. 20
Hübner 1, S. 66/67

163
Hübner 1, S. 67

164
Zeichnung in StadtAM, Tiefbau, Nr. 99
Ebd., P. 11,12,18

165
BayHStA, GL Fasz. 2840, Nr. 2840, BuR v. 5.4.1762

166
Vorschläge und Gegenvorschläge in StadtAM, Tiefbau Nr. 99 und BayHStA, GL Fasz. 2840, Nr. 1517
Lucks, S. 95–97

167
BayHStA, GL Fasz. 2840, Nr. 1517, ad Intimum o. Dat. v. 5.4.1762

168
BayHStA, GL Fasz. 2840, Nr. 1517, v. 24.11.1764

169
Lucks, S. 98
Stahleder, Chronik 3, S. 280

170
Stahleder, Chronik 3, S. 291

171
BayHStA, GL Fasz. 2840, Nr. 1517, v. 11.9.1770

172
Stahleder, Chronik 3, S. 301, S. 308–321

173
StadtAM, Tiefbau, Nr. 99, v. 6.5.1784

174
StadtAM, Tiefbau, Nr. 105,
Probst v. 18.7.1814

175
Stahleder, Chronik 3, S. 458

176
Stahleder, Chronik 3, S. 258
StadtAM, Lokalbaukommission, Nr. 6 v. 12.6.1760

177
StadtAM, Tiefbauamt, Nr. 73, Brücken der Innern und Äußern Stadt, o. Dat.

178
StadtAM, Hochbau Nr. 145 b, Bauamtsinstruktion von 1799

179
StadtAM, Hochbau Nr. 145 b, Bauamtsinstruktion von 1799

180
Diese Angaben aus seinem Gesuch um eine Heiratslizenz v. 22.9.1786, StadtAM, Hochbau, Nr. 144/1;
sein Unwissen in Wasserbaudingen aus ebd., Tiefbau, Nr. 70, v. 16.3.1808

181
Dazu ausführlich Lehmbruch

182
Zu Schedel von Greiffenstein, Klassizismus in Bayern, Schwaben und Franken, S. 441

183
StadtAM, Tiefbauamt Nr. 69
Zum Projekt v. 1780
Altbayerische Flußlandschaften, S. 182

184
StadtAM, Tiefbauamt, Nr. 70, v. 6. Mai 1806
zu dem Mandat
Altbayerische Flußlandschaften, S. 305

185
StadtAM, Tiefbauamt Nr. 70, v. 18. 6.1802
Altbayerische Flußlandschaften, S. 184
S.a. Wanetschek, S. 109

186
StadtAM, Tiefbauamt Nr. 70 v. 18. 6. 1802

187
StAM, RA 89 Nr. 1490/3
Montgelas v. Januar 1804

188
Ebd., StadtAM, Bogenhausen Nr. 83, v. 3.3.1882

189
BayHStA, OBB 1956, v. 24.8.1811
Dazu Lucks, S. 108 f.

190
StAM, RA 89, Nr. 1490/5
Dazu Lucks, S. 115–118
Leidel, Altbayerische Flußlandschaften, S. 200
Lutz, Bogenhausen, S. 72

191
Lutz, Bogenhausen, S. 73.

192
Altbayerische Flußlandschaften, S. 184, S. 310

193
StadtAM, Tiefbauamt Nr. 70, v. 28.3.1806

194
StadtAM, Tiefbauamt Nr. 70, v. 10.5.1806; v. 2.6.1806
Montgelas v. 8.8.1806
Zum Faschinenbau in Bayern auch Leidel, Altbayerische Flußlandschaften, S. 312

195
StadtAM, Tiefbauamt Nr. 70, v. 17.10.1806, 18.10.1806, v. 28.10.1806

196
StadtAM, Tiefbauamt Nr. 70, v. 22.10.1806, v. 18.11.1807, v. 16.3.1808, 17.3.1808

197
Zu Probst Lucks, S. 210
Ch. Rädlinger, Lokalbaukommission München 1805–2005,
Merseburg 2005, S. 27
StadtAM, Beleuchtungsamt, Nr. 37, Teng v. 9.1.1829
Auf dem Plan von 1826 sind die beiden Dämme gut zu erkennen, s. Schiermeier

198
StadtAM, Tiefbauamt Nr. 70, v. 23.11.1814

199
StadtAM, Tiefbauamt Nr. 104/1, v. 26.8.1813, v. 27.8.1813; v. 28. 8. 1813

200
BayHStA, OBB, Nr. 5322, v. 3.10.1813

201
Schilderung des Unglücks in BayHStA, OBB, Nr. 10831
Vgl. Die Isar, S. 263
Stahleder, Chronik 3, S. 603

202
StadtAM, Tiefbauamt Nr. 104/1, v. 16.9.1813

203
BayHStA, OBB, Nr. 5322, v. 3.10.1813 Nr. 10831, v. 19.9.1813

204
BayHStA, OBB, Nr. 10831, v. 9.1813; v. 21.9.1813

205
BayHStA, OBB, Nr. 5322, v. 9.12.1813

206
BayHStA, OBB, Nr. 5322, v. 3.10.1813
StadtAM, Tiefbauamt, Nr. 104/1, v. 16.9.1813
Der erneute Durchbruch am Überfallwehr auf einer Skizze Probsts in Tiefbauamt 104/2.

207
StadtAM, Tiefbauamt, Nr. 104/1,
v. 18.9.11813, v. 19.11.1913

208
Lehmbruch, S. 127 f., S. 131

209
StadtAM, Tiefbauamt, Nr. 104/1, v. 8.10.1813, v. 19.11.1813

210
StadtAM, Tiefbauamt Nr. 105, Entschließung v. 11.7.1814
Lucks, S. 127

211
StadtAM, Tiefbauamt, Nr. 105, v. 11.7.1814, v. 18.7.1814

212
Lucks, S. 130 f.

213
Lehmbruch, S. 483, Anm. 500

214
StadtAM, Wasserwerke, Nr. 534/ Bd. 1, 8.2.1860; 4.11.1871
Lucks, S. 135 f.

215
StadtAM, Tiefbauamt, Nr. 104/1, v. 26. 5.1815, v. 20.7.1816, v. 24.9.1816, v. 2.12.1816

216
StadtAM, Tiefbauamt, Nr. 104/1, vor allem 28.3.1818, 13.4.1818

217
Lehmbruch, S. 133 f.

218
StadtAM, Tiefbauamt, Nr. 104/1, Max Joseph v. 5.11.1817, Probst v. 24.11.1817

219
Lehmbruch, S. 105 ff., S. 113

220
Ebd., S. 113–118

221
Wend Fischer, S. 30

222
StadtAM, Tiefbauamt, Nr. 104/1

223
Wend Fischer, S. 33 f.

224
StadtAM, Tiefbauamt, Nr. 104/1

225
Wend Fischer, S. 35

226
StadtAM, Tiefbauamt, Nr. 104/1, v. 28.12.1819, v. 6.6.1820

227
Daten nach Nerdinger, Der Architekt Leo von Klenze in: Leo v. Klenze, S. 21

228
Lorenz, S. 141

229
Lucks, S. 190

230
StadtAM, Tiefbauamt Nr. 104/3, v. 24.5.1827, hier auch die Nivellementsskizze
Freudenberger, Geschichte der Au, S. 45

231
StadtAM, Tiefbauamt Nr. 104/2, v. 10.6.1821

232
StadtAM, Tiefbauamt Nr. 104/2, v. 27.6.1822, v. 13.8.1822

233
StadtAM, Tiefbauamt Nr. 104/2, v. 10.3.1823, 23.8.1822
Lucks, S. 191

234
StadtAM, Tiefbauamt Nr. 104/2, v. 23.8.1822

235
Freudenberger, Geschichte der Au, S. 46

236
StadtAM, Tiefbauamt Nr. 104/2

237
StadtAM, Tiefbauamt Nr. 104/2, v. 16.12.1824

238
StadtAM, Tiefbauamt Nr. 104/3 zu den Baumaßnahmen in der Au

239
StadtAM, Tiefbauamt Nr. 104/3, Plan v. 1828
Freudenberger, Geschichte der Au, S. 47 f.

240
Freudenberger, Geschichte der Au, S. 48

241
Freudenberger, Geschichte der Au, S. 49

242
Freudenberger, Geschichte der Au, S. 49 f.

243
StadtAM, Tiefbauamt, Nr. 681, v. 18.11.1828, 26.1.1829, v. 4.7.1829

244
StadtAM, Tiefbauamt Nr. 105, Mappe Gedenktafel

245
StadtAM, BuR Nr. 259/2, fol. 274

246
StadtAM, Tiefbauamt Nr. 105

247
Lehmbruch, S. 135 f.

248
StadtAM, Au Nr. 521
Freudenberger, Geschichte der Au, S. 52
Subskriptionslisten in StadtAM, Tiefbauamt, Nr. 690/2

249
StadtAM, Tiefbauamt Nr. 690/1, v. 13.10.1831

250
Zerback, S. 121 f.

251
StadtAM, Tiefbauamt Nr. 690/1, v. 3.2.1832

252
StadtAM, Tiefbauamt Nr. 690/1, v. 6.2.1832 Gutachten v. 22.2.1832, ebd., Plan Muffats StadtAM, Au, Nr. 521, v. 2.2.1832
Lucks, S. 236
Freudenberger, Geschichte der Au, S. 53

253
StadtAM, Tiefbauamt, Nr. 690/1

254
Lucks, S. 239 f.

255
StadtAM, Au, Nr. 521
Vgl. auch die Stadtpläne von 1826 und 1849 bei Schiermeier
Lucks, S. 238. Schon Himbsel sah auf seinem Generalplan die Begradigung der Isar und das Einfüllen eines Stadtbachabflusses in die Isar für einen Brückenbau vor; dazu Lucks, S. 228

256
StadtAM, Au, Nr. 521 v. 21.7.1832

257
Freudenberger, Geschichte der Au, S. 54

258
Brückensperrung in StadtAM, Tiefbauamt, Nr. 681, v. 3.8.1833
Kostenvoranschlag in ebd., Tiefbauamt, Nr. 693/1, v. 24. Juli 1840
Dazu Lucks, S. 240
Der Name Reichenbachbrücke in StadtAM, Tiefbauamt Nr. 74, v. 1833

259
StadtAM, Tiefbauamt Nr. 693/1

260
StadtAM, Tiefbauamt Nr. 693/1
Lucks, S. 242–245

261
Lucks, S. 247 f.

262
Freudenberger, Geschichte der Au, S. 55
Lucks, S. 248 f.

263
StadtAM, Tiefbauamt, Nr. 74

264
Zum System der Stadtbäche
s. Rädlinger, Stadtbäche

265
Lehmbruch, S. 123 f., S. 138 f., S. 146, S. 157

266
Lehmbruch, S. 193
s.a. das dort abgebildete Foto von 1860

267
StadtAM, Tiefbauamt, Nr. 101
Hier handelt es sich also nicht um die alte Isarbrücke, wie Lucks, S. 102, annimmt

268
StadtAM, Tiefbauamt, Nr. 77, v. 8.5.1822, v. 21.9.1822

269
StadtAM, Tiefbauamt, Nr. 77

270
StadtAM, Tiefbauamt, Nr. 73, Verzeichnis von Liebl und Verzeichnis v. 24.3.1780

271
StadtAM, Tiefbauamt, Nr. 73, Nr. 74

272
StadtAM, Tiefbauamt, Nr.74, v. 9.8.1831; 10.2.1832

273
StadtAM, Tiefbauamt, Nr. 86

274
StadtAM, Tiefbauamt, Nr. 84

275
Vgl. StadtAM, Städtischer Grundbesitz, Nr. 14: die durch den Isardammbau 1837–1843 entstandenen Gründe

276
StadtAM, Hochbauamt, Nr. 251, v. 27. 6. 1839

277
StadtAM, Tiefbauamt, Nr. 60, v. 3. 4. 1806

278
StadtAM, Hochbauamt, Nr. 251, v. 6.4.1839

279
Texte bei Wanetschek, S. 174
Zur Entstehung der Oberen Isarauen Mosbauer/Valentien, S. 207 f.
Vgl. a. Wanetschek, S. 174 f.
Die Entdeckung des Spazierengehens bei König.

280
Der Vergleich mit dem Englischen Garten in StadtAM, Hochbauamt, Nr. 251, v. 8.6.1839
Zur Thomainsel Klaus Bäumler, in Wanetschek, S. 226 f.

281
StadtAM, Hochbauamt, Nr. 251
Mosbauer/Valentien, S. 208

282
Der Originalplan ist derzeit nicht aufzufinden, eine spätere Kopie oder Weiterentwicklung in StadtAM, Plansammlung B 89
Vgl. Wanetschek, S. 164

283
Dazu Hojer, S. 33, S. 39 f.
Koch, S. 277, S. 280 f.

284
Grobe, S. 44

285
Hahn, S. 36 f.

286
StadtAM, Tiefbauamt Nr. 1312
zur Finanzierung Koch, S. 282

287
StadtAM, Tiefbauamt, Nr. 1297, Geldbedarf für 1855

288
Hahn, S. 36

289
Loesch, S. 18

290
StadtAM, Bäche und Gewässer, Nr. 256

291
StadtAM, Tiefbauamt, Nr. 1297, Zenetti v. 23.8.1853, v. 26. 8. 1853

292
StadtAM, Tiefbauamt, Nr. 1297, v. 2. 9.1853, v. 11.10.1853

293
StadtAM, Bäche und Gewässer, Nr. 450 zu den Arbeiten am Pfisterbach Nr. 451, v. 28.7.1853, v. 1.10.1853

294
StadtAM, Tiefbauamt, Nr. 682/1

295
StadtAM, Tiefbauamt, Nr. 1297, v. 20.1.1855

296
Lucks, S. 266

297
Pläne in StadtAM, Planssammlung A 4 u. A 6
Hierzu Lucks, S. 255 ff. der den mühevollen Planungsprozess Zenettis nachvollzog.

298
StadtAM, Tiefbauamt Nr. 1309, v. 5.11.1862
Lucks, S. 256

299
Lucks, S. 271

300
Dazu die Gemeindebevollmächtigten in StadtAM, Tiefbauamt Nr. 1309, v. 3. 8.1858
Lucks, S. 260–268

301
Lucks, S. 273 f.

302
Zu sehen auf dem Stadtmodell von Johann Baptist Seitz im Bayerischen Nationalmuseum
Lucks, S. 273
Hahn, S. 36

303
Lucks, S. 257

304
StadtAM, Bäche und Gewässer, Nr. 458, v. 9.10.1855
Hahn, S. 30

305
StadtAM, Tiefbauamt Nr. 1309, v. 5.11.1862

306
Hahn, S. 36
Lucks, S. 274

307
StadtAM, Tiefbauamt, Nr. 1309, v. 13.7.1858, v. 24.7.1858

308
StadtAM, Tiefbauamt, Nr. 1309, v. 4.11.1858, v. 9.3.1859,Nr. 682/I, v. 2.10.1863
Hahn, S. 37

309
StadtAM, Beleuchtungsamt, Nr. 42, v. 7.9.1959, Nr. 27, Gasbeleuchtungs-Verträge nach dem Stande vom 9.5.1891
Lucks, S. 259

310
StadtAM, Tiefbauamt, Nr. 701, Bekanntmachung v. 21.5.1863

311
Hahn, S. 60

312
VB 1875, S. 150

313
StadtAM, Tiefbauamt, Nr. 701
Lucks, S. 287

314
StadtAM, Tiefbauamt 628/1
VB 1875, S. 150
Lucks, S. 287

315
VB 1875, S. 150

316
VB 1875, S. 150; Tiefbauamt 701 Plan vom November 1873
Auf späteren Plänen ist an ihrer Stelle keine Brücke mehr eingezeichnet.

317
Rädlinger, Lokalbaukommission, S. 37

318
Zahlen nach Fisch, Stadtplanung, S. 4

319
StadtAM, Personalamt, Nr. 328
S. a. Fisch, Stadtpanung, S. 50 f.

320
Heinz Selig, S. 49, S. 51, S. 52–55

321
Baureferat, Ingenieurbauwerke und Gewässer, Lazarettbach

322
Zur Baulinienfestlegung Chevalley, S. XLIV
Der städtische Holzhof in VB 1875, S. 4

323
Vgl. B. Huber, S. 66, S. 74

324
Dies ist nachzulesen auf der an der Brücke angebrachten Gedenktafel

325
Dazu Dietrich, S. 100 –120

326
W. Fischer, S. 39

327
W. Fischer, S. 40

328
Dietrich, S. 7

329
W. Fischer, S. 36 f.

330
Zum Bau der Brücke nach den Schilderungen des dafür zuständigen Ingenieurs Carl Schnorr von Carolsfeld
S. Guttmann, S. 40–47
S.a. Hackelsberger, S. 41

331
VB 1875, S. 4

332
Münchener Gemeindezeitung Nr. 69 v. 27.8.1876

333
VB 1875, S. 1, S. 188

334
StadtAM, Tiefbauamt, Nr. 700
Dazu a. Guttmann, S. 47 f.

335
StadtAM, Tiefbauamt, Nr. 703,
v. 7.9.1871, v. 25.9.1872, v. 1.8.1873

336
VB 1875, S. 1

337
Münchener Gemeindezeitung, Nr. 69
v. 27. 8. 1876

Lucks S. 343

338
Lucks, S. 433

Zu Frauenholz s. Personalamt 328,
Die Entwicklung des Stadtbauamts

339
Lucks, S. 344

340
StadtAM, Tiefbauamt, Nr. 703, v. 29.1.1878

341
StadtAM, Tiefbauamt, Nr. 703, v. 18.8.1876

Münchener Gemeindezeitung Nr. 69,
v. 27.8.1876

342
Ingenieurbau
Gesamtübereinkommen, S. 25

343
Chevalley, S. XLVI

344
StadtAM, Tiefbauamt, Nr. 641

345
StadtAM, Tiefbauamt Nr. 688,
v. 24.4. 1873; v. 15. 2. 1872

Zu Steppberg, dem späteren Herzogpark,
s. Stahleder, Von Allach bis Zamilapark, S. 57

346
Zu den Verhandlungen mit Bogenhausen
StadtAM, Bogenhausen Nr. 83

Dazu auch Lucks, S. 354

347
StadtAM, Tiefbauamt, Nr. 688

Lucks, S. 346, S. 357f., S. 360

348
Walter, S. 40

349
StadtAM, Tiefbauamt, Nr. 85, Gesuch
v. 14.7.1855

350
StadtAM, Bäche und Gewässer, Nr. 313,
v. 5.1.1875

351
StadtAM, Tiefbauamt, Nr. 82

352
Ingenieurbau, Westlicher Stadtgrabenbach

Walter, S. 41–43

Zum Angertor Stahleder, Haus- und
Straßennamen, S. 558

353
StadtAM, Tiefbauamt, Nr. 681, v. 25.9.1837,
v. 22.9.1837, v. 24.10.1861, v. 2.11.1861

354
StadtAM, Tiefbauamt, Nr. 628/1,
v. 3.8.1858, v. 14.10.1858, v. 27.3.1860

Zusammenstellung der Arbeiten des
Stadtbauamts in Tiefbauamt, Nr. 641

355
StadtAM, Tiefbauamt, Nr. 105,
v. 19.5.1877, v. 18.6.1877, v. 17.7.1877,
v. 27.7.1877, v. 30.11.1877, v. 23.6.1888,
v. 6.10.1887

356
StadtAM, Tiefbauamt, Nr. 641, Nr. 682/1,
v. 15. 8. 1898

357
„Isarregulierung", in: Die Isar, S. 295

Schattenhofer, Isarflößerei, S. 110

358
Dazu: Vorgeschichte der Deutsch-Nationalen
Kunstgewerbe-Ausstellung in München
1888, in: Chronik der Deutsch-Nationalen
Kunstgewerbe-Ausstellung, S. 15–18

359
Plan in: Chronik der Deutsch-Nationalen
Kunstgewerbe-Ausstellung

S. auch Die Isar, S. 289 f.

360
Bericht über die Gemeindeverwaltung
1882/87, S. 101

Bauer/Graf, Zu Gast im alten München, S. 195

Hickethier, Mariannenbrücke

361
VB 1898, S. 202

Zell, S. 12–14

Lucks, S. 473–476

Hackelsberger, S. 83

Die Brückenverkleidung aus Muschelkalk
wurde bei der Brückensanierung entfernt.

362
Lucks, S. 288

363
Lucks, S. 290–292

Hackelsberger, S. 79, hier unrichtig als
ehemaliger Abrechen bezeichnet

364
Die Isar, S. 284

Ch. Rädlinger, 100 Jahre Arbeitsamt
München 1895–1995,
München 1995, S. 17, S. 34

Zum nördlichen Teil Bayerische Staats-
zeitung Nr. 68 v. 22.3.1933

Zu den Brücken Lucks, S. 462–464

Hackelsberger, S. 61

365
Die Isar, S. 284, f.

366
W. Fischer, S. 60

Landeshauptstadt München, Sanierung
Hackerbrücke 1983/84

G. Hickethier/ O. Höllerer/ G. Settele/ P. Wolf,
S. 295

367
Ingenieurbau, Gesamtübereinkommen S. 16

368
StadtAM, Tiefbauamt, Nr. 738

369
Ingenieurbau, Gesamtübereinkommen, S. 16

370
Ingenieurbau, Gesamtübereinkommen,
S. 17–23

371
Ingenieurbau, Gesamtübereinkommen

372
Fisch, Die Prinzregentenstraße, S. 82

373
Zwei dieser Bäche führen immer noch
Wasser und vereinen sich unter der Straße
zum Eisbach des Englischen Gartens

Zum Triftkanal s. Rädlinger, Stadtbäche, S.194

374
Bartsch, S. 28–30 zu den ersten Planungen

375
Lucks, S. 364 f.

376
Lucks, S. 389

377
Lucks, S. 299

Zu den Fahrbeschränkungen auf der Brücke
E.Graf/Ch. Rädlinger (Hg.), Bachauskehr,
München 2007, S. 163

378
Ingenieurbau, Bw-Datenbank, 30/38

379
StadtAM, Tiefbauamt, Nr. 682/1,
v. Januar 1885, Unterschriften im Anhang

380
StadtAM, Tiefbauamt, Nr. 682/1, v. Januar 1885

381
StadtAM, Tiefbauamt, Nr. 682/1,
v. 27.2.1890, v. 1.7.1890

Lucks, S. 419 f.

382
StadtAM, Tiefbauamt, Nr. 682/1,
Unterschriftensammlung von 1890

383
Lucks, S. 421

384
Stahleder, Haus- und Straßennamen, S. 626

385
Ingenieurbau, Album Geschichte und Bau
der Ludwigsbrücken, S. 8

386
Lucks, S. 426–432

Ingenieurbau, Album Geschichte und Bau
der Ludwigsbrücken, S. 11

387
StadtAM, Tiefbauamt, Nr. 682/1,
v. 10. 8.1889, v. 14.8.1889

388
StadtAM, Tiefbauamt, Nr. 682/1, v. 16. 6.1899

389
StadtAM, Tiefbauamt, Nr. 682/1,
v. 13.11.1890, v. 12.12.1898

Münchner Gemeindezeitung Nr. 97
v. 6. 12. 1897

Die Geyerbrücke 1881 in StadtAM,
Tiefbau, Nr. 74

390
Münchner Gemeindezeitung Nr. 97
v. 6. 12. 1897

391
StadtAM, Tiefbauamt, Nr. 703

392
Bericht von Hugo Margraff, Süddeutsche
Bauzeitung 11. Jg. 1899

VB 1899, S. 420

393
StadtAM, Tiefbauamt, Nr. 689, Anfrage
v. 27.9.1899

VB 1899, S. 421

Ein Augenzeugenbericht in Maria Walsers
Erinnerungen, Graf/Rädlinger, S. 128 f.

394
StadtAM, Tiefbauamt, Nr. 689, v. 4.10.1899

395
StadtAM, Tiefbauamt, Nr. 689, 29.9.1899;
19.10.1899

396
StadtAM, Tiefbauamt, Nr. 689, 27.2.1902

Münchner Amtsblatt Nr. 108
v. 23. September 1899

397
VB 1899, S. 292

398
VB 1899, S. 292, zu den beiden Erhardt-
brücken

399
VB 1899, S. 292

Nerdinger, Theodor Fischer, S. 191

Lucks, S. 528

400
Lucks, S. 523 f., S. 526

401
Lucks, 531 f. zur Einweihungsfeier
Dietrich, S. 72

402
VB 1899, S. 421
StadtAM, Tiefbauamt, Nr. 682/1I, v. 14.12.1900

403
StadtAM, Tiefbauamt, Nr. 682/1I, v. 14.12.1900

404
StadtAM, Tiefbauamt, Nr. 682/1I, v. 14.12.1900

405
Nerdinger, Theodor Fischer, S. 134

406
StadtAM, Tiefbauamt, Nr. 682/2, v. 18.3.1903

407
StadtAM, Tiefbauamt, Nr. 682/2, v. 14.12.1900

408
StadtAM, Tiefbauamt, Nr. 682/2, v. Januar 1901, v. 17.1.1901, Nr. 682/1

409
StadtAM, Tiefbauamt, Nr. 682/2, v. Januar 1901, v. 18.6.1901
VB 1901, S. 287
Lucks, S. 492–496

410
StadtAM, Tiefbauamt, Nr. 682/2, v. 22. 6. 1901

411
VB 1901, S. 287 f.

412
StadtAM, Tiefbauamt, Nr. 689 zu Bogenhausen, Nr. 641, z. 18.7.1901, 15. 5.1902
VB 1901, S. 371
Lucks, S. 556 f.

413
StadtAM, Tiefbauamt, Nr. 641, v. 27.7.1901

414
Die Klagen einer Baufirma waren nicht unbegründet, 1900/01 waren tatsächlich Krisenjahre.
Vgl. Ch. Rädlinger, 100 Jahre Arbeitsamt München, 1895–1995, München 1995, S. 29

415
StadtAM, Tiefbauamt, Nr. 683, Nr. 641, v. 19.9.1901

416
Rädlinger, Arbeitsamt, S. 14
Lucks, S. 561, zur Zahl der Arbeiter

417
StadtAM, Tiefbauamt, Nr. 641, 18.7.1901, 19.9.1902; Nr. 682/2, v. 31.12.1902

418
StadtAM, Tiefbauamt, Nr. 641, v. 23.11.1901

419
StadtAM, Personalamt, Nr. 328, S. 8 zu 1898
Frauenholz wurde bereits 1875 zuständig für alle Brückenangelegen-heiten. Ebd., S. 4

420
VB 1900, S. 68 f.

421
Isarregulierung, in: Die Isar, S. 295

422
Lucks, S. 556–559

423
Nerdinger, Theodor Fischer, S. 194
Lucks, S. 504

424
Lucks, S. 561
Hackelsberger, S. 110–112
Zur künstlerischen Gestaltung ausführlich Lucks
S.a. Ana Antonovic, Münchner Isarbrücken. Ihre Geschichte und ihre Bildprogramme, Ms. Mag. 30.9.2001

425
VB 1903, S. 195
unrichtig hierzu Lucks, S. 562
Vgl. a. München und seine Bauten, S. 662 ff.

426
Ingenieurbau, Bw-Datenbank, 33/16
Zu den Isaranlagen Mosbauer/Valentien, S. 213
Vgl. Die Isar, S. 283

427
Ingenieurbau, Ordner Corneliusbrücke, hier die einschlägigen Presseberichte

428
Lucks, S. 588

429
Lucks, S. 591, S. 596
Hackelsberger, S. 57

430
Dazu A. Kling, Die Verschiebung der Reichenbachbrücke, Süddeutsche Bauzeitung 1902,
Nr. 27, S. 209 und 216

431
München und seine Bauten, S. 762–764
Die Sprengkammern mussten nach 1945 verfüllt werden, Ingenieurbau, Berichte der Abteilung für Wasser- und Brückenbau, Staatsminist. d. Inn. v. 3.7.1947.

432
Lucks, S. 614–633

433
VB 1903, S. 217

434
StadtAM, Tiefbauamt, Nr. 702, v. 28.6.1904
Zur Notbrücke ebd., v. 14.9.1904
Lucks, S. 638–642

435
Brückendaten aus München und seine Bauten, S. 762
Hackelsberger, S. 95 f.
Zur Pallas Athene StadtAM, Tiefbauamt, Nr. 682/2, v. 17.12.1903

436
StadtAM, Tiefbauamt, Nr. 702, v. 13.8.1903 zur Besichtigung der alten Wittelsbacher Brücke

437
StadtAM, Tiefbauamt, Nr. 682/2, v. 27.11.1902

438
StadtAm, Tiefbauamt, Nr. 682/2, v. 28.3.1903

439
StadtAM, Tiefbauamt, Nr. 682/2, v. 18.3.1903, v. 28.3.1903

440
StadtAM, Tiefbau Nr. 682/2, Ingenieurbau, Thalkirchner Brücke, Auszug aus dem Kataster der Abt. Wasser- und Brückenbau
VB 1902, S. 218, VB 1903, S. 215

441
Ingenieurbau, Thalkirchner Brücke, Tiefbau v. 1.3.1994
StadtAM, Tiefbau 682/2, v. 11.9.1904
Lucks, S. 658

442
Hackelsberger, S. 49 f.

443
Zell, S. 30 f.

444
Vgl. Rädlinger, Stadtbäche, S. 112 f.

445
Ingenieurbau, Mittelwasserdämme, Hochwasserdämme

446
Ingenieurbau, Bw-Datenbank, 30/25
Ebd., Auer Mühlbach, Nr. 30/1/1, ebd., Marienklausensteg

447
Ingenieurbau, Brückenbücher, 33/3
Ebd., Flauchersteg
Ebd., Bw-Datenbank, 33/3

448
Mosbauer/Valentien, S. 212 f.
Die Isar, S. 206 f.

449
Lucks, S. 724–729 zur Leinthaler Brücke, S. 730–736 zur Eisenbahnbrücke

450
Dazu Fisch, Stadtplanung, S. 211–217

451
VB 1901, S. 289

452
Rädlinger, Stadtbäche, S.90

453
VB 1901, S. 289
VB 1902, S. 219

454
Ingenieurbau, Ordner Pfisterbach, Sparkassenstraße

455
Ingenieurbau, Gebsattelbrücke 2
Nerdinger, Theodor Fischer, S. 192

456
VB 1903, S. 195
Messinger, S. 40–42

457
Ingenieurbau, Ingenieurbauwerke u. Gewässer, Brückenbuch Boschbrücke

458
Ingenieurbau, Album Geschichte und Bau der Ludwigsbrücken, S. 8

459
StadtAM, Bäche und Gewässer, Nr. 121 zur Rumfordbrücke 1938
Nr. 332 zum Rossschwemmbach 1921

460
Rädlinger, Kämmerei, S. 40–45 zur Finanzlage der Stadt
Ingenieurbau, Dr.-Bosch-Brücken Überbau

461
MGZ v. 15.2.1919; Ingenieurbau, Marienklausensteg, v. 2.2.1919, Brückenkataster

462
Ingenieurbau, Marienklausensteg

463
Ingenieurbau, Marienklausensteg

464
Ingenieurbau, Bw-Datenbank, 30/2/6 u. 30/2/7

465
Zur Schwindinsel Lucks, S. 636

466
VB 1899, S. 241
Theodor Lechner, Die Bebauung der Kohleninsel im Zusammenhange mit dem Münchner Bahnnetze, München 1900

467
J. Biller/H.-P. Rasp, München, Kunst und Kultur, München 2004, S. 292 f.

468
Ingenieurbau, Bosch-Brücke, Kataster 469
Ebd.
Nach Lucks, S. 835, wurden die Brücken 1926 fertiggestellt.

470
Lucks, S. 839–841

471
VB 1924–1926, S. 73f.
VB 1927–1929, S. 84
Ingenieurbau, Burdermühlbrücke,
Isar-Kataster Nr. 13

472
Ingenieurbau, Leonhardt-Eck-Brücke
Lucks, S. 747, S. 823 zu den Brücken auf die Isarinsel
Hackelsberger, S. 119

473
Ingenieurbau, Donnersbergerbrücke
Nr. 40/21, v. 29.12.1926; v. 5.7. 1928

474
Ebd., v. 29.12.1926; v. 18.1.1929, 2.2.1929, 1.5.1929, 16.7.1929

475
MGZ v. 9.11.1929.

476
Ingenieurbau, Donnersbergerbrücke
Nr. 40/21, Enwurf v. Juni 1930

477
Ebd., Polizeidirektion v. 29.3.1933

478
Rudloff, S. 368

479
Dazu Fritz Blaich, Der Schwarze Freitag
Inflation und Wirtschaftskrise, München (dtv) 1984, S. 115
Zu den verkehrstechnischen Aktivitäten der Nationalsozialisten in München
Haerendel/Krüger, S. 287

480
Ingenieurbau, Donnersbergerbrücke
Nr. 40/21, Polizeidirektion v. 29.3.1933

481
Ingenieurbau, Donnersbergerbrücke
Nr. 7, Stadtrat o. Dat.

482
Ebd., v. 2.11.1933, v. 16. u. 22.11.1934, v. 3.4.1935, v. 27.2.1936
München baut auf, S. 21, S. 24
Haerendel/Krüger, S. 287

483
Haerendel/Krüger, S. 287

484
Ingenieurbau, Ludwigsbrücken-Neubau, 33/10, Presseberichte

485
K. Warnecke, Die Wahl des Stadtbaurates in München. Modellstudie eines demo-kratischen Auswahlverfahrens zur Besetzung kommunaler Wahl-ämter, Ber. u. Prot. Nr. 11, hg. v. Münchner Forum, München 1970

486
Ingenieurbau, Ludwigsbrücken-Neubau, 33/10, Beschreibung anlässlich der Einmauerung der Bauurkunde; Pressebericht v. 14.2.1935

487
Ingenieurbau, Ludwigsbrücken-Neubau, 33/10, v. 28.11.1934

488
Ingenieurbau, Ludwigsbrücken-Neubau, 33/10, v. 28.11.1934
Lucks, S. 849

489
Wirth, S. 44

490
Ingenieurbau, Ludwigsbrücken-Neubau, 33/10, Pressebericht
Beschreibung v. Februar 1935.

491
Ingenieurbau, Ludwigsbrücken-Neubau, 33/10, Pressebericht

492
Ingenieurbau, Ludwigsbrücken-Neubau, 33/10, Geschädigte Geschäftsleute

493
Ingenieurbau, Ludwigsbrücken-Neubau, 33/10, Oelbaum v. 14.11.1934

494
Neues Münchner Tagblatt Nr. 86 v. 27.3.1935
Ingenieurbauten, Kataster der Isarregulierung im Burgfrieden der Stadt München, Zulauf zur Kleinen Isar unterhalb der Reichenbachbrücke
S.a. Heindel, S. 37
S.a. Lucks, S. 857

495
Ingenieurbau, Ludwigsbrücken-Neubau, 33/10, Pressebericht
Beschreibung v. Februar 1935

496
Haerendel/ Krüger, S. 287

497
Haerendel/Krüger, S. 287

498
Ingenieurbau, Ludwigsbrücken-Neubau, 33/10

499
Ingenieurbau, Bw-Datenbank

500
Ingenieurbau, Bericht Wasser- und Brückenbau

501
Ingenieurbau, Bericht Wasser- und Brückenbau 1936

502
Ingenieurbau, Bericht der Abteilung Wasser- und Brückenbau o.Dat.
Berichterstattung nach Fliegerangriffen, hier: v. 6./7.9.1943
Bericht des Stadtbauamtes-Tiefbau, Abteilung Wasser- und Brückenbau v. 28.10.1949

503
Wolfgang Selig, S. 360

504
Lucks, S. 904

505
Ingenieurbau, Berichte über Kriegsschäden 1945–1949
zur Braunauer Eisenbahnbrücke
Hackelsberger, S. 41

506
Ingenieurbau, Bericht über Kriegsschäden 1945; Bericht 1946

507
Ingenieurbau, Bericht über Kriegsschäden 1945
Bericht des Stadtbauamtes-Tiefbau, Abteilung Wasser- und Brückenbau v. 28. Oktober 1949

508
Ingenieurbau, Vorschriften der Militärregierung für Deutschland in der US-Zone (OMGUS), Titel 14 Verkehrswesen, Teil 3 A Bau und Unterhalt von Straßen und Brücken

509
Ingenieurbau, Vorschriften der Militärregierung für Deutschland in der US-Zone

510
Ingenieurbau, Wiederaufbauarbeiten im Jahr 1946

511
Ingenieurbau, Wiederaufbauarbeiten im Jahr 1947, Bauabteilung Staatsministerium d. Innern v. 3. 7. 1947, v. 21.8.1947

512
Ingenieurbau, Wiederaufbauarbeiten im Jahr 1948, 1949

513
Krieg, Solang' der Alte Peter, S. 403–405
Zum Meitinger-Plan s. München wie geplant, S.112–114

514
Ingenieurbau, Wiederaufbauarbeiten im Jahr 1948, 1949

515
Ingenieurbau, Wiederaufbauarbeiten im Jahr 1950

516
Ein Bericht über die Verkehrsbauten von 1958 bis 1963, hg. v. Referat f. Tiefbau und Wohnungswesen, München 1963

517
Haarpainter, S. 13
Angermair, S. 138

518
Dazu Haarpainter, S. 13 f

519
Brudermühlbrücke 1952
hg. v. Stadtrat der Landeshauptstadt/ Stadtbauamt München

520
Ebd.

521
Ebd.

522
Ebd.
Lucks, S. 882

523
Angermair, S. 139

524
Sanierung der Hackerbrücke, S. 7
Hickethier, S. 296

525
Ingenieurbau, Donnersberger Brücke 1

526
Ingenieurbau, Lazarettbach

527
Ingenieurbau, Pfisterbach-Maximilianstraße

528
Haarpainter, S. 14

529
Nach dem bayerischen Kanzler Leonhardt von Eck (1480–1550)

530
Ingenieurbau, John-F. Kennedy-Brücke v. 29.4.1957
Lucks, S. 897

531
Referat für Tiefbau und Wohnungs-wesen, Der Isarring I, Großstadt in Planung und Ausbau 9, München 1969
Lucks, S. 898

532
Wiest, S. 134

533
Der Isarring I

534
Hickethier, John-F-Kennedy-Brücke
Lucks, S. 900

535
Lucks, S. 900

536
Obermeyer, S. 156

537
Haarpainter, S. 14

538
Bericht über die Verkehrsbauten

539
Krieg, Weltstadt mit Herz, S. 415 f.
S.a. München wie geplant, S. 125–128

540
Gespräch mit Ludwig Mennacher am 27.9.2007

541
Baureferat der Landeshauptstadt, Großstadt in Planung und Ausbau 34, Isarring II, München 1969
Dass., Großstadt in Planung und Ausbau 28, Kreuzhof- Olympiastraße, München 1967

542
Hickethier, Reichenbachbrücke
Lucks, S. 887

543
Hickethier, Reichenbachbrücke
Lucks, S. 888

544
Schleich, S. 156
Denkmalschutz und Denkmalpflege in München, hg. v. Referat für Stadtplanung und Bauordnung, Hauptabteilung IV, Lokalbaukommission, München 1999, S. 8 f.

545
Lucks, S. 882
Hickethier, Brudermühlbrücke

546
Schmuck, S. 8

547
Baureferat der Landeshauptstadt, Großstadt in Planung und Ausbau 39, Mittlerer Ring-Teilabschnitt Oberwiesenfeld, München 1971

548
Großstadt in Planung und Ausbau 43, hg. v. Baureferat der Landeshauptstadt München 1972

549
Großstadt in Planung und Ausbau 41, 1972, Mittlerer Ring, Donnersberger Brücke

550
Wirth/Brunnhuber, S. 278

551
Wirth/Brunnhuber, S. 278 f.
Die Daten der Verkehrszählung stammen aus dem Jahr 1980, sie lagen daher 1977 sicher geringfügig niedriger.

552
Wirth/Brunnhuber, S. 280–285

553
Ludwig Mennacher v. 27.9.2007

554
Langguth, S. 18

555
Hoffmann, in: München wie geplant, S. 138

556
Engl/Terhallem, S. 69
Hoffmann, S. 138

557
Ingenieurbau, Wiederaufbau der abgebrannten Isarbrücke bei St. Emmeram, Beschluss der Vollversammlung v. 15.12.1976

558
Ingenieurbau, Wiederaufbau der abgebrannten Isarbrücke bei St. Emmeram

559
Michael Götschl, Sankt-Emmeram-Brücke, Oberföhring, hg. v. d. Landeshauptstadt München, Baureferat, Mai 200

560
Ch. Reitsam, 20 Jahre Westpark, hg. v. d. Landeshauptstadt München, Baureferat, München 2005

561
Mosbauer/Valentien, S. 226 f.

562
Ingenieurbau, Messegelände Westpark

563
Landeshauptstadt München, Baureferat, Fuß- und Radwegbrücke über die Ganghofer-/Pfeuferstraße, München 2006

564
Ingenieurbau, Kurzinformation v. 25./26. 6. 2005

565
Ebd.
Dietz-Will, S. 5

566
Ingenieurbau, Corneliusbrücke, Sanierung 1971, Bauausschuss v. 16.7.1987

567
Ingenieurbau, Corneliusbrücke, Sanierung 1971, Baureferat v. 21.1.1970; v. 30.4.1970

568
Ingenieurbau, Corneliusbrücke, Sanierung 1971,
Gutachten Prof. R. Jelinek v. 1.3.1971

569
Ingenieurbau, Corneliusbrücke, Sanierung 1971, Baureferat-Tiefbau, v. 13. 8.1969
SZ v. 24.9.1970

570
Die Diskussion um das Standbild in Ingenieurbau, Ingenieurbauwerke u. Gewässer Corneliusbrücke, Sanierung 1971

571
Zur Sanierung der Wittelsbacherbrücke Preuss/Baderschneider/Mühsam
Wirth/Blaasch/Kramer

572
Ingenieurbau, Corneliusbrücke, Sanierung 1971, Bauausschuss v. 16.7.1987

573
Wirth/Blaasch/Kramer, S. 361

574
Wirth, Über Brücken, S. 28

575
Hickethier/Höllerer/Settele/Wolf, S. 295

576
Neubau Friedenheimer Brücke, hg.v. Baureferat-Tiefbau, München 1983

577
Ingenieurbau, Thalkirchner Brücke, Auszug aus dem Kataster der Abt. Wasser- und Brückenbau
Ebd., Beschluss des Bauausschuss v. 15.9.1988

578
Ingenieurbau, Thalkirchner Brücke, Beschluss des Bauausschuss v. 15.9.1988

579
Ingenieurbau, Thalkirchner Brücke, Beschluss des Bauausschuss v. 15.9.1988

580
Ingenieurbau, Thalkirchner Brücke, Wasser- und Brückenbau v. 1.3.1994
Bauen mit Holz 12/93.

581
Bauen mit Holz 12/93, Informationsdienst Holz, Dokumentation bayerischer Holzbauten 29

582
Ingenieurbau, Fußgängerbrücke Flauchersteg 33/3

583
Landeshauptstadt München, Baureferat: Dokumentation Wettbe-werb Neubau des Marienklausenstegs über die Isar
Hickethier, Marienklausensteg

584
Ingenieurbau, Ms. IsarPlan, S. 2

585
Stiegler, S. 28

586
Ingenieurbau, Ms. IsarPlan, S. 4

587
Ingenieurbau, Uferregulierung der Großen und Kleinen Isar

588
Lucks, S. 891–895

589
Landeshauptstadt München, Leitlinie Ökologie + Perspektive München, München 2002, S. 25 f.
www.muenchen.de/stadtentwicklung

590
Ingenieurbau, Brücke Schenkendorfstraße, Ausstellungsplakate v. 19.09.2007
SZ v. 6.9.2007

Quellen

Baureferat der Landeshauptstadt München

HA Ingenieurbau,

Abteilung Ingenieurbauwerke und Gewässer

Album Geschichte und Bau der Ludwigsbrücken

Berichte der Abteilung Wasser- und Brückenbau

Brückenbücher

BW-Datenbank

Gesamtübereinkommen zwischen kgl. Bayr. Eisenbahnärar und der Stadtgemeinde München betreffend Grundaustausch und Regelung der Wegeverhältnisse, aus Anlass der Erweiterung des Zentralbahnhofes München vom 2. August 1904

Ms Isarplan

Ordner:
Auer Mühlbach
Dr. Bosch-Brücken
Brudermühlbrücke
Corneliusbrücke
Donnersbergerbrücke
Flauchersteg
Gebsattelbrücke 2
John-F.-Kennedy-Brücke
Kataster der Isarregulierung
Lazarettbach
Leonhard-Eck-Brücke
Ludwigsbrücken-Neubau
Marienklausensteg
Messegelände Westpark
Mittelwasserdämme und Hochwasserdämme
Pfisterbach-Sparkassenstraße
Pfisterbach-Maximilianstraße
Schenkendorfstraße
St. Emmeram-Brücke
Thalkirchner Brücke
Uferregulierung der Großen und Kleinen Isar
Westlicher Stadtgrabenbach
Wittelsbacherbrücke

Bayerisches Hauptstaatsarchiv
(BayHStA)

Hofamtsregistratur (HR) II: Fasz. 12

Gerichtsliteralien (GL):
Fasz. 2635, Nr. 120, Nr. 130
Fasz. 2758, Nr. 986
Fasz. 2840, Nr. 1517

Oberste Baubehörde (OBB):
Nr. 1956, 5322, 10831

Plansammlung:
Nr.662 a–b, 668/ V, 709

Staatsarchiv München
(StAM)

Regierungsakten (RA):
89, Nr. 1490/3
Nr. 1490/5

Stadtarchiv München
(StadtAM)

Au:
Nr. 521

Bäche und Gewässer:
Nr. 121, 256, 313, 332, 450, 458

Beleuchtungsamt:
Nr. 37, 42

Bogenhausen:
Nr. 83

Bürgermeister und Rat (BuR):
Nr. 259/2

Hochbauamt:
Nr. 129, 144/1, 145/b, 251

Kammerrechnungen (KR)

Lokalbaukommission:
Nr. 6

Personalamt:
Nr. 328, 551

Plansammlung:
A 4, A 6, B 89, C 464

Städtischer Grundbesitz:
Nr. 14, 181

Tiefbauamt:
Nr. 60, 69, 70, 73, 74, 77, 78, 80, 82, 84, 85, 86, 93, 94/1, 94/2, 96, 97, 98, 99, 102, 104/1,104/2, 104/3, 105, 167/1, 628/1, 641, 681, 682/1, 682/2, 683, 688, 689, 690/1, 693/1, 700, 701, 702, 703, 738, 1297, 1309, 1312

Urkunden:
A VIII C-24
A VIII C-30
A VIII C-32
B II I-18

Wasserwerke:
Nr. 534

Zimelien:
Nr. 45/II, 52

Zollamt:
Nr. 1041, 1113, Nr. 1259

Historischer Verein von Oberbayern

Urkunden:
Nr. 5538

Abkürzungen

Abtlg.	Abteilung
Bd.	Band
hg.	herausgegeben
Jb.	Jahrbuch
Jh.	Jahrhundert
MBM	Miscellanea Bavarica Monacensia
Ms.	Manuskript
OA	Oberbayerisches Archiv
QE NF	Quellen und Erörterungen, Neue Fassung
S.	Seite
VB	Verwaltungsbericht
VF	Vorträge und Forschungen
VSWG	Vierteljahreshefte für Sozial- und Wirtschaftsgeschichte
Wiss.	Wissenschaftlich
ZBLG	Zeitschrift für Bayerische Landesgeschichte

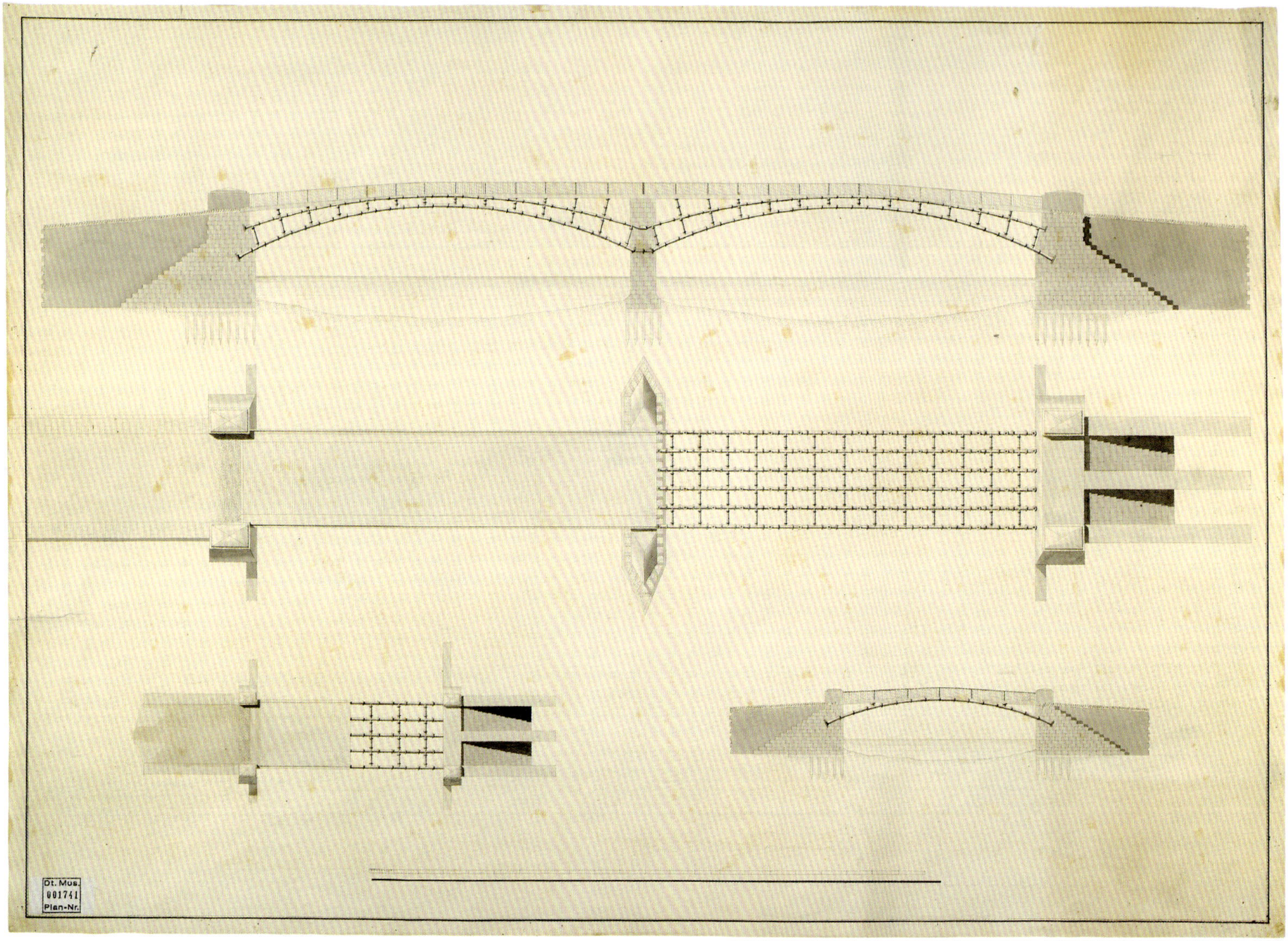

Entwurf einer gusseisernen Röhrenbrücke von Georg von Reichenbach 1810 für den Neubau der Ludwigsbrücke.

Deutsches Museum München

Literatur

Adam, Hildegard
Das Zollwesen im Fränkischen Reich und seine Bedeutung für das spätkarolinigische Wirtschaftsleben
Ein Überblick über Zoll, Handel und Verkehr im 9. Jh.
VSWG Beiheft 126, Stuttgart 1996

Altbayerische Flußlandschaften
an Donau, Lech, Isar und Inn
Handgezeichnete Karten des 16. bis 18. Jahrhunderts aus dem Bayerischen Hauptstaatsarchiv, hg. v. d. Generaldirektion der Archive Bayerns
München 1998

Angermair, Elisabeth
Thomas Wimmer und sein München
Eine Stadt im Aufbau 1948–1960
München 1989

Bartsch, Ekkehard
Die Prinzregentenstraße und das Bayerische Nationalmuseum
in: Das Bayerische Nationalmuseum
Der Neubau an der Prinzregentenstraße 1892–1900, hg. v. Ingolf Bauer
München 2000, S. 27–37

Bary, Roswitha von
Herzogsdienst und Bürgerfreiheit. Verfassung und Verwaltung der Stadt München im Mittelalter 1158–1560
München 1997

Bauer, Hans
Die römische Fernstraße Salzburg–Augsburg nach dem Itinerarium Antonini und der Tabula Peutingeriana
OA 130, 2006, S. 67–102.

Bauer, Richard
Monachium Frisingense
Neue Quellen und Aspekte zur freisingischen Frühgeschichte Münchens
OA 126, 2002, S. 3–158

Bauer, Richard
München als Villikation der Huosi und als freisingisches Reichskirchengut
OA 127, 2003, S. 1–39

Bauer, Richard
Die Dotation des Alpold und des Huasuni zu Schwabing und Sendling (782) und ihre Bedeutung für die Frühgeschichte Münchens
OA 128, 2004, S. 11–45

Bauer, Richard / Graf, Eva
Zu Gast im Alten München
München 1996

Behrer, Christian
Das unterirdische München.
Stadtkernarchäologie in der bayerischen Landeshauptstadt
München 2001

Bericht über die Gemeindeverwaltung der kgl. Haupt- und Residenzstadt München 1882/87

Bernst, Karin
Heutige Isarbrücken im Münchner Norden, in: Die Brücke bei St. Emmeram hg. v. NordOstKultur-München 2005
S. 17–28

Bitterauf, Theodor
Die Traditionen des Hochstifts Freising, (QE NF 4/5), München 1905/09

Bosch, J. B.
Die Brückenbauten in München
in: Münchener Städtische Baukunst aus den letzten Jahrzehnten
München 1912, o.S.

Chevalley, Denis André
Die städtebauliche Entwicklung in den südlichen und westlichen Stadtbereichen links der Isar
in: Denis André Chevalley/Timm Weski, Denkmäler in Bayern, Landeshauptstadt München Südwest I
München 2004, S. XI-CXXXVIII

Chronik der Deutsch-Nationalen Kunstgewerbe-Ausstellung
in München 1888
hg. v. Paul von Salvisberg, o. Dat.

Czysz, Wolfgang
Denning, Stadt München Obb
Villa rustica, in: Die Römer in Bayern hg. v. Wolfgang Czysz / Karlheinz Dietz/ Th. Fischer/H.-J. Kellner, S. 433 f.

Dannheimer, Hermann
Epolding-Mühltal, Siedlung, Friedhof und Kirche des Frühen Mittelalters
Münchner Beiträge zur Vor- und Frühgeschichte 13
Veröffentlichungen der Kommission zur Archäolgischen Erforschung des Spätrömischen Raetien der Bayer. Akad. Wiss. Bd. 7, München 1968

Dietrich, Richard J.
Faszination Brücken
Baukunst-Technik-Geschichte
München 1998

Dietz-Will, Adelheid
Einleitung, in: Das Neudeck in der Au
Geschichtswerkstatt Auer Mühlbach hg. v. d. Landeshauptstadt München
Bezirksauschuss Au-Haidhausen
München 2006, S. 4–7

Dirlmeier, Ulf
Heinrich der Löwe und die „Wirtschaft" in: Heinrich der Löwe. Herrschaft und Repräsentation, hg. v. Johannes Fried/O.G Oexle (= VF LVII)
Ostfildern 2003, S. 293–311

Dirr, Pius
Denkmäler des Münchner Stadtrechts
Band 1: 1158–1403
München 1943

Engl Heribert / **Terhalle**, Winfried
Die städtebauliche Entwicklung Münchens
in: München und seine Bauten nach 1912, hg. vom Bayerischen Architekten- und Ingenieur-Verband e.V., München 1984

Falter, R.
Der Mittlere Ring in München
in: Olympiastadt München, Straßen- und Verkehrsausbau eines Jahrzehnts
Bonn-Bad Godesberg 1972, S. 28–33

Fisch, Stefan
Stadtplanung im 19. Jahrhundert
München 1988

Fisch, Stefan
Die Prinzregentenstraße
Moderne Stadtplanung zwischen Hof, Verwaltung und Terraininteressen
in: München-Musenstadt mit Hinterhöfen
hg. v. F. Prinz/M. Krauss
München 1988, S. 82–90

Fischer, Anton
Die Verwaltungsorganisation Münchens im 16. und 17. Jahrhundert
Diss. München 1951

Fischer, Wend
Die andere Tradition
hg. von der Bayerischen Rückversicherung
München 1981

Flusslandschaft Isar von der Landesgrenze bis Landshut
hg. vom Bayerischen Landesamt für Wasserwirtschaft
München 2001

Forster, Josef Martin
Das Gottselige München
München 1895

Freudenberger, Josef
Aus der Geschichte der Au
München 1913

Freudenberger, Josef
Aus der Geschichte der Au
Die alte Au
München 1927

Glaser, Rüdiger
Klimageschichte Mitteleuropas
1000 Jahre Wetter, Klima, Katastrophen
Darmstadt 2001

Grobe, Peter
Die Entfestigung Münchens
MBM 27, 1970

Gruber, Ch.
Die Bedeutung der Isar als Verkehrsstraße
Wiss. Beilage zum 22. Jahresbericht der Handelsschule der kgl. Haupt- und Residenzstadt München
München 1890

Guttmann, Thomas
Giesing und die Eisenbahn
München 1998

Haarpainter, F.
Verkehrsausbau in München 1952–1972
in: Olympiastadt München. Straßen- und Verkehrsausbau eines Jahrzehnts
Bonn-Bad Godesberg 1972, S.13–18

Hackelsberger, Christoph
München und seine Isar-Brücken
München 1981

Haerendel, Ulrike / **Krüger**, Gabriele
„Groß-München",Eingemeindungen, Verkehr, kommunales Bauen
in: München – ‚Hauptstadt der Bewegung' hg. v. Münchner Stadtmuseum
München 1993, S. 287–293

Haeutle, Christian
Die Reindl'sche Chronik von München von 1403 bzw. 1580 bis 1756
2. Abtlg. das Jahr 1742 betreffend, Jb. für Münchner Gesch. 4. Jg. 1890
S. 257–314
3. Abtlg. von 1743–1746,
Jb. f. Münchner Gesch. 5. Jg.
1894, S. 273–275

Hahn, August
Der Maximilianstil in München
Programm und Verwirklichung
München 1982

Heerde, Walter
Haidhausen
Geschichte einer Münchner Vorstadt
OA 98, 1974

Heimers, Manfred Peter
Die Strukturen einer barocken Residenzstadt – München zwischen Dreißigjährigem Krieg und dem Vorabend der Französischen Revolution, in: Geschichte der Stadt München hg. v. Richard Bauer
München 1992, S. 211–244

Heimers, Manfred Peter
Krieg, Hunger, Pest und Glaubenszwist
München im Dreißigjährigen Krieg
München 1998

Heindel, K.
Die Umgestaltung der Isar durch den Menschen
Dissertation München 1936

Henle, Ernst
Die Wasserversorgung der Kgl. Haupt- und Residenzstadt München, ihre Entwicklung und ihr gegenwärtiger Stand
Festschr. z. 53. Jahresversammlung des Deutschen Vereins von Gas- und Wasserfachmänner
München 1912

Hickethier, Gottfried / **Höllerer**, O. / **Settele**, G. / **Wolf**, P.
Die Sanierung der Hackerbrücke in München
in: Bauingenieur 61, 1986, S. 295–303

Hickethier, Gottfried
Verzeichnis der Isarbrücken in München
Datei in: Baureferat, Ingenieurbau, Ingenieurbauwerke und Gewässer
München 2007

Hilble, Fritz
Die alten Münchner Mühlen und ihre Namen, OA 90, 1968

Hoffmann, Lutz
Aufstieg aus den Trümmern 1945-1960
in: München wie geplant, S. 107–119.

Hojer, Gerhard
München – Maximilianstraße und Maximilianstil
in: Die deutsche Stadt im 19. Jahrhundert, hg. von L. Grote, München 1974

Horst, Thomas
Die Entwicklung der Stadtkarthografie Münchens von ihren Anfängen bis zum Beginn des 19. Jahrhunderts
ZBLG 69, 2006, S. 53–123

Huber, Brigitte
München und die Eisenbahn
in: Als die Eisenbahn in unsere Heimat kam, hg. von W. Foit
Holzkirchen 2007, S. 65–85

Hübner, Lorenz
Beschreibung der kurbaierischen Haupt- und Residenzstadt München und ihrer Umgebung, verbunden mit ihrer Geschichte, Bd. 1 Topographie
München 1803

Die Isar
Ein Lebenslauf
hg. von Marie-Louise Plessen
München 1983

Klassizismus in Bayern, Schwaben und Franken
Architekturzeichnungen 1775-1825
hg. von Winfried Nerdinger
Katalog der Ausstellung im Münchner Stadtmuseum 1980

Koch, Florian
Maximilianstraße
in: Zwischen Glaspalast und Maximilianeum
Architektur in Bayern zur Zeit Maximimilians II. 1848–1864
hg. von Winfried Nerdinger
München 1997, S. 276–302

Koller, Fritz
Der Eid im Münchner Stadtrecht des Mittelalters
München 1953

König, Gudrun M.
Eine Kulturgeschichte des Spazierengehens
Spuren einer bürgerlichen Praktik 1780–1850
Wien 1996

Krieg, Nina
„Solang' der Alte Peter"
Die vermeintliche Wiedergeburt Alt-Münchens nach 1945
in: Geschichte der Stadt München
hg. von Richard Bauer
München 1992, S. 394–413

Krieg, Nina
Die „Weltstadt mit Herz"
Ein Überblick 1957 bis 1990
in: Geschichte der Stadt München
hg. von Richard Bauer
München 1992, S. 413–424

Landeshauptstadt München, Baureferat
Die Stadt informiert:
Sanierung Hackerbrücke 1983/84
München 1984

Langguth, R.
Münchner Straßen- und Brückenbau im Zahlenspiegel
in: Olympiastadt München. Straßen- und Verkehrsausbau eines Jahrzehnts
Bonn-Bad Godesberg 1972, S. 18f.

Lehmbruch, Hans
Ein Neues München
Stadtplanung und Stadtentwicklung um 1800
Buchendorf 1987

Lorenz, Werner
Laptop im Kiton – Klenze der Ingenieur?
in: Leo von Klenze
hg. von Winfried Nerdinger
München/London/New York 2000
S. 128–144

Lucks, Kai
Die Münchner Isarbrücken im 19. und frühen 20. Jahrhundert
Diss. TU München 1976

Lutz, Fritz
Die Isarübergänge nördlich Münchens
OA Nr. 77,1952, S. 113–141

Lutz, Fritz
Die Eingemeindung Bogenhausens in die kgl. Haupt- und Residenzstadt München
in: Bogenhausen. Vom bäuerlichen Pfarrdorf zum noblen Stadtteil
München 1992, S. 72–89.

Loesch, Otto
Chronik der Stadtentwässerung Münchens
München 1951

Louis, Jean / **Wohlmuth**, Christine
Ingenieurbaukunst im Königreich Bayern
München 1988

Maier, Lorenz
Vom Markt zur Stadt – Herrschaftsinhaber und Führungsschichten 1158–1294
in: Geschichte der Stadt München
hg. von Richard Bauer
München 1992, S. 13–61

Megele, Max
Baugeschichtlicher Atlas der Landeshauptstadt München
München 1960

Messinger, B.
Der Auer Mühlbach kommt am Neudeck wieder zum Vorschein
in: Das Neudeck in der Au
Geschichtswerkstatt Auer Mühlbach
hg. von der Landeshauptstadt München, Bezirksauschuss Au-Haidhausen, München 2006, S. 40–45

Monumenta Boica (MB) 35/2
hg. von der Bayerischen Akademie der Wissenschaften
München 1849

Mosbauer, Amrei / **Valentien**, Christoph
Die kommunale Grünentwicklung in München, OA 115, 1991
München und seine Bauten,
hg. vom Bayerischen Architekten- und Ingenieur-Verein, München 1912

München wie geplant
Die Entwicklung der Stadt von 1158–2008
hg. vom Münchner Stadtmuseum
München 2004

Nerdinger, Winfried
Theodor Fischer
Architekt und Städtebauer 1862–1938
Katalog zur Ausstellung im Münchner Stadtmuseum, Berlin 1988

Nerdinger, Winfried
„Das Hellenische mit dem Neuen verknüpft"
Der Architekt Leo von Klenze
in: Leo von Klenze
hg. von Winfried Nerdinger, München/London/New York 2000, S. 8–50

Obermeyer, Leonhard
Planen und Konstruieren
Eine Darstellung ausgewählter Arbeiten des Ingenieurbüro Obermeyer nach 10jähriger Tätigkeit
München 1968

Preuss, K. / **Baderschneider**, H. / **Mühsam**, H.
Die Sanierung der Wittelsbacher Brücke in München
in: Bauingenieur 61, 1986, S. 161–169.

Rädlinger, Christine
Geschichte der Münchner Stadtbäche
München 2004

Rudloff, Wilfried
Notjahre – Stadtpolitik in Krieg, Inflation und Weltwirtschaftskrise 1914–1933
in: Geschichte der Stadt München
hg. von Richard Bauer, München 1992
S. 336–369

Sandberger, Adolf
Römisches Straßensystem und bairische Siedlungen im Osten von München
in: Altbayerische Studien zur Geschichte von Siedlung, Recht und Landwirtschaft
(=Schriftenreihe zur Bayerischen Landesgeschichte 74)
München 1985, S. 12–22

Schaffer, Reinhold
An der Wiege Münchens
München 1950

Schattenhofer, Michael
Die öffentlichen Brunnen Münchens von ihren Anfängen bis zum Ende des 18. Jahrhunderts
in: Brunnen in München, Lebendiges Wasser in einer großen Stadt
hg. von Otto Josef Bistrizky
München 1974, S. 7–32.

Schattenhofer, Michael
Aus der Geschichte der Isarflößerei
in: Beiträge zur Geschichte der Stadt München, OA 109/1, 1984, S. 99–113

Schefzik, Michael / **Volpert**, Hans-Peter
Ausgrabungen in Unterbiberg Landkreis München 1995 und 2001
Die vorgeschichtlichen Gräber, Siedlungen und das spätantike Gräberfeld am Hachinger Bach
Volkenschwand 2003

Schneidmüller, Bernd
Die Welfen
Herrschaft und Erinnerung
Stuttgart/Berlin/Köln 2000

Schiermeier, Franz
Stadtatlas München
Karten und Modelle von 1570 bis heute
München 2003

Schleich, Erwin
Die zweite Zerstörung Münchens
Stuttgart 1978

Schmuck, Alfred
München und seine Verkehrswege im Jahr der Olympischen Sommerspiele 1972, Olympiastadt München
Straßen- und Verkehrsausbau eines Jahrzehnts
Bonn-Bad Godesberg 1972, S. 5–13.

Schwarz, Klaus
Archäologisch-Topographische Studien zur Geschichte frühmittelalterlicher Fernwege und Ackerfluren im Alpenvorland zwischen Isar, Inn und Chiemsee
(Bayerisches Landesamt für Denkmalpflege, Abtlg. Bodendenkmalpflege Bd. 45), Kallmünz /Opf. 1989

Schwertl, Gerhard
Die Beziehungen der Herzöge von Bayern und Pfalzgrafen bei Rhein zur Kirche (1180-1294),MBM 9, 1968

Selig, Heinz
Stadtgestalt und Stadtbaukunst in München, München 1983

Selig, Wolfram
Chronik der Stadt München 1945–1948, München 1980

Solleder, Fridolin
München im Mittelalter
München 1938.

Stahleder, Helmuth
Stadtplanung und Stadtentwicklung Münchens im Mittelalter
in: OA 119, 1995, S. 237–283

Stahleder, Helmuth
Haus-und Straßennamen der Münchner Altstadt
München 1992

Stahleder, Helmuth
Chronik der Stadt München I
Herzog- und Bürgerstadt
Die Jahre 1157–1505
München 1995

Stahleder, Helmuth
Chronik der Stadt München II
Belastungen und Bedrückungen
Die Jahre 1506–1705
München 2005

Stahleder, Helmuth
Chronik der Stadt München III
Erzwungener Glanz
Die Jahre 1706–1818
München 2005

Stahleder, Helmuth
Von Allach bis Zamilapark
München 2001

Steidl, Bernd
Der Fundplatz Eching „Garchinger Heide" und Umgebung – Opferareal und Militärposten?
in: Neue Forschungen zur römischen Besiedlung zwischen Oberrhein und Enns
Schriftenreihe der Archäologischen Staatssammlung 3, 2002, S. 45–61

Steidl, Bernd
Ein Schnitt durch die römische „Isartalstraße" im Moos bei Neufahrn-Fürholzen
in: Archäologie im Landkreis Freising 9 2006, S. 101–116

Stiegler, Gertrud
Isar, Wildfluss in der Stadt
hg. von der Landeshauptstadt München, Baureferat
München 2005

Störmer, Wilhelm
Präurbane Siedlungen und zentrale Orte im früh- und hochmittelalterlichen Bayern
in: Vom Ursprung der Städte in Mitteleuropa, Jubiläumsschrift zur 1200. Wiederkehr der Erstnennung von Linz, hg. von Christian Rohr
Linz 1999, S. 103–127

Vangerow, Hans-Heinrich
Vom Stadtrecht zur Forstordnung München und der Isarwinkel bis zum Jahr 1569, MBM 66, 1976

Verwaltungsberichte (VB)
hg. v. Stat. Amt der Stadt München 1875, 1898, 1899, 1900, 1901, 1903, 1924–1926, 1927–1929

Walter, Uli
„Altstadt" oder „City"?
Stadtumbau um 1900
in: München–Musenstadt mit Hinterhöfen hg.von F. Prinz/M. Krauss
München 1988, S. 98–107

Wamser, Ludwig
„Apud Puoloch"- Dokumentarisches zum historischen Umfeld Pullachs im Frühen und Hohen Mittelalter
1200 Jahre Pullach i. Isartal 806–2006
hg. von der Gemeinde Pullach i. Isartal
S. 264–290

Wanetschek, Margret
Grünanlagen in der Stadtplanung von München 1790–1860
hg. von Klaus Bäumler und Franz Schiermeier
München 2005

Weiß, Wilhelm
Die Verwendung von Stahlkonstruktionen bei neueren Münchener Bauten
Berlin o. Datum (1938)

Weißthanner, Alois
Die Urkunden und Urbare des Klosters Schäftlarn (QE NF 10,1)
München 1957

Weski, Timm
Vor- und frühgeschichtliche Besiedlung des Westens von München
in: D. A. Chevalley/T. Weski
Denkmäler in Bayern, Band I.2/2-1
München 2004, S. CXLI, S. CXLIV

Weski, Timm
Vor- und Frühgeschichtliche Besiedlung
in: D.A. Chevalley/T. Weski
Denkmäler in Bayern, Band I.2/1-1,
München Altstadt; (erscheint demnächst)

Wiest, Rudolf
Gekrümmte Spannbetontragwerke im modernen Brückenbau
in: Leonhard Obermeyer
Planen und Konstruieren
Eine Darstellung ausgewählter Arbeiten des Ingenieurbüro Obermeyer nach 10jähriger Tätigkeit
München 1968, S. 134–140

Wirth, Wolfgang / **Brunnhuber**, R.
Ausbau Mittlerer Ring München/ Westend 1980-1984
in: Tiefbau-BG 5/1984, S. 278–291

Wirth, Wolfgang
Über Brücken, hg. vom Bayerischen Bauindustrieverband
München 1990

Zell, Clemens
Geschichte der Elektrizitätsversorgung Münchens
München 1949

Zerback, Ralf
München und sein Stadtbürgertum
Eine Residenzstadt als Bürgergemeinde 1780–1870
München 1997

achweis

	Bild auf Seite
erat ındeshauptstadt München	8 93 103 106 120 122 123 135 147 150 159 165 166 167 168 169 170 177 178 179 180 181 182 183 187 188 190 191 193 194 195 197 198 199 200 205 206 207 208 213 214 215 216 217 218 219 221 222 223 224 225 226 228 229 233 235 239 241 243 244 246 247 251 252 254 258 259 260 261 263 264 266 268 270
ayerisches Hauptstaatsarchiv 3ayHStA	24 36 38 40 51 52 62 63 64 73 87 115
Stadtarchiv München StadtAM	10 17 18 24 27 30 33 39 46 47 50 53 54 56 66 69 77 79 80 82 81 83 88 89 91 94 96 98 99 102 104 107 114 117 118 121 122 123 124 125 128 129 131 132 133 136 137 138 139 140 141 149 150 151 152 153 154 155 156 157 162 172 173 174 184 185 186 192 196 204 205 212 232 236 238 239 241 242 249 252 255 268 270 286 288
Historischer Verein von Oberbayern	28 29 32 34 42 44 70 74 88 95 108 262
Deutsches Museum Archiv	25 61 72 74 78 109 110 134 176 282
Münchner Stadtmuseum MSTM	4 6 12 18 19 20 48 56 58 60 67 68 70 75 92 112 113 117 119 141 160 246 265
Historisches Archiv der MAN AG Augsburg	130 131 244
Verkehrsmuseum Nürnberg	111 126 127 234
Architekturmuseum der Technischen Universität München	142 158 163 164
Akademie der Künste München	202
Bayerische Staatsbibliothek München	43
Franz Schiermeier München	13 14 15 103 116 121 126 151 155 159 200 203 208 210 211 213 220 222 227 229 231 233 234 235 236 237 238 239 240 241 242 243 244 245 246 248 249 250 253 253 254 255 256 257 258 259 260 261 262 263 265 266 267 268 269 270 271

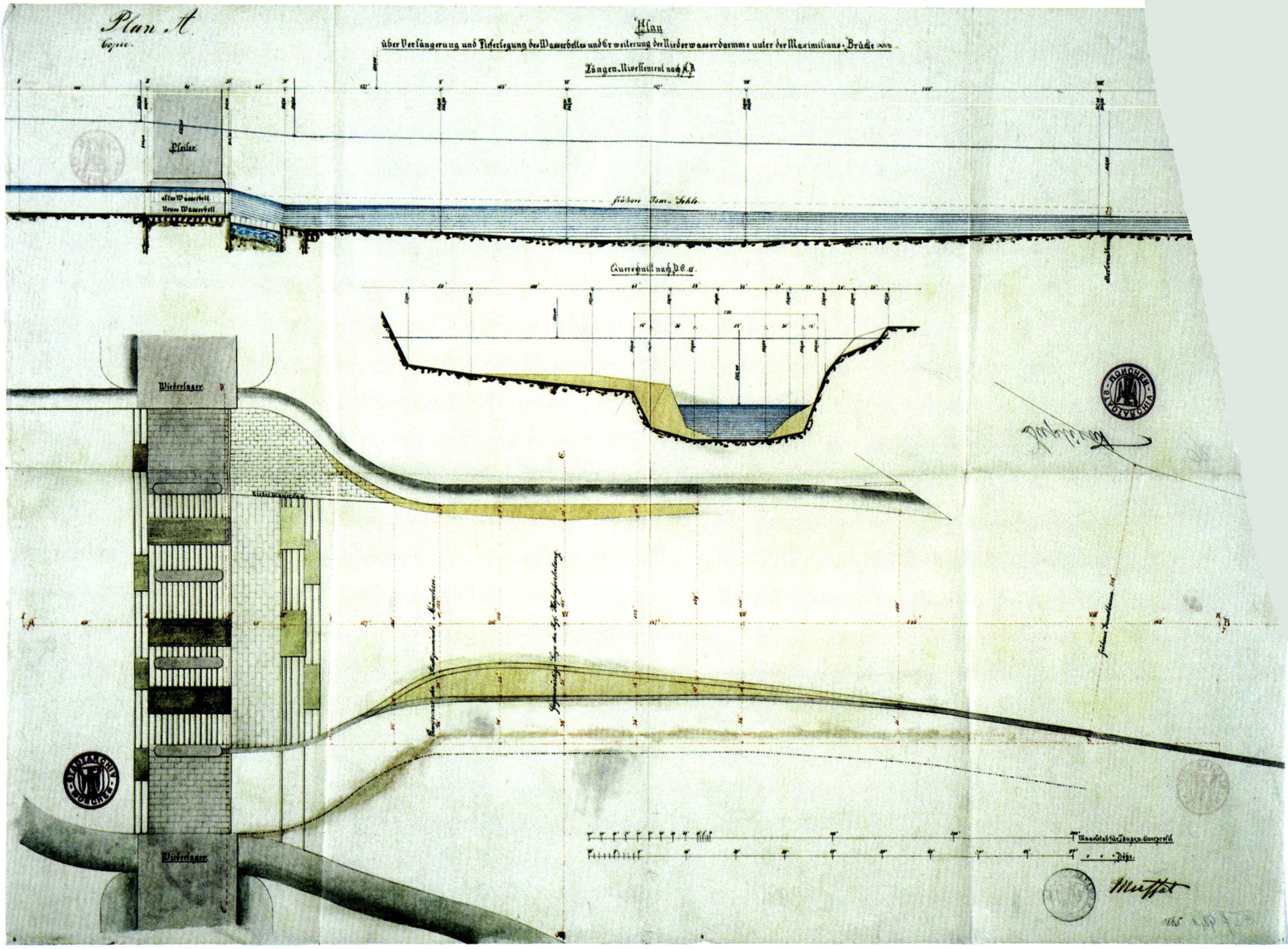

Längennivellement der Isar im Bereich der Äußeren Maximiliansbrücke zur Tieferlegung des Wasserspiegels 1865

Stadtarchiv München

Impressum

Christine Rädlinger

Geschichte der Münchner Brücken

Brücken bauen von der Stadtgründung bis heute

Herausgegeben
vom Baureferat
der Landeshauptstadt München
zum 850. Stadtgeburtstag

München, Mai 2008

ISBN 978-3-9811425-2-5

Gestaltung und Satz
Franz Schiermeier
Gesetzt aus der Univers
von Adrian Frutiger

Gesamtherstellung
Druckerei Schmerbeck
Tiefenbach bei Landshut

Verlag
Franz Schiermeier
Waltherstraße 28
80337 München

muenchner-bruecken.de